Hans Wachenhusen

Rom und Sahara

III.

Hans Wachenhusen

Rom und Sahara
III.

ISBN/EAN: 9783743312883

Hergestellt in Europa, USA, Kanada, Australien, Japan

Cover: Foto ©Andreas Hilbeck / pixelio.de

Manufactured and distributed by brebook publishing software
(www.brebook.com)

Hans Wachenhusen

Rom und Sahara

Hans Wachenhusen's Werke.

Vom

Verfasser veranstaltete, sorgfältig revidirte Ausgabe.

Rom und Sahara.

III.

Berlin, 1865.

Verlag von Otto Janke.

Rom und Sahara.

Dritter Band.

I.

Das graue Haus.

Ein schwüler Morgen folgte dem Tage, an welchem die römische Revolution sich mit so entsetzlichem Verbrechen gebrandmarkt. Die Radicalen hatten gesiegt und weithin durch Italien trugen ihre Organe die Jubelnachricht von der Beseitigung ihres gefürchteten und gehaßten Gegners. Die liberale Partei sah sich der radicalen in die Arme gedrängt, die constitutionelle, die Partei des Ermordeten, sah ihre Sache verloren.

Den Republikanern lag jetzt ob, sich aller der Vortheile zu bemächtigen, welche ihnen die allgemeine Bestürzung darbot, die Früchte ihres Sieges zu ernten, und die Consequenzen desselben möglichst bis zum äußersten Ziel ihrer Pläne zu treiben. Die Clubs also waren in der heftigsten Thätigkeit und boten unverweilt ihre Legionen auf. Schon um Mittage sammelte sich auf der Piazza del Popolo eine große Menge, in ihr zahlreiche Bürgergarden und die zum Volke übergetretenen Carabiniers und Linientruppen.

Zweck dieser Versammlung war, zum Quirinal zu ziehen und dem heiligen Vater die fünf Forderungen zu stellen, be=

stehend in Promulgation der italienischen Nationalität, Berufung
der Constituante, Ausführung der von den Kammern votirten
Kriegsmaßregeln, Annahme des Programms Mamiani vom
5. Juni, und endlich Ernennung eines demokratischen Ministeriums,
bestehend aus Galetti, Sterbini, Mamiani 2c. Um dieser De-
monstration eine legale Form zu geben, erwählte man auf dem
Platze eine Commission zur Ueberreichung der Forderungen und
setzte sich dann zum Monte Cavallo in Marsch.

Von diesem Vorhaben unterrichtet, hatten sich die Gesandten
von Frankreich, Rußland, Baiern, Spanien und Portugal in
eben dem Augenblick eingefunden, wo sich im päpstlichen Palast
die Volksdeputation meldete. Sie wurde in die Gemächer des
Kardinal Soglia im Quirinal geführt. Dieser erklärte, er werde
die Liste Sr. Heiligkeit vorlegen, und kehrte mit der Nachricht
zurück, der heilige Vater wolle die Sache in Erwägung ziehen.

Ein lautes Murren der Unzufriedenheit war die Antwort
der auf dem Platze versammelten Masse, als die Deputation
ihr den Bescheid des heiligen Vaters überbrachte. Eine zweite,
aus Offizieren der Carabiniers gebildete Deputation begab sich
zum Papste mit der Bitte, dem nicht mehr zu bändigenden Verlangen des Volkes nachzugeben. Pius antwortete, es sei unter
seiner Würde, sich von der Revolte Bedingungen vorschreiben .
zu lassen. Martinez de la Rosa, der allzeit schlagfertige Gesandte Spaniens, bestellte durch diese Deputation der Masse
einen Gruß, in welchem er mit einer Intervention Spaniens
drohte und auf die Vorstellungen der Carabiniers erklärte, die
Souveraine Europas würden nimmermehr ein Sacrilegium verzeihen, dessen sich die „canaille sans foi ni loi" bereits schuldig gemacht. Die übrigen Gesandten stimmten hiermit überein
und die Carabiniers-Offiziere entfernten sich ehrfurchtsvoll mit

der Erklärung, sie würden ihre Pflicht thun und bereitwillig die unvermeidlichen Opfer der Volkswuth sein.

Der Papst, an die Thür seines Betzimmers gelehnt, in welchem er dann und wann vor dem Kruzifix niederknieend Muth und Rath suchte, berieth mit den Gesandten, die ihm zum energischsten Widerstande aufforderten. Auch seine gewöhnliche Umgebung, die geheimen Kämmerer, Karbinäle Antonelli und Soglia, der Kammerherr Monsignore Medici, der Pater Baures, der Graf von Malherbe, der Marquis Sachetti, so wie der Kapitän der Schweizer, mehre Offiziere der Nobelgarde und Andere stimmten mit den Gesandten überein.

Pius kam endlich zum Entschluß. Die Schweizer erhielten den Befehl, die Eingänge des Palastes zu vertheidigen; wenn diese genommen werden sollten, sich kämpfend in sein Zimmer zurückzuziehen und ihn hier am Fuße des Kreuzes zu schützen.

Inzwischen sah es aber mit den Vertheidigungsmaßregeln sehr traurig aus. Die Schweizer-Wache bestand nur aus siebzig Mann und von diesen hatte Jeder nur Munition für drei Schüsse. Das Volk bedrängte den Haupteingang, ein Handgemenge schien unvermeidlich und dies entspann sich, indem ein Soldat vom Bataillon Speranza, von mehren Andern in die Höhe gehoben, einem Gardisten die rothe Feder vom Hute schnitt, während ein Zweiter einem der diensthabenden Schweizer die Hellebarde entriß.

Schon gereizt durch die Spottreden des Volkes und die Verhöhnung der alterthümlichen, allerdings mehr als lanzknechtähnlichen Schweizer-Uniform, trat ein Unteroffizier der Wache vor, um in heftigen Ausdrücken diese Angriffe zu rügen. Ein Schlag auf seine Schulter war die Antwort. Gleichzeitig brüllte es von allen Seiten: Tod den Schweizern! Diese schlossen sofort die äußere Thür des Palastes; die Masse nahm einen immer feindseligeren Charakter an, man schrie unmittelbar unter den Fenstern des Papstes: es lebe die Republik!

Plötzlich fällt aus dem Innern des Palastes ein Schuß.

— Blut! Blut! Zu den Waffen! brüllt es überall. Die Zöglinge der Sapienza, geführt von dem mit einer Muskete bewaffneten Fürsten Canino, rangiren sich; Bürgergarde, unterstützt von den abgefallenen Liniensoldaten und Carabiniers, ziehen mit einer Kanone zum Quirinal, um den von den Diplomaten und Karbinälen umgebenen, von der Mehrzahl seiner Truppen verlassenen Pius zu belagern. Die regulären Truppen stellen sich in Schlachtordnung dem Palaste gegenüber auf; die Kanone, der „heilige Vater" getauft, wird gegen das Hauptportal gerichtet; ein anderes bewaffnetes Corps besetzt den übrigen Platz. Die Tirailleurs bemächtigen sich des Glockenthurmes der Kirche S. Carlo, die Tambours der Bürgergarde schlagen Generalmarsch und tragen Empörung und Schrecken durch die ganze Stadt.

Ein Sturm des Palastes war jeden Augenblick zu erwarten; eine Vertheidigung desselben wäre unmöglich gewesen. Jetzt hieß es plötzlich, das Volk sei im Begriff, an das zur via Pia führende Portal des Palastes Feuer zu legen.

In der That war dies der Fall. Eine Abtheilung Schweizer, von Pompiers begleitet, stürzte sich zu diesem Portal und trieb die Brandstifter mit Musketenschüssen zurück, während die Pompiers die Flammen löschten, die bereits das Thor zu verzehren begannen.

Auch von einer andern Richtung drohte gleiche Gefahr. Aus einem Hause der Scanderbegstraße war ein Büchsenschuß auf das Fenster des Papstes gefallen und hatte die Scheiben

deffelben zertrümmert; auf einem dritten Punkte war der Se-
cretär Monsignore Palma in seinem Zimmer getödtet worden
durch einen vom Glockenthurm S. Carlo abgefeuerten Mus-
letenschuß.

Troß alledem sollte der Kampf heute noch nicht zum Ausbruch kommen, wohl aber sah sich der Papst von Allen verlassen, auf deren Hülfe er gerechnet, und nur der moralische
Beistand der Diplomaten war ihm geblieben.

— Sie sehen, meine Herren, sagte Pius traurig zu den
Gesandten, als um sieben Uhr Abends nach einer sechsstündigen
Gefangenschaft im Palast einer der Diplomaten die Bemerkung
machte, daß die italienische Nation sich den Römern anzuschlie-
ßen scheine, da keiner ihrer diplomatischen Repräsentanten zu-
gegen war. Sie sehen, alle Welt hat mich verlassen; ohne
Sie wäre ich allein mit einer Hand voll Braver, die mich be-
schützen! —

Pius war tief darnieder gedrückt. In seiner bekannten
Schwäche würde er, zum Widerstand gereizt, ohne die Mittel
und die Kraft denselben zu unterstützen, zu einer der traurigsten
Scenen, zur Erstürmung des Quirinals, geführt haben, wenn
nicht die Republikaner selbst, geleitet von dem natürlichen Respect, den sie vor der heiligen Person des Papstes empfan-
den, der Sache eine Wendung gegeben hätten, durch welche sie
auf friedlichem Wege zugleich in den Besitz ihrer Forderungen
und der Person des Kirchenoberhauptes gelangten.

In dem Café der schönen Künste hatte sich bereits am
Nachmittage eine Art provisorischer Regierung niedergelassen,
welche die Bewegungen der Massen leitete. An ihrer Spitze
standen auch hier Fürst Canino und Sterbini. Während auf
dem Platze Pilota um 7 Uhr Abends eine allgemeine Verbrü-

derung der Truppen, der Bürgergarde und des Volkes stattge-
funden, die dem Papste auch die letzte Hoffnung auf Widerstand
raubte, beschlossen die Clubs noch eine dritte und letzte Deputation in den Palast zu senden.

Es war 8 Uhr; bis 9 Uhr sollte der heilige Vater Frist
zu seiner Antwort haben.

Mit dem Advokaten Galetti an der Spitze ward diese Deputation direct in das Cabinet des Papstes geführt und der
heilige Vater sah sich also einem Manne gegenüber, den er vor
Kurzem erst amnestirt und der jetzt kam, um ihm im Namen
des Volkes Gesetze vorzuschreiben.

Die Deputation lehnte alle Theilnahme der Gesandten an
dieser letzten und entscheidenden Verhandlung ab. Dieselbe war
kurz und traurig für die Autorität des heiligen Vaters. Galetti trat bleich und ein wenig beschämt aus dem Cabinet zurück und streifte, ohne sie eines Blickes zu würdigen, an den
Gesandten vorüber.

Tief darniedergedrückt durch die letzte Demüthigung, die
ihm noch zu Theil werden konnte, erklärte Pius den Anwesenden, er habe, um einen blutigen Zusammenstoß zu vermeiden,
die Entscheidung derjenigen Punkte, welche man ihm mit Gewalt entreißen wolle, der Weisheit der Kammern anheim gestellt und sich einem Ministerium gefügt (nicht dasselbe gebildet),
bestehend aus Mamiani, Rosmini, Galetti, Sterbini, Campello,
Lunati und Sereni.

— Meine Herren, setzte er mit tiefem Schmerz hinzu, ich
bin jetzt ein Gefangener. Man will mir meine Leibwache
nehmen und mich in die Hände fremder Personen geben. Was
ich gegenwärtig thue, wo mir jede materielle Stütze fehlt, be-
ruht auf meinem Prinzip, um meinetwillen keinen Tropfen

Bruderblutes vergießen zu sehen. Vor Ihnen und ganz Europa
aber erkläre ich, daß ich keinen Theil an einem Gouverment
habe, das mir durchaus fremd bleiben wird!

Umsonst war alle nachträgliche Opposition von Seiten der
Gesandten. Des Papstes Schwäche hatte die Sache bis zum
Aeußersten gedeihen lassen; nur die Hülfe Gottes anflehend,
hatte er seine Pflicht als weltlicher Fürst versäumt, hatte vernachlässigt, sich mit den Garantien seiner doppelten Hoheit zu
zu umgeben in einem Augenblick, wo die rohe Gewalt doch nur
mit dem Fürsten, dem weltlichen Souverain, verhandelte.
Er mußte die Schmach erdulden, diese rohe Gewalt eine Kanone vor seinem Palast auffahren, sie in seine Fenster schießen
und ihm seine Diener tödten zu sehen.

Der schwache unfähige Souverain versteckte sich hinter dem
Princip des Kirchenoberhauptes. Anstatt der Revolution zu
imponiren, suchte er sie durch nutzlose Drohungen zu schrecken,
anstatt seinen Truppen Vertrauen einzuflößen, machte er diese
durch sein Benehmen unschlüssig und wankelmüthig; anstatt sich
sich in der Engelsburg zu verschanzen, schwankte er hin und
her, machte die Truppen an ihm selber irre und blieb schließlich auf eine Handvoll Schweizer beschränkt, die sich mit ihm
begraben haben würde, wenn Pius hiezu die geringste Neigung
gezeigt hätte, und auf eine Handvoll fremder Gesandten, die
wohl rathen, aber nicht sogleich helfen konnten.

Pius stellte also die Entscheidung der ihm octroyirten Punkte
der „Weisheit der Kammern" anheim, das heißt mit anderen
Worten: er übergab dem bereits auf der Schwelle Roms
stehenden Mazzini den Scepter, er bedeckte das Kreuz mit der
phrygischen Mütze. Kein Wunder also, daß Rom jubelte, als
Geletti dem Volke den Bescheid des Papstes verkündete, daß

zahlreiche Freudenschüsse aus den Musketen der Linie und Bürgergarde die Luft erschütterten und Rom an diesem verhängniß-
vollen Abend im Festglanz der Fackeln erstrahlte.*)

————————

Während dieser so folgenschweren Ereignisse bereiteten sich
privatim andere Scenen, die für ihren kleinen Kreis nicht minder kritischer Natur waren.

Am Morgen desselben Tages, also am Morgen nach jenem
Tage, an welchem wir Mariano als unschuldigen Gegenstand
der ausschweifendsten und verbrecherischen Volksgunst sahen, um-
spähte Pepe ein kleines Haus von massivem florentinischen
Styl, das zu den Hintergebäuden des Palastes Rospili gehörte. Unabhängig von diesem und zwischen den hinteren
Sandstein-Portalen zweier andrer Paläste liegend, die zu beiden
Seiten des kleinen Hauses Auffahrten zu jenen Palästen bildeten, schien dieses Haus gar nicht bewohnt und früher, als noch
die Familie Rospili stärker vertreten war, zur Einquartirung
von Gästen benutzt worden zu sein. Heute wächst das Gras
vor der gewölbten Thür dieses Hauses, die Jalousien sind geschlossen, die Eisenbrüstungen der Balcons sind mit Rost be-

————————

*) Balleydier, der sein Buch in blinder Anbetung des Papstes
und vermuthlich für dessen klingende Münze schrieb, ruft hier in un-
übertrefflicher Albernheit aus: „In der That, wie Jesus wurde auch
Pius IX. an das Kreuz der Leiden geschlagen; wie der Sohn Mariä
hatte er seine große Woche, wie der Sohn Gottes hat er den Schmer-
zensbecher bis zur Neige getrunken; aber wie der göttliche Gekreuzigte
triumphirend aus seinem Grabe stieg, sollte auch Pius in der Liebe
und der Reue seines Volkes wieder auferstehen.“ Man kann nicht
auf gottlosere Weise Geschichte schreiben, als es Herr B. gethan hat.

deckt, die grauen Sandsteinquadern seines unteren Stockwerkes
sehen eben so verdrießlich wie anspruchsvoll in die stille Straße
hinein.

Das kleine graue Haus hat, wie gesagt, seinen Ausgang
nach dieser schmalen Straße; über sein Dach ragt ein hoher
Pfefferbaum hervor, dessen lange Zweige dasselbe gleich einer
Trauerweide überhangen und dem Gebäude den sehr melancho-
lischen Anblick eines Familienbegräbnisses geben. Der Pfefferbaum gehört zu dem Park des Palastes Rospili, der sich zwischen
diesem und dem Hintergebäude- ausgedehnt und durch dessen
dichte Laubdächer kaum ein Sonnenstrahl herabbringt. Eine
Treppe führt aus dem Palast in diesen Park, doch scheint sie
nie benutzt zu werden, und den durch den Park vom Hauptge-
bäude nach dem Hinterhause führenden, mit Kies bestreuten
Weg hat vielleicht seit lange kein menschlicher Fuß betreten.

— Unbegreiflich! brummte Pepe vor sich hin, während er
verwundert das kleine stille Gebäude umschlich. Ich habe ihn
heute Morgen hier hineingehen sehen, und doch sollt man glauben, es könne kaum ein Maulwurf darin wohnen! Wenn hier
nicht der Pfeffer wüchse, ich möchte glauben, ich sei irre gegangen. Indeß versuchen wir!

Pepe überzeugte sich noch einmal, daß hier wirklich das
Haus sei, wo der Pfeffer wachse, trat dann auf die Schwelle,
zwischen deren Fliesen das Gras üppig hervorquoll und lärmte
mit dem eisernen Thürhammer, der seit Jahren nicht mehr benutzt zu sein schien.

Der Hammer gab einen dumpfen Wiederhall im Innern
des Hauses; aber Niemand kam und vergebens schielte Pepe
zu den Fenstern hinauf, um sich zu überzeugen, ob sich nicht ein
neugieriges Gesicht hinter den Jalousien blicken lasse.

—˙Alles todt! brummte er vor sich hin. Versuchen wir noch einmal!...

Kräftiger und nachdrücklicher setzte Pepe den mürrischen Hammer in Bewegung; aber wieder ohne Erfolg. Pepe klopfte und wartete eine Viertelstunde vergebens, ohne den Muth zu verlieren. Dieses Haus, dachte er bei sich, hat wie alle Dinge zwei Seiten, was auf der einen nicht gelingt, kann auf der anderen gelingen, es fragt sich nur, wie diese andere anzugreifen.

Pepe betrachte sich das große Sandsteinportal der hinteren Auffahrt zu dem Palaste links: Es war verschlossen, Niemand zu sehen und das Thor zu hoch, um sich ersteigen zu lassen. Immer sein Hauptaugenmerk auf das kleine Haus richtend, schlich er zu dem Portal rechts. Auch dieses war ebenso hoch, zu seiner Freude aber sah Pepe die breite eiserne Gitterthür nur angelehnt.

Er trat ein und befand sich in einer mit Quadern gepflasterten Auffahrt, die etwa zweihundert Schritte tief in den Thorweg des Rospilischen Nachbarpalastes führte und von dem Park des letzteren nur durch eine Holzwand von etwa sieben Fuß Höhe getrennt war.

Keine Spalte in dieser Wand war zu entdecken, durch welche Pepe einen Blick auf die nach oben zu von den Bäumen versteckte Hinterseite des kleinen Hauses hätte werfen können, die Wand selbst war so meisterhaft gearbeitet, daß sie auch nicht den geringsten Anhaltpunkt zum Erklettern gewährte. Pepe hatte indeß den entschiedenen Vorsatz, diese Wand trotz alledem zu ersteigen, und suchte sich daher von den über die Wand reichenden Aesten der Bäume den niedrigsten aus, um sich an diesen zu hängen und in den Baum zu klettern.

Niemand kam, ihn zu stören. Pepe erfaßte daher das

äußerste Ende eines Kastanienzweiges, bog diesen herab, schwang sich mit ihm in die Höhe, packte dabei herzhaft einen soliden Zweig und leicht und behende stand er in wenigen Secunden von dem Laub versteckt auf der Holzwand.

— Alles still! murmelte Pepe, nachdem er sich überzeugt, daß Niemand im Parke sei, und ließ sich an dem Baumstamm hinab.

Ein eigenthümliches Halbdunkel herrschte unter den dichten Kastanienbäumen, die ohne Ordnung zum Theil in den phantastischen Gestalten einer Olivenwaldung neben einander wuchsen und durch enge Verschlingung ihrer Zweige ein einziges, undurchdringliches Dach bildeten. Pepe begann das Terrain zu recognosciren. Zu seiner Rechten, im Hintergrunde, erhob sich die graue Sandsteintreppe, die mit bemoosten Säulen und Vasen geziert, in den Palast führte, aber seit Menschengedenken nicht mehr benutzt sein mochte. Die Fenster der Hinterfront waren sämmtlich geschlossen; eine verlassene alte Burg konnte nicht einsamer erscheinen, als der Palast Rospili von dieser Seite.

Zwischen den Baumstämmen hindurch schimmerte zu Pepe's Linken die Wand des kleinen Hauses; auch sie war still, die wenigen Fenster waren geschlossen, und zwischen den Eisenstäben derselben hatten die Spinnen ihre Webstühle aufgeschlagen. Vorsichtig rückte Pepe wie ein Tirailleur von Baum zu Baum.

In dieser Weise bis auf etwa zwölf Schritte dem Hause nahend, sah Pepe die Baumstämme aufhören; gleichzeitig bemerkte er, daß die Thür des Hauses geöffnet war. Da er mit der Person, welcher sein Besuch galt, im besten Einvernehmen zu stehen glaubte, war für Pepe keinerlei Veranlassung zu persönlicher Besorgniß vorhanden, er hätte also dreist auf die offne Thür zuschreiten und sich im Hause melden können; Pepe aber

war ein Mann der Vorsicht, und die Zeiten schienen auch seinen von dem Grafen auf ihn übergegangenen conservativen Anschauungen unsicher. Ueberdies sah es ihm hier in dieser To-
desstille wenig geheuer aus.

Pepe's Ahnung war auch nicht so grundlos, denn kaum war
er aus dem Bereiche der ihn schützenden dicken Baumstämme,
als er hinter der Thürschwelle eine lange Gestalt liegen sah,
die sich halb aufrichtete, sich auf die Hand stützte und überrascht
in den Park lugte. Pepe war entdeckt, er blieb stehen, um sich
auch seinerseits den Mann, mit dem er zu thun, genauer anzuschauen.

— Caramba! brummte er; wenn mich nicht Alles täuscht,
so ist dies dasselbe alte Ungeheuer, dem ich schon in Resina begegnet bin!

— Wie kommt Ihr hieher? rief die Gestalt noch immer in
halbliegender Stellung.

— Auf die natürlichste Weise, antwortete Pepe, den Mann
scharf fixirend. Da man mir vorn nicht öffnen wollte, bin ich
über den Zaun da gekommen.

— Was wollt Ihr, fragte der Mann in gebrochenem Italienisch.

— Von Euch nichts ... Ich suche einen Freund!

— Hier wohnen keine Freunde von Euch! war die mürrische
Antwort des Riesen.

— Ihr allerdings gehört nicht zu diesen! entgegnete Pepe
in demselben Ton ... Ich wünsche Herrn Mariano zu sprechen.

— Der wohnt nicht hier ... Scheert Euch Eures Weges!

— Um diesen Bescheid zu haben brauchte ich nicht erst
über den Zaun da zu klettern.

— Ihr werdet aber mit diesem Bescheid denselben Weg zu-
rücknehmen!

— Das werde ich nicht! Meldet mich Herrn Mariano,
wenn Ihr die Ehre habt, sein Diener zu sein! sagte Pepe, mit
einem verächtlichen Blick diese Gestalt messend.

— Hier wohnt Niemand außer mir!

— Carajo, ich gehe nicht, ohne Herrn Mariano gesprochen
zu haben!

— Ihr wollt nicht?

— Nein, in des Teufels Namen!

— Pepe sah, wie der riesige Mensch sich auf die Knie setzte,
dann den einen Fuß vorstreckte, als wolle er auf ihn zusprin-
gen und mit der rechten Hand nach einem im Gürtel steckenden
Messer griff. Pepe war ein Sohn Andalusiens und pflegte als
solcher nie ohne seine Navaja, das breite, scharf gespitzte Taschen-
messer zu sein, das in Spanien in allen Raufereien den Ausschlag giebt. Auch er griff daher in seine Seitentasche.

Mit krummen Knieen, den Oberleib vorgebeugt, das fun-
kelnde Auge fest auf Pepe gerichtet, schlich der Riese mit einer
Leichtigkeit herbei, daß seine Tritte kaum auf den Kies zu hören
waren. Pepe fühlte sich mit all seiner Courage doch beklommen,
als er den Gegner maß, der trotz seiner Jahre die Geschmeidigkeit
einer Schlange an den Tag legte und in einer Haltung auf ihn
zuschlich, welche die größte Kampfgeübtheit in der kleinen guerra
al cuchillo verrieth. Den Hut zur Parade in die linke, die
Navaja in die rechte Hand nehmend, erwartete er den Riesen.

In diesem Augenblick erschien eine dritte Person in der
Hausthür, ein junger Mann, nur mit einem schwarzen Pan-
talon und dem Hemde bekleidet, mit vom Schlaf geröthetem
Antlitz.

— Zerga! Was beginnst Du? rief er, schnell überschauend, was sich hier vorbereitete.

— Signore Mariano! jubelte Pepe, mit der Leichtigkeit einer Feder dem Riesen aus dem Wege springend, der inzwischen bereits einen Stoß nach seiner Hüfte geführt, und ihm mit dem Messer den Rock am Elnbogen geschlitzt hatte. Schaffen Sie mir den Kerl vom Halse, Signore Mariano! fuhr Pepe fort, sich nach dem Riesen umschauend und das Messer desselben beobachtend.

— Zerga! gieb Dich zur Ruhe! rief Mariano gebieterisch dem Riesen zu, der mit verbissener Wuth dem gelenkigen Spanier nachschaute . . . Sei unbesorgt, Pepe, er meint es nicht so böse.

— Nun, wie man es eben mit dem Messer in der Hand nur meinen kann! versetzte Pepe, sich den Schweiß trocknend, die Navaja zusammenschlagend und dem Riesen einen verächtlichen Blick zuschleudernd, der sich brummend an dem Fuß eines Baumes niederhockte.

— Was bringst Du, Pepe? fragte Mariano, Pepe die Hand schüttelnd . . . Tritt ein, und sag' mir, wie Du meine Wohnung erfahren hast.

— Durch Zufall, Signore; ich sah Sie hier eintreten.

— Du bringst Nachrichten von Neapel, Pepe? fragte Mariano, wirklich erfreut, Pepe, seinen einstigen Spielgefährten, wieder zu sehen, ihn in das Haus führend, ohne zu bemerken, daß Zerga ihnen leise nachschlich und sich lauschend an die Thür lehnte.

— Nicht von Neapel, Signore Mariano, ich wüßte nicht, von wem ich Euch aus Neapel einen Gruß bestellen sollte.

— Mariano erröthete. Auch Pepe ward verlegen, denn er wußte nicht, wie er den Zweck seines Kommens einkleiden sollte.

— Ich komme von Don Alessandro! begann er endlich.

— Don Alessandro ist seit Kurzem in Rom? fragte Mariano, bei diesem Namen erbleichend.

— Seit Kurzem, ja. Er sagte mir heute Morgen: Pepe, geh und suche mir Mariano auf, ich habe wichtige Dinge mit ihm zu sprechen, ich lasse ihn zu mir bitten ... Hombre! wie traurig war Don Alessandro, als er mir diesen Auftrag gab!

— Und was wünscht Don Alessandro von mir? fragte Mariano zerstreut.

— Ich weiß es nicht, Signore; es muß aber wohl Wichtiges sein.

— Der Graf konnte keinen mir willkommeneren Boten wählen als Dich, Pepe, fuhr Mariano fort; es thut mir aber leid, daß ich Dir nicht folgen darf.

— Wie, Sie wollen den Wünschen Ihres Vaters nicht gehorchen?

— Er war mein Vater, Pepe! antwortete Mariano in bittrem Tone. Es gab eine Zeit, wo ich mit der heißesten Dankbarkeit an ihm hing. So lange ich ein unverständiges Kind war, folgte ich blindlings der Richtung, welche er meiner Erziehung gab, seit ich aber für mich selbst, über meine Neigungen und mein Lebensziel zu denken begonnen, mußte ich einsehen, daß man mit mir Zwecke verfolgte, die meinem Innern widerstreben, daß man mich in einen Beruf drängen will, den ich hasse, den ich verachte ...

Pepe sah mit Schrecken, wie Marianos Rede mit jedem Wort an Heftigkeit zunahm.

— Aber Signore Mariano, warf er ein, Sie kennen doch Don Alessandro's Herzensgüte! Warum begegnen Sie ihm mit solchem Ungestüm!

— Weil er hart und unerbittlich gegen mich ist. Graf Buelto ist ein edler Mann, aber er opfert um seiner Zwecke willen mein Lebensglück; er hat die Willenskraft eines Knaben unterschätzt; als er mich harten, unerbittlichen Händen übergab, mich knechten und treten ließ wie einen Wurm. Er hat einen Sohn, ich einen Vater verloren, wir sind einander fremd geworden und für mein Lebensglück ist fortan Niemand mehr verantwortlich außer mir selbst.

Mit stummer Verwunderung hörte Pepe den Jüngling, in welchem er bisher nur den wilden, unbändigen Knaben gekannt, diese Sprache führen.

— Das mag Alles gut und vielleicht auch wahr sein, sagte er einlenkend; aber wenn nun Don Alessandro sich die Sache überlegt hätte, wenn er nun vielleicht Willens wäre, sich mit Ihnen zu versöhnen . . .

— Don Alessandro? rief Mariano mit ungläubigem Lächeln.

— Ach Signore Mariano, rief Pepe, der gute Herr hat viel um Ihretwillen gelitten; aber es wird ja Alles wieder gut werden, wenn Sie nur wollen!

— Nein, Pepe, antwortete Mariano kopfschüttelnd und vor sich hinschauend; es kann nicht mehr gut werden; ich fühle, daß etwas zwischen uns gebrochen ist, was sich nicht wieder heilen läßt!

— Auch zwischen Ihnen und Camillo? fragte Pepe.

— Zwischen uns beiden kann nichts brechen, denn Du weißt, Pepe, daß Camillo und ich nie harmonirt haben!

— Und Signora Leona, die so oft um Sie geweint hat und immer bleicher und kränker wird, weil sie sich so abhärmt?

— Leona ist ein edles Herz, antwortete Mariano seufzend; sag' ihr, ich denke ihrer oft wie ein Bruder.

— Auch Pepe fing an zu seufzen, denn er wußte, wie die Dinge mit Leona standen.

— Aber Signora Alita! sagte er, sich diesen Trumpf bis zuletzt aufsparend.

— Meine gute Alita! wiederholte Mariano, während seine Augen sich feuchteten. Bring' ihr meine herzlichsten Grüße nach Neapel, sag' ihr, ich küsse sie tausendmal.....

— Nach Neapel? Weshalb nach Neapel bringen, was man hier bestellen kann! sagte Pepe.

— Alita ist hier ... hier in Rom? rief Mariano, ihn beim Arm fassend.

— Die ganze Familie ist hier, und weshalb ist sie hier? Nur um Ihretwillen, denn Alles weint um Sie, Mariano!

— Die gute Alita! sprach Mariano, von Rührung ergriffen. Wie oft habe ich an sie gedacht; wie oft hab' ich mich ge= zwungen, zu gehorchen, wo sich mein Innerstes empörte, wie oft hab' ich mir gesagt: thu' es um deiner Schwester willen, die um dich weint!... Aber auch der Gedanke an Alita ver= mochte mich schließlich nicht mehr über meine Schmach zu trösten. Pepe, sag' ihr, man habe mich verleumdet, sie wisse nicht, wie man mich geknechtet, wie man mich eingesperrt gleich einem Gefangenen. Mein Herz sagt mir, daß ich mich demü= thige, wenn ich die Schwelle eines Mannes betrete, der mich erst mit Wohlthaten überschüttet, dann aber durch verkappte Häscher hat verfolgen und knebeln lassen.... Ohne die Hülfe jenes Mannes da draußen und meiner Freunde, Pepe, läge ich jetzt vielleicht in einem Kerker, von dem aus ich schwerlich so= bald wieder das freie Sonnenlicht erblickt haben würde.... Mein Herz sagt mir ...

— Das sagt Ihnen nicht Ihr Herz, sondern Ihr Stolz, Mariano; und ich sage, daß Don Alessandro keiner schlechten That fähig ist. . . . Jetzt, Signore Mariano, fuhr Pepe entrüstet fort, da er seinen angebeteten Herrn verdächtigen hört, jetzt thun Sie, was Ihnen das Beste scheint. Ich werde Ihre arme Schwester zu trösten suchen, und wenn auch ihre Wangen blaß werden, wenn auch sie sich abzuhärmen beginnt, so schreiben Sie sich allein die Schuld zu. . . . Die arme Signore Alita, sprach er halb für sich selbst, sie ist fromm geworden wie ein Lamm, und ihr Bruder ist wie ein störrisches Pferd.

— Pepe, jetzt thust Du mir Unrecht! Du weißt nicht, was ich erduldet habe! Und wie sollte ich vor Don Alessandro treten? Als ein reuiger Sohn? Ich würde ein Heuchler sein, und dies habe ich in der Schule noch nicht gelernt, in die man mich geschickt hat.

— Don Alessandro wird vergessen, und auch Sie werden es thun. Kommen Sie, Signore Mariano! Die Freude wird groß werden, wenn man Sie wiedersieht. Nehmen Sie Vernunft an! rief Pepe bittend.

— Gut, Pepe, ich folge Dir. Aber auf Dich falle die Schuld, wenn dieser Gang die trüben Ahnungen erfüllt, von denen ich mich nicht losmachen kann!

— Zu Pepe's Freude kleidete Mariano sich eilig an und war eben im Begriff, mit Pepe zur Stubenthür hinaus zu treten, als Zerga plötzlich vor ihnen stand.

— Wohin gehst Du? fragte er, einen feindlichen Blick auf Pepe werfend.

— Zu Alita! antwortete Mariano.

— Wo ist Alita? fuhr Zerga fort, der die ganze Unter-

haltung mit angehört und wenigstens den Sinn derselben verstanden hatte.

· — Im Hause des Grafen Buelto.

— Und Du wirst allein dorthin gehen?

— Du siehst, ich habe Gesellschaft.

— Du wirst nicht ohne mich gehen! sagte Berga in ge-
bietendem Ton.

— Gut, so erlaube ich Dir, mich zu begleiten, versetzte
Mariano lächelnd. Komm', Du kannst vor dem Hause Wache
halten.

Schweigend schritten alle Drei zum Hause hinaus, dessen
Thür Mariano sorgfältig hinter sich verschloß.

II.

Ein Familienrath.

Wie dem Leser bekannt, war nur Mariano der Zweck von Berga's Aufenthalt in Rom; ihm galt es, den Jüngling zur Rückkehr in sein Vaterland zu verlocken und durch ihn auch Alita mit sich zu führen. Gewandt und verschmitzt wie er war, gelang es dem Saharier sehr bald, Mariano mit allen nur denkbaren Vorspiegelungen wieder für die Heimath zu interessiren, deren Bilder ja noch immer seiner Seele vorschwebten. Mariano besaß vermögende Freunde, die ihn mit Enthusiasmus aufnahmen und ihm ein Obdach verschafften, da sie sahen, wie unerfahren und unselbständig er den materiellen Anforderungen eines Lebens gegenüber war, von dessen Schattenseiten er nur die eine, nämlich die Unfreiheit der gesellschaftlichen Existenz, kennen gelernt hatte. Man schmeichelte ihm, ersparte ihm alle die kleinen Unbequemlichkeiten der Selbsterhaltung, und machte ihn also nur noch unselbständiger.

Mariano bekam hiedurch sehr bald einen hohen Begriff von seiner persönlichen Bedeutung; er bewegte sich in einer Welt voll Illusionen, hinter denen er keinerlei Täuschung ahnte, und sah seinen einzigen Feind nur in dem religiösen Institut, dem er entsprungen war. Ebenso befangen war er in den politischen Dingen, zu welchen man ihn als interessante Marionette benutzte; man sah in ihm eine feurige, zu den gefährlichsten Extravaganzen fähige Natur, welche noch nicht durch die Schule des Lebens abgeschliffen war, alle Hindernisse mit unbegrenztem Muth durchbrach, von den Folgen ihrer Unternehmungen keine Notiz nahm, die also als äußerste Vedette benutzt werden konnte und, wie man dies sehr bald in Erfahrung brachte, überall mit dem Glück die Probe bestand, das überhaupt dem Verwegenen hold ist.

In den revolutionären Versammlungen des Colosseum und der Piazza del Popolo, bei den feierlichen Zügen nach dem Quirinal, ward Mariano stets eine Hauptrolle zugetheilt, die seiner Eitelkeit nicht weniger schmeichelte, als sie den Lenkern von Nutzen war, denn Mariano's Erscheinen war stets von enthusiastischen Evviva's begleitet, namentlich die Frauenwelt hielt sich stets auf Mariano's Seite und seine Rednergabe, von seiner persönlichen Schönheit unterstützt, war jedesmal von drastischer Wirkung.

So fühlte Mariano sich denn glücklich; er genoß mit vollen Zügen die neue Freiheit, die er seiner eignen Entschlossenheit verdankte, kümmerte sich wenig um die Zukunft und war weit entfernt zu fürchten, daß dieses Leben jemals eine andere Wendung nehmen könnte.

Nur zweierlei beschlich ihn zuweilen mit peinlichen Gedanken: Alita war der Gegenstand seiner ganzen Zärtlichkeit, so lange ihm kein anderer in den Weg trat, und selbst dann noch blieb seine Bruderliebe die alte. Alita hatte ihm in Briefen bittere Vorwürfe gemacht und ihn beschworen, den Wünschen ihres

Pflegevaters zu folgen; in der letzten Zeit aber waren alle
Briefe ausgeblieben und die Sehnsucht, von ihr zu erfahren,
hatte ihm wirklich zuweilen trübe Augenblicke verursacht, wenn
er, erdrückt und ermattet sich in die Einsamkeit seiner Wohnung
zurückgezogen.

Auch was Zerga ihm, als er mit diesem so unerwartet zu-
sammentraf, von Alita erzählt, hatte eine gewisse Besorgniß in
ihm erregt. Zerga selbst war ihm ein halbes Räthsel. Dieser
Mensch drang nämlich fortwährend in ihn, nach Afrika zurückzukehren. Zerga hatte ihm goldene Berge gemalt, ihm geschil-
dert, wie einer der benachbarten Tuarekstämme den Sohn Deka
Atjem's einmüthig zu ihrem Scheik ausgerufen, auch Zerga
beauftragt habe, Tilutan diese Botschaft zu überbringen und ihn
gleich mit sich in die Berge des Hoggar zurückzuführen, da
Zerga — so erzählte er — diesem Stamme gesagt, der Sohn
Deka Atjem's habe sich vor seinen Feinden nach der Küste Marocco's geflüchtet.

Mariano hatte bereitwillig all die Unbill vergessen, welche
ihm Zerga auf der großen Flucht durch die Wüste zugefügt; er
besaß noch immer dieselbe Vorliebe für Zerga, die er einst als
Kind für ihn gehegt, hatte sich gern überzeugen lassen, daß es
eine Nothwendigkeit gewesen, ihn und seine Schwester aus dem
Vaterlande zu entfernen, weil die Feinde seines Stammes ihm
nachsetzten, und Zerga's Reden hatten daher zu Anfang ein
sehr williges Ohr bei Mariano gefunden. Der schlaue Saharier, gewitzt durch die Niederlage, welche er bei Alita gefunden,
hatte seine Sache hier nach einem fein angelegten Plan einge-
fädelt; er hatte sich Mariano unter dem Schein der väterlich-
sten Zuneigung wieder genähert, hatte ihm erzählt, daß er nicht
ohne ihn drüben in Afrika habe leben können, daß er deshalb

ihn aufgesucht, um ihn zurückzuführen, ihm als Diener zur
Seite zu sein auf der großen Bahn der Ehre und des Sieges,
die sich ihm öffne.

Eitel wie es jeder Araber und Berber ist, hatte Mariano
zu Anfang mit stolzem Bewußtsein diesen Erzählungen gelauscht.
In seinen Ohren rauschten bereits die Palmen wieder, für
deren Musik Alita so unempfänglich gewesen; er sah sich auf
der flüchtigen Stute durch die Ebenen jagen an der Spitze von
tausend Tapfern, gleich seinem Vater, ein Schrecken aller Feinde,
wie er es als Knabe geträumt; er hörte die Katscha durch das
Land der Schwarzen brummen beim Einfall seines Goums in
die Negerlande des Suban, sah die Schwarzen unter den Hu-
fen seiner Mahari zertreten werden und sich selbst mit Beute
und Schätzen beladen zurückkehren.

Das waren süße, große Träume! Zerga wußte sie mit all
dem Zauber zu umgeben, für welchen das jugendliche Gemüth,
der Thatendrang des Jünglings so empfänglich war, und wirklich gelang es dem Saharier während der ersten Tage ihres
Zusammenlebens, Mariano sein Wort abzunehmen, er werde
ihm heimwärts folgen und auch seine Schwester Alita zu bestimmen suchen, mit ihm in das Vaterland zurückzukehren.

Zerga jubelte; triumphirend schmiedete er bereits seine Pläne.
Mariano hatte ihm beim Andenken an seinen Vater schwören
müssen, mit ihm wieder in die Wüste zurückzugehen, und Zerga
wußte, daß ein solcher Schwur unverbrüchlich ist. Mariano
aber ward schon während der nächsten Wochen dermaßen in
den Strudel der Revolution hineingezogen, daß er die Erinnerung an sein Zerga gegebenes Versprechen gern in den Hintergrund drängte, allen Ruhm, alle Ehre, welche ihm drüben die

Palmen rauschen, zu vergessen schien und nur für die Gegenwart lebte.

Der Mahner blieb indeß stets an seiner Seite. Wenn
Mariano der Ruhe genoß, saß Zerga au seinem Lager, fand
ein grausames Behagen darin, ihn an die Berge des Hoggar
zu erinnern und zu finden, daß es wohl bald Zeit zum Aufbruch sei. Mariano hörte ihm zu, hieß ihn dann aber endlich
schweigen und überhäufte ihn wohl gar mit bittren Worten.

Zerga nahm diese geduldig hin, beobachtete den Jüngling
aber wie seinen Augapfel und gab, ohne es selbst zu wissen,
dem öffentlichen Erscheinen Mariano's dadurch eine interessante
Folie, daß er ihn, den afrikanischen Fürstensohn, stets wie eine
wilde Leibgarde begleitete, die durch Zerga's strenge Beibehal-
tung des afrikanischen Kostüms und seiner heimischen Gewohn-
heiten großes Aufsehen erregte. Man erzählte sich allerlei wun-
derliche Geschichten über Mariano's Verhältniß zu diesem afrikanischen Riesen, wie dieselbe, ein treuer Diener seiner unglücklichen Familie, nach jahrelangem Umherirren endlich den jungen
Fürsten aufgefunden, wie er des Nachts, seinen jungen Gebieter
bewachend, vor dessen Schwelle liege, und was sonst kleine Details waren, die Mariano sowohl wie Zerga allgemein interessant machen mußten.

In demselben Maße, in welchem unterdeß die Gemüthsbewegungen Mariano's zunahmen, vergrößerte sich auch die
Unruhe des Sahariers. Stets auf seinem Posten, Alles mit
der größten Aufmerksamkeit beobachtend, zwar oft völlig confus
gemacht durch alle die bunten Vorgänge, in denen er wie in
einem Labyrinth umher wanderte, horchte Zerga vorsichtig auf
Alles. Er bewachte ihn Tags, belauschte Nachts seinen Schlummer und war in seinem fortwährenden Brüten endlich mit

einem schwarzen Plane zum Abschluß gekommen, wie er nicht scheußlicher in einer rachsüchtigen Seele werden kann.

Er glaubte in Mariano Gefühle zu entdecken, die für seine Pläne sehr bedrohlich waren. Mariano sprach im Schlafe, wenn Zerga neben seinem Lager auf dem harten Steinboden ausruhte, oft einen Namen, der einem ihm bis dahin unbekannten Weibe gehören mußte. Er fragte Mariano eines Morgens, was dieser Name bedeute, Mariano erröthete und speiste ihn mit einer Antwort ab, die eben gut wie keine war. Zerga mußte hinter dies Geheimniß kommen. Noch an demselben Tage suchte er einen maroccanischen Juden auf, der seit Jahren als Krämer in Rom lebte, und der sein Dolmetsch und Rathgeber in allen Dingen geworden war, die Zerga nicht verstehen konnte.

Durch die Nachforschung dieses Juden sah sich Zerga alsbald in Besitz von Mariano's Geheimniß, mit Hülfe desselben gelang es ihm, unentdeckt Mariano einmal zu überraschen. Neue Pläne wurden jetzt geschmiedet; vielleicht, dachte er, konnte dieser Name und die Besitzerin dieses Namens selbst noch ein Werkzeug für ihn werden, wenn er die Sache gescheidt anfinge; einstweilen aber waren ihm beide ein Dorn im Auge. Zerga verbarg vorsichtig, was er wußte und ließ Mariano nichts ahnen.

Jetzt endlich aber war ihm auch dieser Pepe und der Graf Buelto zwischen seine Pläne gefahren; er hatte Pepe sofort erkannt, hatte die Unterhaltung Beider behorcht. Mit Gewalt konnte er Mariano nicht von einer Zusammenkunft mit seinem Pflegevater zurückhalten; es blieb ihm daher nichts anderes übrig, als in der Nähe zu bleiben und nöthigenfalls den Ausschlag zu geben.

Das Haus, welches Don Alessandro in Rom gehörte, lag in der Nähe des Panteon. In einem der einfach bekorirten Zimmer desselben finden wir Leona und Alita, beide scheinbar mit kleinen Handarbeiten, innerlich aber so sehr mit Gefühlen und Gedanken beschäftigt, daß keine von ihnen zur Unterhaltung aufgelegt war. Pepe war am Morgen zeitig ausgegangen, um auf den Wunsch Don Alessandro's den verirrten Mariano zu suchen. Drei Stunden war Pepe bereits fort: hatte er Mariano gefunden? Was war gestern mit dem Jüngling vorgefallen, da Don Alessandro so verstört nach Hause gekommen und von letzterem mit Worten der Entrüstung gesprochen hatte, die beiden Mädchen unverständlich waren, die aber auf etwas Schreckliches vorbereiteten.

Seit mehren Wochen waren sie schon hier, und noch hatten beide den Jüngling nicht vor Augen bekommen. Die einzige, allerdings sehr schwache Entschuldigung, die man noch für ihn hatte, war die, daß Mariano gar nicht von ihrer Anwesenheit in Rom unterrichtet sein mochte. Aber wenn er selbst hievon wußte, konnte er nach dem Vorgefallenen das Haus seines Pflegevaters betreten, war es von Mariano's Stolz und Eigensinn zu erwarten, daß er sich zu einem so demüthigenden Schritt verstehen werde? Alle Hoffnung war daher jetzt auf Pepe's Vermittlung gesetzt; man wußte, daß Mariano den gewandten Diener stets gern gehabt; man segnete Don Alessandro's Entschluß, den Pflegesohn zu sich zu bescheiden, aber was war von dem Ausgange dieses Zusammentreffens zu hoffen oder zu fürchten?

Don Alessandro's Reise nach Rom, die anfangs solche Eile gehabt, hatte sich, wie wir sehen, um ein paar Monate verzögert, und hieran war die neue Wendung schuld, welche die politischen Angelegenheiten genommen. Zu derselben Zeit nämlich, wo die Revolution in Rom den Quirinal in hellen Flammen umloberte, lag dieselbe in Neapel bereits wieder in den letzten Zügen. Bozelli, der einstige Radicale und Flüchtling, dem der König nach jener Scene in seinem Palaste das Ministerium übertragen, war in den Augen seiner Parteigenossen schnell verurtheilt, als er, nachdem Ferdinand II. das ihm von Bozelli vorgelegte Programm unterschrieben, dem Könige zu Füßen gefallen mit dem Ausruf: Sire, hätte ich sie früher gekannt, ich wäre nie ungehorsam gewesen!

Wenige Monate hatten genügt, um den Parteien in den neapolitanischen Provinzen das Schwert in die Hand zu drücken, als sie die retrograden Schritte des Hofes sahen. Die Armee blieb der Krone treu; Calabrien ward der Schauplatz blutiger Metzeleien zwischen den Truppen und den Freischaaren der Insurgenten; in Neapel selbst war am 12. August ein Haufe von Soldaten, Sbirren und Lazzaroni unter dem Geschrei: „Nieder mit dem Statut! Nieder mit der Nation! Es lebe der König!" durch die Stadt gezogen.

Der Prätorianer=Geist hatte wiederum sein Haupt erhoben; man erzählte sich von geheimen militärischen Versammlungen unter dem Fürsten Torchiarolo, in welchen die Beseitigung der einflußreichsten Deputirten beschlossen sein sollte. Am 5. September hatte der Minister Ruggiero im Namen des Königs die Vertagung des Parlaments erfolgen lassen; als die Deputirten im Begriff waren, sich nach aufgehobener Sitzung zu zerstreuen, hatte sich der Pfarrer von Santa Lucia an die Spitze einer Bande von Sträflingen gestellt und sie ermahnt, dem Treiben der Liberalen, dieser Feinde Gottes und des Königs, ein Ende zu machen. Sofort hatte sich auch eine Promenade durch die

Stadt organisirt. „Tod der Freiheit! Es lebe der König!"
hieß es.   Die Magazine schlossen sich; in einzelnen Volksquar-
tieren schaarten sich andere Haufen zusammen, die mit der dreifarbigen Fahne und der Devise: Es lebe die Constitution! ihren
Widersachern entgegen zogen.   Ein Kampf entspann sich; das
Militär schritt ein, gab Feuer auf die Liberalen und schleppte
zahlreiche Gefangene mit sich.

An der Spitze der Revolutionspartei, oder wenigstens der
Liberalen, war während der ersten Tage auch Landolfo d'Auria
erschienen, der sofort mit offener Stirn heraustrat, als sich das
Gerücht bestätigte, daß Delcarretto, vom Hofe als Sündenbock
benutzt, verbannt und in aller Stille nebst seinem Collegen
Cocle auf ein Regierungs-Dampfschiff gebracht worden sei.
Landolfo's Erstes war, den Padre Pelofo zu suchen und bei
diesem seine alte und neue Rechnung zu tilgen, denn er allein
konnte es gewesen sein, der Landolfo noch während der letzten
Stunde der Delcarretto'schen Schreckensherrschaft die Gensd'armen
desselben auf die Fersen geschickt hatte.   Pelofo aber war verschwunden, wie man vermuthete, in Gesellschaft seines Herrn
und Gönners Delcarretto.   Landolfo ward von seinen alten
Freunden mit Enthusiasmus empfangen; zu Leona's großem
Kummer betrat er die Rednerbühne des Parlaments.   Nach
einigen Monaten einer reichen parlamentarischen Lorbeer-Ernte
jedoch zu den Deputirten gehörend, welche nach Turin und Rom
gesandt wurden, sah er sich mit zwei Collegen bei seiner Rückkehr an der neapolitanischen Grenze von den Gensd'armen auf
königliches Geheiß ergriffen und unter Mißhandlungen über die
Grenze zurücktransportirt.   Landolfo rettete sich zur Armee der
Insurgenten, die damals etwa 5,000 Mann stark unter dem
Befehl Ricciardi's in Calabrien stand, und stieß auf das

kleine ficilianifche Hülfscorps, welches von der Infel unter dem General Ribotti den Neapolitanern zu Hülfe gefandt worden. Unter diefen fand Landolfo auch feinen alten Freund Lorenzo wieder. Hart bedrängt von den Truppen Ferdinand's mußte fich Ribotti vor den zweitaufend Mann des General Nunziante, auf Cofenza zurückziehen. Nach einer abermaligen Niederlage fah fich die ganze Infurgenten-Armee verfprengt; viertaufend Mann flohen in die Wälder und Berge; Ricciardi mit funfzehn andern Chefs warfen fich in eine Barke und landeten nach einem heftigen Sturm glücklich an der Infel Corfu. Die Sicilier, unter ihnen der verwundete Lorenzo, leifteten den königlichen Truppen tapferen Widerftand; da fie ihr Gouvernement ver= geblich um einige Dampffchiffe gebeten hatten, welche fie nach ihrer Infel zurückführen follten, warfen fie fich in kleine Fahr= zeuge, welche fie am Ufer von Cantanzaro fanden, und fchifften fich mit ungefähr hundert Calabrefen, fammt ihrer aus fieben Gefchützen beftehenden Artillerie ebenfalls nach Corfu ein.

Schon am erften Tage fahen fie ein Dampffchiff ihnen fol= gen; daffelbe hißte die englifche Flagge auf; die Sicilianer ließen fich vertrauensvoll von diefem am Bord nehmen und bemerkten zu fpät, daß fie die Gefangenen einer neapolitanifchen Equipage geworden, die fie nach Neapel führte und in die unterirdifchen Kerker von St. Elmo fchleppte. Nur den Proteftationen Eng= lands, daß wegen Mißbrauchs feiner Flagge drohte, verdankten die Gefangenen zum größten Theil ihre Befreiung, oder die Umwandlung ihrer Todesftrafe in lange Kerkerhaft. Was aber England nicht verhindern konnte, war die Hinrichtung Ein= zelner, zu deren Schonung fich das neapolitanifche Gouverne= ment trotz allen Demonftrationen nicht entfchließen konnte.

Landolfo gehörte nicht zu denen, welche fich auf die Schiffe

gerettet; es hieß vielmehr, er sei mit seinen Begleitern auf
römisches Gebiet geflohen. Leona war also wieder vaterlos
und Don Alessandro sah zu seinem Leidwesen, daß seine Be-
fürchtungen in Betreff Landolfo's und seines „politischen Rück-
falls" eine Wahrheit geworden. Pater Peloso erschien, als die
Revolution ihrem Ende entgegen ging, wieder auf dem Schauplatz. Die öffentliche Meinung bezeichnete ihn auch jetzt wieder
als einen derjenigen, welche den thätigsten Antheil an den Verfolgungen der Liberalen hatten, und mehr als je, intimer als
je sah man ihn mit Don Alessandro verkehren.

Während Leona und Alita, traurigen Gedanken nachhängend,
bei ihrer Arbeit saßen, horchte die Letztere plötzlich auf. Leona
schaute sie fragend an; sie war gewohnt, auf Alitas scharfes
Gehör zu rechnen, und wirklich glaubten die beiden Mädchen
Tritte unten in dem Hausflur zu vernehmen. Alita wechselte
die Farbe, Leonas Herz klopfte ängstlich.

— Er ist's! rief Alita plötzlich aus, die ihres Bruders
Tritte erkannte.

Leona legte bange die Hand auf die Brust; die kleine Stik-
kerei sank in ihren Schooß.

Wenige Sekunden darauf öffnete sich die Thür und Mariano
erschien in derselben.

— Mariano! rief Alita aufspringend, ihn ins Zimmer
ziehend und dem Jüngling um den Hals fallend. Böser Bruder, wie hast Du Deine Alita so lange vergessen können? fuhr
sie fort, während sie ihm die Wangen streichelte und ihn mit
Stolz betrachtete, denn so stattlich, so schön hatte sie sich ihren
Bruder, den sie seit Jahren nicht mehr gesehen, kaum vorgestellt. Wie dank ich Dir, Mariano, daß Du endlich gekommen

bist! Ich will Dir auch Alles verzeihen, wenn Du jetzt nur
bei uns bleibst!

Mariano erwiederte Alitas Liebkosungen zwar herzlich, aber
doch mit der Befangenheit, die ihm das Bewußtsein, auf fremden
Boden zu stehen, einflößen mußte. Er fürchtete jeden Augenblick, Don Alessandro zu sehen, schaute verlegen im Zimmer
umher und gewahrte bei dieser Gelegenheit Leona, die mit
hochrothen Wangen dastand und ein herzliches Wort von ihm
zu erwarten schien.

Das arme Mädchen wagte es nicht, zu ihm zu treten und
ihn willkommen zu heißen; sie war verwirrt gemacht durch das
laut pochende Herz, das ihr zurufen mochte: Sieh, da steht er,
um den du so lange im Stillen geweint! Sieh nur, wie groß,
wie stolz er ist; du hast ihn geliebt, als er noch nicht so schön
war, wie wirst du ihn jetzt erst lieben, und wie viel unglücklicher wirst du ferner sein!

Mariano, als er Don Alessandro nicht im Zimmer sah,
drückte Alita herzhaft in seine Arme und trat dann zu Leona.

— Wie geht es meiner Schwester Leona? fragte er, ihr
die Hand drückend. Er hätte ihr dabei nach seiner alten Kna-
benweise gern einen Kuß auf den Mund gedrückt, aber er erschrak vor der Röthe, welche das Antlitz des Mädchens bedeckte,
und ihre Verwirrung machte auch ihn befangen.

— Wir haben uns viel nach Dir gesehnt, lieber Mariano,
antwortete Leona, während ihre Hand in der der seinigen zitterte.
Du hast böse an uns gehandelt, daß Du uns so lange vergessen!

Mariano's Brust hob sich unter einem Seufzer.

— Unsere Wege können nicht immer dieselben sein! sagte
er ausweichend. Ich hatte keine Ahnung davon, daß Ihr be-

reits so lange in Rom seiet, fuhr er den Arm um Alita legend
fort und mit Wohlgefallen auf die schöne Blume sehend, die
sich aus der wilden kleinen Knospe entfaltet.

— Nicht wahr, Du bleibst jetzt wieder bei uns? Es wird
Alles wieder gut werden, Mariano! sagte Alita mit kindlichem
Vertrauen. Jetzt aber setz' Dich zu uns, Mariano; wir haben
viel, sehr viel zu plaudern, ich habe Dir eine Menge Geschichten zu erzählen, und auch Du mußt uns viel, sehr viel erzählen. Wie groß und schön Du geworden bist! fuhr sie plaudernd
fort, da sie sich an ihrem Bruder nicht satt sehen konnte. Aber
bin ich nicht auch groß geworden, Mariano? Nur Leona ist
noch immer dieselbe geblieben, setzte sie mit einem schelmischen
Blick auf diese hinzu.

Eben trat Pepe ein.

— Don Alessandro erwartet Sie in seinem Zimmer, Signore
Mariano! sagte er.

Mariano fuhr bei dieser Meldung zusammen; es war ihm,
als rufe man ihn vor die Schranken eines Gerichtshofes. Er
bedurfte seiner ganzen Geistesgegenwart, um vor denselben hin-
treten zu können.

Auch der beiden Mädchen hatte sich eine sichtbare Angst bemächtigt; sie wußten, wie viel von diesem Augenblick abhing;
sie kannten Don Alessandro's eisernen Willen und Mariano's
Trotz; ihre Hoffnung beruhte indeß auf die Vermittelung anderer
Persönlichkeiten, die sie am Morgen in des Grafen Cabinet
hatten treten sehen.

— Nicht wahr, Mariano, Du wirst sanft und gehorsam
sein? rief Alita, sich an ihn hängend und ihm mit rührender
Zärtlichkeit ins Auge blickend.

— Mariano, sprach Leona, seine Hand ergreifend, mit einer gewissen Feierlichkeit; willst Du mir eine Bitte gewähren?

Mariano antwortete nicht, er war zerstreut, er fühlte sich weich gestimmt, und dennoch war er sich bewußt, daß er zu einem harten Strauß gerüstet sein müsse. Dazu kam noch, daß er erschrak, als sein Blick auf Leona fiel und er auf dem Antlitz des Mädchens den so treuen Reflex dessen gewahrte, was in ihrem Herzen vorging. Bis dahin hatte er stets gewußt, daß Leona ihn gern sähe, daß sie ihn verzärtelte, daß aber diese kleinen Aeußerungen der Zuneigung einer wirklichen Leidenschaft entflossen, davon hatte Mariano sich nichts geträumt. Als Knabe hatte er sich in seiner Ausgelassenheit wenig um dergleichen gekümmert, als Jüngling errieth er beim ersten Wiedersehen, was in Leona vorging, und daß er es selbst in seiner augenblicklichen Aufregung errieth, war ein Beweis, wie wenig Leona ihre Liebe für Mariano zu verbergen im Stande war.

— Mariano, sei nicht aufbrausend gegen den Vater! flehte Leona, seine Hand in der ihrigen drückend und mit einem so innigen Ton, daß derselbe Mariano's Herz durchzitterte. Sei gehorsam gegen ihn; Du weißt ja, er will Dein Bestes! Sieh, fuhr sie in demselben Tone fort, Alita und ich werden eine Stunde der peinlichsten Angst verleben, während wir Dich im Zimmer des Vaters wissen! Habe Mitleid mit uns Allen, Mariano, ich beschwöre Dich!

Mariano war durch Leona's Worte, durch ihre Innigkeit in eine weiche Stimmung versetzt, daß sich seine Augen feuchteten. Unwillkürlich preßte er Leona's Hand in der seinigen; gerührt durch so viel Theilnahme blickte er dem Mädchen in das flehende Auge. Wiederum aber zuckte er hierbei zusammen, denn was in diesem Auge geschrieben stand, durfte er nicht

lesen; er erröthete über sich selbst; was dieses Herz ihm ent-
gegentrug, durfte er nicht annehmen; es erschien ihm wie eine
Versündigung, auch nur den Schein zu tragen, als verstehe er
Leona. Das Blut stieg ihm in die Stirn, er schlug das Auge
nieder, entzog Leona hastig die Hand, machte sich aus Alita's
Arm los und eilte hinaus.

Der Graf Buelto war inzwischen, Mariano erwartend, in
seinem Arbeitszimmer auf und abgegangen. Es war ihm lieb,
den Jüngling bei den Mädchen zu wissen, denn er rechnete auf
deren Einfluß. Don Alessandro war tief darniedergedrückt, er
litt noch unter dem Einfluß der entsetzlichsten Dinge, welche er
gestern erlebt, wo er an der Leiche seines Freundes und zugleich
am Sarge seiner schönsten Hoffnungen gestanden. Jene Scene,
deren Zeuge er beim Heraustreten aus dem Deputirten-Palast
gewesen, hatte ihm tief ins Herz geschnitten. Allerdings war
es ihm bald klar geworden, daß der Pöbelhaufe Mariano's
Person nur als Puppe zu einem empörenden Aufzuge gemißbraucht habe, aber schon der Gedanke, daß ein Angehöriger des
Hauses Buelto sich zu dergleichen entsetzlichen Schauspielen habe
hergeben müssen, war ihm ein fürchterlicher.

Don Alessandro hatte während der letzten Zeit, als er mit
Allem, was Mariano trieb, genugsam bekannt geworden, mit
sich selber im Kampfe gelegen, ob er den mißrathenen Sohn
aufgeben, oder zum Aeußersten greifen solle, um ihn seinem
Willen zu beugen; eine letzte Conferenz mit mehren betheiligten
Persönlichkeiten hatte ihn jedoch zu dem letzteren entschieden;
er war entschlossen, ihn zum Gehorsam zu zwingen, wenn
er nicht gütigen Vorstellungen folgen will.

Mariano trat ein. Zaudernd blieb er auf der Schwelle
stehen und wagte kaum aufzuschauen. Sein Antlitz glühte, seine

Bruſt hob ſich, es war ihm zu Muthe, wie einem armen Sünder, den man zum Richtplatz führt. Bald aber begann auch
der Stolz in ihm ſein Recht geltend zu machen; er ſchämte ſich
der Rolle, die er hier ſpielte. Langſam erhob er das Antlitz
und wagte einen Blick auf Don Aleſſandro zu werfen, der, als
habe er den Eintretenden nicht bemerkt, mit den Händen auf
dem Rücken und vor ſich hinſchauend im Zimmer auf und
ab ſchritt.

— Sie haben befohlen, mein Vater? begann Mariano
halblaut, aber mit einer gewiſſen Entſchloſſenheit. Während
ſeine Blicke dem Grafen folgten, bemerkte er in dem offenen,
nur durch eine rothe Portière von dem Zimmer getrennten
Kabinet zwei Männer, die ſchweigend auf dem Divan ſaßen
und ihn ſtreng fixirten.

Mariano fuhr zuſammen; ſein Auge hatte das des Pater
Mortinovich getroffen, der ihn mit ſeinem durchbringenden
Blick anſtarrte. Neben ihm ſaß der Pater Peloſo, ein Mann,
der, wie Mariano wußte, großen Antheil an ſeinem Schickſale
hatte und gegen den er ſtets eine unüberwindliche Abneigung
empfunden.

Einen Augenblick war Mariano unſchlüſſig, ob er bleiben
oder das Zimmer verlaſſen ſolle; er hatte erwartet, mit ſeinem
Pflegevater allein zu ſein. Die Hinzuziehung dieſer beiden
Männer erſchien ihm wie eine abſichtliche Kränkung. Nur ſeinem
Pflegevater glaubte Mariano Rede ſtehen zu müſſen.

Eben wollte Mariano, ſeiner Entrüſtung folgend, Kehrt
machen, als Don Aleſſandro ſich zu ihm wandte.

— Du willſt Dich wieder entfernen! fragte er mit eiſigem
Ton, Mariano vom Kopf bis zu den Füßen meſſend.

— Ja, mein Vater! antwortete Mariano, das Haupt stolz erhebend und dem Blick des Grafen mit Ruhe begegnend.

— Und weshalb?

— Weil ich Sie nicht allein finde!

— Wir haben vor diesen Herren keine Geheimnisse, fuhr der Graf in demselben Tone fort. Ich habe in Betreff Deiner stets im Einverständniß mit ihnen gehandelt und thue dies auch heute.

— Ich weiß es, mein Vater; denn eben diesem Einver=ständniß verdanke ich die bittersten meiner Leiden! versetzte Mariano.

— Du scheinst in guter Schule gewesen zu sein! rief der Graf, mit verschränkten Armen in der Mitte des Zimmers stehend.

— Leider ja, mein Vater! Fragen Sie nur den ehrwür=digen Pater Mortinovich!

Mariano warf bei diesen Worten einen Blick in das Ca=binet und sah, wie der letzte sich entrüstet erheben wollte, einer besseren Eingebung folgend aber wieder seinen Platz einnahm.

— Du wirst wohl thun, zu bedenken, vor wem Du stehst, um den Ton sowohl wie den Respekt nicht zu vergessen, den Du mir schuldig bist! sagte der Graf zu seinem Tische gehend, und dort unter den Papieren suchend.

— Ich stehe vor meinem zweiten Vater, vor meinem Wohl=thäter, antwortete Mariano im Tone des Gehorsams. Dieser aber würde mir wohl eine Demüthigung haben ersparen können, welche ich in der Anwesenheit dieser Herren sehe.

Schweigend, mit einem Papier in der Hand, trat Don Alessandro an die Thür des Kabinets.

— Meine Herren! sagte er zu den beiden Priestern, darf ich um Ihre Aufmerksamkeit bitten!

Die beiden Patres traten herein. Don Alessandro lud sie auf den Sopha, während er sich selbst einen Stuhl in die Nähe desselben setzte. Nur Mariano blieb in stehender Haltung vor dem Tribunal, das sich soeben bildete.

— Mariano, begann Don Alessandro mit großer Feierlichkeit, als Dein Pflegevater, der dereinst Gott Rechenschaft für Dich abzulegen haben wird, verlange ich zu wissen, wie Du Deine Zeit verbracht seit dem Tage, an welchem Du Dich der Obhut dieses ehrwürdigen Mannes entzogen.

Auf diese Frage war Mariano nicht vorbereitet; sie war auch unmöglich mit einigen Worten zu erledigen. Er schwieg und schaute fragend auf das Papier, das der Graf die Antwort erwartend hin und her wandte. .

— Du schweigst und nöthigst mich also, Deinem Gedächtniß zu Hülfe zu kommen, fuhr mit großer Kälte Don Alessandro fort. Wie Du weißt, habe ich Dir einmal verziehen, als Du dem Collegium entlaufen; ich gab Deinen Wünschen nach und vertraute Dich der Erziehung des ehrwürdigen Pater Mortinovich. Auch diesem entzogst Du Dich durch die Flucht und stürztest Dich, verleitet durch demagogische Freunde, in die Arme einer Partei, deren Lehre Umsturz und Vernichtung aller göttlichen Ordnung ist, deren Schule aus Demagogen Mörder erzieht. Aus diesem Bericht über Deine Führung ersehe ich, daß Du an öffentlichen Volksversammlungen Theil genommen, die Verjagung der Priester geprediget, Dich in Verschwörungen eingelassen, unter deren Dolchen gestern einer meiner edelsten Freunde gefallen; ja mir selbst war die Schmach bestimmt, Dich gestern als den vermeintlichen Mörder dieses meines Freundes im wilden Triumphe durch die Straßen tragen zu sehen. Dieser Bericht hier ist überreich an Thatsachen, die mir

den Beweis liefern, wie tief Du, fortgerissen von der Brandung pöbelhafter Excesse, verblendet durch Einflüsterungen und
Schmeicheleien, denen Deine Eitelkeit Gehör lieh, einem Verderben in die Arme gesunken, das unfehlbar über Dir zusammenschlagen muß. Auf den Rath dieser frommen Väter, die
mit gleicher Wärme wie ich für Dein Wohl bedacht sind, schritt
ich angesichts der Gefahr zu einem verzweifelten Mittel, Dich
diesem Strudel zu entreißen, indem ich mich Deiner Person zu
bemächtigen versuchte. Auch dieses mißlang durch die Machinationen Deiner Consorten, die sich nicht entblödeten, den
Pöbel gegen mich zu Hülfe zu rufen, und zu meinem Entsetzen
mußte ich erfahren, daß an der Spitze der ersteren eine Sirene
steht, die, wie ich fürchte, Dich bereits in ihren Netzen hält.

Der Graf machte hier eine Pause. Mariano, der bisher
sein Sündenregister mit ziemlicher Fassung angehört, stutzte, als
er den Grafen von einer Sirene sprechen hörte, mit der doch nur
die Fürstin Delila gemeint sei.

— Könnt ich es vor dem Höchsten verantworten, fuhr Don
Alessandro fort, so würde ich glauben, meine Mittel erschöpft
zu haben, und Dich Deinem Verderben überlassen. Ich versuchte das Letzte, indem ich Dich hierher beschied. Diese
Herren waren Zeugen dessen, was ich für Dich gethan, sie
sollen heut auch Zeugen meines letzten Versuches sein. Mariano! sprach der Graf, mit Feierlichkeit sich erhebend und einen
Schritt zu ihm thuend. Ich sehe Dein Gemüth dem Einfluß
des Edlen, der Frömmigkeit und der Weisheit verschlossen;
Dein Pflegevater steht vor Dir, derselbe, der zahllose Nächte
um Deinetwillen durchwacht, der tausendmal Gott angefleht,
er möge ihm die Mittel und Wege zeigen, durch welche er Dich
ihm wieder zurückführen könne! Du siehst vor Dir einen

Mann, den Du tief gebeugt und verwundet haft durch Deinen
Ungehorfam; er aber will noch einmal Alles vergessen, er bietet
Dir die Hand, wenn Du in feine Arme und zugleich in den
Schooß der Kirche als reuiger Sohn zurücktreten willst!

— Du zauderst, Mariano! sprach der Graf nach einer
Pause, da er sah, wie Mariano, als er ihm Versöhnung bot,
den Arm ausstreckte, bei dem Nachsatz des Grafen diese aber
sinken ließ. Du weisest die Hand Deines Vaters zurück?

— Nein, beim ewigen Gott, nein! rief Mariano in höchster Aufregung. Sie mißverstehen mich, mein Vater!

— Wohlan denn, Mariano, so reiche mir Deine Hand;
reiche sie diesen frommen Männern, die mit mir für das Heil
Deiner Seele gebetet. Versprich mir und ihnen, daß Du Deine
Verirrung bereust; versprich uns wieder ein folgsamer Sohn zu
sein und eine Gemeinschaft mit Individuen zu meiden, die sich
mit dem Fluche Gottes und der Welt beladen, mit einem
Fluche, der auch Dein Haupt treffen wird, wenn Du die
Stunde der Reue versäumst.

Mariano stand da im Kampfe mit sich selbst. Er war bereit, die ihm dargebotene Hand seines Wohlthäters zu ergreifen;
er fühlte im Innersten seiner Seele das Bedürfniß der Versöhnung; Don Alessandro aber hatte an dieselbe eine Bedingung
geknüpft, gegen welche sich sein Stolz sträubte, die er nicht eingehen durfte, weil dieselbe ihm die Aussicht auf neue Demü-
thigungen, auf denselben Kerker bot, den er vor Kurzem erst
verlassen. Mariano sollte bereuen und Abbitte thun; er aber
war sich keines Verbrechens bewußt, das er zu sühnen habe.
Was er gethan, betrachtete er als eine Selbsthülfe, als einen
Schritt der äußersten Nothwehr in der äußersten Schmach.
Jetzt hatte er Monate lang in den Genüssen der Freiheit ge-

schwelgt, seine Seele hatte aufgejauchzt nach so langer Knechtschaft, er war frei geworden wie ein Vogel in der Luft, und
wenn er also aus Pflicht- und Dankbarkeitsgefühl gegen seinen
Wohlthäter freiwillig in diese Knechtschaft zurückkehrte, wenn er .
sich aus kindlichem Gefühl dem Willen des letzteren beugte und
dem Eden entsagte, in welchem er geschwärmt — sollte er diesen Schritt noch mit einer de- und wehmüthigen Abbitte begleiten, sollte er den Rücken beugen vor diesen beiden Männern,
die ihm früher den Fuß auf denselben gesetzt; sollte er einge-
stehen, unrecht gegen sie gehandelt zu haben, indem er ihr Joch
abschüttelte? Nimmermehr! Mariano war bereit, seinen Pflegevater der vielen Sorgen wegen, die er ihm bereitet, um Verzeihung zu bitten, aber sich auf Gnade und Ungnade, auf die
Gefahr hin zu unterwerfen, wieder in jene verhaßten Zellen
zurückzukehren, wieder in eine Laufbahn gepreßt zu werden, die
er verachtete, das war unmöglich; schon der Gedanke empörte ihn.

— Mein Vater, sagte er, sich entschlossen aufrichtend, ich
bekenne, daß ich gegen Ihre Wohlthaten gefrevelt, daß ich sie
mit Undank belohnt; aber in meiner Brust lebt zugleich die
entschuldigende Ueberzeugung, daß ich nicht anders handeln konnte,
daß ich nicht der Sclave von Männern bleiben durfte, die durch
die rücksichtslofeste, alles edle Gefühl in mir ertödtende Disciplin, durch eine jeden Funken von Ehrgefühl erstickende Tyrannei mich zu einem willenlosen Werkzeug ihrer Zwecke machen.
Ich kann nicht dafür, daß der Gott, den man mich anbeten
gelehrt; in meine Brust einen Stolz, ein Selbstbewußtsein gelegt, die mir täglich sagen: Diene und gehorche, aber nur so
weit Du es mit Ehren kannst! Du wardst geboren zu herr-
schen; das Schicksal hat Dich aus Deiner Heimath verjagt;

Männer, die es wohl mit Dir meinen, haben in der edlen aber
blinden Absicht, Dich für ein Werk zu bereiten, das Du nimmer mit Liebe umfassen kannst, Dich zum Sclaven der eisern-
sten Ordensregeln gemacht; durch Zwang erziehen sie in Dir
einen Heuchler, flößen sie Dir die Lehren einer Schule ein, gegen welche sich Deine Ueberzeugung sträubt. Wirf diese Sclaverei von Dir und sei frei, wie Du es warst, frei vor Deinem
Gewissen und der Welt!... Ich folgte dieser inneren Auf-
forderung. Ich mußte Sie, mein Vater, dadurch verletzen,
mußte mit Undank Ihre Wohlthaten vergelten, die mir eine
Quelle so endloser Leiden waren. Ich stehe jetzt vor Ihnen,
um Sie für diesen Undank um Verzeihung zu bitten; gegen
Sie mußte ich fehlen, gegen Andere hab' ich nie gefehlt und
werde also Andere auch niemals um Verzeihung bitten!

— Und dennoch ist dies die Bedingung meiner Verzeihung!
sagte Don Alessandro empört über diese Sprache. Der Congregation durch mein unlösbares Wort verpflichtet, muß ich
Dich ihrer Obhut wieder zurückgeben, weil ich dies ihr und
meiner Ueberzeugung vom Besten schuldig bin. Die Congregation ist bereit, Dir zu vergeben, was Du gethan hast . . . .

— Ich danke der Congregation, mein Vater! unterbrach
ihn Mariano mit stolzem Lächeln; auch ich verzeihe ihr, was
sie an mir gethan!

— Stehst Du etwa vor mir, um zu verzeihen, oder daß
Dir verziehen werde? rief Don Alessandro entrüstet über solche
Frechheit.

— Mein Vater, ich las in einem der heiligen Bücher, mit
denen man mich beschäftigt, daß wir allzumal Sünder und nicht
werth des Ruhmes, den wir vor Gott haben. Es ziemt dem
Schüler nicht, seinen Meister zu tadeln, aber es ziemt noch we-

niger dem Meifter, den Tadel feiner Jünger hervorzurufen.
Jener Mann dort, mein Vater, rief Mariano, mit einer im»
ponirenden Sicherheit auf Pelofo zeigend, jener Mann dort hat
fich, Ihr Vertrauen mißbrauchend, einen Einfluß auf mein Le»
ben angemaßt, den ich mit derfelben Verachtung zurückweife,
die ich feiner Perfon widme, denn er war der erfte, deffen Bei»
fpiel mich lehrte, daß man mit einer Zunge Gott preifen, feine
Mitmenfchen läftern, verleumden, vernichten und der ewigen
Kerkernacht oder gar dem Henkerbeil überliefern kann! Bei
Ihrem edlen Herzen, mein Vater, fetze ich voraus, daß Sie
diefen Mann weniger' kennen als ich, als die Welt, die ihn mich
kennen gelehrt hat, in deren Augen er gebrandmarkt ift. . . .
Beruhigen Sie fich, ehrwürdiger Mann! fchaltete Mariano, mit
Lächeln gegen ihn die Hand ausftreckend ein, als er fah, daß
Pelofo fich wüthend erhob. Sie haben mein Sündenregifter
entworfen, ich will Ihnen gleiche Dienfte erweifen. . . . Jener
Mann, dem Sie Ihr Vertrauen fchenken, mein Vater, fuhr er
mit verächtlichem Tone fort, er befitzt zugleich das Vertrauen
der neapolitanifchen Oberprofoßen. Daffelbe Haupt, das fich
öffentlich anfcheinend in Demuth vor Gott und feinen Heiligen
beugt, es erhebt fich in fchamlofer Frechheit als geheimer An»
kläger, um feinen Nächften, der ihm ein Dorn im Auge ift,
in's Verderben zu ftoßen, um die Tugend zu verleumden, ftilles
Glück zu zerftören und die Kerker der Thrannen mit unfchul»
digen Opfern zu füllen. . . . Ja, mit unfchuldigen Opfern zu
füllen, mein ehrwürdiger Pater, wiederholte Mariano, als Pe»
lofo Miene machte, ihm in's Wort zu fallen. Wünfchen Sie
Beweife? Hier ftehen fie aufgezeichnet, rief er auf feine Bruft
zeigend, hier fteht ein Vorwurf für Sie gefchrieben, zu dem ich
Ihnen jeden Augenblick den Ankläger gegenüber zu ftellen bereit

bin. Landolfo d'Auria hat Sie nicht vergessen! Hüten Sie
sich vor ihm, denn es ist die Zeit gekommen, wo die Todten
ihre Arme zum Grabe herausstrecken, um auf ihre Mörder zu
zeigen, und die Mauern der Gefängnisse zu reden beginnen!

— Schweig, elender Verleumder! rief Don Alessandro,
bleich vor Empörung über diese Anklage, die ihm selbst nicht
unbekannt war, für die er aber, wie wir bereits wissen, entschuldigende Gründe kannte.

— Ich schweige, mein Vater, denn dieses Mannes Ver-
dienste zu kennzeichnen, bedarf es nur eines Wortes: er ist ein
Schurke! Was jenen Mann dort betrifft, fuhr er auf Mortinovich zeigend und in einem Tone fort, als sei er hier der
Richter und nicht der Sünder; fern sei es von mir, einen Stein
auf seine Ehrenhaftigkeit zu werfen, und ich erstaune, ihn an
der Seite jenes Sbirren zu sehen. Ich erkenne die Mühe, die
er sich um meinetwillen gegeben, aber in meinem Herzen finde
ich leider keinen Dank für dieselbe, weil er aus mir ein willen-
loses Werkzeug seines Ordens zu machen glaubte, das mit soldatischer Blindheit nur dem Befehle gehorcht, dessen geistige
Fähigkeiten man erstickt aus Furcht, daß sie dieses Werkzeug
zur Rebellion verleiten könnten. Ich glaube, daß man mit
solcher Disciplin Schlachten gewinnen, Länder und Völker verwüsten kann, aber daß man damit zu schaffen, aufzubauen
und zu beglücken im Stande, das leugne ich ... Ich bin
der Fahne Ihres Ordens entlaufen, ehrwürdiger Vater; ich
mußte es, weil man mich unter dieselbe zwang. Ich bin mir
keines Verbrechens bewußt, weil ich dieser Fahne nie den Eid
der Treue geschworen, und mein Gewissen bewahre mich, dies
jemals zu thun ...

— Mein Vater, wandte sich Mariano jetzt an Don Ales-

ſandro mit weicher und bittender Stimme; was ich ſoeben ſprach,
iſt der reine und klare Ausfluß eines Herzens, das Sie ver=
ehrt, Ihnen tauſendfachen Dank zollt. Ich reiche Ihnen nicht
die Hand zur Verſöhnung, nein, ich bitte um Ihre väterliche
Hand, um Ihre Verzeihung! Es gab eine Zeit, wo ich wenig
von mir ſelber wußte, wo ich, fern von der Ahnung einer hö=
heren Bedeutung meines Lebens, nur da zu ſein glaubte, um
dem Uebermuth und der Wildheit des Knaben die Zügel
ſchießen zu laſſen. Dann wiederum gab es eine Zeit, wo ich
unter dem Fluche des Schickſals, als Sclave durch die Oeden
wanderte und in ſtillen Nächten beweinte, was mir in dem
Zelte des Vaters an Glück und goldner Zukunft unrettbar ver=
loren gegangen. Sie nahmen mich meiner an; ſie führten
mich in eine neue Welt, erſchloſſen mir neue Hoffnungen, neue
Gedanken, neue Quellen der Freude, neue Ausſichten auf Ehre
und Ruhm, die mein Herz in der Heimath erfüllten. Sie
klärten meine Natur von den rauhen Schlacken, die an ihr
hafteten; Sie zeigten dem übermüthigen, tollen Knaben dieſe
neue Welt und ſagten ihm: ſieh Dir dieſen Glanz, dieſes mil=
lionenarmige Regen und Schaffen der Civiliſation an, dieſes
gegenſeitige Ueberbieten der einzelnen Kräfte, die durch ein wun=
derbares Ineinandergreifen, zur Ehre des neuen Gottes, den
ich Dich anbeten gelehrt, durch die erſtaunlichſten Reſultate be=
weiſen, weſſen der Geiſt und die Kraft des Einzelnen fähig
iſt. Sieh, ſagten Sie zu mir: in drei großen Strömen zieht
ſich das Leben der Menſchheit durch dieſe große und weite
Welt. Der eine Strom iſt der der materiellen Arbeit, des
rohen, ſchweißtriefenden Schaffens durch techniſche Fertigkeit auf
Grund ſinnreicher Erfindungen; er führt das Gold des Reich=
thums mit ſich, der unſere Staaten und Völker ernährt; er hat

Millionen Quellen und Millionen Adern und der Geist schöpft
aus ihm den Goldsand, den er mit sich schwemmt. Es ist der
Strom der Industrie. Der andere Strom ist der der Wissen-
schaften, des Lernens Forschen und Erkennen; an seinen Ufern
blühen die Lorbeern, wie in Deiner Heimath die Rosenlorbeern
in den Thälern dem Laufe der Bäche folgen. Auf jedes Haupt,
der ihn mit Ehren befährt, fällt wohl ein Blatt von diesen
Lorbeern, nicht Jeder aber wird von der Welt mit diesen Lorbeern gekrönt; schwierig und geheimnißvoll sind die Quellen
und die Windungen dieses Stromes, er schwemmt kein Gold
mit sich, für seine Armuth aber entschädigen ihn die Lorbeern
an seinen Ufern. Der dritte Strom ist der schönste und geseg-
netste, es ist der des Glaubens, der Gottesanbetung, der Ver-
kündigung seiner Größe und Allmacht. Engel und Seraphe
sitzen am Steuer Dessen, der diesen Strom befährt, sie führen
ihn weit, weit hinaus durch alle Länder, so weit die Sonne
scheint. Seine Ufer sind mit den Dornen des Unglaubens und
der Sünde bewachsen, mühsam und gefährlich, voll Kampf und
Entbehrung ist das Leben dieses Schiffers; er steigt an die Ufer
der Völker, die noch in Nacht und Sünde wandeln, die zu
Götzen und falschen Propheten beten; er findet Kampf und
Feindschaft auf seinen Wegen, die Dornen zerfleischen seinen
Fuß, die Pfeile der Götzenanbeter verwunden sein Fleisch; er
aber ringt muthig, die Seraphe schützen ihn und über die
Dornen hinweg tragen ihn endlich die Hände der Engel jenseits
in das Paradies . . . . . Diesen dritten Strom sollst Du be-
fahren, Mariano, sagten Sie zu mir, mein Vater! Sie malten
mir Kampf und Sieg für den großen Gott, in dessen Kirchen
mich die Tonwellen der Orgel umrauschten, an dessen Altären
goldene und silberne Meßgewänder, der Glanz der geweihten

Geschirre, die gewaltigen Marmor-Bogen und Granit-Säulen mein so empfängliches Gemüth in Zauber schlugen. Kampf und Sieg! das war meinem Herzen ein wunderbarer Klang. Ich umklammerte begeistert und von wonnigen Bildern umspielt Ihre Knie. Laß mich kämpfen und siegen für diesen Gott, mein Vater! rief ich, denn ich sah alle die Träume meiner ersten Kindheit wieder vor mir aufsteigen. Ich blickte zur Sonne, wenn sie feurig roth am Morgen im Osten stand, und rief: Ich komme, ich reise zu dir, ich will kämpfen und siegen für diesen Gott unter deiner rothen Gluth dort fern im Osten, wo du aufgehst! Ich sah sie Abends im Westen, streckte die Hände nach ihr aus und rief: ich komme, o Sonne, du sollst mein Zelt umleuchten, wenn du dort tief hinten hinabsinkst! Ich sah sie im Zenith stehen und rief: ich kenne dich, o Sonne; so standest du tausendmal über meinen Palmen, so wirbelte der Sand unter den Füßen meines Mahari zu dir auf, wenn du meine Zunge mit Durst schlugst und mich an die perlenden Quellen der Oase führtest! — —

— So wuchs ich auf, fuhr Mariano fort, während seine Extase sich plötzlich zu tiefer Niedergeschlagenheit herabstimmte. Von der engen Schulstube eines römischen Collegium aus sah ich die Sonne auf- und untergehen und ein Goldkorn meiner Träume zerrann nach dem andern. Ist das der Weg zu Kampf und Sieg? fragte mich mein getäuschtes Herz, und wo findest du das Gestade, an dem du jenes Engelsschiff besteigen kannst, dessen Seraphe dich hinaus zum Kampfe tragen? . . . Ich sah mich zusammengesperrt mit geistigen und körperlichen Krüppeln, blöden Geschöpfen, die von der Dressur bereits verunstaltet. Wie eine Lerche im Käfig stieß ich mir den Kopf an den Wänden meines Gefängnisses. Ich bat, ich schrie: laßt mich hinaus, ich ersticke hier! Man sperrte mich tiefer ein, in einen Kerker, den kein Sonnenstrahl traf. Man sagte mir: lerne, so kommst Du hinaus! Ich lernte und — — mein Käfig blieb so enge wie er war, während ich heranwuchs und der Raum mir stets karger ward . . . In meiner Sehnsucht, in meiner Verzweiflung entfloh ich endlich dem Käfig. Man fing mich ein. Ich entfloh wieder; ich lernte auf meiner Flucht freie Menschen kennen, welche mir sagten, ich sei ein Thor, daß ich mich knechten und einkerkern lasse! Ich träumte einige schöne Tage hindurch wieder von meiner Freiheit, bis man mich abermals einfing. Da kamen Sie, mein Vater. Sie sagten mir, dies sei nur ein Uebergang, ich solle folgsam sein und nicht den bösen Einflüsterungen schlechter Menschen glauben, die mich verführen, auf falsche Wege zu bringen suchten . . . . Ich versprach Ihnen zu folgen, mich in Geduld zu fassen, denn ich hoffte auf einen milderen Kerker. Man brachte mich in das Haus des Paters Mortinovich. Ich that meine Schuldig- keit und lernte, aber mein Gefängniß war noch enger, noch härter . . . Da endlich traten Stimmen an mein einsames Lager, die mir sagten: Thor, siehst Du nicht ein, daß man einen Sclaven aus Dir machen will, daß man Dein Auge, Deinen Geist ertödtet, daß man Dich abrichtet, Dir eine Kappe auf das Haupt setzt? Junger Falke, wozu hast Du Deine Schwingen? Entfliehe, ehe sie Dich abgerichtet haben! . . .

— Ich entfloh; ich machte mich frei und draußen in der Freiheit erst lernte ich einsehen, zu was ich bestimmt war . . . .

Jetzt, meine Herren, schloß Mariano aufathmend, bin ich zu Ende. Was ich gethan, ich will es verantworten; was Ihr an mir thun wolltet, Ihr mögt dafür Rechenschaft geben!

Der Falke, der einmal die Schrecken der Dreſſur geſchmeckt, hütet
ſich, ſeinem Lehrer wieder in die Hände zu fallen, und wenn
er ſich in dieſem Augenblick wirklich wieder in das Netz deſſel-
ben gewagt hat, ſo that er es, weil er weiß, daß ſeine Kräfte
denen des Vogelſtellers gewachſen ſind!

Eine kurze unheimliche Pauſe trat ein. Stolz wie ein Gott
ſtand Mariano da.

— Auch w i r ſind alſo zu Ende! ſagte im Tone der äußerſten
Reſignation Don Aleſſandro, der inzwiſchen ungeduldig auf-
und abgegangen war und mehre vergebliche Verſuche gemacht
hatte, Mariano Schweigen zu gebieten, während die beiden
Patres dieſe Rede durch mitleidiges Achſelzucken begleiteten.
Meine Herren, wandte er ſich zu den letzteren, Sie kennen das
Wort, das mich der Congregation verpflichtet. Ich würde es
als eine Schmach für mich, als eine Feigheit betrachten, An-
geſichts der Brutalitäten des entfeſſelten Pöbels meiner Gewalt zu verſagen, die mich verpflichtet, meine Schuldigkeit zu thun.
Das Maß gütlicher Verſuche iſt erſchöpft. Kraft meiner Autorität
als Vater und Vormund dieſes verirrten jungen Mannes, der
von dieſem Augenblick an in mir nur den Vormund, nicht mehr
den Vater zu erkennen hat, überantworte ich denſelben Ihrer
Obhut . . . Folge Deinen Lehrern dort! ſetzte er mit eiſigem
Ton hinzu, auf die beiden Prieſter zeigend, die in höchſter Spannung neben ihm ſtanden.

— Nimmermehr, mein Vater! antwortete Mariano zurücktretend.

— Folge Deinen Lehrern! wiederholte Don Aleſſandro,
deſſen Antlitz eine Todesbläſſe zu decken begann. Meine Herren, dieſer Ungehorſame iſt hiemit Ihnen als ſeinen Gebietern
übergeben!

— Ich erkenne keinen Gebieter! rief Mariano, noch immer seine Fassung behaltend.

— Im Namen Gottes und der Kirche, thun Sie Ihre Schuldigkeit! rief der Graf Buelto den Priestern zu.

Muth fassend, trat Peloso an Mariano heran und legte die Hand auf seinen Arm.

— Im Namen . . .

— Im Namen des Teufels, Priester, zurück, oder ich würge Dich! schrie Mariano, dessen künstliche Gelassenheit plötzlich in die fürchterlichste Wuth umschlug, als er sich von diesem Priester berührt sah.

Mit nerviger Faust packte er Peloso bei der Brust, hob die dicke Gestalt, trotz ihrer Schwere, vom Boden und warf sie wie einen Ball in den Sopha.

Bleich wie ein Gespenst und mit vor Aufregung zitternder Hand wankte Don Alessandro nach dem zum Hofe führenden Fenster, öffnete es und winkte hinaus. Gleichzeitig öffnete sich die Thür. Alita, die des Bruders Stimme gehört, stürzte herein. Sie sah den Pater, unfähig sich zu erheben, auf den Sopha hingestreckt, sah Mariano's Wuth und warf sich, seine beiden Arme umspannend, an des Bruders Brust. Einer Leiche ähnlich, folgte ihr Leona, die zitternd in der Mitte des Zimmers stehen blieb, dann all ihren Muth zusammennahm und zu dem Grafen Buelto schwebte.

— Um Gotteswillen, was ist geschehen? rief sie, ihren Arm in den des Grafen legend, mit bebender Stimme, zugleich mit Entsetzen einen Blick im Zimmer umherwerfend.

Mariano, mein Bruder! Was hast Du gethan? schrie Alita mit herzzerreißender Stimme.

— Was ich gethan? . . . Ich habe die Berührung eines

Bösewichts zurückgewiesen, in dessen Werkstatt man mich schleppen wollte! rief Mariano außer sich und mit von Wuth geröthetem Antlitz, während seine Blicke, leuchtend und gleichsam einen neuen Gegner suchend, umherirrten.

Auf den Sessel gestützt, die zärtliche Besorgniß Leona's zurückweisend, stand der Graf da, und schien etwas zu erwarten.

— Dort steht Euer Gefangener! rief er mit versagender Stimme, als sich eine Seitenthür öffnete und Pepe mit zwei kräftigen Kerlen hereintrat, die nicht abgeneigt schienen, sich sogleich auf ihren Raub zu stürzen.

Mit Entsetzen erblickte Alita diese Vorbereitungen; in Todesangst klammerte sie sich an den Bruder, zog ihn an sich, bedeckte sein Antlitz mit den heißesten Küssen, ließ ihn dann plötzlich los, stürzte wie eine gehetzte Gazelle zu den Füßen Don Alessandro's, umklammerte diese und rang sich dann mit einer wilden Geschmeidigkeit an ihm auf.

— Gnade, mein Vater! Gnade für Mariano! rief sie, des Grafen Hand inbrünstig küssend und blickte inzwischen mit fieberhafter Angst zurück, ob Mariano auch nicht Gefahr laufe.

Pepe seinerseits befand sich in keiner beneidenswerthen Lage. Bei all seiner Zuneigung für den mißrathenen Mariano mußte er doch den Befehlen seines Herrn gehorchen; er wand seinen Hut in der Hand verlegen hin und her, schaute bald den Grafen, bald Mariano, bald die beiden verdutzten Priester an, und war mit sich selbst im Zweifel, was er thun solle.

Entschlossener schienen die beiden Männer, welche Pepe als Hülfstruppen hereingeführt; der Sache fremd, die ihnen auch gleichgültig war, traten sie zu beiden Seiten Mariano's, der stolz aufgerichtet dastand und mit geballter Faust begierig war, ben Angriff nicht erst erst abzuwarten, sondern den Kampf selbst zu eröffnen.

Alles was noch Versöhnliches in Mariano's Brust sich geregt hatte, war erstorben beim Anblick der Maßregeln, auf welche Don Alessandro bedacht gewesen war; für ihn gab es hier nur einen Gegner; das Zimmer war für ihn ein Kampfplatz geworden, Alles, was darin, war für ihn gleichgültig, selbst für die Zärtlichkeit und die Angst Alita's hatte er weder Auge noch Empfindung. Seine Adern schwollen, seine Hände ballten sich, seine Nasenflügel bliesen sich kampflustig auf; wie ein Gladiator stand er da und verschlang die sich ihm nähernden Häscher mit seinen Blicken.

Eine peinliche Stille war für mehre Secunden eingetreten, nur unterbrochen durch Alita's Schluchzen und Mariano's glühendes Athemholen.

— Zurück! donnerte es plötzlich durch das Zimmer.

Alita fuhr zusammen, sie ließ die Hand des Grafen fahren und stürzte zu Mariano, um diesem ein Bollwerk gegen die durch sie vergeblich beschworene Gefahr zu bilden.

Aber Alita kam zu spät; sich zur Thür durchkämpfend, um sich dort den Rücken zu decken oder die Flucht zu sichern, hatte Mariano einem seiner Angreifer einen Stoß vor die Brust versetzt, daß dieser einen Schritt zurücktaumelte, während der Andere ihn von der Seite zu packen versuchte.

Mit der Wildheit eines Tigers wandte er sich gegen diesen, jedoch zu spät, um einen Schlag zu pariren, den dieser gegen ihn führte, um den jungen Kämpfer zu betäuben und sich dann seiner zu bemächtigen.

In einem und demselben Augenblick sah Mariano diesen Schlag durch eine fremde Hand parirt und sich selbst von hin-

ten um den Leib gefaßt. Sein Gegner fuhr erschreckt zurück
und schaute über den Kopf Mariano's hinweg, als sei ihm dort
ein Gespenst erschienen.

Ein Freudenschrei Alita's, ein Angstruf Leona's, eine halb
unterdrückte Aeußerung des Erschreckens von Seiten Don Alessandro's füllte die plötzlich wieder eintretende Stille.

Mariano, der sich rückwärts von dem ihn umklammernden
Arm angezogen fühlte, blickte selbst erstaunt auf und sah das
Antlitz Zerga's über sich, der mit triumphirendem Hohnlachen
in das Zimmer schaute und grinsend sein Auge auf Don Alessandro ruhen ließ.

Unfähig, sich selbst länger aufrecht zu erhalten, sank der
Graf in den Sessel. Leona stützte das matte Haupt Don Alessandro's, während Alita, die nach ihrem Freudenschrei über die
augenblickliche Rettung Mariano's aus der ihn bedrohenden
Gefahr plötzlich inne ward, was zwischen ihr und Zerga vorgefallen war, an allen Gliedern zitternd inmitten des Gemaches
dastand und sah, wie Zerga mit dem Bruder verschwand. Ein
unsäglicher Schmerz durchzuckte ihr Herz, als sie an die Zukunft
dachte, welcher Mariano jetzt entgegen ging. Den Blick zum
Himmel gerichtet, faltete sie ihre Hände und sank auf die Knie.

III.

Das grüne Cabinet.

In dem reizenden Boudoir des Palais Rospili saß an diesem
Abend die Fürstin Delila mit wichtigen Dingen beschäftigt, in
jener unruhigen Stimmung, in welcher angenehme und unan-
genehme Erlebnisse oder Nachrichten sich um die arme Seele
streiten und dieselbe so leicht aus dem Gleichgewicht bringen.

Fürstin Delila erging es wie allen übrigen unsterblichen
Seelen; sie liebkoste und bevorzugte die angenehmen Eindrücke,
verwies die übrigen in den Hintergrund und wiegte sich in diesen so lange, bis die dunklen Gedanken gleich schwarzen Käfern
immer wieder hervorkrochen und immer wieder zurückgewiesen
werden mußten.

Wir sahen Delila das Hôtel des unglücklichen Rossi mit
dem festen Entschluß verlassen, Mariano müsse um jeden Preis
den Händen seiner Feinde entrissen werden. Ihre Entrüstung
gegen den Minister hätte sie zum Aeußersten fähig gemacht,
wenn inzwischen nicht ihr Agent Giuseppe seine Sache so geschickt
und herzhaft angegriffen hätte.

Mariano ist frei! riefen die Schmetterlinge, die lichten Ge-

bauken. Rossi ist ermordet! riefen die schwarzen Käfer dazwischen. Delila schauderte vor diesem Bewußtsein; hatte sie doch
an jenem Morgen den Minister noch so stolz, so siegesgewiß,
so übermüthig gesehen, und wenige Stunden später war er bleich
und kalt. Ja noch mehr: wenn seine Familie, mit welcher
Delila in oberflächlichem Verkehr stand, gehört, daß sie am
Morgen mit Rossi in Spannung gerathen, konnte dieselbe nicht
glauben, daß sie — die Fürstin Delila! — irgendwie bei diesem entsetzlichen Vorfall compromittirt sei?

. Doch was kümmerte sie im Grunde dieser fatale Vorfall?
Hatte sie nicht den Grafen gewarnt, hatte nicht Gisela ihr gestanden, daß sie in ihrer Herzensangst den Pater Mortinovich
von dem beabsichtigten Attentat habe unterrichten lassen? Was
hatte weiter zu thun in ihrer Macht gelegen?

Ein dumpfer Lärm, der vom Quirinal herüberbrang, er-
schreckte sie plötzlich in ihren Träumereien. Wildes Geschrei
durchzog die Straßen. Agl' armi! tobte es durch die Gassen;
die Tamboure schlugen Generalmarsch, Linientruppen und Na-
tionalgarde zogen an dem Palast vorbei, Musketenschüsse knat-
terten in der Ferne. Delila sprang in höchster Besorgniß auf
und setzte die auf dem Tische stehende silberne Schelle in Bewegung.

Niemand kam, selbst Gisela nicht.

Delila eilte in die äußeren Zimmer, sie durchsuchte die Cor-
ridore, aber der ganze Palast war wie ausgestorben und selbst
der verdrießliche alte Portier hatte seinen Posten verlassen. Es
mußte etwas Unerhörtes im Werke sein, das selbst den Alten
hinausgelockt hatte. Delila eilte an eins der Fenster, um mit
den Augen dem wilden Strom zu folgen, der sich lärmend die
Straße hinab ergoß.

Endlich erblickte sie einen ihrer Diener, den sein Amts-
bewußtsein in den Palast zurückjagte.

Die Truppen sammt dem Volke sind mit den Schweizern
im Kampf; man wird den Quirinal stürmen; man hat bereits
Kanonen vor seinen Pforten aufgepflanzt! rief der Diener
athemlos. In demselben Augenblick stürzte auch Gisela herein,
die durch den Volksstrudel unterwegs erfaßt und mit fortgerissen war.

— Der Quirinal steht in Flammen! Die Schweizer sind
alle hingemetzelt! Das Volk hat den Palast gestürmt und den
heiligen Vater ohnmächtig in seinem Kabinet vor dem Kruzifix
gefunden! rief Gisela, deren Nachrichten also schon um Vieles
bedenklicher lauteten.

Delila hörte mit steigender Aufregung.

— Es kann nicht sein! sagte sie nachdenkend; man wird es
nicht zum Aeußersten getrieben haben; es ist unmöglich, daß
man sich an der Person des Papstes vergriffen! — — —
Geh, und hole neue Nachrichten ein! rief sie dem Diener zu,
während sie sich in die Causeuse warf, mit den weißen Zähnen
an dem durchsichtigen Taschentuch nagte und auf den fernen
Tumult lauschte.

— Hast Du nichts von Mariano gehört? fragte sie besorgt.

— Nein, Altezza! Das Hinterhaus ist bereits seit dem
Morgen leer; vermuthlich wird er bei seinen Freunden sein.

— Ist sein Diener bei ihm? fragte Delila eben so weiter.

— Wahrscheinlich, denn das Haus ist leer, wie ich sagte.

Beruhigter lauschte Delila. Eine halbe Stunde verstrich
ihr in peinlicher Ungeduld; sie schickte Gisela in ihr Zimmer,
um allein zu sein, keine Notiz von der Angst nehmend, welche
sich des armen Mädchens bemächtigt.

Delila schien ein wenig beruhigt, konnte aber doch ihr Ohr
nicht von dem allmälig schwächer werdenden Getöse in der
Stadt abziehen. Die Fürstin war unschlüssig, ob sie hier warten,
oder wie sie es öfter gethan, unter Verkleidung an den Schauplatz der Revolution eilen solle; sie entschloß sich, zu bleiben.

— Gisela, rief sie, ich gehe in das grüne Kabinet; führe
ihn zu mir, wenn er kommt!

Dieses grüne Zimmer war ein kleines Paradies der seltensten
Art, das sich Delila für die Stunden der Melancholie und des
Alleinseins hatte einrichten lassen. Es war dies ein alterthüm-
licher Erker des Palastes, der ringsum mit hohen Fenstern ver-
sehen, nach dem Hofe zu lag und seine Bezeichnung als grünes
Kabinet von der Orangerie herleitete, mit welcher Delila, ebenso
viel Geschmack wie Sinn für die Blumenwelt bekundend, diesen
Erker hatte ausschmücken lassen.

Gleichwohl hatte es erst der Bekanntschaft Mariano's bedurft,
um Delila so viel Sorgfalt gerade auf diesen Erker verwenden
zu lassen. Mariano hatte ihr öfter von den Wundern seiner
Heimath, von deren Vegetation und der großen Romantik des
Nomadenlebens erzählt, sie hatte bemerkt, wie schwärmerisch
das Auge des Jünglings bei diesen Erzählungen leuchtete, wie
ein Seufzer sich unbemerkt aus seiner Brust stahl und wie seine
Gedanken oft in den unendlichen Räumen der heimischen Wüste
umherirrten. Delila hatte ihm eine Ueberraschung bereitet, indem sie den Erker mit den kostbarsten Tropengewächsen deco-
rirte, denselben ganz nach der Schilderung Marianos in eine
Oase umgestaltete, indem sie durch Künstlerhand die Wände mit
grotesken, poetisch beleuchteten Felspartien ausmalen ließ, und
mit täuschendem Pinsel und meisterhafter Perspective ein kleines
Zeltdorf an die Wand zauberte, dessen weiße Dächer von natür-

lichen Palmen und Bananen-Blättern umschattet wurden,
während eine kleine sprudelnde Cascade, scheinbar vom Fels
herabstürzend, sich an den Zelten vorüber ergoß und zugleich
durch ihr frisches Wasser eine stets angenehme Temperatur in
dem Zimmer verbreitete.

In Rom ist man um Künstlerhände nicht verlegen, und
vier und zwanzig Stunden hatten also genügt, dieses kleine
Paradies zu schaffen. Mariano war entzückt, als er in dasselbe
eingeführt wurde. Sinnend und schauend stand er da. Delila bemerkte, wie eine Thräne der Sehnsucht in sein dunkles Auge trat, sie
aber verstand dieselbe hinweg zu küssen. Von nun an war
Delila's Lächeln für Mariano die Sonne, welche über seiner
neuen kleinen Heimath strahlte, und nicht heißer kann die Gluth
der Saharasonne sein, als die Gluth von Delila's Leidenschaft;
nicht schöner blickt das große wunderbare Auge der Gazelle aus
dem Tamarindengebüsch, als Delila's berauschendes Auge hier
unter den geheimnißvollen Verschlingungen der Lianen auf ihrem
Liebling ruhte; nicht heißer und verzehrender kann der Samum
über die Oase dahinziehen als das verzehrende Feuer von
Delila's Liebe brannte.

Die Fürstin, eine der leidenschaftlichsten Seelen, hatte, als
sie vergebens nach einem würdigen Gegenstand gesucht, ihre
Sehnsucht insofern zu ersticken gewußt, als es ihr ein Verbrechen
schien, eine so große Passion, wie sie deren fähig war, an
alltägige Individuen zu verschwenden. Sie war stark genug,
ihr Herz von allen kleinen Experimenten zurückzuhalten und
demselben seine ganze Kraft für den einen Moment zu bewahren,
an dessen endlichem Eintreffen sie nicht zweifelte. Jetzt war
dieser Moment gekommen; sie liebte Mariano mit einer Heftigkeit, vor der sie fast selber erschrak, und nur eine so ursprüng-

liche, kräftige Seele wie die seinige war im Stande, dieser
Leidenschaft eine gleiche Intensität entgegen zu setzen.

Delila und Mariano waren zwei gleich geartete Wesen.
Delila's Seelengluth würde, falls sie sich einer schwachen
Complexion zugewandt hätte, dieselbe schon mit der Gluth ihrer
Küsse aufgesogen haben wie die Sonne einen Wassertropfen.

Mariano hingegen war Delila's Meister in der Leidenschaft,
in ihm war Alles Urkraft und selbst die stürmische Delila in
seinem Arm nur Hingebung und Bewunderung.

Der Tumult hatte sich besänftigt, das Knattern der Gewehre
hatte aufgehört. Eine unheimliche Pause war eingetreten, die
Straße gänzlich verödet, da Alles zum Schauplatz der Revolution
geeilt war. Endlich begannen die Volkswellen zurück zu strömen.
Es lebe die Constitution! schrieen hundert Stimmen durch die
Gassen. Evviva Pio nono! erschallte es vereinzelt dazwischen,
ein Beweis, daß die Sache einen friedlichen Ausgang genommen.

Plötzlich glaubte Delila im Vorzimmer Schritte zu hören.
Man sprach draußen. Delila erkannte die Stimme und fuhr
freudig bewegt vom Sopha auf.

— Signore Mariano, meldete der Diener.

— Du hast mir peinliche Stunden bereitet, Mariano! setzte
sie, den bereits in der Thür stehenden Jüngling bemerkend,
hinzu.... Aber was ist Dir geschehen?

— Nichts, Delila! antwortete Mariano, ihre Herzlichkeit
durch einen zärtlichen Händekuß erwiedernd.

— Du bist aufgeregt, Du bist bleich, Mariano!

— Ein wenig! ... Es war ein sonderbarer Auftritt vor
dem Quirinal.

—. Und der Ausgang? fragte Delila mit erhöhter Spannung.

— Der Papst hat nachgegeben und die Forderungen des Volkes erfüllt.

— Und dies hat Dich so aufgeregt, Mariano? fragte Delila, der, seit sie liebte, alle Päpste der Welt, wenn es deren mehr als einen gegeben hätte, gleichgültig gewesen sein würden, denn wie wir wissen, hatte sie zur Politik nur wie zu einem Rettungsanker ihres unbefriedigten Herzens gegriffen ... Du bist bleich, Mariano, fuhr sie fort, zog ihn neben sich auf den von einem Baldachin überragten Divan und sah ihm mit leidenschaftlicher Zärtlichkeit in's Antlitz. Deine Stirn deckt kalter Schweiß, Mariano, Deine Pulse fiebern.... Was ist geschehen?

— Nichts, Delila! antwortete Mariano abwehrend und mit einer Zerstreutheit, die sie beunruhigte, denn so zerfahren hatte sie den Jüngling in ihrer Gegenwart noch nicht gesehen.

Mariano war nicht im Stande, lange etwas zu verbergen. Offen und gerade wie er war, peinigte es ihn, etwas zu verheimlichen. Die Erinnerung an die Scenen, welche er heute im Hause seines Vaters erlebt, kehrten mit doppelter Gewalt zu ihm zurück; er hatte sich von jenem Hause in den Strudel der Massen geworfen, hatte sich von ihm fortreißen lassen, um diese Scenen zu vergessen. Jetzt, wo der Tumult sich beschwichtigt, überlegte er erst die Bedeutung und Tragweite dieses Auftrittes. Der Anblick Delila's erinnerte ihn an die Aeußerung Don Alessandro's in Betreff der Sirene, die ihn in ihren Netzen habe. Er gestand sich selbst, daß dieses herbe Wort sein Herz am Morgen empört, daß dies viel dazu beigetragen, ihn gegen den Pflegevater zu erbittern, daß es vielleicht der Ausgangspunkt des Kampfes gewesen, der ihn für ewig von Denen trennte, die ihm theurer waren als sie selbst glaubten.

Mit schmerzlichem, aber glühendem Blick schaute Mariano

der Fürstin starr und fragend ins Auge, als er so schweigsam
neben ihr saß. Ein seltsames, heftiges Gefühl überkam ihn
dabei, als Delila diesem Blick so zärtlich begegnete; er zog
seine Hand aus der ihrigen, verhüllte sein Antlitz mit beiden
Händen; schaute sie nochmals mit verzehrenden Blicken an, riß
Delila's Hände an sich, bedeckte diese mit Küssen und barg endlich das Haupt an ihrer Brust.

— Um Gotteswillen, was ist Dir, Mariano? rief Delila
erschreckt und zitternd.

— Nein, nein es ist nicht möglich, es ist nicht wahr! . . .
Delila, sag mir? Du liebst mich?

— Mein Leben ist Dein, Mariano! Meine Seele, jede
Fiber meiner Existenz gehört Dir! antwortete Delila, einen
heißen Kuß auf seine Stirn drückend. . . . Aber ich beschwöre
Dich, Mariano, sag' mir, was ist geschehen?

— Ich war, begann Mariano, nach Fassung ringend, und
noch mit den letzten Zweifeln kämpfend, welche diesen Ausdruck
„Sirene" in ihm rege gemacht. . . . Ich war heute in dem
Hause des Grafen Buelto, der mich zu sich rufen ließ. Ich
konnte diesen Schritt nicht vermeiden, denn ich sehnte mich,
meine Schwester, meine Alita, wieder zu sehen. Vielleicht,
dachte ich, ist eine Versöhnung möglich, vielleicht sieht Dein Pflegevater ein, daß du nicht anders handeln konntest. So trat
ich zu ihm ein, das Herz voll kindlicher Liebe, voll Reue über
den Kummer, den ich ihm bereiten mußte. Anstatt ihn allein
zu finden, hatte er sich mit zwei Männern umgeben, die mir
verhaßt sind, weil sie meine Peiniger waren. Mein
Vater war zur Versöhnung geneigt, aber er stellte Bedingungen, die ich nicht eingehen konnte, er verlangte, ich solle
meine früheren Lehrer, meine Tyrannen, um Verzeihung bit-

ten. . . . Und wenn man meinen Kopf auf den Richtblock gelegt hätte, fuhr Mariano mit jener Extase fort, die ihn so unendlich schön kleidete, ich wäre nicht im Stande gewesen zu
einer solchen Schmach. . . . Ich beschwor meinen Vater, mir
dies zu erlassen, ich schilderte ihm, was ich selbst gelitten; er
aber blieb kalt bei meinem Vorsatz, mich wieder in das Joch
zurückzubeugen, dem ich mich nimmermehr fügen werde.... Als
ich seine Kälte, seine Lieblosigkeit sah, als ich hörte, daß er
niein ganzes Lebensglück seinem der Congregation gegebenen
Worte opfern wollte, als er selbst Das lästerte, was in meinen
Augen rein und schön dasteht wie der Aether über mir, da
übermannte mich mein Stolz, meine Entrüstung, und vielleicht
sagte ich ihm Worte, die mir nicht geziemten. . . . Mein Vater,
fuhr er mit sichtbarem Schmerz fort, gab einigen auf seinem
Hofe postirten Männern einen Wink, erklärte mich für seinen
Gefangenen und überantwortete mich seinen Dienern. Das
Zimmer ward der Schauplatz einer Scene, die mich für ewig
von ihm und Denen trennt, die ich so lieb gehabt. . . . Ich
stehe jetzt allein, Delila! Allein auf dieser weiten Erde! . . .
Wohl weiß ich, fuhr er langsam und sinnend fort, und die Erlebnisse dieses schrecklichen Tages haben mir das Bewußtsein gegeben, daß ich noch nicht verstehe, in dieser mir so fremden
Welt mich zurecht zu finden; aber es wird mir gelingen; selbständig und frei will ich meinen Pfad gehen, mir mein Schicksal
selbst bereiten. Zerrissen und mit Füßen getreten, wie ich es
thun mußte, hab' ich alle diese entehrenden Bande, die mich an
einen mir in der Seele verhaßten Beruf ketteten. Ich kann
nicht heucheln, ich will nicht dienen; ehrlich und frei sein will
ich und diese Freiheit der eigenen Kraft verdanken! Wehe Dem,
der noch einmal die Hand an mich legt, denn die Zeit ist um,

wo ich mich zum Gegenstand der priesterlichen Intriguen, der Verfolgungen machen ließ, wo man mich zum Spielball fremder Absichten machen durfte! . . . . Von heute ab, Delila, beginnt mir ein neues Leben; ich habe Dich, ich habe meine Zuversicht,. mein Vertrauen auf die eigene Kraft. Frei und stolz wie ich geboren ward, kenne ich von nun ab nur meinen Willen, und wehe dem fremden, der es wagen sollte, sich an mir zu prüfen!

Delila hatte dem Jüngling mit stummer Bewunderung zugehört. Es lag so viel Selbstvertrauen, so viel edler Stolz in seinem Wesen, seinen Worten, daß sie vor ihm an den Divan niedergesunken war, die runden Arme auf seine Knie stützend ihm begeistert ins Antlitz schaute, als er geendet, hingerissen von ihrer Leidenschaft aufsprang, ihn mit beiden Armen zärtlich umschlang und einen heißen Kuß auf seine Stirn drückte.

— Mariano, mein stolzer und großer Mariano! rief sie entzückt. Besäße ich ein Reich, Du solltest seinen Thron einnehmen, sein König sein! Aber ich habe nur dies Herz, und in seinem Reiche bist Du der Herrscher. Ich besitze nur einige armselige Millionen, aber diese, Mariano, sind Dein. Dir, Mariano, gehört was mir gehört, was ich selbst bin, die einst so stolze Delila, die Dir ihr Herz, ihr Leben gewidmet, die so unnennbar glücklich ist, seit sie lieben . . . lieben . . . lieben kann!

Beide bemerkten in dem leidenschaftlichen Austausch ihrer Gefühle nicht, wie außen an dem einen Fenster des Erkers zwischen den Zweigen der dasselbe beschattenden Granate eine dunkle Gestalt leise heraufklomm, sich an die Säulen klammerte, welche draußen die Fenster umgaben und mit unheimlich funkelnden Augen hereinlugte.

Plötzlich jedoch glaubte Delila ein leises Geräusch zu vernehmen; sich zurückwendend, sah sie die unsicheren Umrisse eines
garstigen Antlitzes; aber in ihrem Schreck und der Eile, mit
welchem dasselbe wieder verschwand, war sie nicht im Stande,
dieses Gesicht zu erkennen.

— Sahst Du nichts, Mariano? fragte Delila erbleichend
und leise zitternd.

— Nichts! . . . . . . Was ist Dir theure Delila?

— Dort an jenem Fenster, zwischen den kleinen roth blühenden Zweigen . . . . mir war, als erblickte ich dort ein Gesicht, Mariano . . . . Hu, es war so häßlich!

— Deine Phantasie ist aufgeregt, Delila, sagte Mariano
lächelnd; um die Fürstin jedoch zu beruhigen, schritt er hinter
den Gewächsen herum an das Fenster.

— Alles ist dunkel draußen, Delila. Du hast Dich getäuscht! Beruhige Dich! . . . .

Es war bereits zehn Uhr vorüber, als Mariano, ein wenig
ermattet von den Vorgängen des Tages, durch den dunklen
Park nach seiner Wohnung schritt. In seinem Zimmer fand
er Zerga am Boden liegend und wie es schien schlafend. Zerga
verschmähte jedes weiche Lager, er zog seine heimische
Sitte vor.

Bei Mariano's Eintritt that er, als erwache er und setzte
sich mit gekreuzten Beinen auf seinen Teppich.

— Du warst so plötzlich von meiner Seite verschwunden,
Tilutan! sagte er vorwurfsvoll. Wo warst Du?

5*

— Das Gedränge hatte mich nach einer anderen Richtung verschlagen. Du siehst, daß ich den Weg nach Hause kenne.

— Tilutan, mir träumte soeben, wir seien wieder in Gebel-Hoggar. Ich sah ein großes Fest veranstalten. Die Touarek speisten den Kouscoussu, die Jünglinge bliesen die Flöten, spielten die Trommeln und die Greise kamen uns mit reichen Geschenken entgegen. Ich halte dies für eine gute Vorbedeutung. Wann werden wir aufbrechen fragte Zerga.

Heute und morgen nicht! antwortete Mariano ziemlich gleichgültig, denn in seinen Ideengang paßte nichts weniger als diese Frage.

— Aber es wäre doch Zeit, Tilutan! Du weißt man erwartet uns!

— Wir werden immer noch zeitig genug kommen! antwortete Mariano, sich zerstreut auf sein Lager werfend. Frage mich heute nicht mehr, Zerga, ich kann Dir noch nichts bestimmen; auch ist mir immer, als passe ich nicht mehr in den Gebel-Hoggar; ich bin meinen Landsleuten fremd geworden, sie sind es mir geworden. Ich kann unmöglich noch bei ihnen glücklich sein! — —

— Also können Ruhm und Ehren, kann Jagd, Krieg und Fantasia Dich nicht mehr glücklich machen? fragte Zerga bitter. Hat der Sohn Deka Atjem's die Siege und die Größe seines Vaters vergessen?

— Das nicht, Zerga; aber ich finde mich nicht mehr in die Sitten der Heimath!

— Du hast Dich nur allzu gern in die verweichlichenden Sitten der Nazarener geführt!

— Sie sind nicht so schlecht, wie sie Dir erscheinen, Zerga! versetzte Mariano trocken.

— Man erzählt sich auch, Du entartest in den Armen eines Weibes! wagte Zerga fortzufahren.

— Welches Weibes? rief Mariano auffahrend und mit starrem Blick Zerga anschauend.

— Was weiß ich's! antwortete Zerga vor sich hinblickend, schielte dabei aber doch durch seine dichten Augenbrauen zu Mariano hinauf. Die Leute erzählen sich's.

— Die Leute sind Narren und Du bist auch einer! sagte Mariano, sich wieder auf das Lager zurückstreckend.

— Narren aber sprechen die Wahrheit und die Träume plaudern oft mehr als die Zunge der Wachenden verräth. Es sollte mich schmerzen, Tilutan, wenn Du Dich von der Liebe einer Nazarenerin verleiten ließest; Du weißt doch, alle Nazarener sind falsch . . .

— Schweig und störe mich nicht in meinem Schlummer! rief Mariano aufgebracht.

Zerga brummte, zum Schein gehorchend, vor sich hin, wie ein Diener, der seinen Herrn durch einen guten Rath gewarnt hat, aber es dabei auch bewenden lassen muß. Der Saharier ging diesmal schlau und leise wie auf Katzenpfoten zu Werke, um durch keinerlei Uebereilung seinem Plane zu schaden und seinen Zweck zu erreichen.

Mürrisch streckte er sich wieder auf seine Decke und stellte sich, als schlafe er, belauschte dabei aber aufmerksam Mariano's Athemzüge. Eine Stunde währte es, bis der Letztere, der noch einmal Alles durchging, was er heute erlebt, in die Arme des Schlummers fiel. Unhörbar kroch Zerga von seiner Decke zum Lager Mariano's, legte das Ohr an dasselbe und hob sich vorsichtig, um dem Jüngling in's Antlitz zu sehen.

Mariano schlief; ein Lächeln schwebte auf seinen Zügen. . . .
Delila! flüsterten seine Lippen, als Zerga sich über ihn bog.
Ebenso leise kroch Zerga zur Thür, öffnete diese vorsichtig
und schlich, die Thür halb offen lassend, in den dunklen Park
hinaus.

IV.

Ein heiliger Flüchtling.

Des Papstes Ansehen war wie ein Schatten verschwunden, verhöhnt durch Pasquino's beißende Witze, welche die Bevölkerung am frühen Morgen an den Straßenecken zu finden pflegte. Der Hirte war unter dem Sturm zusammengesunken, der über die Haide fuhr, sein Stab war zerknickt, ohnmächtig seufzte er um die verirrte Heerde, welche derselbe Sturm zerstreut hatte.

Joseph Galetti, der Sohn eines Barbiers, regierte als Präsident des von Pius „geduldeten" Ministerium; es war derselbe Revolutionär von 1831, der an der Spitze einer Freischaar das Städtchen Cento eroberte, sich, ein gewandter Advokat, als ebenso kühner Soldat mit den Oesterreichern bei Rimini maß, verwundet in Cesena die Flucht ergriff, nach zwölf Jahren indeß an der Spitze eines Complots gegen das Leben Gregors XVI. ergriffen, lebenslänglich zur Galeere verurtheilt, im Jahre 1846 jedoch von Pius amnestirt, diesem zu Füßen fiel und ihm in so überschwenglicher Weise dankte, daß Pius dem Reuigen ein: basta, mio figlio! zurief und ihn an seine Brust drückte.

So große Erwartungen Pius auf diesen ebenso fähigen,

wie geschmeidigen Mann setzte, der durch sein bleiches, aristo-
kratisches Gesicht und elegantes Wesen Alles für sich zu gewinnen verstand, ebenso groß sollte seine Enttäuschung sein.
Kaum hatte er die Entscheidung jener Forderungen der „Weisheit der Kammer" anheimgestellt, als Pius sich auch von Denen
verlassen sah, auf deren Anhänglichkeit er noch gehofft.

Die höchsten Civil- und Militairchargen, die Befehlshaber
der Truppen und der Commandant der Engelsburg unterwarfen
sich sofort dem revolutionären Club im Café der schönen Künste,
der unumschränkt gebietend diejenigen Beamten öffentlich absetzte,
welche ihm nicht zu huldigen kamen. Der arme Pius knicte
einsam vor seinem Betstuhl, beweinte den Undank der Mensch-
heit, hörte nur den Trost, welchen ihm die Gesandten ein-
sprachen, da sie nicht im Stande gewesen, ihm Muth einzuflößen, und sah endlich Sterbini und den Fürsten Canino
kommen, die ihm erklärten: das Volk schätze es sich zur Ehre,
ihn selbst zu bewachen; die wenigen Schweizer also, welche ihm
gestern treu geblieben, seien sofort zu entwaffnen.

Da Pius Alles aus den Händen gegeben, konnte auch
diese „Handvoll" ihm kein Schutz mehr sein; er selbst befahl
die Entwaffnung der Getreuen, als diese sich widersetzten. Die
Schweizer zogen ab, die Bürgergarde besetzte die Posten des
Quirinals der Art, daß sie den Papst unmittelbar unter Augen
hatte, und Pius IX. war also ein Gefangener in seinem eignen
Palast. Der in das Ministerium ernannte Abbé Rosmini
dankte schon am selben Tage ab und ward durch Monsignore
Muzzarelli ersetzt. An die Stelle des Herzogs von Rignano
ward unter dem Jubel des Volkes der Colonel Gallieno zum
General der Bürgergarde ernannt. Das neue Ministerium
seinerseits veröffentlichte ein Programm, welches dem souveränen

Club viel zu zahm erschien und unverzüglich Anlaß zu einer
tiefen Spaltung innerhalb der siegreichen Partei gab.

Inzwischen verbreitete sich in der Stadt das Gerücht, der
Papst gedenke die Flucht zu ergreifen. Die nächste Folge hievon
war, daß er immer strenger bewacht und von den Posten nicht
aus den Augen gelassen wurde.

In der That war auch Pius einem solchen Gedanken nicht
ganz fremd; das diplomatische Corps hatte ihn mit demselben
vertraut gemacht, hatte ihm die Nothwendigkeit der Flucht ge-
schildert. Pius hoffte einstweilen noch, man werde in Rom zur
Besinnung zurückkehren; mit jedem Tage aber schwand diese
Aussicht mehr und mehr und Pius erklärte sich endlich mit
schwerem Herzen zur Abreise bereit.

Jetzt entstand zunächst die Frage, wie dieselbe unter so
schwierigen Umständen auszuführen sei, und dann wohin er sich
wenden solle. Der ganze Plan durfte bei so strenger Bewachung
nur wenigen Personen anvertraut sein und wurde namentlich
von den Gesandten Frankreichs und Baierns, dem Herzog von
Harcourt und dem Grafen Spaur, unter vier Augen verhandelt.

Anfangs entschied man sich für Civita-Vecchia und Harcourt
sandte deshalb sofort die nöthige Ordre an den Commandanten
des in diesem Hafen liegenden französischen Dampfers „le Ténare". Kardinal Antonelli vereitelte jedoch dies Project durch
seine Besorgniß, der Weg nach Civita-Vecchia könne durch die
Revolutionäre besetzt sein. Indeß ward die Lage des Papstes
immer kritischer und die Verlegenheit größer, bis endlich die
Gräfin Spaur den Ausschlag gab*).

— Ich bin nur ein Weib, sagte sie eines Morgens zu

---

*) Balleydier, tom. I. p. 248.

ihrem Gatten, jedoch möcht' ich mich anheischig machen, die
Sache zur Ausführung zu bringen.

Graf Spaur nahm diese Aeußerung mit Lächeln hin, kam
aber schon am selben Abend freiwillig auf dieselbe zurück.

— Erinnerst Du Dich, was Du heute Morgen zu mir
sagtest? fragte er seine Gattin.

— Gewiß; und ich bin auch jetzt noch derselben Meinung.

— Gut; wer weiß, ob nicht gerade Dich die Vorsehung
zum Werkzeug der Befreiung des heiligen Vaters bestimmt hat.

— Ich bin bereit. Was soll ich thun? fragte die ent=
schlossene Frau.

— Du wirst morgen früh mit unserm Sohn und seinem
Hofmeister nach Albano abreisen.

— Und dann?

— Mich dort erwarten.

— Gut; ich erwarte Dich dort!

— So besorge jetzt die Vorbereitungen zu unserer Reise,
denn unsere Abwesenheit könnte sich über unsere Berechnung
hinaus dehnen.

Die Gräfin Spaur, eine geborene Französin, machte sich
sofort an's Werk und begann damit, den Leuten ihres Hauses
zu sagen, daß das Project einer Heirath zwischen einer bairi=
schen Prinzessin und dem ältesten Sohn des Königs beider Si=
cilien, sie und ihren Gatten eilig nach Neapel rufe. Hierauf
verbrannte sie gewisse Papiere in der Erwartung, daß ihre Ab=
reise vielleicht einige Hausvisitationen zur Folge haben könnte,
ließ die Koffer packen, nähte ihre Prätiosen in die Roben ein,
füllte ihre Schuhe mit Gold, setzte ein paar Pistolen in Stand,
mit denen sie vortrefflich umzugehen wußte, und verbrachte den
Rest der Nacht betend vor ihrem Kruzifix.

Um sechs Uhr Morgens bestieg sie nebst ihrem Sohn und
dessen Hofmeister eine mit vier tüchtigen Pferden bespannte Berline und schlug den Weg nach Albano ein.

Am Stadtthor ward der Wagen angehalten.

— Wohin reisen Sie? fragte man.

— Erst nach Albano und dann nach Neapel! war die
Antwort.

— Wo sind Ihre Pässe?

— Hier!

— Warum ist der Graf, Ihr Gemahl, nicht bei Ihnen?

— Weil ihn die Geschäfte seines Gouvernements noch in
Rom festhalten.

— Wann wird er Ihnen folgen?

— Sobald diese Geschäfte beendet sind. Sie werden ihn
ja dieses Thor passiren sehen.

— Gut!

Die Berline verließ die Stadt, nahm vor derselben zwei
neue Pferde, die sie dort erwarteten, erreichte im Galopp nach
zwei und ein halb Stunden Albano und die Gräfin stieg dort
im Hôtel de Paris ab.

Die Flucht des heiligen Vaters war zwischen diesem, dem
Herzog von Harcourt und dem Grafen Spaur auf den 24. No-
vember Abends verabredet.   Einige Minuten vor der bezeich-
neten Stunde langte der Herzog von Harcourt, der eine Audienz
erlangt hatte, in einem Gala-Wagen, begleitet von Läufern und
Fackeln, vor dem Quirinal an.   Er verlangte, den Papst zu
sehen; man verweigerte dies; der Herzog bestand darauf, und
ward endlich in das päpstliche Cabinet geführt, dessen Thür sich
hinter ihm schloß.

Es war fünf Uhr, der Himmel finster und sternenlos, die

Nacht lieh dem Unternehmen ihren Schutz. Keine Minute war
zu verlieren. Der Graf Spaur, im Einverständnisse mit dem
Papst, erwartete ihn an einem vorher bestimmten Ort.

Mit Hülfe des französischen Gesandten wechselte Pius sein
Kostüm, legte schwarze Schuhe mit großen silbernen Schnallen,
ein Beinkleid von dunkler Farbe, einen schwarzen Ueberrock an,
bedeckte den Kopf mit einem breiten Hut, die Augen mit einer
großen Brille, und schritt, nachdem er zwei Minuten knieend
im Betstuhl verbracht, mit einer Kerze in der Hand zu einer
versteckten Thür hinaus, die ihn zu den langen Corridoren des
Conclave führte. Nur ein Vertrauter, ein Palastdiener Namens Philipani, begleitete ihn.

Inzwischen blieb der Herzog von Harcourt im päpstlichen
Kabinet und las hier mit lauter Stimme, um die Aufmerksamkeit der Wachen zu täuschen, die durch ein in dem Kabinet
herrschendes, anhaltendes Schweigen vielleicht mißtrauisch geworden wären.

Plötzlich vernahm er Geräusch in den Zimmern, welche der
heilige Vater passiren sollte, Harcourt erschrak. Sollte die
Flucht entdeckt und vereitelt worden sein? —

Die Veranlassung dieses Geräuschs war eine Thür, welche
man vorher zu öffnen vergessen, und von der sich der heilige
Flüchtling aufgehalten sah. Der treue Philipani kehrte daher
allein auf demselben Wege zurück, während Pius mit seiner
Kerze in der Hand an der Thür harrte, die erst nach einem
Zeitverlust von zehn Minuten geöffnet wurde. Von hier aus
warf sich der Papst in einen Wagen.

Um sieben Uhr zog sich auch Harcourt, der so lange allein
geblieben war, aus dem päpstlichen Kabinet zurück. Den im
Vorzimmer Anwesenden und den Wachen an den Thüren der

päpstlichen Gemächer sagte er, der heilige Vater fühle sich unwohl, habe sich deshalb zu Bette begeben und schlummere jetzt;
hierauf in sein Gesandtschaftshôtel zurückkehrend, bestieg er eine
Postchaise, die ihn eiligst nach Civita - Vecchia brachte. Dort
um Mitternacht angelangt, begab er sich an Bord des ihn erwartenden Dampfers „Ténare."

Zehn Minuten nach sechs Uhr hatte indessen der Wagen,
welcher den Papst entführte, den Trajansplatz passirt und die
Thermen des Titus erreicht, wo ihn der Graf Spaur mit
seinem bis an die Zähne bewaffneten Jäger erwartete. Eine
halbe Stunde nach seiner Flucht aus dem Quirinal passirte der
heilige Vater, schmerzgebeugt, aber in ziemlicher Resignation,
das Thor St. Johann von Lateran.

In der Nacht erreichte der Flüchtling den Wagen des Grafen Spaur, der ihn im Thale von Ariccia, nahe bei Albano
erwartete. In demselben Augenblick, wo sich die beiden Wagen
begegneten, kam eine Patrouille von vier Carabiniers heran.
Die Geistesgegenwart der Gräfin Spaur suchte auch diese Gefahr abzuwenden.

— Sind Sie's, Herr Doctor? ·rief sie, ohne ihre Berline
zu verlassen. Sie haben lange auf sich warten lassen! Es
steht sehr schlimm; wir haben keine Secunde zu verlieren!

Der heilige Vater verließ während dieser Anrede ohne ein
Wort seinen Wagen und bestieg den der Gräfin. Die Carabiniers hatten keine Ahnung davon, daß sie den heiligen Vater
vor sich sahen, sie schlugen selbst den Wagentritt wieder auf
und wünschten den Flüchtigen eine glückliche Reise.

Ungefährdet bis Fondi gelangt, gerieth der Papst in die
höchste Gefahr. Seht nur den Abbé da! rief einer der Po-
stillione, er gleicht auf ein Haar dem Portrait des Papstes,

das bei uns hängt! Der Wagen indeß setzte sich eiligst in
Galopp und gespornt durch reiche Trinkgelder führte sie der
Postillon zur Grenze der römischen Staaten. Pius war ge-
rettet!

Um neun Uhr Morgens in Mola di Gaëta anlangend, traf
Pius hier mit Kardinal Antonelli und dem Chevalier d'Arnao
zusammen, die einige Stunden vor ihm eingetroffen waren.
Man stieg im Hôtel Cicero ab. Während seine Begleitung sich
zum Frühstück setzte, zog sich der heilige Vater in ein anderes
Zimmer zurück und dankte dem Himmel für seine Befreiung.
Die erstere jedoch hielt einen Rath und beschloß, daß Graf
Spaur sich sofort nach Neapel zu begeben und dem König bei-
der Sicilien die Ereignisse mitzutheilen habe, welche das Ober-
haupt der Kirche genöthigt, eine Zuflucht in den neapolitanischen
Staaten zu suchen.

Der Papst seinerseits übergab dem Grafen einen Brief an
Ferdinand folgenden Inhalts:

„Sire! Der augenblickliche Triumph der Feinde des
heiligen Stuhles und der Religion hat, die Person des Chefs
der katholischen Kirche gefährdend, diesen gezwungen, Rom zu
verlassen. Ich weiß nicht, nach welchem Punkte der Erde
der Wille des Höchsten, dem ich mich mit der ganzen Ergebenheit meiner Seele unterwerfe, meine irrenden Schritte
lenken wird; einstweilen habe ich mich mit einigen Treuen in
Ew. Majestät Staaten geflüchtet. Ich kenne Ew. Majestät
Intensionen in Betreff meiner nicht; in meinem Zweifel also
glaube ich Ihnen durch Vermittlung des Grafen Spaur, des
bairischen Gesandten am heiligen Stuhle, melden zu müssen,
daß ich bereit bin, den neapolitanischen Boden zu verlassen,

falls meine Anwesenheit in Ew. Mäjestät Staaten ein Gegenstand der Besorgniß oder politischer Zwistigkeiten werden könnte.   Pius IX "

———·———

Lieblich sind die Gärten, welche dem von Neapel kommenden Reisenden schon weithin von Mola di Gaëta ihren Myrthen- und Orangenduft entgegen senden; träumerisch murmelt an ihrem Fuße die blaue Welle, weiße Nebel umschweben die Ausläufer der Gebirge hier an der Grenze Neapels.

Desto unfreundlicher ist das Städtchen Mola di Gaëta selbst. Schilf und Seetang häuft sich, vom Meere hereingeworfen, an den unteren Straßen, finster und eng ziehen sich dieselben den Hügel hinan, an dessen Abhang Mola liegt; fragend und neugierig stehen die Bewohner, an die Hauswände gedrängt da, wenn der schwerfällige Vetturin mit den fahrenden Naturschwärmern durch ihre schmutzigen Gassen dahin zieht.

Schöner noch, auf einem ins Meer hinaus springenden Felsen liegt Gaëta selbst, einige Stunden von Mola entfernt, von den Wellen umspült da, ein Zwing-Neapel, das der König Ferdinand aufsucht, wenn er Gewitter vermuthet; schön und romantisch, ungastlich aber als drohende Festung, aus deren schwarzen Mauern schon so manche, die beiden Sicilien beglückende Ordonnanzen hervorgegangen.

Selten kehrt hier ein Fremder ein, und wenn er einmal kommt, so wählt er, gern oder ungern, das „Albergo del Giardinetto" zum Obdach, ein kleines, ärmlich aussehendes Gasthaus am Conca-Platze, das mit bescheidenen Lettern die obige Firma an seiner Stirn trägt.

Vor dem Hause befindet sich ein kleiner Garten, in welchen eine steinerne Rampe führt; das Gasthaus selbst ist in seinem Umfange so anspruchslos wie möglich. Das Staatszimmer der Locanda dient zugleich als Speisezimmer und Schlafgemach, sein Mobiliar beschränkt sich auf eine eiserne Bettstelle, die insofern einigen Luxus verräth, als sich um seine Füße in Eisen gegossene Schlangen winden, welche drohend ihre Köpfe ins Zimmer strecken. Eine Kommode, einige strohgeflochtene Stühle, eine Waschschüssel, die idyllisch auf einem dieser Stühle steht, eine Wiege, verschiedenes auf der Kommode stehendes Porzellangeschirr, untermischt mit Gläsern und Flaschen — dies ist die ganze Einrichtung des großen Zimmers.

Von der Thür des Zimmers führen einige Stufen in ein kleines Gemach hinab, das mühselig durch eine Luke erhellt wird. Zwei andere Gemächer befinden sich auf der entgegengesetzten Seite des Hausflur. Das Ganze macht den Eindruck aller Gasthäuser der vierten Klasse in Italien.

Der heilige Vater hatte sich schon am Morgen nach Gaëta auf den Weg gemacht, nachdem Graf Spaur, mit Ueberbringung des Briefes an Ferdinand beauftragt, die Richtung nach Neapel eingeschlagen, vorher aber, der Sicherheit halber, seine Pässe mit denen des Chevalier d'Arnao gewechselt hatte. Es war von den Flüchtlingen unterwegs verabredet worden, sich bei der Ankunft in Gaëta sofort nach der Wohnung des Monsignore Parisio, des Bischofs von Gaëta, zu begeben. Der heilige Vater sollte diesem sein Incognito verrathen und für einige Tage die Gastfreundschaft des frommen Mannes in Anspruch nehmen, bis Graf Spaur mit der Antwort von Neapel zurückkehren werde.

Von seinen Getreuen umgeben, traf Pius vor dem Hause

des Bischofs ein. Man trat ein und verlangte den Bischof zu
sprechen. Ein alter Diener, Namens Danielo, die einzige lebende Seele im bischöflichen Palaste, kam ihnen verdrießlich
entgegen; er erklärte ihnen, daß der Bischof nicht zu Hause sei,
und daß sie wieder ihres Weges gehen könnten. Kardinal Antonelli nahm das Wort und stellte dem Diener vor, er sehe in
ihnen sehr intime Freunde seines Herrn, die in dessen Palast
ein gastliches Obdach zu suchen gekommen seien; Monsignore
Parisio werde untröstlich sein, wenn er erfahre, daß man seine
Freunde von seiner Schwelle zurückgewiesen.

— Das ist möglich, antwortete der Alte in barschem Ton;
ich habe aber keine Befehle, in Monsignore's Abwesenheit
Freunde zu beherbergen.

— Wenn Ihr uns kenntet, Ihr würdet uns mit Freuden
aufnehmen! warf Pius ein.

— Eben weil ich Sie nicht kenne, nehme ich Sie nicht
auf! antwortete der unbestechliche Danielo. Uebrigens ist das
Palais eines Bischofs kein Wirthshaus!

— Monsignore Parisio kennt mich ganz genau! wiederholte
der Papst.

— Möglich; ich aber habe Sie niemals gesehen; suchen
Sie sich also ein anderes Dach! Mit diesen Worten warf
ihnen Signore Danielo die Thür vor der Nase zu und befreite
sich so von seinen ungebetenen Gästen.

Auf solche Weise zurückgeschlagen, blieb Pius nichts übrig,
als im Albergo del Giardinetto seinen Einzug zu halten. Hier
installirt, dictirte er sofort seine Protestation gegen Alles, was
in Folge seiner Flucht in Rom passiren werde. Kardinal Antonelli und der Chevalier d'Arnao, Secretair der spanischen
Gesandtschaft, aber begaben sich inzwischen nach der Citadelle,

um dem Gouverneur derselben, dem General Groß ihre Auf-
wartung zu machen und zur Vermeidung von neuen Calamitä-
ten ihm zu erklären, daß sie nur gekommen, um die Stadt in
Augenschein zu nehmen.

General Groß, ein alter Haudegen, der die Kriege des
Kaiserreichs, jedoch nicht unter französischer Fahne, mitgemacht,
war ein wenig erstaunt über den unerwarteten Besuch; er forderte den Herren ihre Pässe ab, setzte eine andere Miene auf,
als d'Arnao ihm seinen Paß als bairischer Gesandter präsen-
tirte, war erfreut, den Bevollmächtigten Sr. Majestät des Königs von Baiern vor sich zu sehen, und richtete in deutscher
Sprache einige schmeichelhafte Worte an den Chevalier d'Arnao,
welche diesen falschen Gesandten in einige Verlegenheit brachten,
da er keine Sylbe deutsch verstand.

D'Arnao suchte sich aus der Klemme zu ziehen, indem er,
etwas verwirrt, dem Gouverneur gestand, er sei bereits so
lange im Auslande, daß er seine Muttersprache ganz verlernt.

Der General stutzte und wandte sich an den Kardinal
Antonelli, welchen d'Arnao für seinen Secretair ausgegeben.
Auch Antonelli mußte bekennen, daß er sich in derselben Lage
befinde.

Dies war dem alten Haudegen doch überaus erstaunlich.

— Ich gestehe Ihnen, meine Herren, rief er mit soldatischer
Derbheit, ich bin sehr erstaunt, einen bairischen Gesandten und
seinen Secretair vor mir zu sehen, die Beide ihre Muttersprache verlernt haben!

Da indeß die Pässe des vermeintlichen Gesandten in Ordnung waren, entließ der Gouverneur die beiden Fremden; in
wohl motivirtem Mißtrauen aber ließ er das Albergo del
Giardinetto mit Spionen umstellen, damit diese ihm nicht ent-

wischten, und rief den Polizeimeister und einige zuverlässige
Offiziere in sein Kabinet, um mit diesen die nöthigen Maßregeln
zu berathen.

Bald darauf wurden unter dem Vorwande, die Pässe zu
visiren, zwei Agenten in die Locanda geschickt, die den Auftrag
hatten, das Geheimniß zu erforschen, welches die ohne Zweifel
vornehmen Fremden umgab. Doch auch diese kehrten unver-
richteter Sache zum Gouverneur zurück. Alles was sie melden
konnten, war, daß sich ein junges Weib unter ihnen befinde,
das sie vielleicht durch seine Reize ver- und entführt haben müsse.

General Groß, höchlichst empört über diesen seltsamen Vorfall und von Natur eben kein großer Diplomat, beschloß selbst
die Sache in die Hand zu nehmen und den Knoten zu lösen.
Begleitet von einem Ordonnanz-Offizier trat er in die Locanda.

— Sie sind hier sehr schlecht logirt, meine Herren, sagte
er nach den erforderlichen Complimenten zu den Flüchtlingen;
wollen Sie mir nicht die Ehre erzeigen, mich zum Palais zu
begleiten und einige Erfrischungen bei mir einnehmen?

Wie galant diese Einladung auch klang, war sie den Fremden
doch nicht allzu willkommen. Der Papst seinerseits entzog sich
derselben durch Vorschützung eines kleinen Unwohlseins; die
Uebrigen aber konnten unmöglich dasselbe thun und folgten daher
dem Gouverneur zum Palais. Letzterer machte nun alle möglichen Anstrengungen, dem Geheimniß auf die Spur zu kommen,
und trieb wirklich Antonelli und d'Arnao so in die Enge, daß
letzterer gestand, er sei nicht der Graf Spaur, derselbe sei vielmehr vor wenigen Stunden nach Neapel gereist.

General Groß hatte jetzt wenigstens einen Zipfel des verdächtigen Schleiers gefaßt. Wenn dieser Mann nicht der
bairische Gesandte und der Andere nicht der Secretair des

bairischen Gesandten war, warum gaben sie sich für solche aus, und wer waren sie? Der Gouverneur langte hieburch und durch das sonderbare Benehmen der Herren zu der festen Ueber= zeugung, er habe einen wichtigen Fang gemacht, vielleicht gar einige politische Bösewichter, wie sie deren jetzt so viele umher= streiften, gefaßt, die nichts Geringeres im Sinne haben konnten, als der Person des Königs nachzustellen.

— Meine Herren, erklärte er ihnen im Kommandoton, als sie sich entfernen wollten; Sie sind meine Gefangene!

Große Verlegenheit! D'Arnao war auf dem Punkte, Alles zu verrathen, Antonelli aber suchte durch allerlei Vorstellungen dem mißtrauischen Gouverneur klar zu machen, daß sie vor= nehme Personen seien, die nur bis morgen ihr Incognito be= wahren müßten; bis morgen Abend seien sie bereit, ihm die genügendsten Aufschlüsse über ihre Personen zu geben, und er als treuer Diener des Königs von Neapel werde sich dann gratuliren, nichts gegen sie unternommen zu haben.

General Groß wollte dies Anfangs zwar nicht recht in den Sinn, indeß sprach doch immer noch ein gewisses Etwas für die Redlichkeit dieser Männer, was ihn mit seinen strengen Maßregeln zaudern machte. Die Zeiten, überlegte er, waren allerdings der Art, daß es Umstände geben konnte, welche Per= sonen edler Extraction — deren diese Männer vielleicht sich rühmen durften — ein Incognito erwünscht machten, und jeden= falls lag es ja in seiner Macht, sie auf civile Weise in Händen zu behalten.

— Gut denn, erklärte er; bis morgen Abend gebe ich Ihnen Frist, sich zu legitimiren; inzwischen aber haben Sie das Albergo nicht zu verlassen.

Froh, einer wirklichen Haft entgangen zu sein, zogen sich

die Herren zurück und fanden vor dem Albergo bereits eine Wache, welche die Ausgänge besetzt hielt.

Während Pius und seine Begleitung in der Locanda den Schlaf des Gerechten thaten, traf der Graf Spaur um eilf Uhr Nachts in Neapel ein und begab sich sofort nach der Toledostraße in den Palast des Nuncius Sr. Heiligkeit.

Monsignore Garibaldi war eben aus einer Soirée des Herzogs von Torella zurückgekehrt, als sich der Graf im Reisecostüm in sein Zimmer stürzte.

— Monsignore, rief er athemlos, ist der König in Neapel?

— Er ist heute eingetroffen, und geht morgen wieder nach Caserta zurück.

— Ich muß ihn sehen, Monsignore!

— Morgen?

— Nein, diesen Abend noch; diesen Augenblick!

— Aber Herr Graf, wohin denken Sie?

— Ich muß, und verlange durch Sie vorgestellt zu werden!

— Um diese Stunde?

— Es ist eilf Uhr fünf Minuten, sagte der Graf seine Uhr hervorziehend.

— Und um Mitternacht würden wir im Palast eintreffen! ... Noch einmal, Herr Graf, bedenken Sie, daß der König sich schon zur Ruhe begeben haben wird!

— Wir werden ihn wecken lassen!

— Den König wecken lassen? rief Monsignore Garibaldi, befürchtend, der Graf habe seinen Kopf verloren.

— Ja, Monsignore, ihn wecken lassen, wenn er schon zur

Ruhe gegangen! wiederholte der Graf mit der größten Bestimmtheit.... Kennen Sie diese Handschrift und dieses Siegel?

— Sie gehören Sr. Heiligkeit! rief der Nuncius in höchster
Ueberraschung.

— Allerdings, Monsignore, und Sie werden also begreifen,
daß ich unverweilt dem Könige vorgestellt werden muß!

— Ich begreife, Herr Graf! antwortete Garibaldi.

— Gut, Monsignore; in diesem Augenblick, wo die Minuten Stunden sind, mache ich Sie im Namen Sr. Heiligkeit
für jede derselben verantwortlich, die wir verlieren. Wollen
Sie mich zu Sr. Majestät führen?

— Erlauben Sie mir wenigstens, die nöthigen Vorkehrungen
zu treffen und Se. Majestät benachrichtigen zu lassen, antwortete der Nuncius.

Es war Mitternacht, als der letztere dringlicher Angelegenheiten wegen in den Palast eingelassen wurde, der, bereits unterrichtet, daß der bairische Gesandte mit einem eigenhändigen
Schreiben Sr. Heiligkeit angelangt, diesem sofort eine Audienz
bewilligte.

Graf Spaur allein hatte sich in den Palast begeben, während
der Nuncius ihn draußen im Wagen erwartete. Vom Könige
empfangen, überreichte der erstere das Schreiben.

Ferdinand durchlas es eilig und in höchster Gemüths-
aufregung, während der Graf, sich in seiner ganzen Höhe aufrichtend und mit auf der Brust gekreuzten Armen die Antwort
Ferdinands erwartete.

— Herr Graf, sagte dieser, nachdem er den Brief gelesen.
Kehren Sie um sechs Uhr zurück; meine Antwort wird bereit sein.

Der Graf verabschiedete sich, König Ferdinand hingegen eilte
zur Königin, um dieser die wichtige Nachricht mitzutheilen, und

gab sofort Befehl, die beiden Fregatten Tancred und Robert
zu heizen, auch zwei Bataillone der Garde und der Linie an
Bord zu bringen. Während der Nacht beschäftigte er sich mit
fieberhafter Unruhe, eine Menge Gegenstände auf die Schiffe
bringen zu lassen, deren der Papst und seine Begleitung zu
ihrer Bequemlichkeit bedurften, ging darin so weit, daß er sich
selbst um die Bett= und andere Wäsche für die Person des
heiligen Vaters bekümmerte und ließ sogar mehre Koffer mit
seinen höchsteigenen Hemden füllen.

Pünktlich zur befohlenen Stunde fand sich Graf Spaur
wieder im Palast ein, um Sr. Majestät Antwort in Empfang
zu nehmen.

— Wir werden sie gemeinschaftlich überbringen! sagte der
König.

Alles war zur Abfahrt bereit; der baivische Gesandte mußte
dem Könige folgen, der mit der Königin, dem Grafen Aquila,
dem Grafen Trapani, dem Infanten Don Sebastian und einem
ebenso brillanten wie zahlreichen Gefolge den Tancred bestieg.
Wenige Minuten darauf donnerten die Kanonen der Forts und
die königliche Flotille stach in See.

Zu derselben Stunde verließ auch der französische Gesandte,
der Herzog von Harcourt, den wir den Weg nach Civita=Vecchia
einschlagen sahen, jenen Hafen mit dem Dampfer „Ténare",
um sich, begleitet von Monsignore Stella und Francesco, dem
Kammerdiener Sr. Heiligkeit, ebenfalls nach Gaëta einzuschiffen.

Der Ténare war der erste der von zwei verschiedenen Rich=
tungen auf Gaëta zusteuernden Dampfer, welcher vor der
Festung eintraf. General Groß, ohnehin schon sehr in Ver=
legenheit wegen seiner Gefangenen, aus denen er beim besten
Willen nicht hatte klug werden können, sah in steigender Ver=

wirrung den ihm nicht signalisirten Ténare heran dampfen und
Persönlichkeiten solcher Qualität das Schiff verlassen. Es
war ihm kein Zweifel mehr, daß sich in Gaëta etwas Außer-
ordentliches vorbereite; aber was dies war, das mochte der
Himmel wissen.

Während er sich noch den Kopf zerbrach, rapportirte ihm
ein Offizier, daß eine neapolitanische Dampf-Fregatte in Sicht sei.

— Unerhört! rief der arme Gouverneur, die Hände über
dem Kopf zusammenschlagend. Und man hat mir nichts avisirt!

Fünf Minuten darauf erschien derselbe Offizier mit der
Meldung, daß eine zweite Dampf-Fregatte mit dem königlichen
Pavillon in Sicht sei.

Dem Gouverneur ging dies über seinen Horizont. Er fuhr
eiligst in seine Galla-Uniform und begab sich an's Ufer, an
welchem alsbald der Tancred und der Robert landeten.

In der That sah General Groß den König, sogar die
Königin und die ganze Suite das Ufer betreten. Er verbeugte
sich bis zur Erde und gratulirte sich, daß nun endlich der
große Augenblick gekommen sei, wo sich die ganze Confusion
auflösen werde.

— Wo sind Se. Heiligkeit? war Ferdinand's erstes Wort,
an den Gouverneur gerichtet, als er den Fuß auf das Land setzte.

— Seine Heiligkeit sind in Rom, Sire! antwortete der
biedere Groß mit der ehrenfestesten Miene von der Welt.

— Wie, General! rief Ferdinand erstaunt. Der Papst ist
seit vier und zwanzig Stunden in Gaëta, und Sie wissen
nichts davon?

General Groß stand mit offenem Munde da und starrte
den König an. Der Papst in Rom! Jetzt fielen ihm alle

seine Sünden ein! Er hatte den heiligen Vater, sammt seiner Begleitung hinter Schloß und Riegel gesetzt!...

In diesem Augenblick erschienen auch der Herzog von Harcourt und Karbinal Antonelli vor dem König, um diesem zu melden, der heilige Vater erwarte Se. Majestät im Albergo del Giardinetto. General Groß schickte spornstreichs seine Adjutanten zur Locanda, um die Gefängnißwachen in Ehrenwachen umwandeln zu lassen, und verfluchte den bairischen Gesandten, der ihm diesen Streich gespielt.

Das Zusammentreffen des Papstes und des Königs Ferdinand war ein rührendes. Die ganze königliche Familie warf sich zu den Füßen des Papstes; Pius hob sie in seine Arme, ertheilte ihr seinen Segen und segnete kurz darauf vom Balcon des Palastes aus auch die Equipage der Flotte, sowie die Bevölkerung von Gaëta, die auf die Nachricht von der Anwesenheit des heiligen Vaters in Massen herbei geströmt war.

V.

Ein Dämon.

Drei Wochen waren seit der Flucht des Papstes verstrichen. In dem Hause des Grafen Buelto hatte während derselben eine tiefe Stille, unter den Mitgliedern desselben große Niedergeschlagenheit geherrscht, denn die Krankheit auf der einen, tiefer Seelenschmerz auf der andern Seite waren hier eingezogen.

Die Aufregung, welche jene Scene mit Mariano dem Grafen bereitet, die erschütternde Ueberzeugung, daß alle seine Pläne vereitelt, daß die Früchte eines Jahrzehnde langen emsigen Strebens von den hereingebrochenen Stürmen vernichtet, die Blüten der Hoffnungen, die er an seine Pflegekinder geknüpft, verweht und zerstreut waren; das traurige Bewußtsein, daß von all' Dem, was sein edles Herz zu erstreben gedachte, nichts gelungen war, daß alle seine Opfer vergeblich gewesen — diese Ueberzeugung hatte Don Alessandro in einen Zustand versetzt, der nothwendig auch seine physischen Kräfte erschöpfen mußte.

Don Alessandro's Seele lebte vom Glauben, wie das Auge vom Licht. Stundenlang sah man ihn vor seinem goldenen Kruzifix liegen und mit Inbrunst zu dem Gekreuzigten flehen;

seine feinen Hände gefaltet, das Auge voll andächtiger Gluth, die Lippen flüsternd, mit der Verklärung eines Heiligen auf seinem Antlitz kniete er Morgens und Abends vor dem kleinen Altar seines Betzimmers, des Allerheiligsten in seinem Hause, dessen Schwelle selbst Pepe, wenn er die Sammetdecken vom Staube zu reinigen kam, nur mit einer frommen Scheu betrat. Mit tiefem Ernst und andächtiger Sammlung trat Don Alessandro stets vor den Altar, und mit einer Ruhe, einer geistigen Stärkung und Erfrischung, die aus allen seinen Zügen sprach, verließ er ihn wieder, um an seine religiösen Studien und Geschäfte zu gehen, oder sich der Erholung zu widmen, die er im Kreise der Seinigen sonst zu finden pflegte.

Eben diesem Einfluß war auch Leona's kleiner Fanatismus zuzuschreiben, den wir sie gegen Alita äußern sahen, und aus derselben Quelle floß auch der kleinen Wilden die Inbrunst zu, mit welcher sie den Glauben der Nazarener umfaßt hatte. Don Alessandro's bisheriger, aus der Religion mit dem Bewußtsein treu erfüllter Pflicht geschöpfter Seelenfrieden hatte seinen Hauch auch über seine Umgebung verbreitet, so daß selbst Camillo und Pepe von einer wahrhaften Frömmigkeit durchdrungen waren.

Seit Don Alessandro verlassen und sich aus edlen Absichten in das ihm so verhaßte Gewühl der politischen Unzufriedenheit und der Revolution begeben, seit der Dämon derselben sich sogar eines Mitglieds seiner Familie bemächtigt hatte und mit seinem giftigen Athem eine Sphäre berührte, die sich bisher frei von allem Profanen erhalten, seitdem war auch der Himmelsfriede gestört, in welchem sich die ganze Familie so glücklich gefühlt. Mit innerer Abneigung, aber gezwungen durch seine Vaterpflicht hatte der Graf diesen Dämon gepackt, um ihn zu ersticken; er

hatte geahnt, daß jede äußere Berührung mit diesem Dämon
seinen und der Seinigen Frieden verpesten werde, in der religiösen Ueberspanntheit, die ihn, den sonst so geistreichen Mann,
zu einer Art von Aberglauben hingerissen, hatte er sich mit den
beiden Männern der Kirche umgeben, als er Mariano erwartete.
Leider war sein Versuch mißlungen, und wie er sich selbst gestand, gerade durch die Anwesenheit der Priester mißlungen,
auf deren heilige Nähe er so große Erwartungen gebaut.

Dieser Dämon, den er zu würgen gehofft, hatte sich stolz
und frech gegen ihn aufgerichtet, er hatte die Kirche, ihre hei-
ligsten Gesetze, ihre Diener verlästert, hatte sich thätlich an
einem derselben vergriffen, mit frevelnder Hand die Gewalt
eines gotteslästerlichen Ungehorsams gegen die Maßregeln seiner
väterlichen Gewalt gesetzt.

Bleich wie ein Geist, regungslos, den Blick auf den Boden
geheftet, saß Don Alessandro, als Mariano hinausgestürzt war,
in seinem Sessel. Die beiden Priester näherten sich ihm, um
Worte des Trostes zu ihm zu sprechen; er aber wies sie tief-
sinnig und lautlos zurück, und kopfschüttelnd waren sie gegangen.
Leona legte schmeichelnd den Arm um seinen Nacken, sie küßte
ihm die mit einem kalten Angstschweiß bedeckte Stirn; Alita
kniete vor ihm nieder, ihm eine Erfrischung reichend; sie preßte
seine matt und kraftlos auf dem Knie liegende Hand an ihren
Mund und rief ihm mit ihrer seelenvollen Stimme zu:

— Vater, hast Du keinen Blick für Deine übrigen Kinder?

Don Alessandro aber hatte für sie keinen Blick; er sah
nicht, wie tief auch Alita's Gram, hörte nicht, wie ängstlich
Leona's Herz an seiner Schulter klopfte. Er war nur mit sich
selbst, mit seinem eigenen Schmerz beschäftigt und wies endlich
die beiden Mädchen von sich. Trauernd, mit feuchten Augen

verließen diese das Zimmer; jammernd warf sich Alita in den
Sessel und überließ sich der ganzen Heftigkeit ihres Schmerzes,
während Leona, das Antlitz mit dem Taschentuch bedeckend, sich
in eine Ecke zurückzog und das kranke Herz seinem Weh überließ.

Nur Pepe hatte sich, von dem Grafen unbemerkt, in den
Hintergrund zurückgezogen. Endlich begann des Grafen Antlitz
sich wieder zu beleben, als er im Geiste die Scene noch einmal
überblickte. Er sah den stolzen, blühenden Jüngling, den Gott mit
allen Vorzügen des Geistes und des Körpers so verschwenderisch
ausgestattet; er sah Mariano vor sich, die Hand mit strafbarem
Selbstbewußtsein ausgestreckt; er sah ihn den frommen Pater
erfassen und von sich schleudern, sah diesen entsetzlichen Dämon
der Gotteslästerung aus seinen Augen leuchten, hörte im Geiste
ihn die fürchterlichen Worte sprechen, die wie ein frostiger Luftzug durch seine Seele fuhren. Der Dämon selbst war es, der
in Mariano vor ihm gestanden, zu ihm, dem Vater, gesprochen; die Hölle selbst hatte ihm seine Diener gesandt, denn
hinter ihm war jene entsetzliche Gestalt aus dem Boden auf-
gestiegen, die schützend den Arm um ihn gelegt, ihn seiner Gewalt entzogen, und mit ihm hinausgestürzt war.

Schaudernd bedeckte Alessandro das Gesicht mit seinen
Händen. War es nicht eine Schickung des Teufels, der Hölle,
die diesen Fremden gerade jetzt aufstehen lassen mußte, den er
fern unter einer fremden Zone geglaubt? Mischte sich nicht die
Hölle selbst in sein frommes Werk, indem sie ihm erst jenen
dem Bagno entflohenen Sträfling und dann diesen Afrikaner
sandte, um den Frieden seiner Seele und seines Hauses, das
Glück seiner Kinder zu zerstören, nachdem der Geist einer allgemeinen Empörung seiner Frömmigkeit die schöne Ernte all

der heiligen Saat vernichtet, die er während so langer Jahre uneigennützig ausgesäet?

Wo war jetzt die kalte Berechnung des Diplomaten, die unerschütterliche Ruhe des Staatsmannes und des Missionärs, die er während eines emsigen Studium und einer strengen Selbstbewachung seiner ihm angeborenen Leidenschaftlichkeit abgewonnen? Der Diplomat war außer Fassung, der Staatsmann hatte das Ruder aus den Händen geben müssen, um die Revolution innerhalb seiner Familie zu zügeln, der Missionär hatte seine frommen Saaten verwüsten gesehen, der Vater hatte durch die heiligsten und frommsten Lehren nur einen Ungehorsamen erzogen. — Alles, Alles war verloren, vernichtet. Don Alessandro, der stark, streng und unerbittlich in seinen Principien gewesen, so lange er über den Verhältnissen gestanden, diese nach seinem Willen lenken und formen konnte, er brach zusammen, als diese Verhältnisse ihm sein Recht über dem Kopfe wegnahmen. Er, der ein Rathgeber der Fürsten im Regieren ganzer Völker gewesen, theilte jetzt mit jenen gleiches Schicksal; ja noch mehr, während es diesem Fürsten in Neapel, dessen Rathgeber er war, gelungen, der ihm momentan entrissenen Zügel wieder habhaft zu werden, sah er seine Anstrengung, die Revolution innerhalb seiner kleinen Familie zu ersticken, an der Gewalt dieses Dämons scheitern und kein Mittel blieb ihm mehr, da es außerhalb dieser Familie keine Gewalt gab, deren Hülfe er hätte in Anspruch nehmen können.

Zu all' diesen erschütternden Wirkungen mußte nun auch die eines Aberglaubens kommen, der Don Alessandro's großer Aufklärung gänzlich fremd geworden, aber jetzt ganz plötzlich in ihm neue Wurzel schlug. Don Alessandro's äußerer Mensch war, wie wir schon angedeutet, das Resultat einer feinen Erziehung,

an welcher die Selbsterziehung eines eisernen Willens und eines
hervorragenden geistlichen Talentes am meisten gethan. Sein
innerer Mensch hingegen hatte sich in demselben Maße, in
welchem sein Glaube wuchs und er sich ganz und gar der Kirche
in die Arme warf, auch all' den Einflüssen der religiösen Erziehung hingegeben.

Schon seine früh dahingeschiedene Gattin hatte mit der
Frömmigkeit ihres tief religiösen Herzens auch einen Keim jener
religiöser Vorurtheile, jenes Glaubens an Uebernatürliches in
ihn gelegt, das wir so oft in den bigotten Aeußerungen katho-
lischer Gemüther finden. Das Hineingreifen dämonischer Gewalten in das Leben des Menschen war Encarnacion's frommem
Herzen eine Art von Dogma geworden. Don Alessandro hatte
dieses oft belächelt, aber da er sein junges Weib mit einer
maßlosen Leidenschaft anbetete, da er in ihr eine Heilige sah,
so hatte er mit ihrer Frömmigkeit auch jenen Aberglauben ein-
gesogen, und als sie starb, bewahrte er denselben in sich wie
eine schöne Reliquie.

Bisher glücklich und erfolgreich in all' seinem Thun, sah er
jetzt, wie das Glück sich von ihm wandte; er sah die guten
Geister, welche seinen Altar bewacht, das Haupt verschleiern
und sich abwenden, und jetzt stieg Don Alessandro's Nachdenken
in den Schacht seiner Erinnerungen hinab. Er sann, ob es in
seinem Leben Momente gebe, die geeignet, Encarnacion's, seines
Schutzgeistes, Andenken und Vermächtniß zu entheiligen, und
mit dem moralischen und diplomatischen Gleichgewicht begann
Don Alessandro auch den blinden Glauben an seine Unfehlbar-
keit zu verlieren.

Es gab für ihn jetzt weder materielle Sorgen, noch Staats-
oder Kirchengeschäfte, er legte daher die Maske ab, welche er

als Diplomat oder Salonmensch hatte beobachten müssen; sie
war ihm lästig, verhaßt. Für das Studium, das ihm sonst so
lieb gewesen, hatte Don Alessandro keinen Sinn, keine Ruhe
mehr seit er in Rom war, ihn erfüllte nur der Gedanke an
Mariano, in welchem er allmälig immer klarer das dämonische
Prinzip verkörpert sah, während in diesem Jüngling doch nur
jener Geist sich heimisch gemacht hatte, der damals die halbe
Welt sammt ihrer traditionellen Ordnung in Trümmer zu legen
drohte.

Diesen entsetzlichen Gedanken hatten namentlich zwei Um=
stände in ihm zur Ueberzeugung gemacht. Bei dem Grafen
Rossi hatte er erfahren, daß Mariano mit einer Dame in
näherer Bekanntschaft stand, die nach Allem, was er von ihr
gehört und gesehen, ihm der Inbegriff der Gottlosigkeit war.
Don Alessandro's Ansichten von dem Berufe der Weiblichkeit
war das Benehmen Delila's ein Gräuel, er verachtete sie.
Seit er aber gehört, welchen Antheil dieses Weib an dem poli=
tischen Treiben in Rom genommen und wie verderblich der
Einfluß ihrer Ansichten durch die Gewalt ihrer Schönheit war,
seitdem haßte, verabscheute er sie aus dem Innersten seiner
Seele. Mariano in den Armen dieser Delila, der Gedanke
war ihm fürchterlich; um jeden Preis mußte der Jüngling
dieser Sirene entrissen werden.

Der zweite Umstand, der ihn Mariano's, seines einstigen
Lieblings, Person in einem so fürchterlichen Lichte sehen ließ,
war jene Scene vor dem Palast der Deputirten. Soeben von
der Leiche eines Freundes kommend, den dieselbe Partei ermor=
det, welcher Mariano angehören sollte, noch ganz erschüttert
und mit tiefem Abscheu vor den Mördern, trat Don Alessandro
auf die Straße, nachdem er einen Abschiedskuß auf die kalte

und blutige Stirn seines Freundes gedrückt. Ein Stich fuhr
ihm durch's Herz, seine Knie wankten, sein Kopf schwindelte, ein
dunkler Schleier trat ihm vors Auge, da er Mariano, seinen
Pflegesohn, als den vermeintlichen Mörder seines Freundes im
Triumphe durch die Straßen tragen sah.

Mit zitternden Gliedern hatte sich Don Alessandro nach
Hause geschleppt. Er verschloß in sich, was er gesehen, er
wankte in sein Betzimmer, warf sich vor dem Altar nieder und
betete: Herr, nicht m i r rechne dies an, nicht auf mein Haupt
wirf diese blutige Schuld! Du siehst mein Herz, meine Knie
brechen! ... Mein Gott, mein Vater, strafe und vernichte
ihn in Deinem Zorne, und wenn Du es beschließest in Deiner
Gnade, wähle m e i n e n Arm als Dein strafendes Werkzeug! ...

Mit gefalteten zitternden Händen, mit mattem, halb gebrochenem Auge schaute Alessandro vom Altar auf. In den rothen
Sammetdecken sah er die Farbe des Blutes, desselben Blutes,
das er auf der Leiche seines Freundes hatte gerinnen sehen.
Ein Schauder durchlief seinen Körper. Er sah das Antlitz des
Gekreuzigten zürnen, sah die Engel zu den Füßen der Madonna
sich trauernd von ihm abwenden. ... Mein Gott, mein Vater,
ich bin ja nicht Schuld an diesem Blute! jammerte er, bewußt=
los sank sein Haupt auf die krampfhaft gefalteten Hände. Die
Engel weinten, keiner aber stieg herab, um den Unschuldigen
zu trösten.

Von diesem Augenblick ab war Don Alessandro's Kraft ge=
brochen; sein Geist irrte von einem Schreckensbilde zum andern;
der kalte, berechnende und stolze Spanier war ein Spielball
seiner Phantasmagorien.

Noch einmal und schnell raffte er sich zusammen. Das
Gefühl des Vaters war in ihm erstickt, er sah in Mariano nur

noch einen Verbrecher, den er zu strafen die Pflicht habe, wenn die weltliche Gerechtigkeit ihr Schwert zerbrochen. Er beschied Peloso und Mortinovich zu sich und erklärte diesen, wie es seine feste Absicht, sich Mariano's zu bemächtigen und ihn den seit der Sprengung und Verjagung der Gesellschaft Jesu nach der neapolitanischen Grenze geflüchteten Ordensmitgliedern zu überantworten; er selbst werde einen Kerker bestimmen, in welchem Mariano unter der Aufsicht und Lehre eines Geistlichen Jahre hindurch zu bereuen und sich zu bessern habe.

Dem Pater Peloso war Mariano stets ein Dorn im Auge gewesen; er war also bereit, Mariano ein Gefängniß anzuweisen, auch ihm einen strengen Lehrer unter seinen Amtsbrüdern auszuwählen. Jedoch auch diesmal war Don Alessandro's Plan gescheitert; der Teufel selbst hatte ihn in seine Klauen genommen, der Graf also war am Ende seiner Mittel.

Don Alessandro's Seele war aus ihrem Gleichgewicht gebracht; sein Körper war nicht gerade der stärkste. Lange hatte er, von Pepe unbemerkt beobachtet, da gesessen, als er plötzlich unruhig zu werden begann, und sein Haupt mit einem Ausruf der Ermattung und des Schmerzes in den Sessel zurücksank.

Pepe sprang herzu. Er sah, wie die Blässe seines Gesichtes einer Fiebergluth gewichen, wie seine Hände, von innerer Hitze getrieben, auf der Lehne des Sessels hin und her zitterten und sich vergebens fest zu klammern suchten. Pepe erschrak, als er in das unheimlich leuchtende Auge seines Herrn schaute, als er sah, wie die Brust des Grafen arbeitete, wie seine trockenen Lippen sich öffneten.

— Pepe, mich dürstet! rief er mit matter Stimme, während sein Auge sich schloß und sein Haupt auf die Brust fiel. ... Bring' mich zu Bette, fuhr er immer matter fort ... Ich bin krank, sehr ... sehr krank, Pepe! ... Ruf mir Leona ... und gieb mir zu trinken!

Don Alessandro's Zustand nahm noch an demselben Abend einen beunruhigenden Charakter an. Pepe schaffte athemlos zwei der besten Aerzte herbei, das ganze Haus war in Aufruhr, und als die Aerzte kamen, erkannten sie in des Grafen Krankheitsäußerungen die Symptome einer Gehirnentzündung. Wirklich erklärte sich diese sehr bald, und als Camillo, den wir als Courier auf dem Wege nach Rom sahen, hier eintraf, fand er seinen unglücklichen Vater zwischen Leben und Tod.

Wochen, sogar Monde hindurch unterlag der Graf stets neuen und heftigen Anfällen seiner Krankheit; Leona, Alita und Camillo, durch Pepe kräftig unterstützt, wechselten an seinem Bette wachend, und noch immer wollte das Uebel nicht weichen. Don Alessandro verfiel immer von Neuem seinen Fieberphantasien, die sich meist um einen und denselben Gegenstand bewegten und oft so finsterer, unheimlicher Natur waren, daß Leona oder Alita, wenn sie in der Stille der Nacht an seinem Bette saßen, von Schauder befallen wurden, während Camillo aus diesen Phantasien sich alles Das zusammen reimte, was man ihm aus Rücksicht für ihn und Marjano verschwiegen hatte.

Camillo's Ankunft war ein Festtag für die arme Alita, die lange und sehnsuchtsvolle Wochen in Rom verlebt hatte, seit sie Camillo's Gegenwart vermißte. Man hatte sie von Neapel nur fortbringen können, indem man ihr sagte, Camillo werde bald folgen, man werde auch nur kurze Zeit in Rom verweilen. Der Gedanke, Mariano zu sehen, auch ihrerseits auf ihn einwirken zu können, damit er zum Guten zurückkehre, hatte ihr die vermeintliche kurze Trennung leichter gemacht; bald aber hatte sie doch zu bangen und zu seufzen begonnen, sie war

schweigsam und melancholisch geworden, denn sie sah ja während
der ersten Wochen weder Mariano noch Camillo und dazu war
es in Rom so still, so drückend, so unheimlich; die Häuser sahen
hier alle so finster aus, als verschwiegen sie ein entsetzliches
Geheimniß; die Menschen spielten auch so viel abschreckende
Comödien auf der Straße; Don Alessandro war verschlossen
und nachdenkend, und sprach oft den ganzen Tag hindurch kein
freundliches Wort. .... Wie gesagt, es war Alita so bange
und sehnsüchtig um's Herz, daß sie zuweilen hätte laut auf=
schreien mögen, daß sie die Fenster aufriß, um frische Luft zu
schöpfen, daß es schlechterdings für ihr lebhaftes Temperament
in Rom nicht mehr auszuhalten war.

Freilich hatte sie nach Verlauf einiger Wochen ihren Bruder
endlich gesehen; aber was für einen Auftritt hatte er im Hause
veranlaßt und wie schrecklich waren die Folgen dieses Auftritts!
.... Ein Glück, daß Camillo eintraf! Aber auch er hatte als=
bald eine philosophische Miene aufgesetzt, auch er schien mit
sonderbaren Gedanken umzugehen, und wenn er auch gegen
Alita stets gleich zärtlich und aufmerksam war, so trug er sich
doch mit Plänen, und die Liebe hat ja bekanntlich gar keine
Minute Zeit, an etwas Anderes als an sich selbst zu denken.

Inzwischen hatten auch die Zustände in Rom eine immer
bedenklichere Miene angenommen. Die Flucht des Papstes hatte
in Rom allgemeine Bestürzung, in den Provinzen des Kirchen=
staates, die fester als Rom an dem heiligen Vater hingen,
Schrecken und Empörung erregt.

Die Stimmung war eine finstere und von manchen Seiten

drohende, denn selbst diejenigen, welche auf Seiten der Liberalen
standen, wandten ihre Sympathien wieder dem Papste zu, während in den Provinzen sich offene Gährung bemerkbar machte.
Im Ministerium selbst entstanden Differenzen, der Volksclub
war mit demselben auf gespanntem Fuß. Die Protestation des
Papstes war am 3. Dezember in Rom angelangt; verheimlicht
werden konnte sie nicht. Der Volksclub im Café der schönen
Künste trat also angesichts der drohenden Gefahr gewissermaßen
in Permanenz und berieth, was zu thun sei.

Gleich bei Ankunft dieses Protestes stürmten die Mitglieder
und namentlich die Vorsitzenden des Clubs in das Café. Sturbettini, Mamiani, die Mitglieder des Ministerium, der Fürst
von Canino, Sterbini, Fiorentino, Ciceruacchio und die übrigen
Volkstribunen, Alles war versammelt, auf allen Gesichtern
malte sich ein Siegesbewußtsein, zugleich aber auch die Frage:
was jetzt? ... Man hatte sich wohl erzählt, der Papst beabsichtige Rom zu verlassen, aber daß er hieraus Ernst machen
werde trotz der Wachsamkeit der Bürgergarde, das hatte man
nicht erwartet. Die Versammlung des Clubs war stürmisch;
einige Mitglieder verlangten die Proklamirung der Republik, die
Mehrzahl jedoch trat dem auf's Hartnäckigste entgegen, da sie
vor den Folgen einer Entthronung des Papstes erschrak. In
derselben Nacht noch kamen die Deputirten zusammen und hielten ebenfalls eine Conferenz, in der es nicht minder geräuschvoll zuging.

Auch das erst vor Kurzem gebildete Ministerium sah sich
in der schwierigsten Lage. Der heilige Vater erklärte in seinem
Proteste dieses Ministerium für null und nichtig, die Minister
aber waren keineswegs geneigt, sich dies gefallen zu lassen.
Man griff daher zu einem Gegenprotest, in welchem man er-

klärte: die Kammer der Abgeordneten habe in nächtlicher Sitzung
beschlossen, daß, da das Schreiben das Papstes weder den Cha-
rakter der Authenticität, noch die Form eines constitutionellen
Regierungsactes besitze, die gegenwärtigen Minister in ihren
Functionen zu verbleiben hätten. Gleichzeitig ernannte das
Ministerium im Einverständniß mit der Kammer und dem
revolutionären Club mehre Deputationen, die sich zum heiligen
Vater begaben, um ihn zur Rückkehr nach Rom einzuladen.

Das neapolitanische Gouvernement mußte indeß von der zu
erwartenden Ankunft dieser Deputationen unterrichtet sein, denn
ein Polizei = Commissair empfing sie an der Grenze und fragte
sie, ob sie sich nach Gaëta begeben wollten. Auf ihre bejahende
Antwort erhielten die Abgesandten den Bescheid, daß das neapolitanische Gouvernement ihnen den Eintritt in das Königreich
nicht gestatte.

Die Deputation wandte sich schriftlich an den Kardinal Antonelli und setzte demselben den Zweck ihrer Mission auseinan-
der. Antonelli antwortete ihnen: der heilige Vater habe die
Gründe seiner Abreise in dem motu proprio vom 27. Novem-
ber hinreichend manifestirt, sein Wille sei noch derselbe, er könne
also unmöglich die Deputirten einer Gewalt empfangen, die er
in keiner Weise anerkenne.

Das Scheitern dieser Mission verursachte in Rom neue
Bestürzung. Die Kammer war empört, die Abgesandten waren
beschämt. Einer der ersteren, Dr. Pantaleoni, sonst ein Anhänger des Papstthums, stürzte auf die Tribüne und verlangte
die Einsetzung einer aus fünf Mitgliedern bestehenden Commission; ihm nach aber stürzte sich der Fürst von Canino, der entrüstet über die Fledermaus = Natur eines solchen Vorschlages,
entschiedene Maßregeln und zwar die Einsetzung einer aus

zwei Laien und einem Priester bestehenden Regentschaft verlangte.

Mit ihm einverstanden war auch der revolutionäre Club, zu
dessen eifrigsten Mitgliedern Bonaparte gehörte; dieser Club
drängte die Kammer zur Energie.

„Deputirte des Kirchenstaates!" schrieb er an die Kammer.
„Ihr seid die legale Gewalt der Nation. Ihr habt Euer
Mandat vom Volke und Ihr könnt, Ihr dürft dieses nicht seinen Schicksalen überlassen! Kann die abschlägliche Antwort des
Fürsten die Existenz der executiven Macht erschüttern, so ist es,
da kein Land ohne Gouvernement zu bestehen vermag, Eure
Schuldigkeit, Männer von Ehrenhaftigkeit, Erfahrung und Fä-
higkeit, die im Stande sind, sich auf die Höhe der Verhältnisse
zu stellen, mit außerordentlicher Gewalt zu bekleiden. Dies
ist es, was Ihr zu thun habt."

Gleichzeitig verlangte der Club nichts Geringeres, als daß
sofort eine italienische constituirende Versammlung in Rom
zusammen berufen werde.

Während der Club, die Kammer und das Ministerium gegenseitig intriguirten, sah man eine große Anzahl von kirchlichen
und civilen Würdenträgern und einen Theil der höheren römischen Gesellschaft die Stadt verlassen, da sie nicht geneigt, sich
dem Schalten und Walten der Revolutionäre preis zu geben.
Allmälig begann auch das Gerücht sich durch Rom zu verbrei-
ten, es sei eine gewaltsame Reaction zu Gunsten des Papstes
im Werke. Einzelne Provinzen riefen ihre Deputirten zurück,
andere Kammermitglieder traten selbständig zu Gunsten der legitimen Gewalt auf, und der Deputirtensaal war also der
Schauplatz großer Reibungen, wie die Pforten seines Hauses
Zeugen der entgegengesetztesten Volksmanifestationen waren.

Das Ministerium bewahrte indessen eine anerkennenswerthe Besonnenheit; es ernannte eine aus fünf Personen bestehende Commission, die sich mit dem Kardinal Castracane und Monsignore Roberti, zwei Mitgliedern der vom Papste ernannten Commission, vergebens in Rapport zu setzen versuchten. Ein abermaliger Protest des Papstes, als Antwort auf eine abermalige Einladung zur Rückkehr, traf ein und diese trug nicht wenig dazu bei, das Verlangen der Revolutionspartei nach. Einberufung einer Constituante dringender und heftiger zu machen, auch zugleich die tumultuösesten Demonstrationen gegen die zaudernden Minister hervorzurufen, bis endlich der Volks= club die Massen durch Proclamationen beruhigte, in welchen er erklärte, man solle nur ihm die Sorge überlassen, er werde die Minister und die Kammer anhalten, ihre Schuldigkeit zu thun.

Die Nachricht, daß Frankreich 3500 Bajonette nach Civita= Vecchia zu senden beabsichtige, um die Person des Papstes zu schützen, gab dem Strom eine neue Richtung; das Ministerium sah seine Ohnmacht ein und übertrug einen Theil seiner Ge= walt an die Commission; diese erklärte, sie könne der Verwir= rung nicht mehr Meister werden; der Conseil der Deputirten fühlte, daß ihm die die Energie abging, die von ihm verlangt wurde, und rettete sich hinter den Einfall, eine Art von Trium= virat, bestehend aus dem Senator Corsini, einem Römer, aus dem Senator Zucchini von Bologna, und dem Gonfaloniere Camerata aus Ancona, zu bilden, das zugleich die drei ersten Städte des Landes repräsentirte.

Da Zucchini den Sitz in dieser Junta ablehnte, ward Galletti an seine Stelle erwählt und dieser befand sich also abermals an der Spitze der Gewalt. Die Junta debutirte mit der Erklärung, daß sie nur die Leitung der Geschäfte bis zu dem Augenblick führe, wo die Constituante den Zuständen des Kirchenstaates eine bestimmte Form geben werde.

Unter solchen Umständen war die Kammer überflüssig geworden. Sie löste sich auf und die Junta berief die Wähler auf den 21. Januar 1849. Mamiani reichte seine Entlassung ein; Zucchini wollte in einer solchen Junta nicht sitzen, alle Gouverneure der Provinzen dankten ab — die Gewalt war jetzt pure in den Händen der Radicalen; das Regiment Mazzini's und seiner Consorten war hereingebrochen und die letzteren säumten nicht, sich der ledigen Stellen sofort zu bemächtigen.

Auch Pius selbst verfehlte nicht, das Seinige dazu beizutragen, um den Radicalen den Triumph so leicht wie möglich zu machen. Anstatt sich mit wiederholten Protesten zu begnügen, deren Inhalt doch alles Das begriff, was er überhaupt noch hätte protestiren können, verbot er allen treuen Unterthanen, die Eigenschaft eines Volksrepräsentanten anzunehmen. Sicherlich würden ohne ein solches Verbot Männer wie der Pater Ventura u. A. auf den Bänken der Repräsentanten erschienen sein, da die Provinzen sich jedenfalls dem Papstthum noch nicht feindlich gezeigt hatten und ihm noch vielfach anhingen; es wäre unter solchen Umständen die Hoffnung vorhanden gewesen, durch eine friedliche Reaction das Papstthum wieder aufzurichten und also die Intervention fremder Waffen zu vermeiden. Das Verbot von Seiten des heiligen Vaters machte jedoch solche Reaction unmöglich und schleuderte den Kirchenstaat in die Arme der vollständigsten Anarchie, die denn auch demnächst ihr Regiment beginnen und das Vorspiel des großen und blutigen Drama eröffnen sollte.

Volksversammlungen bildeten sich auf verschiedenen Plätzen, das Geschrei „es lebe die Republik!" durchhallte die alte ehrwürdige Roma; mit Fackelglanz und unter dem Rauschen der Tricoloren zogen unruhige Massen zum Quirinal, wo das Cabinet seine Sitzung hielt. — Die Tambours der Carabiniere und der Bürgergarde wirbelten durch die Straßen, Patrouillen zogen nach allen Richtungen, um diesen verfrühten republikanischen Kundgebungen die Spitze zu bieten, die Volksquartiere im Zaum zu halten. Zahllose fremde und unruhige Gesichter, die Vorboten Mazzini's und Garibaldi's, bewegten sich durch die Straßen, unruhige Sturmvögel, von einer Revolution zur anderen verschlagen, den rastlosen Zelkowans ähnlich, die fortwährend zwischen der Propontis und dem Pontus Euxinus hin und her ziehen und nach der orientalischen Sage die Seelen der Verdammten in ihren Kröpfen tragen.

Es war zum Beginn des Karnevals, als Don Alessandro nach mehrmaligen Krisen, die nur durch unsägliche Bemühungen der Aerzte zum Guten gewendet worden, insofern der Genesung langsam entgegenging, als er ganze Tage hindurch wieder eines regelmäßigen Ideenganges fähig war. Bisher war er ein Raub der wildesten Phantasien gewesen, man hatte alle Ursache gehabt, zu fürchten, daß der Graf, wenn er mit dem Leben davon kam, doch nicht wieder in Besitz seiner Verstandeskräfte zurückkehren werde, denn Wochen lang sprach er irre, oft rief er sein ganzes Haus an sein Bette, erzählte den Seinigen die wunderbarsten Geschichten oder beschwor sie, den bösen Geist zu

entfernen, der Tag und Nacht neben ihm im Bette liege und
ihm schreckliche Dinge in's Ohr flüstre.

Für Camillo sowohl wie für die Mädchen waren dies herz-
zerreißende Scenen. Seinen Gram in sich verschließend, aber
doch mit thränenfeuchten Augen saß Camillo am Lager des
Vaters, jedes irre Wort desselben schnitt ihm in die Seele und
wenn der Kranke den Namen Mariano aussprach, ballte sich unwillkürlich Camillo's Faust, denn, wie sehr man ihm auch das
Vorgefallene zu verheimlichen suchte, sein Scharfsinn hatte schnell
das Sachverhältniß durchschaut. Schon von Kindheit auf besaß
er eine kleine Abneigung gegen Mariano, die wahrscheinlich aus
der Vorliebe entsprungen war, mit welcher sowohl der Vater
als die Umgebung Mariano's knabenhaften, aber unwillkürlich
gewinnenden Uebermuth verfolgten.

Camillo hätte Mariano hassen können, wenn er des
Hasses überhaupt fähig gewesen und wenn Mariano nicht der
Bruder Alita's gewesen wäre, an welcher Camillo's Herz mit
schwärmerischer Verehrung hing. Jetzt mußte er hören, daß
gerade Mariano's Trotz die Veranlassung von seines Vaters
Leiden war, daß Mariano die Schuld trage, wenn der sonst so
klare und scharfe Verstand dieses geistreichen Mannes für immer umdunkelt blieb und dadurch ein endloses Unglück in die
Familie geworfen wurde.

Es kostete Camillo Anstrengung und Ueberwindung, Mariano nicht zu verfluchen; gewaltsam entfernte er jeden Gedanken an ihn aus seiner Seele; Mariano's Name kam also über
Keines Lippen und dennoch dachte Jeder an ihn, am meisten
Leona, die insgeheim den Auftrag gegeben hatte, Mariano's
Treiben zu überwachen. Pepe seinerseits war ein sonst so gewandter Bursche, mußte aber wohl durch all' das Leid, das in

Don Alessandro's Haus eingekehrt war, den Kopf verloren haben, denn unvorsichtiger Weise hatte er, obwohl mit Leona's
unglücklicher Liebe bekannt, sich seines Auftrages entledigend,
an Leona ausgeplaudert, in welch' intimem Verhältniß Mariano
zu der Fürstin Rospili stehe.

Vielleicht mochte Pepe hiemit die ganz edle Absicht verbin-
den, das Mädchen von dieser Liebe zu heilen, wenn das aber
der Fall war, hatte er seine Sache sehr ungeschickt angefangen.

Diese Nachricht war ein Dolchstich in das ohnehin kranke
Herz des Mädchens gewesen.

— Wer ist die Fürstin Rospili? fragte Leona, in deren
Abgeschiedenheit dieser Name noch niemals gedrungen war.

— Ein Weib so schön wie kaum eins in Rom existirte,
ehe Sie, Signora, und Fräulein Alita hier eintrafen, sagte
Pepe mit spanischer Galanterie. Sie ist reich und kokett, ganz
Rom liegt huldigend zu ihren Füßen.

— Und glaubst Du, daß Mariano diese Liebe erwiedert?
fragte Leona in ängstlicher Spannung.

— Ich glaub' es nicht nur, ich weiß es! Man spricht von
ihrer bevorstehenden Vermählung.

— Du nanntest sie kokett, Pepe, sagte Leona, indem sie
ihre Hand zitternd auf die Lehne eines Sessels stützte . . . .
Glaubst Du, daß Mariano glücklich sein wird?

— Die Diener der Fürstin behaupten: nein, obgleich die
schöne Altezza grenzenlos verliebt in ihn sein soll; und was
ich in der Stadt über sie höre, ist auch gerade nichts Tröst-
liches.

— Und was hörst Du von ihr in der Stadt?

— Daß sie an der Spitze der Revolutionäre stehe und sich
um die Politik bekümmere wie ein Parlamentsmitglied; daß sie

ferner schon andere Liebhaber gehabt, darunter einen Engländer, der seit Kurzem in Rom ist und in seiner Verzweiflung um die treulose Altezza die dummsten Streiche angeben soll.

— Armer Mariano! seufzte Leona.

— Nun, Signore Mariano scheint sich doch leiblich glück= lich zu fühlen. Die Fürstin giebt zum Beispiel heut Abend zur Eröffnung des Karnevals einen glänzenden Ball, auf wel= chem ihre Verlobung mit dem afrikanischen Fürstensohn gefeiert werden soll.

— Wer giebt heute einen Ball? fragte Alita, die eben ins Zimmer trat und Pepe's letzte Worte mit angehört hatte.

— Eine uns gleichgültige Person, Alita, antwortete Leona, die sich die äußerste Gewalt anthat, um gefaßt zu erscheinen. . . . . Pepe erzählt mir so eben Neuigkeiten aus der Stadt.

— Aber ich hörte doch Mariano's Namen nennen! . . . . Und Du bist so aufgeregt, Leona? . . . . Was ist's?

Leona gab Pepe einen Wink, sich zu entfernen, und sank auf den Sessel, unfähig, sich auf ihren bebenden Gliedern zu erhalten.

— Leona, ich will wissen, was mit Mariano vorgegangen ist! rief Alita heftig und die Hand ihrer Schwester ergreifend.

— Du sollst es erfahren, denn Du mußt es ja wissen, Alita! antwortete Leona schmerzlich und zog Alita zu sich auf den Sessel . . . . Mariano feiert heute das Fest seiner Verlobung.

— Mit jener Fürstin, von der man uns erzählt? fragte Alita, nur halb so überrascht als es Leona erwartet hatte.

— Wie, Du kennst jenes Weib?

— Nein, ich kenne sie nicht; aber man erzählte mir von ihr! antwortete Alita, die Pepe ebenfalls zu ihrem Agenten ge-

macht hatte, und vielleicht besser instruirt war, als Leona, dieser aber das Verhältniß Mariano's zu der Fürstin aus Schonung verschwiegen hatte.

— So weißt Du auch, daß dieses Weib Deinen Bruder
elend, sehr elend machen wird? fragte Leona.

— Nein, Leona! antwortete Alita erschreckt . . . . Elend,
sagst Du? Und warum? . . . . Man hat mir erzählt, sie
sei reich, sei schön und liebe Mariano.

— Du gutes Kind! rief Leona. Glaubst Du, daß diese
drei Vorzüge im Stande wären, einen Mann für ein treuloses
Herz zu entschädigen?

— Ich verstehe Dich nicht! versetzte Alita, ihre Schwester
groß anschauend.

— Mir wird jetzt so Manches klar, was ich unsern Vater
in seinen Phantasien sprechen hörte; er verband den Namen
Mariano's oft mit einer Sirene; ich glaubte, er meine hiemit
die Verführung, deren Opfer er hier inmitten eines revolutionären Strudels geworden . . . Jetzt erst begreife ich ganz,
in welche Hände Mariano gerathen, jetzt erst sehe ich den ganzen Umfang der Gefahren, in welche Mariano sich gestürzt!

Alita hatte Leona mit großen Augen angeschaut, ihr Blick
hing an ihrem Munde, krampfhaft hatte sie die Hand der
Schwester ergriffen und dieselbe in die ihrige gepreßt. Alita
hatte in Folge alles Dessen, was man ihr von Mariano's Ungehorsam, Leichtsinn und Undankbarkeit erzählt, nur eine ganz
oberflächliche Anschauung von seinen Vergehungen gehabt; sie,
der die Welt, ihre Laster und ihre Irrgänge gänzlich unbekannt
waren, hatte sich mit dem Bewußtsein begnügt, daß Mariano
überhaupt verirrt und auf dem Wege der Sünde sei, welcher
Natur aber diese Verirrungen waren, das hatte man ihr weder

gesagt, noch hatte sie bei ihrem Mangel an Weltkenntniß sich dies zusammen reimen können. Genügte es ihr doch, daß Don Alessandro sich seinetwegen so viel Kummer machte, daß die erfahrenere und gebildetere Leona um Mariano's Verirrungen trauerte, um zu Gott für die Rettung des Bruders aus diesem Labyrinth zu beten.

Was da von politischen Dingen Mariano zum Vorwurf gemacht worden, hatte ihr nie klar werden können, desto besser aber begriff sie diese Gefahr, in welche Mariano sich zu stürzen im Begriff war. Mariano, der Gatte eines Weibes, das ihn, den Unerfahrenen, mit ihren Künsten und Koketterien umstrickt hatte, das im Stande, ihm treulos zu sein, ihn unglücklich zu machen! Diesen Gedanken erfaßte das unschuldige Kind mit der ganzen Empfänglichkeit seines reizbaren Gemüths. Was Leona ihr nur in allgemeinen Umrissen angedeutet, malte sich ihre Phantasie mit den lebhaftesten Farben aus, denn dies war ein Bild, das sie zu begreifen im Stande; liebte sie doch selbst, wie hätte sie nicht Mariano's Liebe begreifen sollen; liebte sie doch einen der edelsten und bravsten Männer, und Mariano, ihr Bruder, sollte durch die Intrigue eines ränkischen Weibes sein Lebensglück verscherzen?

Bald bleich, bald hochroth im Gesicht sprang sie auf. Mariano! Mariano! rief sie die Hände ringend mit ihrer quecksilbrigen Beweglichkeit bald zu Leona, bald zur Thür eilend, als wolle sie hinausstürzen, um Mariano zu Hülfe zu eilen.

— Böse Menschen haben ihn verführt, den armen Mariano; böse Weiber haben ihn in ihren Netzen gefangen; auch Zerga, der stets bei ihm ist, meint es schlimm mit ihm, vielleicht thut auch er das Seinige, um den armen Bruder zu verderben!... Gott im Himmel, was beginnen wir, um Mariano zu retten!

Leona, und Du kannst so ruhig dasitzen! Du giebst Dir den
Anschein, als liebtest Du ihn, und dennoch bist Du so gefaßt,
so gleichgültig, wo die höchste Gefahr droht!

Mit diesen Worten eilte sie wiederum mit der Gelenkigkeit
eines Eichhörnchens zu Leona, faßte ihren Arm, ließ diesen
wieder fahren, als ihr Leona nicht schnell genug war, und eilte
zur Thür, ohne zu wissen, was sie eigentlich wollte, nur in dem
Bewußtsein, daß überhaupt Etwas für Mariano gethan werden müsse.

Eben öffnete sich die Thür und Camillo trat ein. Verwundert blieb er stehen, als er die Angst auf dem Antlitz des vor
ihm die Hände ringenden Mädchens sah.

— Was ist, Alita? fragte er, ihre Hand ergreifend.

— Camillo! rief sie, ihn mit ihren Armen umschlingend...
Mariano! Mariano!

Camillo's Antlitz verfinsterte sich bei diesem Namen; aus
Rücksicht für Alita wandte er sich zurück, um diese nicht zu
verletzen.

— Du wendest Dich ab, Camillo! Du bist auch gleichgültig; Du weißt nicht, welche Gefahr ihn bedroht!... O, ihr
kalten Menschen, die Ihr stets nur an Euch selber denkt! .

Alita entzog Camillo die Hand; trauernd senkte sie das
Köpfchen, denn er, bei dem sie Hülfe zu finden gehofft, hatte
ja keinen Sinn für den armen Bruder, er pflegte sich zu entfernen, wenn wirklich einmal die Rede von ihm war, und Alita
sah sich daher auf sich selbst angewiesen.

— Was ist mit .... Mariano? fragte endlich Camillo
mit Selbstüberwindung.

— Er ist in der höchsten Gefahr; er liebt ein schönes, aber
böses Weib, das ihn verderben wird! Sie hat ihn umstrickt,

fie hat schon schon Andere unglücklich gemacht, und sie wird
auch Mariano verderben!

— Und wer ist dieses Weib? fragte Camillo.

— Sie ist eine Fürstin ... Wie heißt sie doch, Leona?
rief sie, mit possierlichem Ausdruck ihres Unglücks zu Leona
eilend.

— Es ist die Fürstin Rospili! antwortete Leona, die sich
bisher passiv verhalten, weil sie wußte, daß bei Camillo in
dieser Angelegenheit nicht Hülfe zu suchen sei, und weil sie sich
fürchtete, die geheimen Motive ihrer Besorgniß vor Camillo
blicken zu lassen.

— Rospili? wiederholte Camillo nachdenkend ... Mich
dünkt, ich kenne sie von Neapel her, wo sie durch ihr emancipirtes Benehmen öffentlichen Anstoß gab. Ist sie dieselbe, die
sich auch hier durch ihren Verkehr mit den Republikanern bemerkbar macht?

— Dieselbe! versetzte Leona kopfschüttelnd.

— Ich bedaure Deinen Bruder, Alita! sagte Camillo kalt
und mit etwas verächtlichem Ton.

— Du bedauerst ihn ... und heute schon soll die Verlobung sein! ... Willst Du ihn retten, Camillo?

— Nein, theure Alita; weil ich nicht weis, wie ich dies anfangen soll! Jeder ist seines Glückes Schmied. . . . . . Was
Mariano Euch und mir gethan, genügt, um uns einander für
ewig fremd zu bleiben.

— Pfui, Camillo! Du bist hart, Du kannst nicht vergessen!

— Ich vergaß ihm bereits viel, aber Alles, das ist unmöglich! antwortete Camillo finster. Er hat nie meine Freund-

schaft begehrt und aufdringlich würde es erscheinen, wenn ich
mich jetzt in seine Angelegenheiten mischte.

— Wann. ist man aufdringlich, sobald es sich um die Rettung eines Mitmenschen handelt? warf Leona ein.

— Man ist es stets, wenn man die Ueberzeugung hat, mit
seinen guten Absichten zurückgewiesen zu werden! antwortete
Camillo . . . Mariano ist sein eigener Herr, wir haben mit
einander nichts zu theilen, auch darf ich mich nicht von meinem
Vater entfernen.

— Wie geht es ihm? fragte Leona.

— Er ist soeben in einen wohlthuenden Schlummer verfallen; die Aerzte hoffen, daß seine Geistesabwesenheit nicht mehr
zurückkehren werde, wenn man ihn auf's sorgfältigste vor jeder
Gemüthsbewegung bewahrt.

Wie innig auch Camillo's Liebe zu Alita war, die seit der
Krankheit des Vaters insofern eine gewisse Sanction erhalten
hatte, als Beide den übrigen Mitgliedern des Hauses gegenüber aus derselben kein Geheimniß mehr machten, ebenso sehr
fühlte sich Camillo von seinem Pflegebruder abgestoßen; bisher
war er ihm gleichgültig gewesen, jetzt war er ihm ein Dorn
im Auge, denn nur diesem, in seinen Augen gänzlich mißrathenen
jungen Mann verdankte ja der Vater seine Krankheit.

Camillo war seines Vaters Abglanz; mit einem edlen
Herzen begabt, hatte sich dasselbe allmälig mit den Vorurtheilen
des Standes umkrustet; er beobachtete gern eine aristokratische
Gemessenheit und erlaubte seinen Gefühlen nicht, sich mehr
und freier zu äußern, als es im Einklange mit dem guten Ton
stand; ohne irgend welchen Adelstolz zu besitzen, waren ihm doch
die Traditionen seines gräflichen Standes in Saft und Blut
gedrungen; er hing mit blinder Ergebenheit an der Heiligkeit

und Unantaftbarkeit des Thrones, sowie an den Borrechten Derer, die berechtigt find, an den Stufen des Thrones zu stehen, und hatte also eine incarnirte Abneigung gegen Alles, was diesen Prärogationen entgegen strebte. Camillo's kühles Ver- hältniß zu Mariano war nun, seit er in diesem ein Mitglied der Umsturzpartei wußte, allmälig zu einem feindlichen geworden, eine Annäherung also mithin am wenigsten von Camillo's Seite zu erwarten.

— Alita, sagte er, den Arm um ihren Leib legend, es giebt Fügungen und Schicksale, in welche unberufener Weise einzugreifen eine Thorheit ist.

— Und es giebt Brüder, die ihren Bruder kaltblütig dem Verderben überlassen! antwortete Alita etwas heftig . . . Gut, Camillo, sorge Du für den Vater, ich werde für Mariano sorgen!

— Du, Alita? fragte Camillo streng.

— Ja, ich! Und ich verbiete Dir, Camillo, Dich in das zu mischen, was ich vorhabe.

— So lange dies mit der Klugheit vereinbar, gewiß!

— Was beabsichtigst Du, Alita? fragte Leona an sie her- antretend.

— Das ist mein Geheimniß! Ihr wollt mir nicht bei- stehen, also nutzt mir auch Eure Neugier nicht! rief Alita mit einem Tone der Ueberlegenheit und Entschlossenheit, wie sie es zu thun pflegte, wenn das Kind der Sahara siegreich an seine ihm angeborene Schlauheit appellirte.

— Laß sie gewähren! flüsterte Leona leise Camillo zu.

Mit Betrübniß und einiger Unruhe sah Camillo, wie Alita sich von ihm losmachte und ohne weder ihn noch Leona eines Blickes zu würdigen, zum Gemach hinaus eilte.

8*

In ihrem Zimmer angelangt, setzte sich Alita hin, um abermals nachzudenken .... Verlobung ... Festlichkeit ... Mariano ... Zerga ... die Fürstin Rosini ... (den Namen hatte sie vergessen) ... Pepe ... sprach sie grübelnd vor sich hin. ... Ja, Pepe ist der Einzige, auf den ich mich verlassen kann ... Pepe hat Herz und Verstand, er hält so viel von mir und Mariano ... Pepe läßt mich ganz gewiß nicht im Stich!

— Pepe also sollte der Retter in der Noth sein. Alita war mit sich einig, daß dieser gewandte Bursche ihr beistehen müsse, und damit die Uebrigen von dem nichts ahnten, was sie vorhatte, schlich sie leise in das Bedientenzimmer auf dem Hofe, wo sie Pepe mit dem Putzen von Silbergeschirr beschäftigt fand.

— Pepe, sagte Alita, sich ihm gegenüber auf die Bank setzend und eine höchst feierliche Miene annehmend. Pepe, ich habe etwas sehr Wichtiges mit Dir zu besprechen.

— Das wäre! antwortete Pepe, indem er erwartungsvoll den Putzlappen bei Seite legte und den silbernen Armleuchter neben sich stellte.

— Pepe, Du liebst doch meinen Bruder Mariano? begann Alita mit einer Betonung, als verstehe sich dies von selbst.

— I nun ja, Signora! versetzte Pepe und schaute dabei Alita mit einer Miene verliebter Hochachtung an, wie er sie stets dem Mädchen gegenüber zeigte. Ich habe ihn wohl sehr gern, aber im Grunde doch nicht mehr so wie früher. Signore Mariano treibt die Sache eigentlich zu bunt!

— Das gehört nicht hieher, Pepe, fuhr Alita mit altklugem Gesichte fort. Ich wollte Dich fragen, Pepe, ob Du bereit bist, mir beizustehen, um Mariano aus der Gefahr zu retten, die ihm droht.

— Aus welcher Gefahr? fragte Pepe verwundert.

— Du hast ja doch selbst gesagt, daß er sich heut Abend mit der Fürstin Rosini verlobe.

— Rospili, Signora! verbesserte Pepe.

— Nun ja, Rospili. Du siehst doch ein, daß dies ein fürchterliches Unglück ist!

— Hm, so ganz schlimm erscheint mir das Unglück doch nicht, Signora! Mancher würd' es als ein großes Glück betrachten, wenn er die Fürstin Rospili heirathen könnte; aber es versteht sich von selbst, daß sie sich nur einen so schönen Mann nehmen kann wie Signore Mariano ist.

— Aber Du widersprichst Dir ja, Pepe! Hast Du nicht selbst zu Leona gesagt, sie sei sehr kokett!

— Freilich hab' ich das gesagt! antwortete Pepe. Aber wie viel Damen giebt es denn, Signora, die das nicht wären.

— Pepe! rief Alita erstaunt. Wie kannst Du so von dem weiblichen Geschlecht sprechen; das ist ja unerhört.

— Na, ich bitte gern um Verzeihung, Signora! antwortete Pepe, einsehend, daß Alita sich unter Koketterie ein fürchterliches Laster vorstellte, während er darin höchstens einen Fehler sah.

— Du hast doch auch erzählt, sie sei schon einem andern Mann untreu geworden.

— Allerdings, dem verrückten Engländer! Die Leute erzählen es wenigstens.

— Betrachte dies und lege noch die übrigen Fehler der Fürstin hinzu, so wirst Du einsehen, daß sie ein höchst sündhaftes Weib sein muß.

— Je nun ja! Aber, Signora, sie besitzt einige Millionen.

— Und diese, meinst Du, könnten Mariano glücklich machen?

— Wenn auch nicht gerade glücklich, so sind sie doch gar keine so üble Sache.

— Pfui, Pepe, Du bist ein lasterhafter Mensch!

— Aber, Signora, diese Welt ist doch einmal so! Besitze ich Millionen, so besitze ich in den Augen der Welt alle möglichen Tugenden.

— Du widersprichst Dir schon wieder, Pepe! Du selbst hast ja von ihren Untugenden gesprochen, hast mir gesagt, daß die Welt sich von ihnen erzähle.

— Signora, Sie sind immer derselbe kleine Advokat! rief Pepe lachend. Aber mag's sein, wie es wolle, wenn man Millionen . . .

— Pepe, sprich mir nicht von Millionen! Ich kenne dieses Weib nicht, ich kann mir auch nicht vorstellen, daß Mariano sich durch ihren Reichthum hätte verblenden lassen, denn so ist Mariano nicht; er muß also durch ihre Verführungskünste in ihr Garn gelockt worden sein, und Du sollst mir helfen, ihn aus diesem zu befreien.

— Und wie wollen wir dies anfangen? fragte Pepe, der zwar nicht einsah, daß Mariano so absolut unglücklich werde, wenn er in den Besitz einiger Millionen und eines zwar emancipirten, aber doch allgemein als eine Schönheit gefeierten Weibes komme, der aber aus Gefälligkeit für Alita sich dem Anscheine nach zu dieser Einsicht bequemte, und annahm, daß Mariano gerettet werden müsse.

— Heute Abend ist die Verlobung, sagtest Du?

— Ja, Signora!

— So wirst Du Dich heute Abend in das Haus der Fürstin begeben.

— Ich in den Palast Rospili? . . . Nein, das geht nicht,

Signora! Ich habe mich nur in das Hinterhaus desselben ge=
wagt, als ich Signore Mariano hierher holen mußte, und
werde mich wohl hüten, noch einmal in die Löwengrube zu
steigen.

— In die Löwengrube, sagst Du? fragte Alita, durch dies
Wort geängstigt . . . Siehst Du, Pepe, jetzt sagst Du selbst,
der Palast der Fürstin sei eine Löwengrube!

— Aber Signora, Sie lassen Einen ja nie aussprechen!

— Nun, so sprich Dich aus, Pepe!

— Als ich das vorige Mal in den Park jenes Hauses stieg,
kam ich nur durch Mariano's Hülfe mit einem Messerstich in
den Aermel davon. . . . Mit dem Drachen, der jenen Palast
bewacht, laß ich mich nicht wieder ein.

— Was ist das für ein Drache, Pepe? fragte Alita, der
es immer unheimlicher und ängstlicher zu Muthe ward.

— Nun, wer anders als jenes Ungeheuer, das ich schon in
Rosina unser Haus umschleichen sah, das immer an Signore
Mariano's Seite ist und wie ein Satan aus der Hölle hinter
ihm erschien, als der Herr Graf Ihren Bruder den Priestern
wieder übergeben wollte.

— Du meinst Zerga? fragte Alita, die mit jedem Augen=
blick ihren Bruder von größeren Gefahren umgeben sah.

— Ich weiß nicht, wie dieses Ungeheuer heißt, aber ich
weiß, daß mich eine Gänsehaut überläuft, wenn ich ihm begegne,
und daß ich ihm gern den Messerstich zurückgäbe, wenn ich nicht
wüßte, daß er mir überlegen ist. . . . Caramba! brummte der
rachsüchtige Spanier, die Zähne zusammenbeißend.

— Ja, Pepe, ich fürchte selbst, Zerga ist sein böser Geist.

— Wenn ich nur wüßte, wie der junge Herr zu diesem

Ungeheuer gekommen ist! Die Leute erzählen sich wunderbare
Dinge von ihm.

— Aber Du kennst ihn ja, Pepe!

— Ich? Soll mich Gott vor einer solchen Bekanntschaft
behüten!

— Du sahst ihn ja in Afrika! ... Erinnerst Du Dich
denn des Schlangenbezauberers nicht mehr, in dessen Gesellschaft
Don Alessandro uns fand?

— Caramba! rief Pepe, sich vor die Stirn schlagend. Jetzt
geht mir ein Licht auf! War's mir doch immer, als sei mir
dies garstige Gesicht nicht ganz fremd, und nun ist es derselbe
braune und nackte Kerl, dessen Natter mich in die Hand biß.
... Hombre! Hombre! man kann sich schon gar nicht mehr
auf sein Gedächtniß verlassen. ... Aber Sie haben Recht,
Signora, fuhr Pepe in einer Anwandlung aufrichtiger Dankbarkeit fort, als er jenes Tages gedachte, wo Mariano seine
vom Schlangenbiß vergiftete Hand an sich riß, die Wunde aus-
sog und ihn dadurch vor einem sichern und entsetzlichen Tode
hütete. ... Signore Mariano hat mich vor jener Schlange
gerettet, ich bin bereit, ihn vor dieser zu retten, wenn Sie es
durchaus für nöthig halten, Signora!

— Gut denn, Pepe; gieb mir Deine Hand und versprich
mir zu thun, was ich Dir sage! sprach Alita mit naiver Feierlichkeit. ... Ich habe einen Plan gemacht, Pepe!

— Signora Alita sehen so harmlos aus, und sind doch,
wenn's drauf ankommt, schlauer und entschlossener, als alle
italienischen Damen zusammen genommen! rief Pepe in wirklicher Bewunderung von Alita's Erfindungsgabe, die ihn schon
öfter in Erstaunen gesetzt hatte.

— Aber die tiefste Verschwiegenheit! Weder Camillo noch
Leona darf davon wissen!

— Niemand, Signora!

— Heute Abend, Pepe, sprach Alita leise und vorsichtig zur
Thür schauend, als fürchte sie belauscht zu werden; heute Abend,
wenn in dem Palast Rosini ...

— Rospili, Signora!

— Wenn in dem Palast Rospili das Fest begonnen, begiebst
Du Dich verkleidet in denselben.

— Verkleidet? ... Aber woher nehme ich eine Verkleidung?

— Ich gebe Dir meinen großen, seidenen Haik, den mir
Don Alessandro als Erinnerung an meine Heimath geschenkt.
In diesen hüllst Du Dich bis über den Kopf, wie Du es drüben bei den Arabern gesehen, schwärzest Dir das Gesicht und
suchst Mariano unter den Masken auf. Da er ebenfalls maskirt sein wird, so mußt Du von seinen Dienern vorher zu erfahren suchen, welches Kostüm er anlegen wird. Du giebst ja
Acht, daß Du ihn sogleich bei seinem Eintritt in den Saal
findest und händigst ihm ein Blatt Papier ein, das ich Dir
geben werde. Es hängt Alles davon ab, diese Verlobung heute
zu hintertreiben, das Uebrige wird sich dann finden.

Pepe kraute sich hinter'm Ohr, denn dieser Auftrag schien
ihm doch sehr seltsam.

— Bist Du bereit, Pepe? fragte Alita sich erhebend.

— Allerdings, ich muß ja wohl, Signora, da ich Ihnen
mein Wort gegeben. ... Aber unter welchem Vorwande komm'
ich hier zum Hause hinaus, und wenn mich nun Signore Camillo vermißte?

— Ich werde Dir einen Auftrag geben und wenn Camillo

Dich dann auch ausschilt, weil Du vielleicht etwas zu lange
fort geblieben, das mußt Du schon mir zu Liebe ertragen!

Hiegegen war nichts einzuwenden; die Verschwörung war
abgemacht, und kopfschüttelnd schaute Pepe dem Mädchen nach,
als dieses sich entfernte.

Während Alita und Pepe ihre Unterhaltung begannen,
hatten sie nicht bemerkt, wie unter dem niedern und stets nur
halb geschlossenen Fenster von Pepe's auf dem Hofe belegenen
Parterre-Zimmer ein alter römischer Bettler erschienen war,
der, an allen Gebrechen leidend, die ein Greis nur tragen kann,
seit einiger Zeit in dem stets offenen Hause Don Alessandro's
zu verkehren pflegte und nicht selten unter dem Schatten des
im Hofe wachsenden Ahornbaumes seine Mittagsruhe pflegte.

Bei dem Ehrfurcht und Mitleid einflößenden Aeußern dieses
Armen war es Niemanden eingefallen, ihm seine Gewohnheit,
den Hof oder den Hausflur Don Alessandro's als einen Ruhe-
punkt nach seinen beschwerlichen Wanderungen zu betrachten,
durch harte Worte streitig zu machen. Der Graf Buelto wies
keinen Leidtragenden von seiner Thür und das Vertrauen der
Armen war ihm eine ebenso große Wohlthat, wie den Armen
seine Freigebigkeit. Auch Pepe hatte den Alten gern, gewöhnte
sich bald daran, ihn regelmäßig im Hofe unter seinem Fenster
erscheinen zu sehen, reichte ihm auch wohl ein paar Bajocchi
aus seiner eigenen Tasche und ließ ihn nach Belieben gewähren.

Die großartige Organisation des römischen Bettelwesens ist
bekannt; jeder Angehörige dieses Ordens hat sein Arondissement,
seine feste Geschäftsstätte, und keine Concurrenz darf es wagen,
ihm diese streitig zu machen. Der alte Antonio war nun auf
den Einfall gekommen, die Schwelle Don Alessandro's zu seinem
Geschäftslokal und den Ahornbaum im Hofe zum Orte seiner

Erholung zu machen, und da dieser Einfall so gut und so berechtigt war wie jeder andere eines römischen Bettlers, so war Antonio im Verlauf einiger Wochen gewissermaßen ein Hausmitglied geworden.

Weder Pepe noch Alita hatten Acht darauf gegeben, wie dem Alten kein Wort ihrer Unterhaltung verloren ging, wie er, noch ehe dieselbe beendet war, sich mühselig aufrichtete, durch das Haus wankte und in der Straße verschwand.

Während Alita, als sie Pepe für ihre Pläne gewonnen, sich in ihr Zimmer begab, um die Details derselben zu überlegen, und Camillo, der seinen Urlaub bald ablaufen sah, im Krankenzimmer saß, hatte sich der Pabre Peloso in Don Alessandro's Hause eingefunden und zu seiner inneren Genugthuung Leona allein im Empfangzimmer getroffen.

Der fromme Vater war ein fleißiger Besucher dieses Hauses, eifrig nahm er sich der Pflege des Kranken an, wenn dessen Angehörige durch ununterbrochene Nachtwachen erschöpft waren, und wußte durch diese Aufopferung selbst die Aversion zu verscheuchen, welche Alita und Pepe seit lange gegen ihn hegten. Mortinovich hatte sich während dieser Krankheitsperiode nur einmal blicken lassen; sein ferneres Ausbleiben war indeß entschuldigt, da auch er in Folge der Versprengung des Ordens Jesu Rom hatte verlassen müssen, wo er bisher noch ein Obdach bei guten Freunden gefunden. Peloso seinerseits, als nicht eigentlich zu diesem Orden gehörig, hatte unter der Verjagung der Jesuiten nicht zu leiden gehabt, überdies war er in Fällen, wo er in Collisionen mit dem souverainen Volksgeist zu gerathen fürchtete, klug genug, den Mantel nach dem Winde zu hängen, sich für einige Momente auf die Seite des Volkes zu stellen, dieses von seinen demokratischen Anschauungen zu überzeugen, und gleich darauf, seine Leichtgläubigkeit verlachend, sich, wie man zu sagen pflegt, seitwärts in die Büsche zu schlagen.

Dem frommen Pater lag vor Allem daran, einstweilen in Rom zu bleiben, und sich hier möglich zu erhalten, dazu waren ihm alle Mittel willkommen. Wir haben bei seinem ersten Auftreten in unserer Geschichte das hohe Interesse gesehen, mit welchem er die Mädchengruppe in der Gartenlaube beobachtete; wir haben ferner von seiner vermuthlichen Theilnahme an jenem unter Delcarretto's Auspicien versuchten Attentat auf Landolfo's Tochter gehört; wir kennen den starken Verdacht, in welchem er dieserhalb bei Landolfo stand, und wissen endlich, daß Peloso es war, der Landolfo's Versteck an Delcarretto verrieth.

Peloso war es damals erwünscht, Don Alessandro nach Rom reisen zu sehen, es war ihm wichtig, auch Landolfo wieder un- schädlich zu machen — Beides in der Absicht, die Mädchen wo möglich unter seiner alleinigen Obhut zu haben, und während eines solchen Interregnum seine egoistischen Pläne zu fördern. Peloso war ein Mann von seltener Zähigkeit und Ausdauer und nur dies erklärt es, daß er Jahre hindurch ein Ziel ver- folgte, ohne sich im Geringsten durch Zweifel an seinem Erfolge irre machen zu lassen.

Schon seit jener Zeit, also seit etwa sieben Jahren hegte er eine Leidenschaft für Leona, deren Heftigkeit nur durch seine noch größere Selbstbeherrschung so lange bewältigt worden. Delcarretto war in der That unschuldig an jenem Attentat auf das damals funfzehnjährige Mädchen, Peloso hatte nur die Firma des Generals gemißbraucht, dessen Agenten und dienst- bare Geister zur Ausführung seines Planes verwendet. Jener Plan war gescheitert, für Peloso aber war ein einmaliges Miß- lingen kein Grund, den Plan selbst, noch weniger aber seine

Leidenschaft aufzugeben, was übrigens auch nicht in seiner Macht lag.

Peloso war durch jenes Attentat durchaus nicht compromittirt, da er sich hinter den Coulissen gehalten. Als Don Alessandro die verwaiste Leona zu sich nahm, verstand er es, sich ihr nicht nur zu nähern, sondern einen wahrhaften Einfluß auf sie zu gewinnen, indem er Leona's Neigung zur religiösen Schwärmerei benutzte und sich vermittelst derselben ein Vertrauen bei dem Mädchen erwarb, daß selbst durch Pepe's und Alita's instinctmäßigen Widerwillen gegen den Mann nicht beeinträchtigt werden konnte. Langsam und sicher arbeitete sich Peloso erst in das Gemüth, dann in das Herz des Mädchens hinein, bis er seiner Allmacht über Beides gewiß war.

Die letzte zu befestigen diente nun besonders die Aufopferung, welche Peloso am Krankenbette Don Alessandro's bewies. Da die Familienmitglieder um keinen Preis den theuren Vater der Sorgfalt fremder Leute übergeben wollten, also die Nachtwachen, Pepe inbegriffen, unter ihnen wechselten, hatte auch Peloso sich erboten, regelmäßig eine Wache zu übernehmen, wenn die Reihe an ihn kam, ja seine Theilnahme ging so weit, daß er selbst außer der Reihe die Nächte am Krankenbette verlebte, und ganz zufällig pflegte er sich gerade in den Nächten einzufinden, in welchen Leona im Krankenzimmer saß.

Peloso's Aeußeres war der Art, daß es bei Männern niemals weder für hübsch noch überhaupt für interessant gelten konnte; der Geschmack des weiblichen Geschlechts kontrastirt aber merkwürdig genug bei solchen Persönlichkeiten mit dem der Männer auf's Entschiedenste. Häufig genug — und leider ist dies eine Wahrheit — finden wir, daß der Geschmack selbst der geistreichsten und schönsten Frauen sich Individuen zugewendet,

die im Kreise ihres eigenen Geschlechtes um irgend welchen
äußeren oder inneren Umstandes willen verurtheilt, bemitleidet
oder verlacht werden, und über deren Erfolge bei den Frauen
sich die Männerwelt vergebens den Kopf zerbricht. Ein ähn-
liches Verhältniß markirt sich in Rom hinsichts der Stellung
der Priester zu dem Frauengeschlecht.

Wunderbar und fast unerklärlich, wenn hier nicht die eine
bekannte Gemüthsseite des weiblichen Geschlechtes sich offenbarte,
ist der Einfluß der Priester in Rom auf die Frauen und folg-
lich auf die Familie. Die Hierarchie ist eine feine Diplomatin,
indem sie in ihren Collegien namentlich solche Jünglinge gern
erzieht, die nicht nur durch besondere geistige Fähigkeiten, sondern auch durch eine bevorzugte Persönlichkeit sich auszeichnen.
Die große Zahl der jüngeren Priesterschaft in Rom zeigt ein
bedeutendes Contingent von Geistlichen, in welchem die männ-
liche Schönheit nach jeder Richtung vertreten. Selbst die Tracht
hat die Kirche, aller Moden spottend und in unerschütterlicher
Conservirung des Zweckmäßigen oder vielmehr Zweckentsprechen-
den, so gewählt, daß sie aus einem schönen Körperbau kein
Geheimniß macht, daß sie bei vielen Dienern der Kirche eine
weibische, neugriechische Koketterie hervorruft und dieselben auf
Wege führt, welche der Kirche fremd bleiben sollten.

Fern sei es von uns, durch diese Andeutung einen Schatten auf Rom zu werfen, noch ferner, dieselbe durch Beispiele zu
unterstützen, deren uns unzählige aus der Gegenwart bekannt
sind, aber unwillkürlich drängt sich uns die Frage auf: sind
alle Mittel gut, wenn sie auch zu guten Zwecken führen? Ist
es dem Himmel gefällig, zur Ehre Gottes und zu seiner Ver-
herrlichung die Sinnlichkeit in Anspruch zu nehmen, die Gott
selbst verdammt?

Man sehe nur in Rom den Einfluß der Priesterschaft auf
die Familien; sie verdanken denselben hauptsächlich den Müttern.
Das Weib ist vermöge seines mehr inneren Lebens und weil
ihm Dreiviertel der Genüsse dieser Welt versagt sind, mehr
zum Gemüthsleben und durch dieses zur Schwärmerei geneigt;
heißer und bereitwilliger sich dem Glauben, der Religion hin-
gebend, empfänglicher für jeden Prunk, also auch für den der
Kirche, schwärmend unter dem inneren Einfluß seiner Reizbar-
keit und dem äußeren der sinnbetäubenden Kirchenpracht, mehr
zum Schmerz geboren als der Mann und also in dem Bewußtsein eines frommen Martyrium, streckt es sich an Roms
Altären nieder, saugt es den Honig für seine Seele aus der
Passionsblume.   Still und ernst die Mutterpflichten übend oder
sich zu denselben bereitend, sinnend und duldend daheim, wirft
es sich mit der natürlichen Sehnsucht, Das zu äußern, was
das innere, von den Armen der Convenienz umschlossene
geistige Leben in der Seele zusammenträgt, der Welt frommer
Offenbarungen in die Arme, da ihm die Welt des Profanen
versagt ist; weil es eben mit denselben geistigen Anlagen dotirt
ist, wie der Mann, jedoch außer dem engen häuslichen Herd
keinen Tummelplatz findet, dieselben zu äußern, wendet es sich
einer Welt ohne Schranken zu und umflattert wie eine Taube
das Kreuz.
    Rom kennt sehr genau die große Einwirkung des Weibes
auf die Familie, auf die Männerwelt, die für seine glänzenden
Dogmen weniger empfänglich ist, und benutzt das Weib als sein
Medium. Rom weiß, daß das Weib, eine Sclavin profaner
Gesetze, die Herrscherin in der Welt des Heiligen ist; es unterstützt die weltlichen Gewalten der Gesellschafts-Sitten und der
Staatsinstitutionen in der bürgerlichen Beschränkung des Wei-

bes und öffnet ihm dafür seine phantastische Welt, die wie
Theben hundert Thore hat.   Das Herz des Weibes hat stets
eine wunde Stelle, aus der es blutet, und sei es auch nur eine
imaginäre, die Kirche aber hat Balsam für Millionen von
Herzen.   Die Kirche erkennt auch die Bedeutung des Weibes
im Staate selbst; ohne demselben aber irgend welche Conces-
sionen zu machen, weiß sie sich mit ihm zu verhalten, seinen
Einfluß zu schützen, denselben zu ihren Zwecken nutzbar zu
machen.

So seltsam und auffallend dem Ungeweihten auch die Stellung der Priester zu den Familien in Rom erscheinen mag,
eben so motivirt ist sie, so gefährlich ist sie, so intim erscheint
sie in einzelnen Verhältnissen.   Das Vertrauen, welches das
Weib zu dem Priester hinzieht, weiß nichts von den Schranken
und Bedenken, welche ihm die Annäherung an jeden Laien ver-
bieten; der Verkehr zwischen Beiden ist ein im Nameu der Religion sanktionirter, in den Augen der Gesellschaft gebilligter.
Was das arme Herz belastet, strömt so gern in die theilneh-
mende, im Namen Gottes geweihte Brust des Priesters über;
was es Niemandem außer sich selbst anvertrauen würde, der
Mann der Kirche entlockt ihm leicht sein Geheimniß, und wohl
ihm, wenn er dasselbe stets zur Ehre Gottes und seiner Kirche
ausbeutet.

Auch Peloso hatte sich Leona unter dem Schutze seines heiligen Berufes genähert, auch er besaß in seinem Aeußeren ein
Etwas, das die weiblichen Sympathien wenigstens nicht abstieß;
er besaß trotz seiner merkbaren Corpulenz viel Eleganz, wenn
auch nicht in seinen Manieren, doch in seiner Kleidung; sein
Auge hatte zwar nicht selten einen listigen, heimtückischen Aus-
bruck, wiederum konnte es aber auch die Peloso innewohnende

Leidenschaft in so keuscher unschuldiger Weise deuten, daß Leona
gern in dasselbe zu blicken pflegte und dem Priester mit hohem
Interesse zuhörte, wenn er mit seinem wohltönenden Organ zu
ihrer Seele sprach.

Voll Klugheit und Scharfsinn hütete sich Peloso indessen
sehr wohl, die Hinneigung Leona's falsch zu verstehen; sein
Eigennutz, seine Leidenschaft wurden zu sehr von der Klugheit
geregelt, als daß er in seiner kirchlichen Stellung sich zu einem
ihn compromittirenden faux pas hätte verleiten lassen. Peloso
wußte sehr genau, was in Leona's Herzen vorging; er hatte
die in diesem Herzen für Mariano keimende Liebe entstehen
und wachsen sehen und damals das Seinige dazu beigetragen,
daß der Jüngling recht bald nach Rom geschickt wurde.

Was er selbst für sich hievon hoffte, was er überhaupt für
sich von dieser seiner Liebe erwartete, das müssen wir einstweilen dahin gestellt sein lassen. Peloso liebte die schwärmerische
Leona, er selbst hatte dafür gesorgt, ihre Schwärmerei durch
Bücher lyrischen Inhalts zu nähren und ihre Anlagen zum religiösen Fanatismus auszubilden. Durch diese beiden Hebel
glaubte er um so leichter seinen Zweck zu erreichen; er würde
ihn auch bereits erreicht haben, wenn nicht Leona's Liebe zu
Mariano so feste und unvertilgbare Wurzeln in ihr geschlagen
hätte.

Daß der Priester Mariano haßte, ist sehr natürlich. Ehedem hatte er ihn wie ein wildes Füllen betrachtet, das man
durch die Dressur schon bändigen werde; jetzt da er sah, wie
dieses Füllen um sich schlug und alle Systeme der Dressur über
den Haufen warf, jetzt fürchtete er Mariano und haßte ihn zugleich auf's Gründlichste, weil er die moralische Kraft des
Jünglings der seinigen überlegen sah und namentlich auch, weil

Mariano, als er dem Priester sein Sündenregister vorhielt,
Dinge verrathen hatte, die er nur nur aus Landolfo's Munde
selbst haben konnte.

Leona ihrerseits hatte noch immer keine Ahnung von dem
Antheil, welchen der Priester an einem Vorfall gehabt, an dessen Folgen ihr Herz noch heute litt. Landolfo hatte ihr während der wenigen Stunden, die er bei seinem wiedergefundenen
Kinde verlebt, absichtlich nichts davon gesagt; Don Alessandro
glaubte, wie wir wissen, nicht daran, und hielt Landolfo's Behauptung für eine Verleumdung; ein Anderer konnte Leona
nichts hievon sagen, denn mit Mariano traf sie nicht zusammen,
und so lebte denn das arme Mädchen hinsichts dieser gravieren-
den Angelegenheit in einer glücklichen oder unglücklichen Unge-
wißheit. Sie fühlte sich wohl, wenn sie sich mit Peloso unterhalten konnte, denn dieser pflegte die Conversation mit so viel
Takt und Leichtigkeit zu führen, wußte auch derselben stets eine
so fromme Würze zu geben, daß ihr Gemüth Trost darin fand,
wenn sie körperlich leidend war oder sich niedergedrückt fühlte
von dem Schmerz einer hoffnungslosen Liebe.

Merkwürdig genug hatte Leona's Herzensübel trotz den
traurigen Dingen, deren Schauplatz dieses Herz war, in der
letzten Zeit keine Fortschritte gemacht; alle die Unglücksscenen,
deren Zeuge sie in Rom war, hatten dieses Leiden nicht ver-
größert, im Gegentheil, sie fühlte seltener das ungestüme
Klopfen, die Unruhe in der Brust, die sie sonst aus ihrem
Schlummer aufgeschreckt hatte. Die Aerzte, welche in ihres
Pflegevaters Hause aus und eingingen, erklärten dies für eine
Wirkung des Klimawechsels; man war daher darüber einig, daß
sie so lange, als irgend die Umstände es gestatteten, in Rom
bleiben solle. Diese Umstände aber waren leider so tumultuöser

Natur, daß auf dauernden Genuß dieses gerade ihr so wohlthuenden Klima schwer zu rechnen.

Bisher hatte Pater Peloso streng vermieden, mit Leona über
Mariano zu sprechen; in der letzten Zeit aber, und zwar nach
jener stürmischen Scene, deren Effect namentlich Peloso in seinen Gliedern hatte spüren müssen, erschien es ihm, als sei Leona
weniger zerstreut, als sei sie gefaßter, als habe sie sich über
Verhältnisse getröstet, die ja doch nicht zu ändern waren.

Für Peloso war dies eine höchst erwünschte Aenderung. So
weit er Leona kennen gelernt — und er kannte sie in dem
Grade, daß ihm kaum ein Gedanke dieses Mädchens verborgen
war — glaubte er sie fähig, eine unglückliche Neigung in sich
zu ersticken, wenn sie einsah, daß es für dieselbe keine Hoffnung
mehr gab. Peloso wußte von Mariano's Liebe zu Delila, er
wußte, daß dieselbe auch Leona nicht verschwiegen geblieben, und
vermuthete daher, daß das Mädchen, als sie ihre Liebe gänzlich verschmäht sah, diese für immer zu Grabe getragen habe.

Allerdings war diese Vermuthung einigermaßen begründet.
Leona hatte stets noch eine schwache Hoffnung gehegt, daß Mariano, nachdem er von seinen stürmischen Illusionen geheilt sein
werde, wenigstens einige Sympathien für ein edles frommes
Herz fassen werde, das in seiner Besorgniß um Mariano's Lebensglück dem Jüngling seine Schwäche nicht hatte verheimlichen
können; sie hatte längst geahnt, daß Mariano irgend eine Leidenschaft nähren müsse, seit sie aber von derselben in so un-
zweifelhafter Weise vernommen, war sie stark genug, nicht mehr
lieben zu wollen.

Leider ist letzteres nicht immer dem Willen anheimgegeben,
und dies empfand auch Leona; so weit aber irgend der Wille
eine Passion zu beherrschen im Stande, so weit hatte auch

Leona die ihrige unterdrückt, und um sie g a n z in sich zu töbten, warf sie sich mit doppeltem Eifer auf den Trost und die Zerstreuung, welche der Glaube gewähren kann, jener wahrhafte Glaube, der nie betrogen wird.

Peloso athmete auf. Nach mehren Jahren endlich ein Hoffnungsstrahl!

Wenige Tage vor Demjenigen, mit welchem wir uns vorhin beschäftigt, war an Leona die Reihe gewesen, zu wachen. Es war bereits zehn Uhr, als auch Peloso sich einfand, um in seiner Aufopferung dem Kranken seinen gewöhnlichen Liebesdienst zu erweisen.

Leise trat er in das Krankenzimmer, das durch den matten Schimmer einer Nachtlampe erhellt wurde. Auf der Schwelle innehaltend, vernahm er die halblauten Phantasien des schlummernden Grafen. An seinem Bette saß Leona, die an diese Phantasien bereits gewöhnt, dieselben nicht achtete, wenn sie nicht gerade beunruhigender Art waren, und in den Sessel zurückgelehnt dasaß.

Der Schein der Lampe gab Leona's edlem und bleichem Antlitz den Stempel einer Heiligen; ihr halb geschlossenes dunkles Auge haftete sinnend auf der Lampe, welche so eben eine Mücke umsummte, die weiße Hand war mit dem aufgeschlagenen Buch in den Schooß gesunken; ein stummer Seufzer entrang sich der Brust des Mädchens.

Arme Leona! schien sie zu denken. So bist Du allein, krank und allein! Selbst das leidende Herz, das Dir sonst ein so unruhiger Gesellschafter war, es schweigt und beruhigt sich,

wahrscheinlich weil es unschicklich, so geräuschvoll angesichts einer
Leiche wie der zu sein, die Du eben in Dir bestattest. Arme
Leona, Du hast ihn so heiß, so wahr geliebt, und jetzt — —
Ja, jetzt liebst Du ihn noch immer, aber Du sollst nichts davon wissen, Du willst nichts davon wissen, Du darfst an ihn
nur noch denken, wie an einen Bruder, der verloren geht und
den man beweint!

Eine Thräne zitterte wirklich in Leona's Auge. Galt sie
dem Kummer um Mariano's Verirrungen, oder galt sie der
Verirrung des eigenen Herzens, das ganz wie Mariano der
Klugheit, der Vernunft, der Autorität des Willens nicht folgen
wollte? — — — Undankbarer Mariano! Dieses schwärmerische, schöne Auge hat mit so viel goldner Hoffnung auf Dir
geweilt, diese Seele hing mit tausend Fäden an Dir, und nun
kommt die Vernunft, das Selbstgefühl des Weibes, und schnei-
det langsam einen Faden nach dem andern ab. Diese Fäden
aber wachsen fortwährend wieder, sie klammern sich immer wieder an ihn, und immer von neuem und unter neuen Schmerzen muß die kalte Vernunft sie zerschneiden, bis sie endlich doch
die Siegerin bleibt, wie schwer der Kampf auch immerhin ist.

Wie sie da saß, dem muthigen Summen und dem Fluge
der Mücke in dem Lichtkreis zuschaute, durchging Leona noch
einmal die schöne Zeit, welche sie in Neapel verlebt. Sie sah
den Knaben in Don Alessandro's Hause, sah ihn seine tollen
Streiche mit einem so liebenswürdigen Uebermuth ausführen,
sie sah, wie er die halsbrechendsten Dinge unternahm, wie sie
selbst darüber zukam und ein Todesschreck ihr dabei durch alle
Glieder fuhr, während er, triumphirend, sich keiner Gefahr bewußt, sie anlächelte, ihr auch wohl um den Hals fiel, sie küßte,
ihr die Toilette in Unordnung brachte und mit derselben Wild-

heit davon stürzte, um im nächsten Augenblick einen andern, vielleicht noch tolleren Streich auszuführen.

Das war die glücklichste Zeit; ihr folgte eine andere, als Mariano fort war und sie allmälig einsah, daß der schnell sich zum Jüngling entwickelnde Knabe ihr Herz mit fortgenommen, als bittre Klagen über seinen Trotz und seine Widerspenstigkeit einliefen und sie den Vater stets damit tröstete, daß man von einer solchen Natur nichts Anderes erwarten könne, so lange sie sich noch nicht ganz in die Form der Civilisation habe gießen lassen. Endlich kamen immer wieder andere Zeiten, bis sie Mariano, und zwar nur für wenige Minuten, in Rom wieder- sah, er ein Familienband zerriß und unsäglichen Kummer über die Seinigen brachte.

So weit war Leona gekommen, als sich der erwähnte Seufzer ihrer Brust entrang. Die Mücke hatte das Licht so lange um- kreist und fuhr jetzt eben summend in die Flamme. Leona er- schrak. Sie hörte zugleich ein Geräusch, legte die weiße, durch- sichtige Hand über das Auge und erkannte den Priester.

— Sie sind so gedankenvoll, Leona? fragte dieser leise, zu ihr tretend und ihre Hand erfassend.

— Ja, ich dachte, ehrwürdiger Vater! antwortete Leona, ohne ihren Sessel zu verlassen, da sie jedes Geräusch vermeiden wollte, und lud den Priester schweigend ein, Platz zu nehmen. Die Stille um mich her, die Nothwendigkeit, den Schlaf vom Auge zu verscheuchen, führt uns so allerlei Gedanken zu, die der Seele während des geschäftigen Tages fern zu bleiben pflegen.

— Darf man unter der Discretion dieser nächtlichen Stille nicht fragen, welcher Art diese Gedanken waren?

Ich verfolgte eine Mücke, die wohl eine Stunde lang um das Licht summte. Ich schaute ihr lange zu und dachte mir . . .

— Sie schweigen, Leona?

— Nein, ehrwürdiger Vater, ich dachte mir dabei, dieses kleine Geschöpf sei das Bild einer Person, die mit gleichem Uebermuth den Abgrund umschwärmt. Sie wissen, mein Vater, man schafft sich oft kleine seltsame Orakel; man denkt an die eigene, nächste Zukunft, knüpft seine Hoffnungen oder Berechnungen an das Gelingen oder Mißlingen dieses oder jenes un= unbedeutenden, ganz nichtigen Versuchs und sagt sich selbst! wenn Dies eintrifft, so wird Jenes auch eintreffen!

— Nun, und . . .?

— Ich machte das Schicksal dieses Geschöpfs zu meinem Orakel hinsichts der erwähnten Person. Ich dachte mir: wenn dieses kleine Insekt der Flamme entgeht, die es so thöricht um= kreist, so wird auch er . . . so wird auch diese Person dem Verderben entgehen.

— Und was sagte dies Orakel?

— Die Mücke fand soeben ihren Tod, als Sie eintraten, mein Vater.

Peloso wechselte die Farbe. Ihm war es, als spreche Leona mit besonderer Anspielung auf ihn, denn daß sie an Mariano gedacht, unterlag keinem Zweifel.

— Sie glauben an solche Orakel, Leona? fragte er zerstreut.

— Nicht mehr und nicht weniger als jeder Andere; sie sind ja nichts weiter als ein ängstlicher kleiner Zeitvertreib, mit dem man seinen Illusionen Beschäftigung giebt.

— Und seinem Herzen? setzte Peloso mit Betonung hinzu.

— Für das Herz sind sie keine wohlthuende Beschäfti= gung, mein Vater, antwortete Leona, und da sich das meinige, krank wie es von Natur ist, vor dergleichen sorgfältig zu be=

wahren hat, ist weniger dies Herz, als eine von diesem ganz isolirte Phantasie hier im Spiel.

— Sie glauben also nicht, daß die Phantasien eines jungen Mädchens größtentheils aus dem Herzen steigen?

— Sie mögen Recht haben, wenn Sie von dem großen Theil derselben sprechen; die meinigen gehören aber augenblicklich nicht zu diesen.

— Man täuscht sich über Nichts so häufig, wie über den Ursprung seiner Gedanken.

— Ich glaube es, mein Vater; für mich aber ist, fürchte ich, die Zeit der Täuschungen vorüber, und, wenn ich aufrichtig gegen mich und Sie sein soll, so gestehe ich, daß ich von dieser Zeit mit Schmerzen Abschied genommen habe.

— Um sich hoffentlich dem einzigen Ziele zuzuwenden, das niemals täuscht? fragte Pelofo sie mit Salbung.

— Ich gehe seit einigen Tagen mit mir selbst zu Rathe, mein Vater. Sie wissen: wie sehr auch meine Seele dem Göttlichen zugewendet ist, wofür ich Ihrem Einfluß tausend Dank weiß, so war doch mein Herz am Weltlichen haftend. In meinen trüben Stunden ist es mir oft vorgekommen, als müsse ich in meinen Schicksalen einen Fingerzeig Gottes sehen. Schon auf der Grenze des Kindes= und Mädchen=Alters ward ich der Gegenstand eines frevelhaften Angriffs ... (Pelofa fuhr sich mit der Hand über die Stirn, um eine plötzliche Röthe zu ver= stecken) an dessen Folgen ich heute noch leide. Das Schicksal führte mich in den Schutz eines Mannes, dessen ganzes Leben nur dem Glauben gewidmet ist und der in meine Seele die Grundlage einer lauteren wahren Gottesfurcht legte. Er brachte mich zugleich in Berührung mit Persönlichkeiten, für welche sich in mir allmälig eine tiefe, aber eben so unglückliche Neigung

entwickelte . . . Ich habe gelitten, gekämpft, fuhr Leona seufzend
fort. Jetzt aber ist dieser Kampf vorüber; ich fühle mein Herz
seitdem weniger krank, ich fühle eine wunderbare Ruhe in mir
und ist dieselbe auch keineswegs die des Glücks, so doch einer
Selbstzufriedenheit, einer Genugthuung, an welche ich die Hoffnung knüpfe, mir eine Zukunft bereiten zu können, die mich für
immer von allen weltlichen Gemüthsbewegungen und Erleb-
nissen trennen wird.

Die letzten Worte Leona's verbreiteten eine lebhafte Freude
über Peloso's Antlitz.

— Meine Tochter! rief er mit Enthusiasmus, Gott stärke
und kräftige diesen Entschluß in Ihnen, er ziehe Ihre Gedanken
ab von dem sündhaften Treiben gewisser Frevler, die . . .

Ein fragender Blick Leona's störte Peloso. Sie sah ihn
eine Philippica gegen Personen beginnen, auf die sie in ihrer
Gegenwart keinen Stein werfen lassen wollte, wie sehr sie auch
von ihrer Strafbarkeit überzeugt war. Matt und schwärmerisch fiel
dieser Blick wieder auf den Boden zurück, denn Leona fühlte, wie
hart ihr in der That noch ein Kampf sein werde, von welchem
sie mit so viel Zuversicht und Selbstbeherrschung gesprochen.

Peloso mochte dies mißdeuten; in der Freude, welche ihm
diese Aussicht bereitete, ergriff er die herabgesunkene Hand Leona's.

— Ich beschwöre Sie, folgen Sie dem Winke Gottes! rief
er enthusiastisch.

— Ich hoffe, die Kraft zu haben, mein Vater!

— Geben Sie mir das Versprechen, Leona! Benutzen Sie
einen Augenblick innerer Kraft, des Muthes, der aus Ihrer
Ueberzeugung vom Besseren spricht! rief Peloso, Leona's Hand
in der seinigen drückend.

Leona selbst fühlte, daß sie Recht thue, wenn sie diesem

Kampfe ein Ende mache, wenn sie in der Ruhe, welche sie
zugleich so glücklich und unglücklich machte, sich zu einem unwider=
ruflichen Entschluß ermannte. Mit schwärmerisch leuchtendem
Auge erhob sie den Blick, ergriff sie das in ihrem Schooße
ruhende Andachtsbuch und legte die rechte Hand wie zum
Schwur auf das goldene Kreuz des Einbandes.

— Wohlan denn! rief sie sich erhebend, während ihr Ant=
litz von einer bleichen Verklärung strahlte und ihr Auge mit
inniger Frömmigkeit zum Himmel aufschaute . . . Vor diesem
heiligen Zeichen . . .

— Vor diesem heiligen Zeichen bist Du im Begriff einen
Schwur zu thun, an dem Dein Herz keinen Antheil hat! rief
eine halblaute Stimme, während Leona fühlte, daß das Buch
ihrer Hand entglitt. — Mein frommer Vater, setzte Alita hinzu,
die, das Leona's Hand entnommene Buch hinter sich haltend,
mit kecker und herausfordernder Miene vor Peloso stand; ich
habe immer gelernt, daß die Nacht zur Ueberlegung, der Tag
aber zu Entschlüssen geeignet sei, und daß kein Schwur so ge=
ring, als daß nicht die Sonne sein Zeuge sein müßte. Schlaflos
war mein Auge diese Nacht, ich konnte keine Ruhe auf meinem
Lager finden, jetzt sehe ich, daß mich eine Ahnung vom Kissen
getrieben, die mir selbst nicht ganz klar gewesen. . . . Leona,
während Du Dich zu einem Schwur verleiten ließest, den Du
dereinst bereut haben würdest, vernachlässigst Du den Vater . . .
Sieh nur, wie er da sitzt, als habe auch ihn Dein Beginnen
aus der Ruhe gestört!

Bestürzt über Alita's plötzliche Erscheinung, verwirrt und
vielleicht im Innersten ihrer Seele getroffen durch die kecken
Worte des Mädchens, schaute sie zum Bette Don Alessandro's.
Dieser hatte sich aufgerichtet und saß, das große ausdruckslose

Auge starr in's Zimmer gerichtet, da, als sehe er mit stummem
Erstaunen, was an seinem Lager vorging.

Leona erschrak über sich selbst. Wenn auch sich bewußt,
was sie zu thun sich anschickte, war ihr alle Ueberlegung, die
Beurtheilung ihrer selbst verloren gegangen. Das Lesen in dem
heiligen Buche, dessen überschwengliche Sprache sie aufgeregt, die
Extase, in welche sie das Nachdenken geführt, das Alleinsein in
dieser nächtlichen Stille, endlich die gepreßte Luft des Krankenzimmers und das unerwartete Erscheinen Peloso's, alles Dies
hatte die ohnehin zur religiösen Schwärmerei geneigte Leona
aus dem Gleichgewicht gebracht. Nur der Gedanke an Mariano,
an die Möglichkeit seiner Umkehr und seiner mit dieser verbun-
denen Erkenntniß hatte sie bisher dem Zureden Peloso's gegenüber vor einem allzu schleunigen Schritt bewahrt; jetzt aber
hatte sich Alles vereinigt, um sie zu diesem hin zu drängen.
Jenes unbedeutende kleine Insect und das Orakel, das sie nur
einen ängstlichen kleinen Zeitvertreib genannt, hatten einen tieferen
Eindruck auf sie gemacht, als sie selbst wußte; mit dem Flammen-
tode des Insectes glaubte sie auch ihre Hoffnungen sterben zu
sehen, und da fast gleichzeitig Peloso eintraf, war es ihr, als
sei dieser Mann ein Bote des Himmels, gesandt, um ihr einen
Wink zu geben.

Alita ihrerseits sagte eine kleine Nothlüge, um die das
eigensinnige Kind nie verlegen war, wenn es darauf ankam,
sich auszureden. Sie war keinesweges so zufällig hier, wie sie
vorgab; sie hatte vielmehr mit Pepe schon darüber verhandelt,
wie sonderbar es sich doch eigentlich treffe, daß der heilige Mann
gerade immer nur in den Nächten, wo die Reihe zu wachen
an Leona sei, von seiner Freundschaft für Don Alessandro an
das Lager desselben getrieben werde. Pepe hatte anfangs blos

mit einem hm! hm! geantwortet, endlich aber doch zugegeben,
daß dies sehr sonderbar sei. Pepe war für Alita in allen
practischen Angelegenheiten ein großer Weltweiser und in solchen
alltäglichen Lebensfragen, in welchen sie sich genirte den Vater,
Camillo oder Leona um ihren Rath zu bitten, mußte Pepe stets
ihr Senator sein. Da Pepe hm! hm! gesagt, wußte sie woran
sie war, und sie beschloß also, falls Peloso noch einmal zufällig
gerade eintreffen sollte, wenn Leona die Nachtwache bezogen,
auch mit dabei zu sein.

Alita verscheuchte daher trotz ihrer Müdigkeit den Schlaf
von ihrem Lager und hörte alsbald wirklich den Hammer der
Hausthür in Bewegung setzen. Das war kein Anderer als der
Pater. Angekleidet wie sie war, erhob sie sich, öffnete leise ihr
Zimmer, schlich über den Corridor iu Don Alessandro's Arbeits-
kabinet, dessen stets offene Thür in des Grafen Gemach führte,
belauschte hier die Unterhaltung der Beiden und entnahm aus
derselben die Bestätigung dessen, was Pepe ihr als eine Vermuthung mitgetheilt, daß nämlich der Pater beabsichtige, Leona
zum Eintritt in ein Kloster zu bewegen.

Letzteres war für die gezähmte kleine Wilde ein entsetzlicher
Gedanke. Wie sehr sie auch von Frömmigkeit durchdrungen
war, wie sehr sie ihren neuen Gott anbetete — die Vorstellung,
sich zur Verehrung desselben in ein Gefängniß einzusperren,
war ihr eine abscheuliche und abgeschmackte. Was in aller
Welt, dachte sie, kann es nutzen, sich so wie ein Schmetterling
zu verpuppen, und welchen Wohlgefallen kann Gott daran
haben, wenn ein Mensch, ein guter und edler Mensch, dem die
Freiheit so nothwendig, damit er Gutes thue und den Schlechten öffentlich mit einem schönen Beispiel vorangehe, wenn dieser
der Welt den Rücken kehrt, lebendig in ein Grab steigt und

dadurch eben diese Welt verachtet, die der Himmel doch so groß
und schön geschaffen? ... Und gerade ihre Leona sollte einen
solchen Schritt thun, sie selbst sollte ihre Wegweiserin verlieren,
nach deren Vorbild sie alle ihre Handlungen regulirte, so weit
dies irgend mit ihrem von dem Leona's verschiedenen Charakter
verträglich war? Nimmermehr! Dies mußte vereitelt werden!
Pepe's Aeußerungen hatten ihr früher eine kleine Aversion gegen
Peloso eingeflößt; der letztere hatte diese durch seine Aufopferung
für Don Alessandro während dessen Krankheit glücklich beseitigt
und Alita schon bereut, ihm Unrecht gethan zu haben. Zur
rechten Zeit aber war wieder das Mißtrauen Alita's erwacht,
Peloso's scheinbar zufälliges Kommen hatte ihr Verdacht ein-
gegeben, diesen sah sie jetzt bestätigt, und dem Pater das Feld
zu überlassen, daran war bei Alita nicht zu denken. Mariano's
Betragen gegen Peloso erschien ihr diesen Augenblick in einem
viel weniger ungünstigen Lichte, so hätte sie nicht die Liebe, der
hohe Respect für den Kranken und trotz alledem eine gewisse
heilige Scheu vor Peloso zurückgehalten, sie wäre im Stande
gewesen, aus ihrem Versteck heraus und dem Pater geradezu
in die Haare zu fahren.

Während Leona, durch Alita auf den kranken Vater aufmerksam gemacht, sich zum Bette desselben richtete und hiedurch
zugleich ihre Verlegenheit den Uebrigen entzog, ließ sich Don
Alessandro, einige unverständliche Worte vor sich hinmurmelnd
und noch immer mit starr geöffnetem Auge, wieder in das
Kissen zurücksinken. Leona trat zu ihm, beugte sich mit blut-
rothem Gesicht über den Kranken und belauschte seinen Athem.
— Vergieb ihnen, denn sie wissen nicht was sie thun! murmelte Don Alessandro im Schlafe und streckte die mit kaltem
Schweiß bedeckten Hände auf das Bett.

Leona hatte sich inzwischen zu fassen gesucht. — Wir sprechen ein andermal weiter, ehrwürdiger Vater! sagte sie, indem sie Peloso die Hand reichte. Du willst also mit uns wachen, Alita? fragte sie diese, ohne sie anzuschauen und lud zugleich den Priester durch einen Wink ein, wieder Platz zu nehmen.

Alita antwortete nicht; verdrießlich hatte sie sich in das Dunkel hinter dem Lampenschirm gesetzt, die Hände in den Schooß gelegt, und schaute vor sich hin, vergaß aber dabei keineswegs, zuweilen einen verstohlenen Seitenblick auf Peloso zu werfen.

Letzterer entfernte sich nach einer halben Stunde. Die Unter- haltung in derselben war sehr spärlich und schläfrig gewesen und die erste Morgendämmerung fand die beiden Mädchen er- mattet, bleich und mit dem Schlafe kämpfend, der sich bleischwer auf ihre müden Augenlider gelegt hatte. Ueber das Vorge- fallene war während des Restes der Nacht keine Sylbe gewech- selt worden. —————

————————————

Heute nun, um dieselbe Zeit als Alita ihren Vertrauten Pepe in ihre Pläne einweihte, saß Padre Peloso abermals bei Leona. Er war glücklich genug, sie in dem Empfangzimmer allein und in einer Stimmung zu finden, wie er sie nicht gün- stiger für seine Pläne wünschen konnte.

In Leona war der letzte Hoffnungsschimmer verblichen; ihre Liebe war verschmäht, entwürdigt durch Mariano's Leidenschaft für ein kokettes Weib, von dem sich die ganze Stadt erzählte. Die bleiche Stirn in die Hand gelegt saß sie da, als ein Ge- räusch sie weckte und der Padre vor ihr stand.

Schon wieder dieser Gesandte Gottes, und warum mußte er jedesmal erscheinen, wenn Leona's Gefühle im Kampfe mit einem Willen lagen, welcher der Stärke des ersteren gegenüber eines Bundesgenossen so sehr bedurfte? Leona hatte beschlossen, diesen Willen über ihr Herz geltend zu machen, mochte es kosten was es wolle; warum sollte sie diesen Bundesgenossen zurück weisen, da sie sich allein zu schwach fühlte?

Aus ihren Gedanken geschreckt, blickte sie zu Peloso auf; mit einer hastigen Bewegung um sich schauend, ob auch Niemand im Zimmer, der ihr abermals ins Wort fallen könne, erfaßte sie seine Hand.

— Mein Vater! rief sie mit einer ängstlichen Spannung in ihren Zügen. Was ich Ihnen in jener Nacht zu schwören im Begriff war, ich versprech' es Ihnen heute! Mein Entschluß ist unwiderruflich; hier meine Hand!

Dies war mehr als Peloso erwartet; ihm galt es jetzt, sich von seiner Ueberraschung zu sammeln und dann das Eisen zu schmieden, so lange es glühte, denn schon der nächste Augenblick konnte es erkalten machen.

— Ihr Entschluß ist unwiderruflich? fragte er mit gleicher Hast. Wird auch seine Ausführung ebenso unwiderruflich sein?

— Hier, mein Vater, steht es beschlossen! antwortete Leona, die Hand auf ihre Brust legend. Es hat einen harten Kampf gekostet, warum soll ich den Augenblick des Sieges nicht be nutzen!

— Und sind Sie einig mit Ihrem Herzen, meine Tochter? fragte Peloso, anscheinend um sie auf die Folgen eines solchen Entschlusses aufmerksam zu machen, aber in einem Ton, der Leona jeden Rückzug abgeschnitten haben würde, wenn sie an einen solchen gedacht hätte.

— Mein Herz hat sich aller seiner Ansprüche und Rechte begeben, ehrwürdiger Vater; es wünscht Ruhe und Einsamkeit, um zu genesen; was es Schönes in dieser Welt gefunden, wird es als eine liebe Reliquie bewahren, was es an Wünschen und Hoffnungen genährt, will es vergessen. Nur eine Sehnsucht nährt es noch, nämlich die, das Schicksal meines Vaters kennen zu lernen und ihn noch einmal zu sehen.

— Dieser Wunsch, mein Kind, sprach Pelofo mit Salbung, ist nicht minder gefährlich, nicht minder weltlich als jeder andere. Sie wissen, welchen Antheil Ihr Vater an all den Gewaltthätigkeiten genommen, welche uns umgeben und die Gott ein Gräuel sind. Fliehen Sie Ihren Vater als einen Verirrten, den des Himmels Barmherzigkeit vielleicht dereinst auf den rechten Weg zurückführen wird.

Leona ließ den Kopf hängen. Pelofo sprach die Wahrheit, sie sah es ein, aber die Liebe, mit der sie noch an dem unglücklichen, für sie ganz verschollenen Vater hing, hatte so viel Entschuldigungsgründe für ihn; sie wußte, daß die Pforten des Klosters sie nicht nur von der Welt, sondern auch von all den Blutsbanden trennten, mit welchen sie an ihr gehangen.

— Meiden Sie diesen Geist der Finsterniß, fuhr Pelofo fort, als er Leona nachdenkend sah; ich selbst verpflichte mich, ihn zu Ihnen zu führen, wenn es Gott gefallen sollte, ihn zu erleuchten und auf den rechten Weg zurück zu bringen.

— Sie wollen, ehrwürdiger Vater? fragte Leona, sich wieder aufrichtend. Ich baue auf Ihr Wort, denn ich gestehe, daß es gerade dieses Band ist, das mich noch vor einem Schritt zurückhielt, den ich dennoch früher oder später würde thun müssen. ... Ja, ja, es ist besser, nicht an das Sonst zu denken! ... Werden Sie es übernehmen, meinem Pflegevater die Unvermeidlichkeit dieses Schrittes zu erklären, ihn mit meinem Entschlusse zu versöhnen, in welchem er, wie gottgefällig derselbe auch sein mag, doch vielleicht Undank sehen möchte?

— Ich kenne den Grafen, ich weiß, daß er Ihren Entschluß billigen wird, mein Kind! Hat Ihr Inneres sonst keine Strupel, welche Sie diesen Schritt dereinst als einen übereilten betrachten lassen würden? fragte Peloso immer in demselben scheinbar zur Ueberlegung rathenden und dennoch jeden Rückzug abschneidendem Tone.

— Keine, mein Vater! Ich bin einig mit mir!

— So folgen Sie Ihrer inneren Eingebung, denn was in Ihnen spricht, ist der Engel, der über Ihrem frommen Herzen gewacht und den Versucher glücklich überwunden.

— Ich folge dieser Stimme! antwortete Leona mit Wärme.

— Bekräftigen Sie diesen Sieg über die Welt durch ein Gelöbniß auf das Bild des heiligen Dulders, der für uns Alle gelitten! rief Peloso, indem er ein kleines Kruzifix hervorholte und dasselbe Leona entgegen hielt.

Ein andächtiges Feuer leuchtete aus Leona's Auge, als sie das Kruzifix erblickte. Die Linke auf die Brust haltend, als wolle sie unterdrücken, was sich vielleicht noch hier an Versuchungen regen mochte, legte sie die drei Finger ihrer rechten Hand feierlich auf das Kreuz.

— Ich gelobe es! rief sie mit Inbrunst. Ich gelobe es bei dem Sohne Gottes und den Dornen, unter welchen sein Haupt für uns alle blutete!

Mit mehr Wärme als vielleicht die Gelegenheit erforderte, zog Peloso das Mädchen an seine Brust und drückte einen Kuß auf ihre Stirn. Leona fühlte einen kalten Schauder durch ihre Glieder rinnen, sie schob denselben jedoch auf Rechnung dieses wichtigen, über ihr ferneres Leben entscheidenden Augenblicks, hielt ihre zitternden Glieder mühselig aufrecht und sprach sich selber Muth und Entschiedenheit ein.

— Gott segne Dich, mein Kind! rief Peloso, während Leona die Hand auf seinen Arm lehnte, um sich zu stützen, da sie sich von einem leichten Schwindel ergriffen fühlte.... Sie wissen, meine Tochter, fuhr er mit eindringlicher Wärme fort, welches Wankelmuthes eine Seele fähig, die wie die Ihrige noch nicht ganz von den thörichten Genüssen dieser Welt Abschied genommen. Ihres Entschlusses seit einiger Zeit gewärtig, habe ich mit der Priorin der Ursulinerinnen bereits die nöthige Rücksprache genommen, sie erwartet ihre Novize. Sind Sie bereit, noch heute Ihr frommes Gelöbniß in Ausführung zu bringen?

— Schon heute? rief Leona erschreckt. Wäre ich im Stande, die Meinigen so schnell und unvorbereitet zu verlassen? Was würde mein Vater, was würden Camillo und Alita sagen? Würde mein Vater mich nicht das schwärzesten Undanks beschuldigen, wenn ich ihn verließe, da er so sehr der Pflege bedarf? Geben Sie mir Frist, ehrwürdiger Vater!

— Don Alessandro ist bereits durch mich in Das eingeweiht, was ich als unvermeidlich betrachtete. Einen seiner freien und lichten Augenblick benutzend, habe ich ihm selbst erzählt, es sei Ihr Wunsch, in's Kloster zu treten, und dies werde sicherlich geschehen, sobald Sie sich zu der erforderlichen Thatkraft hindurch gerungen. Don Alessandro nahm dies mit Enthusiasmus auf, er selbst drang in mich, Sie in Ihrem Entschluß zu bestärken, denselben zu beschleunigen, denn er sieht in demselben eine wesentliche Hülfe, ihn von jenen bösen Einflüssen zu befreien, von welchen er sich, wie Sie wissen, umgeben glaubt. Er beschwor mich, alle Mittel der Ueberredung aufzuwenden, um diesen Schritt zu beeilen.

— Aber seine Krankheit; die Pflege, deren er bedarf! erwiederte Leona, indem sie Peloso fragend anschaute.

— Ist Don Alessandro nicht von der aufmerksamsten und liebevollsten Pflege umgeben? Bin ich nicht da, der ihm täglich Nachricht von Ihnen bringen, Sie selbst zu ihm führen kann, wenn er Sie zu sehen wünscht?

— Man wird mir also gestatten, den Vater während seiner Krankheit zu besuchen?

— Ohne Zweifel! antwortete Peloso, als sei dies eine Sache, die sich von selbst verstehe.

— Und Sie sind überzeugt, daß der Vater mir nicht zürnen wird?

— Ich bin überzeugt, daß er Sie segnen, von ganzem Herzen segnen wird!

— Sie glauben, mein Vater, daß für mich Gefahr im Verzuge? fragte Leona zaudernd.

— Ich glaube und weiß, welchen unseligen Einfluß die Verlockungen dieser Welt auf die Entschlüsse der stärksten Gemüther haben können.

— Sie halten mich für schwach?

— Ich halte Sie für stark, aber die Verführung ist stärker.

Leona überlegte noch einmal. Diese Zumuthung, schon heute einen Kreis zu verlassen, der ihr so theuer, war ihr ein peinlicher und schmerzhaft der Gedanke, sich so schnell von diesem Kreise zu trennen. Wiederum aber bedachte sie, wie das Verbleiben in einer Umgebung, in der sie Alles an ihren Schmerz erinnerte, in der Alles diesen Schmerz täglich auffrischt, ihr nicht minder peinlich sei. — Was war für Sie hier noch zu hoffen; was anders konnte diesen Schmerz lindern, als das

10*

Eine, das nicht erreichbar, das für sie verloren war; was sollte
sie in einer Welt, die für sie leer und kalt geworden; wozu
sollte sie sich täglich den Schmerz bereiten, Camillo und Alita
in ihrer Liebe glücklich zu sehen; wozu einen Anblick genießen,
der ihr so bitter, ja sogar demüthigend war, indem er ihr das
eigene Unglück vor Augen hielt? . . . Daß Don Alessandro's
Frömmigkeit mit diesem Schritt einverstanden sein werde, sagte
ihr die eigene Ueberzeugung; aber war es recht oder nur ver-
zeihlich, daß sie ihn gerade in diesem Augenblick verließ? Und
wie sollte sie es anfangen, Camillo und Alita so schnell mit
ihrem Plan bekannt zu machen, die von demselben nicht die
entfernteste Ahnung hatten?

Leona überlegte hin und her, jedoch mit einer Fieberhaftig-
keit und Hast, in der ein Gedanke den andern überstürzte. Das
Kloster mit seiner heiligen, unstörbaren Ruhe, mit seinen an-
dachtsvollen Uebungen, mit dem irdischen Glorienschein, um den
sie jede fromme Schwester beneidet hatte; das schmerzdurchzuckte
Glück selbstgewählten Märtyrerthums, das ihr diese Schwestern
stets als lebende Heilige hatte erscheinen lassen; die Vorstellung,
in dieser Abgeschiedenheit die Reliquie, die sie in ihrem Herzen
trug, das Bild Mariano's, an ihre Lippen drücken zu können,
ohne daß es ein einziger profaner Gedanke wagen durfte, die
heilige Schwelle ihres Asyls zu übertreten — alles Dies wirkte
mit jenem Zauber auf sie, in welchem sich ein unglückliches
Herz so zufrieden fühlt. Leona's religiöse Schwärmerei schmückte
denselben noch mit der ganzen, ihre Imagination fesselnden
Staffage des bilderreichen Cultus; sie sah sich Tags in frommen Uebungen, sah sich einsam, von jedem irdischen Verlangen
erlöst in ihrer stillen Zelle, sah sich Nachts im Chor der from-

men Schwestern im Kerzenglanz der Kapelle, das Kreuz auf
der Brust, die Ruhe und Zuversicht einer Heiligen im Herzen.

Der Engel, der nach Pelofo's Worten in ihr den Versucher
überwunden, sang sein frommes silbertönendes Ave Maria in
ihrer Brust, sie hörte das Läuten der Kapelle, sie sah sich bereits im Geiste mit den Schwestern bei dem heiligen Tage-
werk. . . .

— Mein Vater, sagte sie tief aufathmend, und mit einem
unter Schmerzen triumphirenden Lächeln, ich bin zu Ende mit
mir! Bestimmen Sie, wann ich Ihnen folgen soll.

Leona war aus diesem Kampfe hervorgegangen wie ein sie-
gender Gladiator, der sich aus tiefen Wunden blutend aus der
Arena schleppt und mit brechendem Auge den Lorbeer anlächelt,
mit dem man seine Schläfen schmückt. Was sie als ihren
Triumph betrachtete, war nichts als eine Niederlage ihrer
Schwäche. Leona war nicht stark genug, mit eignen Kräften
ihr Unglück zu bekämpfen, sie unterwarf sich demselben von
Entsagung träumend, und dennoch hatte es mit dieser Entsagung
nicht viel mehr auf sich als mit ihrem Triumphe: sie war nur
die Flucht nach erlittener Niederlage.

Wer hier gesiegt hatte, war Pelofo. Eine heimliche, innere
Freude, lag in seinem leidenschaftlichen Auge; mit einer schlecht
verhohlenen Begierde schaute er auf Leona, als diese mit dem
Gedanken an eine so plötzliche Trennung, den Blick zu Boden
gesenkt hatte. Sich den Anschein der Zutraulichkeit gebend ergriff er Leona's Hand.

— Ich gehe zur Priorin, um diese zu Ihrem Empfange
vorzubereiten. Inzwischen meine Tochter, bereiten Sie sich zum
Austritt aus diesem Hause. Sie werden wohl thun, Ihren
Entschluß erst dann den Ihrigen mitzutheilen, wenn Sie die

Mauern des Klosters vor jedem fremden Einfluß schützen; indeß sei dies Ihrem Erwägen überlassen. Um sieben Uhr heute Abend halten Sie sich bereit.

Peloso überließ es dem Erwägen Leona's, ihre Familie von dem bevorstehenden Schritt in Kenntniß zu setzen oder nicht; er wußte sehr wohl, daß die Zeit zu kurz war, um die Uebrigen mit Ruhe in dieses Geheimniß einzuweihen, daß also sie selbst es vermeiden werde, den Rath derselben einzuholen, nachdem sie sich ihm gegenüber gebunden.

Mit einem herzlichen Händedruck, dann seine Rechte segnend auf Leona's Haupt legend, verließ er das Zimmer. Auf der Schwelle begegnete ihm Camillo, der ihm befremdet nachschaute. Leona hatte sein Eintreten bemerkt, und Camillo's Anblick fliehend hatte sie sich zur gegenüber liegenden Thür hinaus gerettet.

— Seltsame Geschichten, die mir heute begegnen! murmelte Camillo vor sich hin. Es muß hier etwas vorgehen; Alle vermeiden sie mich, selbst Alita hat sich in ihr Zimmer eingeschlossen. . . . Pepe soll mir Rede stehen!

VI.

Der Lord. — Sidi Smael.

Die Nachricht von Mariano's Verlobung mit der Fürstin Delila war wirklich begründet. Im Palast Rospili wurden die großartigsten Vorbereitungen zu dem Feste gemacht, das an Eleganz und Opulenz alle seit lange in Rom erlebten Festlichkeiten übertreffen sollte. Delila's Reichthum gestattete dies im weitesten Umfange, dahingegen hatte der Majordomo seine liebe Noth mit den Handwerkern, die zu diesen Arrangements in Anspruch genommen werden mußten, denn dieselben entfalteten, da sie nur die Politik im Kopfe hatten, eine unüberwindliche Arbeitsunlust, und die Vorbereitungen hatten daher doppelt so viel Zeit gekostet, als man von Rechtswegen auf dieselben hätte verwenden sollen.

Delila war in jener süßen Aufregung, welche uns die Zuversicht des Glückes verursacht; sie herzte und küßte ihren geliebten Mariano. Gisela hätte, da die Fürstin alle ihre Capricen, mit denen sie die arme Zofe sonst oft bis auf's Blut gequält, vergessen zu haben schien, die herrlichsten Tage verlebt, wenn das arme Kind nicht von Tag zu Tag bleicher und träu-

merischer geworden wäre und in einsamen Stunden sich sogar
auf dem erschrecklichen Gedanken ertappt hätte, wie viel besser
es doch sei, da tief unten auf dem Grunde des Tiber zu liegen,
als hier oben ein freudenloses Dasein zu führen.

Zu dergleichen schwarzen Betrachtungen muß man seine ge-
wichtigen Gründe haben, und diese besaß Gisela in der That.
Kein Mensch hatte sich um Das bekümmert, was in dem armen
Mädchen vorging, das ja neben seiner stolzen und schönen Herrin
eine so untergeordnete, unbeachtete Stellung einnahm. Aber
wenn man auch noch so untergeordnet situirt ist, so hindert dies
doch nicht, daß man trotzdem eben so warm fühlen, eben so
glücklich oder unglücklich sein kann, wie die Reichen und Vornehmen dieser Erde. Niemand — selbst wir nicht — hatte es
gesehen, daß Gisela oft ihre bittersten Thränen weinte, wenn
sie allein war, und daß sie sich abhärmte, als es immer gewisser und gewisser ward, daß Mariano die Fürstin liebe und
daß aus dieser gegenseitigen Liebe eine wirkliche, effective Hoch-
zeit entstehen solle.

Es ist ein Unglück, wenn man gar nicht geliebt wird, das
sehen wir an Gisela und an Leona; ebenso viel Unglück kann
aber daraus entstehen, wenn man von drei Seiten geliebt wird,
wie dies Mariano passirte und wie wir dies ferner erleben
werden. Dieser gefühllose Jüngling marschirte über zwei der
gefühlvollsten Herzen wie Amor über ein Amaranthen-Beet; in
Leona's Herz hatte er zu blicken Gelegenheit gehabt, es that
ihm weh, was er darin entdeckte, aber er hatte keine Zeit, sich
damit zu beschäftigen; der armen Gisela hingegen hatte er seit
jenem Tage, wo er Delila gefunden, oder vielmehr: wo sie ihn
gefunden, kaum noch einen gleichgültigen Blick zugeworfen, und
dennoch war er einst so entzückt von ihren schönen Augen ge-

wesen, als er noch ein Gefangener in Mortinovich's Hause gewesen und sie ihre Mußestunden benutzte, um dem gestrengen Oheim einen Pflichtbesuch abzustatten. So veränderlich sind die Zeiten und so sehr viel veränderlicher noch sind die Menschen! Wäre Gisela eine Fürstin gewesen, gewiß, sie wäre Mariano ebenso schön erschienen wie Delila, denn besaß sie auch nicht deren Ueppigkeit, so durfte sie sich doch eines ebenso untadelhaften Wuchses rühmen, und ihre Augen wären ebenso verführerisch gewesen wie die Delila's, wenn sie den Glanz derselben mit Demanten hätte erhöhen können. Ja, Gisela hätte in e i n e r Beziehung jedenfalls vor Delila Etwas vorausgehabt, denn während alle Welt von der letzteren sagte, sie sei kokett, treulos, vielleicht gar falsch, besaß Gisela trotz der magyarischen Beimischung ihres Blutes das Herz einer wahren Römerin; sie war gerade, ehrlich, treu und hatte von der Liebe einen Begriff, wie ihn ein Gentleman von seinem Ehrenwort haben muß.

Des Tibers Fluthen, an welche Gisela seit Kurzem dachte, sind so kühl, und in ihrem Herzen brannte es so entsetzlich! Wenn sie an Mariano dachte, wenn sie ihre Herrin so stolz und glücklich sah, war es ihr jedesmal, als bohre sich ihr ein glühendes Eisen in's Herz; sie überlegte in solchen Momenten wohl, ob es nicht besser sei, davon zu laufen, als diesen Schmerz tagtäglich von Neuem zu erleben; wenn sie aber abwog, ob es besser sei, beim Anblick des schönen Mariano ein glühendes Eisen im Herzen zu fühlen, oder ihn gar nicht mehr zu sehen, so fiel ihre Wahl doch immer auf das erstere. Eine kurze Zeit lang hatte noch ein matter Hoffnungsstern an ihrem Himmel geleuchtet. Eines schönen Morgens nämlich, als Gisela gerade die Toilette ihrer Herrin machte, und Delila von der nahen

Verlobung sprach, ohne zu wissen, welche Qualen sie der Armen
damit bereitete, war im Palast eine Karte abgegeben, welche den
Namen „Lord Milhood" trug.   Sie selbst reichte ihn der Fürstin auf einer silbernen Platte und zwar mit einem heimlich so
triumphirenden Gesicht, daß Delila sicherlich Verrath gewittert
haben würde, wenn sie dies schnippische Antlitz ihrer Zofe gesehen hätte.

Delila hatte diese Karte genommen, wie man die eines uns
ganz gleichgültigen Menschen in die Hand nimmt, war aber
plötzlich aufgesprungen und mit halb geordneter Coiffure wie
ein Sturmwind im Zimmer hin und hergefahren, als sie den
Namen gelesen.   Ihre Entrüstung überwindend, hatte sie dann
die Karte verächtlich zerrissen und den Tagesbefehl ertheilt, daß
wenn ein Mensch Namens Lord Milhood die Dreistigkeit habe,
sich im Palaste zu präsentiren, er ohne Weiteres abzuweisen sei.

Aber Delila hatte die Rechnung ohne den Wirth gemacht.
Lord Milhood hatte diesen Tagesbefehl vielleicht erwartet und
dafür gesorgt, sich auch wider den Willen der Fürstin zu präsentiren, denn als diese an demselben Vormittage zufällig an's
Fenster ihres Salons trat, in welchem sie ihre Gäste zu empfangen pflegte, sah sie an einem Fenster des ersten Stocks im
gegenüberliegenden Hause das lebensgroße, in Oel gemalte Porträt desselben Lord Milhood aufgepflanzt.

Dieses Porträt stellte einen schönen, sehr blonden jungen
Engländer in elegantem Gesellschaftscostüm dar, es war von
wirklicher Künstlerhand ausgeführt und mußte wohl sehr getroffen sein, denn Delila zuckte zusammen, als sie der kühne,
herausfordernde Blick dieses porträtirten Engländers traf, und
fuhr wie vom Blitz getroffen zurück, als sie an dem andern
Fenster das leibhaftige Original dieses Bildes erscheinen und

sich mit derselben herausfordernden Miene vor ihr verbeu=
gen sah.

Lord Milhood, jener Engländer, welchen, wie schon früher
angedeutet, die Fürstin während ihres Aufenthaltes in London
geliebt, dem sie ihre Hand hatte schenken wollen, dem sie aber
sans adieu abgereist war, hatte sich gleich danach auf den Weg
gemacht, um seinen Flüchtling aufzusuchen; er hatte sie nach
langem, vergeblichem Umherirren gefunden, das ganze Haus
gegenüber gemiethet und ihr eine angenehme Ueberraschung be=
reiten wollen, indem er bei seinem Einzuge schon frühmorgens
sein Porträt am Fenster aufrichten ließ.

Niemand von seiner Umgebung wußte, weshalb er gekom=
men; nur ein vertrauter Diener kannte sein früheres Verhältniß
zu der Fürstin. Niemand hatte also Veranlassung, ihm von
Delila's neuer Liebe zu erzählen. Lord Milhood lebte in dem
süßen Wahne, seinen Flüchtling gefunden zu haben und ihn
nicht wieder entkommen zu lassen; da sie ihn sehr geliebt,
glaubte er, sie werde ihn wenigstens doch noch einigermaßen
lieben; er war etwas erstaunt, als er keinen Bescheid auf die
hinüber gesandte Karte erhielt, und noch erstaunter, als er
Delila bei seinem Anblick zurückfahren und mit verächtlicher
Bewegung in ihrem Zimmer verschwinden sah.

Lord Milhood besaß einen Stoicismus, um welchen ihn die
unerschütterlichsten seiner Landsleute hätten beneiden können. Am
Mittag bereits entstand im Corridor des Palastes Rospili ein
lebhafter Wortwechsel; Lord Milhood war nämlich da, er ver=
langte von den Dienern, gemeldet zu werden, die Diener be=
riefen sich auf die empfangene Ordre du jour; Lord Milhood,
der die Fürstin in französischer Sprache geliebt hatte, verstand
kein Wort Italienisch, brauchte also auch die Diener nicht zu

verstehen, und blieb dabei, er sei Lord Milhood und verlange, der Fürstin gemeldet zu werden.

Als die Diener in ihrer Verstocktheit verharrten, gab Lord Milhood es auf, ihnen begreiflich zu machen, was sie ersichtlich nicht verstehen wollten; er machte Miene, durch die Glasthür des inneren Corridors zu treten und sich selbst zu melden. Zwei der Diener versperrten ihm den Weg, Lord Milhood ersuchte sie artig, ihn nicht zu intriguiren und suchte sie bei Seite zu schieben. Die Diener leisteten energischen Widerstand; Lord Milhood sah sich an der Grenze mündlicher Verhandlung angelangt, er sah, daß die Diener ihn um jeden Preis zurückhalten wollten. Kaltblütig zog er den Frack aus, legte diesen gelassen auf den rothen Divan des Corridors, ging den Dienern zu Leibe, boxte sie auf's Freundschaftlichste aus dem Corridor, legte mit der höchsten Gemüthsruhe den Frack wieder an, schritt zur Thür des Vorzimmers und trat ein.

Dieses Gemach war leer. Bei dem Geräusch seiner Schritte ließ sich eine Stimme aus dem Salon vernehmen. Ein kaltes Lächeln fuhr über das Antlitz des Lords. Er kannte die Stimme, denn es war die der Fürstin. Ruhig schritt er zur Thür, öffnete diese und stand vor Delila.

Letztere hatte sich nachlässig auf eine Bergère hingegossen, den Eintritt des Dieners erwartend, schaute sie auf, als derselbe nicht nach seiner Gewohnheit rapportirte.

— Was gab es draußen, Alberto? fragte sie gleichgültig, erschrak aber aufs heftigste, als sie die fast regungslose Gestalt des Engländers erblickte, der wie ein steinerner Gast auf der Schwelle stand.

Delila fehlte es sonst nicht an Geistesgegenwart, diese Gemessenheit Lord Milhood's, verbunden mit den Erinnerungen,

welche sich an seine Person knüpften, brachten sie jedoch außer
Fassung. Scheu und fragend heftete sie das Auge auf ihn, als
wolle sie aus seinen Mienen lesen, welche Absicht ihn herführe.
Lord Milhood war indeß nicht der Mann, der seinem Gesicht
die geringste Discretion erlaubte.

— Ich wünsche Ew. Durchlaucht einen guten Morgen!
sagte er mit der trockensten Höflichkeit, verließ die Schwelle und
näherte sich mit gemessenem Schritt dem Sopha. Wollen
Ew. Durchlaucht mir gestatten, diese schöne Hand zu küssen, die
ich mein Eigenthum zu nennen beabsichtige?

Mit unverwüstlicher Ruhe verbeugte sich Milhood vor der
immer bleicher werdenden Fürstin, die ihre Hand ängstlich zurückzog und mit äußerster Spannung ihm unverwandt in's Antlitz schaute.

—'Diese Hand, Altezza, fuhr er fort, sich an ihrer Seite
niederlassend, während Delila sich schweigend und furchtsam zurückzog, scheint ein schlechtes Gedächtniß zu haben, da sie ihre
Freundin, die meinige, vergißt, in der sie einst sich glücklich zu
fühlen vorgab ... Lord Milhood besitzt ein besseres Gedächtniß,
Durchlaucht, und dieses Gedächtniß rief ihm zu, als Ew. Durchlaucht London verlassen hatten: Ew. Herrlichkeit haben in einer
schönen unvergeßlichen Stunde mit der schönen Fürstin Delila
einen Bund geschlossen und mit ihr bereits den Tag verabredet,
an welchem die Verlobung stattfinden sollte. Ew. Herrlichkeit
haben einmal Ihr Wort gegeben, gehen also Ew. Herrlichkeit,
dieses einzulösen! ... So sprach mein Gedächtniß zu mir; was
sagt Ew. Durchlaucht Gedächtniß?

Delila schwieg; sie war beschäftigt, den Eindruck der Furcht
zu überwinden, welche die kaltblütige Ueberlegenheit des Engländers ihr eingeflößt; sie sah ein, daß sie sich nur durch ein

imponirendes Gegenübertreten retten könne, aber es fehlte ihr
noch der Muth, dies zu thun. Simsons, des Geliebten der
philistäischen Delila, Kraft lag in seinem Haar, sie verrieth ihn,
und seine Feinde besiegten ihn, indem jene Delila ihm die
Locken abschnitt. Die Kraft des neuen Simson lag in seinem
Gleichmuth; auch ihn hatte seine Delila verrathen, wie sie ihn
aber besiegen solle, darüber war sie noch in Zweifel.

— Ew. Durchlaucht Gedächtniß sagt gar nichts; das wird
indeß Lord Milhood nicht abhalten, dem seinigen desto treuer zu
sein . . . Erlauben mir Ew. Durchlaucht, die Mission zu erfüllen, mit welcher mich mein Gedächtniß beauftragt?

Mit echt englischem Pflegma griff Lord Milhoods zart
glacirte Hand in die Westentasche und zog einen Ring aus derselben hervor.

— Ew. Durchlaucht erinnern sich trotz der Schweigsamkeit
Ihres Gedächtnisses vielleicht, daß dieser Ring bereits bestellt
war, als Ew. Durchlaucht so unerwartet London verließen . . .
Gestatten Sie mir Ihre zarte Hand, um ihn an die Stelle zu
setzen, für die er bestimmt war.

Delila's Indignation mußte sich Luft machen, als der Engländer sie so in die Enge trieb. Mit Entrüstung erhob sie sich;
ihn keines Blickes würdigend verließ das Zimmer.

Lord Milhood schaute ihr mit demselben unanfechtbaren
Gleichmuth nach. Er wartete fünf Minuten, sich nicht vom
Sopha rührend und den Ring zwischen den Fingerspitzen
haltend.

— Sie scheint nicht wieder zu kommen! sagte er endlich zu
sich selbst, schob den Ring gelassen in die Tasche, griff nach
seinem Hut, verließ das Zimmer und schritt durch die Ver-

sammlung der verblüfften Diener hindurch, als sei er der Herr des Palastes.

Fünf Minuten darauf sagte Lord Milhood zu seinem Diener:

— John, nimm diesen Brief, trag' ihn zu Ihrer Durchlaucht, der Fürstin Rospili, hinüber und vermelde Ihrer Durchlaucht meinen unterthänigsten Respect.

John nahm den nichts als den besagten Ring enthaltenden Brief und wollte gehen.

— John, rief ihm der Lord nach, wenn man den Brief nicht annehmen will, hast Du die Ordre, ihn unter keinen Umständen zurückzubringen.

John wollte abermals gehen, wurde aber noch einmal zurückgerufen.

— John, nimm Dir den Bill mit für den Fall, daß man ihn unter keinen Umständen annehmen will.

Der Diener ging, begleitet von dem Reitknecht; Lord Milhood nahm seinen Posten am Fenster ein, den er fortab vom frühen Morgen bis zum späten Abend behauptete.

Der Brief wurde von den Dienern des Palastes nach einem schweren Kampf angenommen, in welchem Alberto ein blaues Auge und ein anderer Diener einen Rippenstoß erhielt, in Folge dessen er eine ganze Woche hindurch dienstunfähig war.

Acht Tage hatte Lord Milhood, ein treuer Toggenburg, am Fenster gestanden, als eines Morgens aus dem Palast Rospili ein Diener mit einem Briefe herüber kam. — Milhood sah auf dem Briefe seine Adresse von Delila's eigener Hand geschrieben; ohne die geringste Gemüthsbewegung öffnete er den Brief und las:

„Ew. Herrlichkeit ladet zur Verlobung am Abend
des * ten **** ein

Fürstin Rospili."

— John, rief Lord Milhood seinem Diener zu, indem er
das Billet wieder in das Couvert zurücksteckte. Ich werde mich
am nächsten Dienstage verloben.

— Zu Befehl! antwortete John mit einer Seelenruhe,
welche der seines Herrn nichts nachgab.

Lord Milhood hielt es für überflüssig, noch länger seinen
Posten zu beziehen. Eine Stunde nach Empfang des Billets
fuhr er, von seinen zwei Dienern begleitet, zur Stadt hinaus,
um die Campagna und das Sabiner Gebirge zu besuchen: er
sprach unterwegs kein Wort mehr als zur Ertheilung seiner
Befehle unumgänglich nothwendig war, und kehrte erst am
Nachmittage des wichtigen Dienstags zurück, an welchem seiner
Ueberzeugung nach seine Verlobung mit der Fürstin Rospili
stattfinden sollte.

––––––––––

Wir waren in unsrer Geschichte bereits an diesem großen
Dienstage angelangt, als Pepe mit der Hiobsnachricht von dem
Feste, das heute im Palast Rospili gefeiert werden sollte, zu
Leona kam. Wir haben gesehen, was an demselben Tage im
Hause des Grafen Buelto vorging, wir haben die abgehärmte
Gisela gesehen, die an diesem Morgen vollständig ihre Fassung
verloren hatte, und haben uns nun auch noch sowohl mit
Mariano und Delila, als mit Zerga zu beschäftigen, die wir
eine Zeit lang aus den Augen verlieren mußten.

Wieviel Wahres konnte an dem Rufe sein, in welchem

Delila beim Volke stand? Man nannte sie kokett, treulos, ja man erzählte sich von ihr kleine Abenteuer, die allerdings auf ihre Beständigkeit und die Reinheit ihres Herzens einen gewissen Schatten warfen. Wie an allen Verläumbungen, lag auch dieser ein Stück Wahrheit zu Grunde. Delila war allerdings in hohem Grade tadelnswerth, so weit es ihren Charakter betraf; sie hatte den Tadel in so fern verdient, als sie sich durch ihre Rücksichtslosigkeit gegen sich selbst, durch Mißachtung der öffentlichen Meinung, durch ihr emancipirtes Wesen in der Leute Mund gebracht hatte. Sicherlich würde ihr selbst dies nicht geschadet haben (denn Personen in hoher Stellung sieht die öffentliche Meinung nie so sehr an wie die Uebrigen), man würde auch manche ihrer Handlungen mit größerer Schonung beurtheilt haben, wenn Delila sich durch Wohlthun und andere Aeußerungen eines mitfühlenden, edlen Herzens dem Volke genähert hätte. Letzteres war der jungen Fürstin gänzlich fremd, und in wie zarter Weise sie auch von aufrichtigen Freunden schon auf diese edle Beschäftigung eines schönen Herzens hingewiesen worden, Delila hatte nie daran Geschmack finden können; sie war Egoistin in des Wortes strengster Bedeutung, kannte nur sich, ihre Prädilectionen, und kein Wunder war es, wenn sie das ganze Exercitium der noblen Passionen, so weit ihr diese Domäne als einem Weibe offen stand, allmälig schal und abgeschmackt finden, sich nach etwas Anderem sehnen mußte. •

Delila's großer Fehler war ihr Egoismus, ihr passionirtes Gemüth. Mit Allem begabt, was im Stande gewesen wäre, ihr eine höchst beneidenswerthe Existenz zu geben; talentvoll nach allen Richtungen, witzig, geistreich, schön, vermögend, unabhängig, fehlte es ihr doch an Neigung, mit diesen Talenten

sich und der Welt zu nützen, namentlich aber fehlte ihr unter
all' diesen schönen Anlagen das herrliche Talent, ihren Reichthum in einer Weise zu verwenden, die bei der Welt niemals
Anerkennung und Bewunderung zu erwecken verfehlt, auch sicher
dazu beiträgt, daß diese Welt dem von Gott so Begünstigten
mancherlei kleine Schwächen und Fehltritte zu Gute hält.

Ohne jenen unentbehrlichen Fond im Herzen, der uns mit
der übrigen Welt in so wohlthuendem, magnetischem Rapport
erhält, war Delila natürlich stets isolirt. Die wärmeren Strö-
mungen des geselligen Lebens zogen an ihr vorüber, ohne sie
zu berühren; in ihrem Gemüth war es stets kalt, leer und
langweilig, sie fühlte die Nothwendigkeit, diese Leere auszufüllen;
nicht ahnend aber, daß diese Leere nur durch einen intimeren
Zusammenhang mit der Gesellschaft, durch Theilnahme an ihren
harmloseren Freuden und namentlich an ihren Leiden auszufüllen ist, suchte sie mit ihrer seltenen geistigen, aber wenig in
christlicher Richtung gepflegten Dotation nach etwas Großem, Außer-
ordentlichem, denn nur dieses konnte ihrer Meinung nach diese
langweilige Leere ausfüllen. Anstatt jenes große, unermeßliche
Feld zu betreten, welches dem Edelmuth und namentlich dem
mit des Lebens materiellen Schätzen versehenen Edelmuth in
dem großen materiellen Elend offen steht, das sich fast ohne
Grenzen durch die Welt zieht, suchte Delila nur Befriedigung
für ihre Sinnlichkeit, ihre Leidenschaft. Stolz auf ihre Schönheit und ihren Reichthum, glaubte sie, daß alle Welt bewun-
dernd ihr zu Füßen liegen müsse, und wirklich lag auch ein
Theil derselben vor ihr auf den Knien, jedoch nur der Theil,
welcher ebenso herzlos wie sie selbst, während die Armuth achselzuckend, das reiche, kalte Herz der Herrin verachtend, an ihrer

Schwelle vorüberging und, um sich die Demüthigung einer ver-
geblichen Bitte zu ersparen, ihre Schwelle mied.

Ganz ebenso betraten auch die Mitglieder der Gesellschaft,
welche unter den Vorzügen des Lebens namentlich die des Herzens obenan stellen, selten ihr Haus. Delila's Geist und Witz
erschien ihnen kalt und schneidend, sie bemitleideten die reiche
und stolze Fürstin, schwiegen über ihre Lebensweise, wenn sie es
unter ihrer Würde hielten, Delila's Schwächen durch Ein-
stimmen in die böse Nachrede zu vergrößern; das Volk aber
überließ Delila rücksichtslos dem allgemeinen, verdammenden
Urtheil und selbst Delila's rege Theilnahme an den demokratischen Bestrebungen jener Zeit, für welche das Volk sonst stets
dankbar zu sein pflegt, war nicht im Stande, die Fürstin in
der Meinung des Volkes zu heben, weil Jedermann wußte,
daß sie sich mit der Besserung des öffentlichen Wohles mehr
aus Langerweile beschäftige. Nur die Häupter der Liberalen,
eine Anzahl politischer Brauseköpfe, die zum Theil mit ausge-
zeichneten Fähigkeiten und Talenten begabt, pflegten mit ihr
näheren Umgang, weil diese nicht nur den Namen der Fürstin
für ihre Zwecke benutzten, sondern auch ein wirkliches Vergnügen in der lebhaften, mit Witz und Satyre gewürzten Unterhaltung der Fürstin fanden.

Ohne also wirklich von Herzen schlecht zu sein, war Delila
von höchstem Leichtsinn in allen Herzenssachen. Gegen die
öffentliche Meinung gleichgültig, durfte sie nicht erwarten, von
dieser geliebt zu werden; die ihr untergeordneten Klassen der
Gesellschaft mißachtend, ward sie von diesen angefeindet. Delila
war mithin auf sich selbst angewiesen und hatte glücklich jetzt
den Gegenstand gefunden, der all die Leere ausfüllen konnte,
welche sie bisher so sehr gelangweilt.

Im römischen Publikum ward die Neuigkeit von der bevorstehenden Vermählung Mariano's mit der Fürstin Rospili sehr
verschiedenartig aufgenommen. Die ernsten Römerinnen, denen
Delila's Wesen ein Gräuel, und denen ihre Antecedentien bekannt waren, bedauerten Mariano, den unerfahrenen Mariano,
der sich so leichtsinnig in die Arme einer neuen Delila geworfen, und gaben ihn verloren. Im Volke, von welchem Mariano wahrhaft verehrt wurde, sah ein Theil dieses Ereigniß
für ein sehr glückliches an, weil man es als ein aufrichtiges
Bündniß der Fürstin mit der Volkspartei betrachtete; ein anderer Theil war bereit, Mariano aufzugeben. Die Liberalen
und Radikalen sahen hierin größtentheils einen Triumph, Andere wiederum nicht, und eines der Häupter der Radicalen
ging so gar so weit zu äußern: diese Beiden seien ein paar
Mühlsteine, die unmöglich lange neben einander gehen könnten,
ohne sich aufzureiben: Mariano werde derjenige sein, der dabei
den Kürzeren ziehe, wie, dies auch Andern ihr gegenüber schon
passirt sei.

Hierin lag allerdings etwas Wahres, und wer Delila kannte,
durfte über die Zukunft nicht im Zweifel sein. Delila liebte,
sie hing, wie wir sie selbst sagen hörten, mit jeder Fieber an
Mariano; aber die Vulkane brennen ja aus, und ihre Lava
verwüstet, was sie umgiebt. Allerdings besaß Mariano jugendliche Kraft und Leidenschaft genug, um diesem Vulkane gleiche
Intensivetät in der letzteren entgegen zu setzen, aber war es
nicht zu erwarten, daß ein so sinnliches Gemüth wie Delila,
im Genuß keine Grenze kennend und den Gegenstand seiner
Leidenschaft mit all seiner Gluth umklammernd, früher oder
später erkalten mußte, daß nach dieser Sättigung dieselbe Leere
und Langeweile sie wieder beschleiche und sie nach einem an-

dern Gegenstande der Zerstreuung oder gar der Passion suchen
werde?

Mußte nicht nach logischen Berechnungen dieser Moment
einmal eintreten, da Delila's Liebe, eine rein sinnliche, nicht
jenes Fundament besaß, das unzerstörbar in dem Bewußtsein
von dem sittlichen Beruf des Weibes ruht, ja selbst die Gewohnheit, eine sehr prosaische, aber nicht zu unterschätzende
Bundesgenossin der Liebe, auf Delila keine Macht übte, vielmehr eine ihrer ärgsten Feindinnen war?

Delila selbst gab sich hierüber keine Rechenschaft; sie lebte
nur in dem Rausche einer so süßen Gegenwart, sie sagte sich
selbst, daß sie Mariano mit ganzer Seele liebe, daß alle An-
fechtungen, welche ihr Herz in dieser Hinsicht bisher erlebt,
nichtige (in Parenthese gesagt: mitunter etwas scandalöse) Spie-
lereien gewesen; sie meinte es ebenso aufrichtig mit Mariano,
wie sie es als Egoistin mit sich selbst meinte, und war auch
weit entfernt, zu überlegen, daß es nur die Aufrichtigkeit ihres
Eigennutzes war.

Mariano seinerseits war wenn möglich noch sorgloser. Er
hatte in Delila ein Weib gefunden, in dessen Armen er seine
ganze Seele ausschütten, das er lieben konnte mit all der stürmischen jugendlichen Gewalt seiner noch nie geprüften Seele.
Mariano war unerfahren; in eine Welt hineingeschleudert, die
aus der Unerfahrenheit des Einzelnen stets ihre eigenen Vortheile zieht, seinen Lehrmeistern allzu früh entlaufen und ihrer
Sclaverei einen Vertilgungskrieg erklärend, von all den ge-
schraubten, auf die Spitze gestellten Verhältnissen der Gesellschaft
unter einander nichts ahnend, war er durch die Schönheit eines
verführerischen Weibes, ein Tannhäuser im Venusberg, in einen
Zauberkreis gerathen, der ihn trunken machte. Diese Welt

fortab nur aus der Vogelperspective betrachtend, kam er in keinerlei reelle Berührung mit ihr, die ihn allmälig mit den Täuschungen, mit den Klippen unseres bürgerlichen Lebens hätte
bekannt machen und vor ihnen warnen können. Die Sorge
um die eigne Existenz war ihm eine gänzlich unbekannte; der
gegliederte innere und äußere Zusammenhang der Gesellschaft
war ihm fremd, die Geschäftssphäre eine terra incognita, denn
das Wenige abgerechnet, was er dem praktischen Leben im Hause
Don Alessandro's abgelauscht, hatte man ihn nur für einen
religiösen Beruf heran gebildet und sich vorbehalten, ihm die
Beziehungen dieser praktischen Welt später geläufig zu machen,
sobald er in den Grundzügen sattelfest, welche in einem blinden,
soldatischen Gehorsam gegen den Orden bestanden.

Vom Collegium aus in die Sphäre politischer Illusionen
getragen, in welcher man ihm die berauschendsten Ovationen
brachte, aus dieser verwirrenden Sphäre in die Arme Delila's,
also in einen noch viel berauschenderen Kreis gesunken, war
Mariano trotz der Kraft und Fülle seiner Formen, die ihn
schnell zu einem der stattlichsten Jünglinge gestaltet hatten, nur
ein Kind, ein der Gefahr um so mehr ausgesetztes Kind, als
sein ganzer Organismus, sein kühner und stolzer Sinn ihn
während der kurzen Zeit seiner Selbständigkeit alle Verhältnisse
sammt ihrer ganzen Gewalt hatte herausfordern lassen und das
Glück es gewollt hatte, daß er stets der Sieger blieb — vielleicht um ihm danach nur desto treuloser den Rücken zu kehren.

Alles verehrte ihn, Alles schmeichelte ihm, Alles pries ihn
glücklich. Mariano selbst fühlte, daß er glücklich; er schlürfte
also dieses Glück mit vollen Zügen, unbekümmert darum, ob
der Becher sich leere oder nicht. Ihn hatte Niemand die Ver-
gänglichkeit irdischer Wonnen kennen gelehrt; die eine Leidens-

periode, welche er als Knabe drüben in der Heimath erfahren,
betrachtete er als eine Sendung, die ihn zum Glück geführt;
die zweite Leidensperiode, seinen Aufenthalt im Collegium, hatte
er mit Hülfe seiner eigenen Energie überwunden, warum sollte
er nicht auch alles Uebrige überwinden können, was ihm wider
Erwarten das Schicksal senden mochte?

Mariano verließ sich auf die Kraft seiner Arme und seines
Willens, zwei Helfer in der Noth, welche nicht zu verachten,
aber gegen das Geschick doch so nichtig sind. Uebrigens war
Mariano weit entfernt, an einen Wechsel des Schicksals zu
denken — er war glücklich und genoß sein Glück gründlicher,
als alle die übrigen kleinmüthigen Sterblichen, die bei jeder
Beute, die sie dem Kampf des Lebens abgenommen, auch schon
den Feind im Hinterhalt liegen sehen, der sie ihnen wieder ab-
jagen könnte.

Nur Eins mußte Mariano zuweilen trübe stimmen, und
dieses Eine war sein an Zerga gegebenes Wort, mit ihm in
die Heimath zurück zu kehren. Nichts konnte ihm lästiger sein
als dies; er verwünschte tausendmal seine Thorheit, die Unbe-
dachtsamkeit, mit welcher er dem alten Afrikaner bei dem Andenken seines Vaters geschworen, ihm in die Sahara zu folgen;
denn was waren ihm alle die Ehren, die er in der ihm fremd
gewordenen Heimath ernten konnte, gegen das Glück, das seiner
h i e r wartete.

Mariano fühlte, daß er an seinem Eide zum Schelm werden müsse. Allerdings betrachtete er, der die heimischen Sitten
längst abgestreift, diesen Eid nur noch als ein Versprechen, aber
war er als Mann nicht genöthigt, dieses Versprechen zu h a l -
t e n ? Freilich hoffte er, daß Zerga sich der Einsicht vom
Besseren nicht verschließen werde, wenn er ihm vorstellte, welche

Bande ihn hier fesselten, aber sah er nicht täglich den Alten
trauriger und schweigsamer werden, sah er nicht, wie sich Zerga
im Kummer verzehrte, da Mariano von Tag zu Tag den Verdacht der Wortbrüchigkeit mehr auf sich lud? Mariano wußte,
daß Zerga nicht ohne ihn zurückkehren wolle; die Sorgfalt und
aufopfernde Treue, welche Zerga ihm seit seiner Ankunft in Rom
an den Tag gelegt, die Angst für Mariano's Sicherheit, die
ihn beschlich, wenn der Jüngling nur auf einige Stunden von
seiner Seite gewichen war, alles Dies hatte Mariano von
Zerga's Liebe zu ihm so fest überzeugt, daß es ihm wehe that,
gegen den Alten undankbar zu werden.

Bis jetzt hatte Mariano es nicht über das Herz bringen
können, Zerga einzugestehen, daß er die Fürstin liebe, daß sie
seine Gattin werden sollte; der Alte hatte ihm, wie wir gehört,
selbst schon verrathen, daß ihm diese Liebe nicht ganz unbekannt
sei, aber Mariano besaß den Muth nicht, dem treuen Alten
die thörichte Hoffnung einer gemeinsamen Wanderung heimwärts
zu nehmen; er dankte ihm seine Anhänglichkeit mit wirklicher
Zuneigung. Zerga's Sorge um ihn hatte ihn längst die Unbill
vergessen gemacht, die derselbe ihm während der Reise durch
die Wüste hatte widerfahren lassen, denn Zerga war ja daran
Schuld, daß er Delila kennen gelernt; Zerga hatte ihm sein
Glück angebahnt und das edle Herz des Jünglings wußte ihm
hiefür den aufrichtigsten Dank, dachte sich's auch so schön, den
Alten bis zu seinem Tode an seiner Seite haben zu können.

Inzwischen aber nahte der Tag der Verlobung und also die
Stunde, in welcher Mariano gegen seinen Beschützer aufrichtig
sein und ihn in Alles einweihen mußte.

Zerga spielte diesmal seine Rolle meisterhaft; unter dem
Schein tiefer Trauer und einer rührenden Ergebenheit in sein

Schicksal verbarg er sorgfältig seine Pläne. Er war gegen
Mariano die Treue und Demuth selbst, sprach zu ihm nur in
der liebevollsten Weise und verrichtete selbst alle Functionen
eines Dieners bei ihm, um ja nicht einem von Delila's dienst-
baren Geistern die Ehre zu überlassen, seinem Schützling die
nöthigen Handreichungen zu leisten.

Während Mariano aus Zartgefühl gegen ihn verschwiegen
war und seine Liebe zu maskiren suchte, waren Zerga schon
beunruhigende Nachrichten zu Ohren gekommen; sein Spion,
der maroccanische Jude, bestätigte ihm diese; er selbst überzeugte
sich durch eigenen Augenschein, indem er einmal die Liebenden
in dem grünen Kabinet beschlich, und bald auch fiel ihm der
Jude mit der Nachricht von der nahen Verlobung wie eine
Bombe in's Haus. Die geringste Aufmerksamkeit für die fest-
lichen Vorbereitungen im Palast Rospili bekräftigte diese Nachricht und für Zerga war also die Zeit gekommen, wieder als
handelnde Person aufzutreten.

Mariano bewohnte nach wie vor das kleine Hintergebäude
des Palastes, welches ihm Delila eingeräumt, als sie ihren
Liebling von geheimen Feinden umstellt sah. Da Mariano ein
sehr eingezogenes Leben führte und mit seinen Freunden nicht
öfter zusammenkam, als es für ihn nothwendig war, sich in
ihren politischen Versammlungen zu zeigen, war auch Zerga ein
Klausner geworden. Wenn Mariano durch den Park nach dem
Palast ging, schaute er ihm von der Thür des grauen Hauses
nach, bis er ihn in der Hinterpforte des Palastes verschwinden
sah; in sich gekehrt lag er dann stundenlang im Park unter
den immerwährenden Eichen und Kastanien oder in der offenen
Thür des Hauses, nach Arabersitte vor sich hinmurmelnd, auch

dabei wohl gesticulirend, wenn seine Selbstunterhaltung einen
lebhafteren Charakter annahm, was übrigens nicht selten geschah.

Der Gegenstand von Zerga's Gedanken und Plänen war
stets Mariano, denn einen anderen Stoff kannte er nicht, und
dieser eine beschäftigte ihn auch so vollauf, daß er für Anderes
weder Zeit, noch Sinn hatte.

Am Morgen des großen Dienstags erhob sich Mariano bereits frühzeitig. Der anbrechende Tag war für ihn ein zu wichtiger, als daß es ihn hätte auf dem Lager gelitten. Heute sollte
die Welt officiell von seiner bevorstehenden Vermählung mit
der Fürstin Delila unterrichtet werden; alle Welt wußte bereits
davon, nur der Eine nicht, der es zuerst hätte erfahren müssen,
nämlich sein Freund und Beschützer Zerga, derselbe Mann, der
ihn aus den Händen der Feinde seiner Familie gerettet, der
ihn in Delila's Arme geführt!

Mariano machte sich selbst Vorwürfe; es beunruhigte ihn,
Zerga nicht längst schon zum Vertrauten seiner Liebe gemacht
zu haben; er sah das höchste Unrecht darin, gerade diese treue
Seele nicht in sein Verhältniß eingeweiht zu haben. Wohl sagte
er sich selbst, daß er zwanzig Mal im Begriff gewesen, dies zu
thun, daß der Gedanke an den Kummer, welchen er Zerga mit
diesem Geständniß bereitete, das zugleich einen Strich durch alle
die Hoffnungen Zerga's machte, ihn von dieser Mittheilung
zurückgehalten — aber er selbst sagte sich auch, daß dies kein
Entschuldigungsgrund sei.

— Zerga, begann er heute, während er mit dem Ankleiden
beschäftigt war, zu dem Afrikaner, der auch seinerseits die Nacht

hindurch kein Auge geschlossen und sich des Jünglings Unruhe wohl zu erklären gewußt hatte; Zerga, es bricht heute ein wichtiger Tag für mich an.

— Du hast mir Etwas zu sagen, Tilutan? fragte Zerga, der den Nazarener-Namen Mariano nie über seine Lippen brachte. Gleichzeitig erhob er sich halb von seiner Decke und schob den Burnus zurück, der ihn auf seinem harten Lager zu umhüllen pflegte.

— Ich habe Dir etwas sehr Wichtiges zu sagen, fuhr Mariano fort. Wirst Du mir versprechen, mich ruhig bis zu Ende anzuhören?

— Sprich, Tilutan! antwortete Zerga mit einem Seufzer, als bereite er sich, Dinge zu hören, die er längst vorhergesehen.

— Du hast nur allzu wahr gesprochen, als Du mir sagtest, ich liebe die Fürstin Rospili.

— Und Du sprachst nur allzu unwahr, als Du Dies leugnetest gegen Deine eigene Ueberzeugung! antwortete Zerga im Tone väterlichen Vorwurfs ... Ich wußte es längst! setzte er traurig hinzu.

— So wußtest Du auch, wohin diese Liebe führen werde? fragte Mariano, dem ein Stein vom Herzen fiel, als er Zerga so gefaßt sah.

— Zu der Vermählung, die man gegenwärtig vorbereitet, ja! versetzte Zerga.

— Und Du billigst dieselbe?

— Willst Du Dein Weib mit in Deine Heimath nehmen?

— Zerga, welche Frage!

— So willst Du zum Lügner an Deinem Eide werden? ..... O großer Deka Atjem, daß ich die Sünde begehen

mußte, Dein Kind zum Wortbrüchigen zu machen! rief er in
einem dumpfen, resignirenden Ton.

— Zerga, Du wirst einsehen, daß gegen die Forderungen
des Herzens jeder Eid vergebens kämpft.

— Ich sehe nur ein, daß ich allein werde heimwärts wan-
dern müssen, daß .ich den Hoggari, wenn sie mir entgegen-
kommen und fragen: Wo ist Tilutan? werde antworten müssen:
Er ist nicht werth, einen Tribus der Tuareks anzuführen, er
ist nicht Der, welcher sein Vater war; er ist Nazarener geworden, hat die Wünsche der Seinen zurückgewiesen und verweich-
licht in den Armen eines Weibes . . . . Dann wird die Djema
zusammentreten und der Aelteste unter ihr wird zu den Uebrigen sagen: Deka Atjem's Stamm ist untergegangen, in alle
Winde verweht, der Letzte desselben hat seine Vorfahren mit
ewiger Schmach bedeckt; es ist ihm besser, er werde vergessen!
Wählen wir den Würdigsten und Tapfersten, er soll unser Scheik
sein! . . . . . . Zerga aber, fuhr der Alte in meisterhaft ge-
heucheltem Schmerze fort, Zerga wird sein Haupt mit Sand
bestreuen, er wird rastlos zwischen Mogreb und Gharbi wan-
dern, die Djins werden sich an seine Ferfen heften und seine
Schritte irre führen; er wird von Zelt zu Zelt gehen und die
Beduis werden ihn wie einen Hund aus ihren Gurbis jagen
und rufen: seht, Der ist es, der die Kinder Deka Atjem's in
die Hände der Nazarener geliefert! . . . Endlich wird ihm dann
der Engel erscheinen, der sein Antlitz schwärzt. Niemand wird
an seiner Leiche stehen, nur die Schakale und die Hyänen werden für sein Begräbniß sorgen, Zerga aber wird von seinen
Leiden erlöst sein! . . .

Zerga schwieg. Als wolle er Allah um Vergebung für diese
große Missethat anflehen, hockte er sich auf die Knie, das Antlitz

gen Osten gekehrt, kreuzte die Arme über der Brust, beugte sich
in regelmäßigen Zwischenräumen auf den Boden und küßte denselben. Ein dumpfes „Allah" begleitete seine fromme Action.

Mariano schaute ihm traurig zu; es that ihm so weh, des
armen Zerga Schmerz zu sehen; wie aber sollte er denselben
beseitigen?

— Zerga, sagte er zu ihm tretend, als dieser sein Gebet
beendet, seine Schuhe wieder anzog und sich auf den Teppich
streckte; Zerga, ich kann es nicht dulden, daß Du allein den
schweren Weg zurück thust. Sieh, was willst Du Deine müden
Glieder noch so weit schleppen; bleib bei mir, ich will Dich
pflegen in Deinem Alter, Du sollst auf weichen Kissen ruhen,
meine Diener sollen Dir den Kuskussu bereiten und Delila
wird Dir Dein Leben mit einem Lächeln aus ihren schönen
Augen versüßen!

Zerga hatte Mühe, bei der Erwähnung des ihm so verhaßten Weibes nicht aus seiner Rolle zu fallen. Sich abwen-
dend, verhüllte er sein Haupt mit dem Haik und sprach ein
arabisches Gebet vor sich hin.

— Du willst nicht bleiben, Zerga? fragte Mariano bittend.

Der Alte beendete, mit dem Kopfe nickend, die Hände im
Schooße, sein Gebet.

— Ich will nicht, denn ich kann nicht, Tilutan! antwortete
er weich. Ich habe soeben für Deine Seele zu Allah gebetet,
er wird Dich schützen, wenn Du auch nie zu ihm aufgeschaut.
Laß mich jetzt noch ein Gebet sprechen, damit er meine Reise
segne, denn morgen trete ich den weiten Weg an, der mich
über's Meer in die Heimath führen wird. Ich sehne mich
zurück, Tilutan, seit ich gesehen, daß ich umsonst gekommen;
ich darf auch nicht länger weilen, denn meine Tage sind gezählt

und meine Seele würde keine Ruhe finden, wenn meine Glieder in ungeweihte Erde gelegt würden ... Laß mich beten,
Tilutan, und versuche Deine Zunge nicht vergeblich an mir, da
die meinige so lange umsonst geredet!

Und wieder betete Zerga mit einer solchen Inbrunst, daß
Tilutan ihn nicht zu stören wagte. Da Zerga's Andacht sehr
lange währte, schlich endlich Mariano leise hinaus, sich mit der
Hoffnung tröstend, daß der Alte es nicht so leicht über sich gewinnen werde, ihn ganz plötzlich zu verlassen.

Kaum sah Zerga den Jüngling zur Thür hinaustreten, als
er aufhorchte. Mariano's Tritte verhallten draußen; Zerga
sprang auf und schaute Mariano nach, der alsbald im Parke
verschwand. Etwa fünf Minuten legte er sich auf die Lauer,
um abzuwarten, ob der Letztere zurück kehre, dann warf er den
Haïk ab, schlüpfte in seine Jacke, zog den verblichenen rothen
Shawl enger um die Hüften, steckte das ihn nie verlassende
Messer hinein, ordnete die Falten seines weiten blauen Bein-
kleides und schlich zur Vorderthür des Hauses hinaus.

In einer der elendesten Baracken des Ghetto oder Juden-
viertels finden wir gegen Mittag Zerga wieder. Baufällig,
auf allen Seiten durch rohe Stangen gestützt, mit starken Rissen
in den sonst massiven Wänden, mit halbverfallenem Dach und
schiefwinkligen Fensterlöchern, in welchen Papier die Stelle des
Glases vertritt, bietet diese Baracke äußerlich wie innerlich ganz
den Typus der Wohnungen, welche man in den größeren orientalischen Städten, in Konstantinopel, Smyrna, Bagdad ꝛc., so
wie in den Städten der nordafrikanischen Küste durch ganze

Straßen und Viertel vertreten findet, die sich durch Schmutz
so wie eine unerträgliche Atmosphäre der dunklen Zimmer als
würdige Asyle des hier geächteten Stammes auszeichnen.

Die Intoleranz des Mahomedanismus hat die Bekenner
des Judenthums in diejenigen Stadttheile verbannt, welche den
Gläubigen des Islam nicht zusagen. Ausgestoßen von der bür=
gerlichen Gesellschaft haben sie sich zu ganzen Quartieren ver=
einigt, welche nie der Fuß des Mahomedaners betritt, und
dennoch bilden sie dort wie anderswo ein Moment im geschäft=
lichen Leben, das vermöge ihres natürlichen Handelstalentes den
Märkten unentbehrlich ist.

Nicht minder intolerant ist indeß auch das orthodoxe Christen=
thum gegen diesen von der Gesetzgebung erst da leidlich eman=
zipirten Stamm, wo der Protestantismus mit seinem Princip
der Duldsamkeit und der Freiheit von Vorurtheilen die Gesetze
dictirte. Spanien wie Italien verjagt die Juden aus seiner
bürgerlichen Gesellschaft, seine Landeskirche verfolgt sie und noth=
wendigerweise also sehen sich diese unglücklichen Parias von der
eisernen Hand des religiösen Vorurtheils, der politischen Gesetze
in ein äußerliches Elend gedrängt, das ihnen nicht abzustreifen
gestattet ist, selbst wenn die Erfolge ihres Handelstalentes sie
in Besitz alles Dessen gesetzt, womit wir unsren Luxus und die
häusliche Bequemlichkeit zu bestreiten pflegen.

Eisern, sagen wir, ruht diese Hand auf den armen Ver=
folgten. Der Mahomedanismus verdammt sie, selbst in ihren
Kleidungsstücken nur diejenigen Farben zu wählen, welche er
verschmäht; für ihn ist die Farbe des Lichts, für den armen
Israeliten die der Dunkelheit, des Fluchs, der auf ihm lastet.
Der Mahomedaner vermeidet jede Berührung mit ihm wie die
eines Aussätzigen; jede leiseste Regung, jeder Versuch, sich aus

diesem bürgerlichen Elend aufzurichten, und schüchtern in die Prä-
rogative der herrschenden Religion einzugreifen, ruft den Fanatismus des Islam gegen ihn auf; der Hund, der Schützling des
Propheten, führt eine beneidenswerthe Existenz gegen den Juden.

Nur einzelnen Individuen dieses Stammes gelingt es, sich
durch Protection irgend eines hohen Beamten, dem sie ihre
Säckel geöffnet, aus diesem Schmutze zu erheben, sich zu Dol-
metschen oder Lieferanten aufzuschwingen und vermöge dieser
Protection und ihres Reichthums, dem sie eben dies erstere
verdanken, eine exceptionelle Stellung zu behaupten; die große
Menge aber führt das Leben der Ausgestoßenen, Geächteten,
und schleppt ihr Leben in traditioneller Entsagung dahin.

Nicht viel besser als in jenen orientalischen Judenvierteln
sieht es im römischen Ghetto aus und der Moment, als Ciceruacchio die Mauern desselben niederriß, die es von der Christen-
welt trennte, die Juden also aus ihrem Kerker befreite, dieser
Moment bot Jedem, der Auge für moralisches Elend besitzt,
einen trostlosen Anblick.

Wenden wir uns von solchen Schauspielen ab und vergegenwärtigen wir uns das trostlose Resultat des religiösen
Vorurtheils durch den Zustand, in welchem wir die Baracke des
maroccanischen Juden Smaël finden. Eine schmutzige, niedre
Thür, anscheinend nur lose in ihren Angeln hangend, aber trotzdem von Innen nicht weniger versichert, bildet den Eingang zu
dieser Höhle. Ein dunkler, ebenso schmutziger Hausflur, dessen
Boden seit Menschengedenken nicht gereinigt worden, führt in
eine Küche, einen nur halb erhellten Raum, dessen Wände mit
fingerdickem Ruß bedeckt sind und die am Abend, wenn die
Lampe brennt, glitzern wie die Wände einer Stalattitenhöhle,
mit der diese Küche auch viel Aehnlichkeit hat.

Die letztere nimmt den größten Raum des Hauses ein. Auf beiden Seiten der Küche führen ein paar Eingänge in andre Gemächer, nämlich in Smaëls Wohnzimmer und in das Magazin desselben, in welchem er, wohlverwahrt in dicken eisernen Kisten, die Schätze hegt, mit denen er Handel treibt. Eine dritte Thür führt nach dem engen Hofe, in welchem ein kleines Nebengebäude, mehr einem Stall als einer Menschenwohnung ähnlich, sich an die Haupthöhle lehnt.

Smaëls Wohnzimmer ist ganz nach orientalischer Sitte eingerichtet, wenn hier überhaupt von Einrichtung die Rede sein kann. An drei Wänden zieht sich eine divanartige Erhöhung hin, die vierte Wand ist, der Sitte gemäß, frei. Verschiedene schmutzige Teppiche und Kissen, deren Farben selbst am Lichte nicht mehr zu unterscheiden sein würden, liegen auf diesem Divan; Flöhe und andres häusliches Ungeziefer springen mit fürchterlichem Behagen auf den Teppichen umher, als seien dieselben nur für sie da, und statten sich durch große Sprünge über die am Boden liegende, geflochtene Matte von spanischem Esparto ihre Besuche von einer Wand zur andern ab. Von Mobilien ist keine Spur vorhanden.

In dieser unruhigen Gesellschaft pflegt Sidi Smaël (so nennt er sich hier, denn daheim in Marocco gebührt ihm das Sidi, Herr, nicht), wenn er von seinen Handelsausflügen nach Hause kehrt. Sidi Smaël — wir wollen seiner Eitelkeit dies Prädikat gewähren — ist etwa 50 Jahre alt, eine untersetzte, sehnige Gestalt, häßlich wie die Nacht durch die Hagerkeit seiner Züge, durch scharf hervorspringende Nase und Kinn, durch seine rothen Haare, durch die rothen Augbrauen und den cretinartigen, röthlichen Schimmer, der seine listigen Augen umgiebt. Sidi

Smaël trägt auf seinem dünnen rothen Haar ein schwarzes Tuchkäppchen, seine Gestalt umschließt ein bis auf die Füße reichender dunkelbrauner Kaftan, aus dessen Aermeln seine magren langen Finger wie die Krallen eines Raubvogels herausschauen.

Sibi Smaël ist also keineswegs eine Schönheit, aber er ist ein Muster im Geschäft und sein Handel mit Korallen, Elfenbein, Ambra und andren Erzeugnissen seiner Heimath bringt ihm ein hübsches Stück Geld ein. Smaël ist aus Tetuan gebürtig, also aus der schönen Nachbarstadt der sehr ehrenwerthen Riffenos oder Riffpiraten. Sein Handelsgenie hatte in Tetuan und dem übrigen Marocco nicht denjenigen Spielraum finden können, den es begehrte; er war daher auf den Einfall gekommen, sein Glück im Auslande zu versuchen, kaufte in Fez, Marocco und Mequinez aus den dortigen Seidenfabriken und von den über Quad=Nuhn kommenden Karavanen viele schöne Dinge, bereiste die Küste, um Korallen aufzutreiben, lud dies Alles sammt seiner Person in ein von Tanger nach Livorno zurückkehrendes Schiff und begann erst in Livorno, dann in Florenz und endlich in Rom einen sehr dankbaren Handel, den er durch gute Verbindungen mit seiner heimischen Küste nun schon seit zehn Jahren in Rom betrieb.

Sidi Smaël war ein ausgezeichneter, sehr verschlagener Geschäftsmann; kein Rabe kann sich so gut auf blanke Gegenstände verstehen als er es verstand, und diese blanken Dinge brachten ihm natürlich viel blankes Geld, das er sorgfältig in einer Bodenvertiefung seines Wohnzimmers, nämlich unter dem Divan versteckte. So groß aber wie Sidi Smaël als Handelsmann war, ebenso groß war er als Halunke, und es würden schöne Geschichten zum Vorschein kommen, wollten wir alle

die zweifelhaften Fälle aufzählen, in denen er, unterstützt von
einem Handlanger, einem verschmitzten, häßlichen Burschen aus
Aquapendente, die Rolle eines Hehlers übernommen. Smaël
hatte indeß einen edlen Zweck, um dessen Willen er seinem Gewissen eine Binde vor die Augen legte: die Sehnsucht, dereinst
in die Heimath zurück zu kehren, quälte ihn schon seit fünf
Jahren. Smaël aber war zu konsequent und zu starken Charakters, um dieser Sehnsucht mehr Rechte in seiner Seele zu
gewähren, als sie beanspruchen durfte. Sei still, meine Seele,
pflegte er dieser zu sagen, wie sie von Heimweh beschlichen ward;
du sollst zurückkehren, aber mir fehlen noch etwa tausend Piaster
an der Summe, die ich gebrauche, um mit Dir daheim sorglos
und bequem zu leben. Wenn ich diese tausend Piaster noch
verdient habe, so kehre ich mit dir an unsre Küste; aber nicht
in Tetuan, sondern in Gibralta wollen wir uns niederlassen,
unter der andren Secte der Nazarener, unter den Engländern,
wollen wir wohnen, wo man uns nicht knechtet, nicht mit Füßen
tritt. Dort von dem hohen Felsen schauen wir nach dem weißen
Atlas hinüber, in die grünen Thäler der Heimath, und jeden
Monat einmal reisen wir hinüber nach Tetuan, um unsren Verwandten zu zeigen, wie vornehm und reich wir geworden sind!
— Die gute Seele war für solche Vernunftsgründe nicht un-
empfindlich und ließ sich also leicht beschwichtigen.

Sidi Smaël war eben mit seiner Seele wieder in einen
solchen Dialog verwickelt gewesen, als es an die Hausthür
klopfte. Smaël erhob sich von seinem Kissen, öffnete das mit
Papier verklebte Fenster und steckte vorsichtig den Kopf hinaus.

— Du bist's? rief er verwundert. Wart', ich will Dir
öffnen!

Geschäftig eilte Smaël durch die Küche und den dun-

len Hausflur und schob den schweren eisernen Riegel der Thür
zurück.

— Merraba! Merraba*), Sidi Zerga! rief er, diesen her-
einführend. Was kommst Du zu so ungewöhnlicher Zeit? Ist
was vorgefallen?

— Nichts, was Du nicht wüßtest, antwortete Zerga, sich
mit gekreuzten Beinen auf den Divan setzend. Aber die Zeit
eilt und Du bist eine Schnecke, die nie an's Ziel kommt, Sidi
Smaël!

— Gemach! Gemach! fuhr Smaël fort. Kennst Du
nicht die Geschichte von der Schnecke, die Mula Ahmet erzählt . . .

— Du hast sie mir schon zum Ueberdruß erzählt! unterbrach ihn Zerga. Erzähle mir lieber, was Du seit vorgestern
gethan!

— Viel, Zerga, sehr viel, wenn's Dir auch wenig scheint,
antwortete Smaël, sich selbstgefällig die schwache röthliche Vegetation streichend, die sein Kinn bedeckte. Es wird Alles gelingen, aber Du mußt mir nicht Alles durch Deine Ungeduld
verderben!

— Ungeduld! wiederholte Zerga. Wenn man tausend
Franken zahlen will, soll man nicht einmal das Recht haben,
ungeduldig zu sein! Hab' ich doch sieben Jahre hindurch so
geduldig diese tausend Franken bewahrt, weil ich mich nicht entschließen konnte, das Geld für mich auszugeben, das mir der
Nazarener in Oran für die beiden Kinder gegeben! Ich glaubte
stets, das Geld könne mir Unglück bringen, könne das große
Werk stören, das ich mir vorgesetzt habe. Ich brauche Dir

---

*) Willkommen!

auch nicht zu sagen, was für ein Werk dies ist, aber es ist eine
heilige Sache, die ich meinem Stamme schulde. Eine Stimme
sagt mir nun: Zerga, Du hast das Geschick erzürnt, als Du
Deine Hände, die an dem großen Werke arbeiten, beflecktest mit
dem Sündengeld eines Nazareners; gieb es von Dir und Dein
Werk wird gelingen! Dies will ich jetzt thun, Sidi Smaël;
ich bot es Dir, wenn Du mir helfen wolltest; Du sagtest mir
Deine Hülfe zu, aber Du läßt mich im Stiche, und ich sehe
wohl, daß kein Segen auf mir ruht, so lange das Geld in
meinem Besitz.

— So gieb es mir, Zerga! sagte der Jude mit einem
listigen Zwickern der Augen. Thue das Geld fort, Zerga, wenn
es Dir keinen Segen bringt!

Zwei feilschende Araber unter sich sind ein sehr unterhal-
tender, eigenthümlicher Anblick, wenn sie mit kreischendem Aus-
stoßen ihrer Gutturallaute sich gegenseitig an Schlauheit und
Hinterlist zu überbieten suchen und oft um den unbedeutendsten
Gegenstand wohl Stunden, ja Tage lang handeln und dingen;
einen Araber und einen arabischen Juden aber feilschen zu sehen,
ist noch interessanter, da selbst der schlaue Araber seinen Meister sich gegenüber zu haben glaubt. Doch nicht dieses Dingen
an sich ist das interessanteste, sondern das Mienenspiel, die Bewegungen der Hände, mit welchen sie sich gegenseitig zu täuschen suchen. Eine solche Scene bot auch Zerga's und Smaël's
Unterhaltung.

— Ich soll Dir das Geld geben, Smaël, damit Du mich
ganz im Stiche lassen, mir mit dem Gelde davonlaufen kannst!
rief Zerga, entrüstet über solche Zumuthung, die seine Schlauheit beleidigte.

— Ich thu's aber nicht anders; Du mußt mir das Geld

vorauszahlen! versetzte Smaël, durchaus nicht verletzt durch
einen solchen Verdacht, denn dergleichen gehört zum Handel.

— Ist das nicht gegen unsre Abrede?

— Ich will's so, Zerga, und kann's nicht anders!

— Du bist ein Judensohn, Du Sohn eines Betrügers! rief
Zerga heftiger.

— Mag sein, aber Du mußt erst das Geld hergeben! sagte
Smaël trocken. Ich thue keinen Schritt früher und was ich
bereits gethan, lasse ich liegen.

— Was hast Du schon gethan? fragte Zerga aufhorchend.

— So viel, daß ich nur zuzugreifen brauche!

— Greif zu, Smaël! Greif zu! rief Zerga aufspringend,
und mit einer gewissen Gier in seinen Zügen packte er den
Arm Smaëls.

— Gieb das Geld erst, sonst nicht!

— Smaël, fuhr Zerga in andrem und ruhigerem Tone
fort; wir sind thöricht, daß wir nicht mit Ruhe die Sache besprechen; wir könnten uns ja vergleichen!

— Glaubst Du, ich werde meine Haut so für nichts und
wieder nichts zu Markte tragen?

— Nein, ich glaub's nicht, Smaël, denn ich kenne Dich,
Du bist ein Judensohn. Aber höre mich an: Ich will Dir die
Hälfte des Geldes vorausgeben, doch unter einer Bedingung.

— Was für eine?

— Daß Du die Person bei Dir behältst, in Deinem Hause
versteckst, bis ich sie abhole.

— Und das Alles für die tausend Franken? Makasch!*)

---

*) Unmöglich! Gleichbedeutend und gleich hervorragend in der
arabischen Unterhaltung wie das türkische: Olmas!

— Ja, für nicht einen Heller mehr, so ist's zwischen uns abgemacht.

Der Jude überlegte und zählte dabei an seinen Fingern.

— Gut, ich will Dir nachgeben. Du zahlst mir heute die fünfhundert Franken, den Rest noch heute Nacht, wenn ich's ausgeführt habe.

— Du willst es heute ausführen? fragte Zerga überrascht.

— Ja, ich bin mit meinem Plane fertig; wenn er gelingt, bist Du heut Abend zufrieden gestellt ... Gieb das Geld her! setzte er, Zerga die Hand hinstreckend, hinzu, denn er sah es ihm an, daß er das Geld bei sich habe.

In der That hatte Zerga sein Sündengeld zu sich gesteckt, um damit den Juden Smaël zu ködern, da ihm die Sache zu lange dauerte und er wohl durchschaute, daß er ihn erst von seinem Gelde schmecken lassen müsse. Vorsichtig griff er in seinen Gürtel und holte ein kleines ledernes Päckchen heraus. Dieses öffnete er, schüttete funfzig blanke Goldstücke auf den Boden, ließ den Blick des Juden sich einige Minuten daran weiden, zählte die eine Hälfte ab und wickelte die andre wieder in das Leder.

— Hier ist Dein Geld, Smaël! sagte er, indem er die Goldstücke auf einander häufte, sein Messer zog, das Gold auf die breite Klinge desselben legte und es dem Juden reichte.

Dieser griff gierig danach und schob es in die unter seinem Kaftan hängende Tasche. Die Ceremonie, das Geld auf das Messer zu legen, bedeutete nach der namentlich in Marocco geltenden Sitte nichts andres als: hältst Du nicht Wort, so gehört Dein Leben diesem Messer! Smaël wußte, was Zerga hiemit sagen wollte, er schien jedoch hierüber sehr beruhigt.

— Es bleibt bei Dem, was ich Dir gesagt habe! sprach

er, seinen Kaftan wieder zurecht legend. Kommst Du noch in der Nacht, so wirst Du hoffentlich Dich überzeugen, daß ich pünktlich bin; kommst Du morgen früh, so wirst Du dasselbe finden .... Aber vergiß nicht, den Rest des Geldes mitzubringen!

Berga ging, mit großer Zuversicht im Herzen, denn er kannte ja Smaël und dessen Geschicklichkeit in allen schlechten Streichen bereits hinlänglich, um zu wissen, daß er sein Wort halten werde. Daß Smaël heute schon zur That schreiten werde, war ihm angenehm überraschend und mit einem gewissen Siegesbewußtsein eilte er durch die Straßen des Ghetto.

— Desto besser! brummte er mit teuflischem Lachen vor sich hin. So wird heute Alles entschieden. Die stolze Fürstin und der eigensinnige kleine Djin, Alita, ich habe sie alle Beide ... Berga's Werk muß gelingen!

VII.

Der Bettler.

Am Abend, als kaum die Dunkelheit eingetreten, verließ Pepe
seine kleine Hofwohnung, vorgeblich in Alita's Auftrage. Ein
Bündel unter dem Arm, begab er sich zum Hause hinaus, lehnte
die Hausthür hinter sich an das Schloß, eilte zur nächsten Ecke,
fand hier den von ihm schon während des Tages bestellten geschlossenen Wagen, gab dem Kutscher den Auftrag, noch ein
Weilchen zu halten, bestieg aber inzwischen den Wagen, um in
demselben das Kostüm anzulegen, das er unter dem Arm getragen.

— Zum Palast Rospili! rief er nach Verlauf weniger Minuten dem Kutscher zu, und der Wagen verschwand in der
Dunkelheit.

Der Bettler Antonio, der am Nachmittag in gewohnter
Weise seinen Schlummer unter dem Ahornbaum gehalten, schien
sich heute in seinem Schlaf etwas verspätet zu haben, denn es
war bereits dunkel, als er erwachte. In der Wirklichkeit hatte
es aber mit Antonio's Schlummer nicht viel auf sich; der Alte
hatte vielmehr gar kein Auge geschlossen und unverwandt die

kleine Hofwohnung Pepe's beobachtet. Als dieser hinausgeschlichen
war, richtete auch Antonio sich auf. Er hatte wohl bemerkt,
wie eine Viertelstunde vor Pepe's Abgang Alita aus dem Hause
in den Hof geschlichen und in Pepe's Thür getreten war.

Antonio mußte ein ganz besonderes Interesse an Alita's
Plänen haben. Leise, unter dem Schutz der Dunkelheit, schlich
er an das kleine Hofgebäude, von da in den Hausflur und
behielt von dort den Ausgang desselben im Auge.

Alita verhielt sich mäuschenstill in der kleinen Wohnung.
Antonio lauschte wohl eine gute Viertelstunde seit Pepe's Verschwinden. Endlich hörte er die Thür öffnen. Fast gleichzeitig
trat er aus dem Schatten der Ecke in die Mitte des Flurs,
postirte sich vor die durch eine Lampe erhellte Treppe und schaute
zu derselben hinauf, als sinne er nach, ob er es wohl wagen
solle, die Treppe zu besteigen. Das Geräusch von Alita's
Schritten störte ihn aus seiner Betrachtung.

— Ah, Sie sind es, meine gnädige Signora! rief er mit
zitternder Stimme, sich an seinem Stock zur Seite schiebend,
um Alita respectvoll Platz zu machen, und wackelte dabei mit
seinem grauen Kopf, als mache es ihm viel Mühe, denselben
noch weiter durchs Leben zu tragen.

— Ihr noch hier, Antonio? fragte Alita halblaut. Es ist
Abend, Antonio, sputet Euch, daß Ihr Euer Dach erreicht!
setzte sie hinzu, ihm einen halben Paol in die Hand drückend.

— Ach, Eccellenza, das Dach des Armen ist ja das Himmelszelt und mein Lager steht also überall, so weit seine blaue
Decke reicht . . . . Ich war im Begriff, mein Strohlager zu
suchen, da ich hier im Hofe die Zeit verschlafen, fuhr er fort,
wurde aber unterwegs durch einen unbekannten Mann aufgehalten, der mich festhielt und fragte, ob ich nicht der alte An-

tonio sei, der im Hause des Grafen Buelto aus und eingehe ...
Ja, Signore, antwortete ich ihm, ich habe die Ehre, dort ein
und auszugehen, wie eben der Arme im Hause des Reichen aus
und eingehen kann ...

— Nun, Antonio? fragte Alita, um ihn zur Beendigung
seiner Erzählung anzuspornen, welche ihr, namentlich bei ihrer
augenblicklichen Spannung, sehr gleichgültig war.

— Er fragte mich, ob ich auch die Signora Alita kenne ...

— Mich? rief das Mädchen erstaunt. Wie kommt ein
Unbekannter ...

— Es war doch wohl kein Unbekannter, Eccellenza, unterbrach sie der Alte, der ebenfalls Eile zu haben schien und zuweilen heimlich auf jedes Geräusch in der Straße horchte. Der
junge Mann hatte es sehr eilig, er war athemlos, als er aus
dem Wagen trat. Als ich ihn fragte, wie er dazu komme, Sie
zu kennen, Signora, antwortete er mir hastig, er sei Ihr
Bruder ...

— Mein Bruder? rief Alita in der höchsten Spannung.

— Ja, Ihr Bruder, liebe Signora ... Mariano, dünkt
mich, nannte er sich ... Ist's nicht so, Signora?

— Ganz recht, Mariano! Aber ich beschwöre Euch, wie
kam er ...

— Eilt zu meiner Schwester, sprach er zu mir; sagt ihr,
ich habe ihre Botschaft erhalten und erwarte sie mit Pepe, den
ich nicht von mir lassen könne. — Dieser Wagen hier soll sie
zu mir führen. Sagt ihr, ich könne unmöglich allein vor
dem Vater erscheinen, wichtige Gründe machen es mir nothwendig, sie vorher an dem Orte, wohin sie der Wagen bringen
wird, zu erwarten; es sei mir etwas Bedeutendes widerfahren.
Eilt schnell zu ihr; wenn sie zweifelt, gebt ihr diese Münze hier!

Antonio zog bei diesen Worten eine große arabische Silbermünze aus der Tasche und reichte sie mit zitternder Hand dem
Mädchen.

— Ja, ja, er ist es! rief sie in staunendem Nachdenken...
Aber sagt mir, Antonio, warum soll ich ihn an einem fremden Ort erwarten; was ist ihm widerfahren und warum kommt
er nicht mit Pepe hieher?

— Signora, das Gedächtniß eines alten Mannes ist schwach
und unzuverlässig. Der junge Herr war so aufgeregt, er er-
schreckte mich durch sein stürmisches Wesen; vielleicht hat er mir
seinen Auftrag deutlicher gesagt, als ich ihn zu bestellen vermag... Verzeiht das meiner Gedächtnißschwäche!

Alita setzte nicht das geringste Mißtrauen in die Ehrlichkeit
des Bettlers; dennoch kam ihr dieser Auftrag so befremdend
vor. Abermals betrachtete sie die Münze; es war dieselbe, die
sie einst Mariano als Andenken, als eine Art Amulet gegeben
hatte, als er nach Rom ging. Diese Münze konnte nur einmal existiren, es war also kein Zweifel, daß sie aus Mariano's
Hand kam.

— Antonio, sagte sie nach kurzer Ueberlegung; ich setze
keinen Zweifel in diesen Auftrag, und dennoch, ich gesteh's Euch,
daß ich mich fürchte.

— So werden Sie am besten thun, Signora, das Haus
nicht zu verlassen, denn es ist Abend und die Nacht ist die
Hehlerin alles Bösen...... Ich weiß nicht, um was es sich
handelt und wie wichtig die Sache ist; vielleicht kann ja morgen geschehen, was Ihnen heute gefährlich scheint.

— Morgen? wiederholte Alita... Morgen!... Morgen
wird es vielleicht zu spät sein!

— So weiß ich kein Mittelding, Signora!

— Wenn Pepe nur hier wäre! . . . . Sagte er nicht, er behalte Pepe bei sich? . . . Warum läßt er mich nicht durch Pepe begleiten?

— Was weiß ich's, Signora! . . . Sie sind stets so gütig gegen mich gewesen; obgleich meine Glieder müde sind, möcht' ich Ihnen meine Begleitung anbieten, aber was nutzt einer so schönen Dame wie Sie, Signora, der Schutz eines armen ohnmächtigen Greises!

— Ihr? fragte Alita, der in ihrer Rathlosigkeit dieser Vorschlag gar nicht so sehr mißfiel . . . Hat Euch Mariano nicht gesagt, wo er mich erwartet?

— Mich dünkt, Eccellenza, er sagte dem Kutscher den Ort, wohin er Sie zu führen habe; aber mein bischen Gehör ist so schwach wie mein Gedächtniß; das sind einmal die Fehler des Alters, Signora!

Alita hatte überlegt, welch' hohe Wichtigkeit es habe, Mariano heute zu sprechen, ihn von dieser Verlobung abzuhalten. Morgen war es in der That vielleicht zu spät. Was konnte ferner Mariano so Geheimnißvolles widerfahren sein? Muthig und unternehmend, vor einer persönlichen Gefahr nicht so leicht zurückschreckend, war sie mit ihrem Entschluß bald fertig.

— Ihr wolltet mich also begleiten, Antonio? fragte sie.

— Wenn die Gesellschaft eines armen und schwachen Greises nicht unter Ihrer Würde ist, Signora, ich stehe zu Ihren Diensten.

— Gut, so wartet eine Minute, Antonio!

Alita sprang leise die Treppe hinauf. Niemand begegnete ihr, Niemand hatte Acht auf das Haus, das man in Pepe's Schutze glaubte, nur Antonio lauschte unten aufmerksam auf Alles und schlich von der Treppe zur Hausthür und von da zurück.

Alita ließ nicht lange auf sich warten. In einen dunklen Mantel gehüllt, ein schwarzes Flortuch über Kopf und Antlitz, eilte sie herab und zog den Bettler mit sich zur Thür hinaus.

— Armer Antonio! sagte sie unterwegs, als sie sah, wie sich der Alte bemühte, ihrer Eile zu folgen; armer Antonio, ich gehe Euch wohl zu rasch? . . . . Aber Ihr wißt ja, wir haben keine Zeit zu verlieren.

— Ganz nach Ihrem Belieben, Signora! antwortete der Alte. Wenn auch die mürben Glieder vielleicht morgen an diesen Spaziergang denken, so lasse ich sie tüchtig ausruhen; das Geschäft eines Bettlers kann wohl einen Tag ruhen, ohne daß die Welt davon Schaden hat.

— Aber Ihr, armer Antonio, Ihr werdet den Schaden haben, wenn Ihr die Almosen eines Tages entbehrt.

— Ihre Freigebigkeit hat mich bereits hinreichend entschädigt, Signora! . . . . Aber sehen Sie, dort steht der Wagen! setzte er hinzu, mit seinem Stock auf eine verdeckte, altmodische Carrosse zeigend.

— Kommt, Antonio! Ich helfe Euch einsteigen! sagte Alita, an den Wagen tretend.

— Das wäre die verkehrte Welt, Excellenza! antwortete der Bettler, die Thür des Wagens öffnend. Steigen Sie nur ein, ich krieche Ihnen schon nach . . . Ihr wißt doch Bescheid, Kutscher? fragte er vom Innern des Wagens aus.

— Freilich, Signore! war die Antwort des Kutschers, und der Wagen setzte sich in Bewegung.

Alita's Herz pochte heftig, als sie durch die dunklen Straßen Roms rollte, die nur an einzelnen Ecken eine mäßige Erleuchtung boten, noch mehr aber, als sie sich in ein Gewirr von engen schmutzigen Gassen vertieften, in denen schließlich jede Beleuchtung ganz aufhörte.

— Aber Antonio, sind wir denn noch nicht zur Stelle? fragte nach Verlauf einer Viertelstunde Alita ängstlich. Mir wird so bange, so beklommen! Ich hätte ohne Pepe doch nichts unternehmen sollen!

— Wenn Sie Besorgniß haben, Signora, so lassen Sie uns umkehren; ich will nicht an Etwas Schuld sein, Excellenza, das Sie zu bereuen Ursach hätten.

— Wüßte ich nur, wo wir sind, Antonio! Ich kenne diese große Stadt nicht, aber es sieht hier Alles so düster und schaurig aus . . . Gott im Himmel, mir ist, als läge ich in einem Sarge und würde lebendig begraben! . . . Antonio! rief sie mit ängstlicher Stimme, Antonio, Ihr kennt ja die Stadt, sagt mir, ich beschwöre Euch, wo wir sind!

— Wir scheinen schon zur Stelle zu sein, Excellenza! antwortete Antonio, da eben der Wagen hielt.

Alita sah durch das Wagenfenster zu ihrer Rechten eine niedere Thür öffnen und einen matten Lichtschein aus derselben auf die Straße dringen, derselbe war jedoch so schwach und kam so aus der Tiefe eines Hauses, daß er nicht im Stande war, die Dunkelheit, welche vor dem Hause herrschte, zu beeinträchtigen. Die ganze Scenerie machte Alita so verwirrt, daß sie sich selber nicht klar werden konnte, was mit ihr geschehe.

— Muth, Signora; ich bin ja an Ihrer Seite! flüsterte ihr der Bettler zu. Gleichzeitig ward die Wagenthür geöffnet, ein Mann in langem, schwarzem Rock mit einem breiten Hut auf dem Kopfe schaute herein, grüßte ehrfurchtsvoll und reichte Alita die Hand, um ihr herauszuhelfen.

— Signora werden schon ungeduldig erwartet! sagte der

Unbekannte mit der tiefsten Ergebenheit . . . Wollen Signora
die Gnade haben, meine Hülfe anzunehmen . . ."

Alita betrachtete den Mann mit großer Aufmerksamkeit, da
er aber dem matten Lichtpunkt den Rücken wandte, vermochte
sie sein Antlitz nicht zu unterscheiden.

— Wo bin ich? fragte sie, unbekümmert um das Drängen
des auf der andern Seite sitzenden Bettlers.

— Excellenza sind bei guten Freunden, die Sie sehnlichst
erwarten, war die Antwort.

— Wo ist Mariano? setzte Alita ihr Verhör fort, ohne sich
vom Platze zu rühren.

— Er ist drinnen! Signore Mariano hat seine Gründe,
nicht herauszutreten; er läßt sich bei Ihnen entschuldigen.

— Mariano soll kommen! befahl Alita mißtrauisch.

— Aber dort ist er ja, Signora! Sehen Sie ihn nicht
dort hinten? rief der Bettler abermals drängend.

— Ich sehe ihn nicht! antwortete Alita, in das Haus blickend,
dessen Inneres nicht geeignet war, ihr Mißtrauen zu beseitigen.

— Aber ich sah ihn doch soeben vor dem Lichte vorbei-
gehen! . . . Wenn er nicht seine Gründe hätte, Signora, weshalb sollte er Sie gerade hieher beschieden haben?

Alita überlegte. Es war auch ihr allerdings gewesen, als
habe sie einen Schatten an dem trüben Lichte vorüberstreifen
sehen, indeß hielt sie dies — wie es auch der Fall war — für
ein Blendwerk.

— Eccellenza erlauben mir, Sie aufmerksam zu machen,
daß man Sie mit Schmerzen erwartet! mahnte der Fremde am
Wagen.

— Ihr glaubt also, Mariono drinnen gesehen zu haben?
fragte Alita, zu Antonio gewandt.

— Denselben jungen Mann, der mir den Auftrag gab, Sie hieher zu senden.

Alita hatte der Gefahr schon öfter in's Auge geblickt; da sie keine Furcht kannte, da sie ferner einsah, daß sie, einmal so weit gegangen, auch noch einen Schritt weiter thun könne, da sie endlich an die Identität des ihr als Pfand übersandten Geldstückes dachte, erhob sie sich und setzte den Fuß auf den Tritt des Wagens.

Kaum mit der Hälfte des Körpers zum Wagen hinaus, faßte der fremde Mann sie um den Leib, um sie herauszuheben. In demselben Augenblick trieb der Kutscher die Pferde an. Alita fühlte sich mit einem geschickten Schwunge über die Schwelle des Hauses gehoben, ihre Füße standen auf festem Boden, die Hausthür fiel, ohne daß sie es bemerkte, hinter ihr zu, sie stand allein mit dem Fremden in dem dunklen, engen Hausflur.

— Wollen Ew. Gnaden die Güte haben, mir zu fol- gen? redete sie der Letztere an und schritt ihr voraus auf das Licht zu.

Alita folgte muthig und sah sich gleich darauf in einer ziem- lich schmutzigen Küche mit rußbedeckten Wänden. Der Unbe- kannte schritt durch dieselbe auf eine andere Thür zu und öffnete dieselbe. Ein kalter Luftzug drang durch diese Thür herein.

— Hier hindurch, Signora! sagte der Unbekannte.

Alita warf beim Schimmer der auf einer Holzbank stehen- den dreiarmigen Lampe, an der jedoch nur die eine Schnauze brannte, einen forschenden Blick auf den geheimnißvollen Mann, der ihr zumuthete, mit ihm durch Dick und Dünn zu gehen. Das Gesicht war zwar halb durch die breite Krempe seines Hutes gedeckt, was sie aber von demselben sah, behagte ihr keineswegs.

— Wo ift Mariano? fragte fie nochmals mit einer ge-
wiffen Entfchiedenheit.

— Sie werden ihn fogleich finden, Signora! war die
Antwort.

— Mariano foll hieher kommen! antwortete fie mit Be-
ftimmtheit, indem fie das Flortuch dichter um den Kopf zog.

— Aber Signora! .... Ich habe den ftrengen Befehl fo ...

— Was für Befehle Ihr habt, kümmert mich nicht; ich
laffe mir nicht befehlen! ... Mariano foll hieher kommen!
fagte Alita eigenfinnig und ließ fich auf eine andere Holzbank
nieder.

— Signora, ich kann nicht anders. Mariano ift im Hintergebäude ...

— So, im Hintergebäude? ... Und trotzdem will man ihn
vorhin hier gefehen haben? ... Und wo ift denn Antonio?
fragte fie, plötzlich von einem böfen Gedanken erfaßt, indem fie
fich erhob und in den dunklen Gang zurückfchaute ... Wo
ift Antonio?

— Was für ein Antonio? verfetzte der Mann befremdet.

— Der Bettler, der mich hieher begleitete, erwiederte
Alita.

— Ich kenne keinen Bettler mit Namen Antonio, Signora!

— Ja freilich; Ihr kennt ihn nicht! ... Wo ift alfo der
Mann, der mich begleitete?

— Ich weiß es nicht, Signora! Wahrfcheinlich wird er
aber mit dem Wagen nach Haufe gefahren fein! ...

— Und ich? ... Wer fährt mich nach Haufe? fragte
Alita, deren Verdacht mit jeder Secunde wuchs, je länger fie
das fpitzbübifche Geficht des fremden Mannes betrachtete, wäh=

rend die Unheimlichkeit des Ortes ihr ein leichtes Frösteln durch
die Glieder jagte.

— Signora stehen unter dem Schutze Ihres Bruders, der
Sie in dem Hintergebäude sehnlichst erwartet.

— Mein Bruder wird so sehr wissen, wie viel Aufmerksam=
keit er seiner Schwester schuldig ist, daß er wohl einsehen muß,
ich sei weit genug gegangen, indem ich mich um seinetwillen
hieher führen ließ. Meldet das meinem Bruder! befahl sie
mit strengem Tone.

Der Mann that, als wolle er zur Thür hinausgehen.
Alita's Mißtrauen war inzwischen viel größer, als sie sich den
Schein gegeben und in demselben Augenblick, wo sie den Un=
bekannten sich ·zur Thüre wenden sah, hatte sie mit einem
Sprunge die Mündung des zur Hausthür führenden Ganges
wieder gewonnen, um sich hier für alle Fälle den Rückzug zu
ermöglichen.

In demselben Augenblick trat aus der dicht neben dem
Gange befindlichen Thür seines Wahnzimmers der Jude Smaël
mit einer kleinen Lampe in der Hand und versperrte ihr den
Weg.

Alita erschrak, als sie die abscheuliche Häßlichkeit dieses Men=
schen wahrnahm, welcher sie höhnisch angrinste und mit einer
widerwärtigen Artigkeit das Käppchen zog.

— Willkommen, meine Seele! sagte er zu ihr in arabi=
scher Sprache. Du siehst, daß Du hier bei Landsleuten bist,
die es wohl mit Dir meinen. Sei willkommen unter meinem
Dache!

Alita taumelte entsetzt zurück, als sie das ihr verwandte
Idiom hörte. . . . . Diese Leute, dieses entsetzliche Gesicht, das
die ganze Verworfenheit der Seele auf der Stirn trug, gaben

13*

ihr Gewißheit für den ganzen Umfang des Bubenstreiches,
dessen Opfer sie geworden. Ermattet sank sie auf die Holzbank zurück.

— Das ist Zerga's Werk! rief sie verzweifelt und ließ die
bleiche Stirn in die Hand sinken.

VIII.

Eine Katastrophe.

Der Palast Rospili schwamm in einem Flammenmeer, als Pepe vor demselben eintraf und mit all der Grandezza und Eleganz, die selbst dem gewöhnlichsten Spanier inne wohnen, seinen Wagen verließ, um sich als Araber in das Fest zu mischen. Pepe's Maske war in jeder Beziehung gelungen; er hatte die Kostüme an Ort und Stelle tragen sehen, sich meisterhaft dreimal mit dem großen, weißen Haik umhüllt, denselben mit einem braunen Strick von Kamelhaaren um den Kopf gewunden, so daß von seiner schwarzen Larve kaum mehr als die Augen und die Nase zu sehen war, und er also einen Araber comme il faut darstellte.

Eine große Menschenmasse hatte sich, die ankommenden Equipagen umdrängend, vor dem Palast eingefunden und sehr verschiedener Natur waren die Meinungen, welche über diese Festlichkeit in der Menge coursirten. Die Mehrzahl war der Ansicht, daß dergleichen kostbare Freudenfeste sich nicht in einer Zeit der Angst und der Bedrängniß schickten, wie sie über Rom hereingebrochen war, daß dies heiße die Armuth des Volkes

verhöhnen, daß man lieber das Geld an die Bedürftigen geben
oder aber für die Kriegsrüstungen sparen solle, deren Rom
voraussichtlich in nächster Zeit bedürfen werde. Andre wieder
waren der Meinung, dieses Fest sei so übel nicht, da es ein
schönes Schauspiel sei; daß die Handwerker verhungern müßten,
wenn die Reichen nicht ihr Geld unter die Leute brächten; noch
Andre behaupteten, dieses Fest bedeute gerade so viel wie die
Verbrüderung des Reichthums mit der Demokratie, denn der
Held desselben gehörte ja offenkundig der Volkspartei, obgleich
er sich in letzter Zeit wenig um dieselben gekümmert, und die
Heldin der Geldaristocratie, deren Hülfe man bedurfte, wenn
Alles so kam, wie es zu erwarten war.

Auch Pepe konnte, während er das Spalier der reich vergoldeten Diener passirte, sich einer Meinung nicht verschließen,
die jedoch keine politische Bedeutung hatte. Warum, dachte er
bei sich, als er die mit den kostbarsten Teppichen belegten und
durch die seltensten Blumen und Kandelaber zu einer Himmels-
treppe umgestalteten Marmorstufen hinan eilte, warum in aller
Welt, will man Mariano hindern, all diesen Reichthum zu
heirathen? Ich sehe beim besten Willen kein Unglück darin,
ein Millionär zu sein, und wenn wirklich diese zu heirathende
Fürstin eine Intriguantin ist, wenn sie ihm wirklich das Leben
heiß machen sollte, kann er sich nicht in Champagner baden,
um sich abzukühlen? Wenn sie ihm wirklich in der Ehe Hörner aufsetzen sollte, stehen ihm nicht alle Weiber der Welt zu
Gebote, da er ein reicher und sogar ein schöner Mann ist? ...
Es giebt doch viel Unglücksfälle in der Welt, von denen unser-
eins, der arm ist, keine Idee hat! ... Freilich wär's besser
gewesen, wenn er unsre Leona liebte, die sich nur um seinetwillen in Gram verzehrt und die ihn sicher auf den besten Weg

geleitet hätte; aber wer kann für das Herz, wer kann ihm Gesetze vorschreiben oder sonst Gewalt anthun!

Pepe wurde in seinem stummen Raisonnement durch das
Gewirre und Geschwirre unterbrochen, das ihn, oben angelangt,
umgab. Er lachte sich ins Fäustchen, daß er, ein simpler Diener, hier als Nobile unter lauter Vornehmen erschien, aber er
dachte auch zugleich an die wichtige Mission, die ihn hieher geführt. Mochte ihm auch die Sache, um welche es sich handelte,
gar nicht gefährlich erscheinen, Alita ängstigte sich doch so sehr
und Alita mußte die eigentlichen Bewandtnisse ja viel besser
durchschauen können als er. Alita sah Gefahr und also mußte
Pepe pflichtschuldigst sie auch sehen.

Mit der Absicht, Mariano zu suchen und ihm den Zettel
zuzustecken, welchen ihm Alita gegeben, mischte sich Pepe unter
die Massen, welche sich in den wahrhaft königlich decorirten
Sälen umher trieben. Es war noch früh, erst allmälig fand
sich die Gesellschaft ein und wie viel Masken auch bereits erschienen waren, dieselben vereinzelten sich doch bis jetzt noch in
den weiten Räumen der Säle. Erst jetzt fiel Pepe ein Gedanke schwer auf's Herz: wie sollte er Mariano herausfinden
und erkennen, da auch er natürlich maskirt erscheinen werde?
Dies hatte er in seinem Eifer nicht vorher überlegt und möglicherweise war dies ein Uebelstand, an welchem seine ganze
Mission scheitern konnte. Indeß Pepe war zu gewandt, als
daß er sich nicht auf sein gutes Auge hätte verlassen sollen.

Während wir den ungebetenen Gast in den Salons umher
irren lassen, suchen wir unsrerseits die Hauptpersonen der großen Maskerade auf.

Delila hatte Mariano nichts von dem Engländer erzählt,
der ihr so unbequem vom Himmel gefallen war; sie hatte nicht

nur Mariano's Eiferſucht gefürchtet, ſondern auch ihm zugleich
mit Lord Milhood eine Ueberraſchung bereiten wollen. Dies
hinderte indeß den Jüngling nicht, wenigſtens auf den Engländer aufmerkſam geworden zu ſein und deſſen Benehmen ſehr
auffallend zu finden. Delila's Einladungsſchreiben an den Lord
hatte keinen andren Zweck als eine recht gründliche Demüthigung; freilich hatte es ſie befremdet, daß er noch an demſelben
Tage verreiſt war, jedoch kannte ſie ihn hinlänglich, um überzeugt zu ſein, daß er nicht ermangeln werde, der Einladung
Folge zu leiſten. Der Lord mußte für ſeine Zudringlichkeit be-
ſtraft werden; Delila gehörte nicht zu den Weibern, die eine
angethane Beleidigung vergeſſen.

Auch die arme Giſela mußte, trotzdem daß ihr das Herz
vor Gram brechen wollte, in Delila's gegen den Engländer
entworfenen Schlachtplan eine Poſition übernehmen. Delila's
Idee war folgende: Lord Milhood mußte bei ſeiner Rückkehr
avertirt werden, daß die Fürſtin Roſpili auf dem Feſte im
weißen Domino mit einer feuerrothen und einer roth, grün und
weißen Schleife erſcheinen werde; ohne Zweifel, dachte ſie, wird
er ſich an dieſe Maske drängen, dieſe Maske werde aber nicht
ich ſein, ſondern Giſela, die ungefähr meine Figur hat, und
Giſela muß ihn durch ihr Benehmen glauben machen, daß er
der zu Verlobende ſei. Plötzlich zur beſtimmten Stunde wird
das Orcheſter das Zeichen des Demaskirens geben, Mariano
und ich treten im Ballkoſtüm herein, Giſela nimmt die Larve
ab und der ſtolze Lord hat anſtatt der Herrin die Zofe an
der Hand!

Giſela war bei Zeiten in dieſen Plan eingeweiht; mit blutendem Herzen hatte ſie, da ſie den Jähzorn Delila's fürchtete,
ſich hiezu bereit erklären müſſen und zu ihrem Schrecken ſah ſie

am Tage der Verlobung den Engländer zurückkehren. Die
Hoffnung, durch sein Ausbleiben von dieser peinlichen Rolle
befreit zu sein, war also auch gescheitert. Ich will diese Rolle
übernehmen, ja, sagte sie sich, aber sie wird mein letzter Dienst
sein, denn keine Macht der Erde könnte mich bestimmen, länger
in diesem Palaste zu bleiben. Ich will fort, weit fort, so weit
mich meine Füße tragen; ich will vergessen, und die Zeit wird
mir ja beistehen, dies über mich zu gewinnen. — Die arme
Gisela also war stärker als Leona, sie baute auf ihre eigne
Kraft, während jene wie ein furchtsames Kind sich in den
Schooß der Mutter flüchtete. —

Das Fest hatte begonnen, es entwickelte sich mit dem Vor-
rücken des Abends; reicher und glänzender als dies hatte es
nie eine Gesellschaft in Rom gegeben und die Fürstin Rospili
bot also den berühmten Bällen des Fürsten Torlonia eine sieg-
reiche Concurrenz.

Auch Lord Milhood erschien in einem schwarzen Domino,
eine feuerrothe Schleife auf der linken Schulter, eine andre,
roth, grün, weiße, also mit den italienischen Farben, am Hut.
Die Maske des Lords war ein non plus ultra an Geschmack
und Eleganz; seine schöne Gestalt, seine Haltung verfehlten nicht,
auf manche der anwesenden Schönen einen mehr oder minder
tiefen Eindruck zu machen, Lord Milhood jedoch hatte für keine
der Masken Sinn oder Aufmerksamkeit, er suchte einen weiblichen Domino und fand ihn wirklich, umschwärmt von den
elegantesten Kavalieren, die ihn mit Galanterien überhäuften.

Einige Minuten lang hielt sich der Lord in gewisser Entfernung, um den Domino zu beobachten; er sah wie die Dame
alle Artigkeiten der sie umdrängenden Herren mit großer Gleichgültigkeit an sich abgleiten ließ; er ließ sich sogar so weit hin-

reißen, die Grazie dieses Domino zu bewundern, und steuerte
endlich mit gewohnter Kaltblütigkeit durch den Strudel der Ka-
valiere, um der Dame den Arm zu bieten. Diese ließ einige
Secunden lang ihre großen feurigen Augen auf Lord Milhood
ruhen; mit einem stummen Kopfnicken nahm sie den dargebote-
nen Arm und stolz wie ein Kriegsgott führte der Lord seine
Beute durch die Brandung der Galanterien. Niemand wagte,
ihm dieselbe streitig zu machen, da man sah, daß beide unter
einem Pavillon fuhren, nämlich unter den bewußten gleich-
farbigen Schleifen, die ein Einverständniß Beider voraussetzen
ließen.

Weniger glücklich war Pepe. Es währte lange, bis er eine
Maske entdeckte, deren Inhalt für ihn jedoch beim ersten Blick
unverkennbar war. Dieser saharische Kaid mit seinem kostbaren,
goldgestickten Burnus konnte nur Mariano sein; diese Haltung,
diese Bewegungen, sie gehörten unbedingt dem jungen Afrikaner,
denn nur ein solcher konnte in diese all die nationale Eigen-
thümlichkeit legen, welche sie zur Schau trug. Die Dame im
schwarzen Domino, die er am Arm führte, mußte die Fürstin sein.

Pepe hatte keine Zeit, lange Umschweife zu machen, denn
möglicherweise konnte man ihn zu Hause vermissen und ihm
hieraus eine Ungelegenheit entstehen. Sich enger in die reichen
Falten seines Haik hüllend, trat er an den Kaid heran.

— Mariano! flüsterte er ihm leise zu.

Dieser wandte den Kopf und betrachtete seinen vermeintlichen
Landsmann mit großem Interesse.

— Du bist Mariano, der Sohn der Wüste? fragte er mit
halber Stimme.

— Und wer bist Du? antworte Mariano, während die
stolze Dame an seinem Arm die beiden an ihr vorüberstreifen-

ten Domino's mit den dreifarbigen Schleifen beobachtete, die
schweigend vor ihr gingen.

— Was willst Du Maske? fragte Mariano.

— Dir diesen Zettel übergeben. Lies ihn sogleich, er ist
wichtig!

Mariano warf einen Blick auf seine Dame, die eben ein
kleines Maskeraden=Bonmot mit einem Herrn austauschte; er
benutzte diesen Augenblick, um einen flüchtigen Blick auf das
Stückchen Papier zu werfen.

„Mariano, Dein Pflegevater liegt im Sterben; eile zu ihm!"
Dies war der ganze Inhalt des Papiers. Die Handschrift war
ihm jedoch bekannt; war sie auch ein wenig entstellt, so erkannte
er doch die Schriftzüge Alita's.

Diese Nachricht machte auf Mariano eine peinliche Wirkung.
Alles, was zwischen ihm und Don Alessandro vorgefallen, trat
vor seine Seele. Konnte er diesen Mann, dem er so viel ver=
dankte und den er, wenn auch nicht absichtlich, so schwer ge=
kränkt, konnte er ihn sterben lassen, ohne ihm noch einmal die
Hand zu küssen und um Vergebung zu bitten? Durfte er an
seinem Sterbebette fehlen? ... Mariano's Herz war, wie wir
wissen, edel und golden, er verehrte Don Alessandro noch immer,
trotz jener traurigen Scenen, trotz der Gewalt, welche er seiner
Lebensrichtung hatte anthun wollen. Wäre Don Alessandro
nicht auf die unselige Idee gerathen, ihn für die Kirche zu be=
stimmen und ihn in hartnäckiger Verfolgung dieser Idee der
grausamsten Disciplin zu unterwerfen, Mariano wäre für seinen
Pflegevater durch's Feuer gegangen; so aber hatte sich in ihm
der Gedanke festgesetzt, Don Alessandro sei ein harter, grau=
samer Mann, der sich die Wohlthaten, welche er dem Knaben
erwiesen, mit dem Lebensglück des Jünglings, des Mannes

bezahlen lasse. Eine tiefe Kluft hatte sich also zwischen diesen beiden Wesen gebildet, nur Nachgiebigkeit von der einen oder Unterwerfung von der andern Seite konnte diese Kluft über- brücken und hierauf war leider von keiner Seite zu rechnen.

Der Gedanke nun, daß derselbe Mann, der ihm ein Vater gewesen und dies seiner Schwester noch war, vom Leben scheide, daß er ihn vielleicht verfluche, legte sich inmitten des Festge- wühls und der schönsten Lebenshoffnungen mit Centnerschwere auf Mariano's Herz. Er stirbt! Und Du, Du liegst soeben in der Wiege des Glücks! Während er in das jenseitige Paradies tritt, stehst Du am Eingange eines irdischen! Du bist glücklich, und in jenem Kreise, in welchem Du heranwuchsest, klopfen so eben die Herzen bange an dem Sterbebette ihres Beschützers! Während Dein Auge vor Freude strahlt, schwimmt das ihrige in Thränen! ... Mariano, rief es in ihm; entreiße Dich die- sem Festgewühl, dem reichen, schönen Arm, der in dem Deini- gen ruht; vergiß, was zwischen Dich und Deinen Wohlthätern getreten, und eile an sein Sterbelager!

Mariano's Gewissen sprach laut und drängend. Er suchte nach dem Unbekannten, der ihm diese Hiobsbotschaft überbracht, aber der weiße Hark war verschwunden.

· — Was ist Dir, Mariano? fragte die überglückliche Delila, seine Bestürzung entdeckend, nachdem sie sich von den Galante- rien der sie verfolgenden Maske losgemacht. Dein Arm zittert, Mariano; was ist Dir begegnet?

— Nichts, Delila! antwortete Mariano, den Zettel verber- gend. Ich erhielt soeben die Nachricht, daß mein ... meine Schwester schwer erkrankt ... Es soll ihr die höchste Gefahr drohen; sie wünscht mich zu sehen!

Mariano war nicht aufrichtig gegen Delila; er schämte sich

zu gestehen, daß es sein Pflegevater war, dem diese Gefahr
drohen sollte. Er hatte Delila umständlich mit Allem bekannt
gemacht, was zwischen ihm und Don Alessandro vorgefallen war;
Delila hatte keine Ursache, den stolzen Spanier zu lieben, im
Gegentheil, sie wußte, daß derselbe sie verachtete, sich über sie
in mißachtender Weise geäußert; sie fürchtete Don Alessandro,
namentlich aber war sie bedacht, jede Annäherung Mariano's
an seinen Pflegevater zu hintertreiben, da sie argwöhnte, daß dessen
Einfluß ihr den Jüngling wieder entfremden könne. Delila trug
demnach einen großen Antheil an dem feindlichen Verhältniß, das
zwischen dem Grafen und Mariano obwaltete, indem sie ihn
gegen den ersteren aufzustacheln gewußt, ihm fortwährend vorgestellt hatte, wie Unrecht der Graf gegen seinen Pflegling gehandelt, wie verwerflich die Motive dieser Handlungsweise gewesen seien.

Delila erntete jetzt für ihr Verfahren den unausbleiblichen
Dank: Mariano war, da es sich um Don Alessandro handelte,
nicht aufrichtig gegen sie und schützte die Krankheit seiner
Schwester vor, als sein Gewissen ihn aufforderte, seine Pflicht
zu thun.

— Deine Schwester Alita? fragte Delila ziemlich unem-
pfindlich, als sei hier von einer ganz fremden Person die Rede.
Delila hatte Alita niemals gesehen, sie wußte dieselbe auf Seite
ihres Gegners, daher diese Gleichgültigkeit.

— Hab' ich Dir je von einer andren Schwester erzählt?
fragte Mariano, in welchem die Verwandtenliebe sich regte, weil
es ihm peinlich war, die Seinigen, von diesem Feste ausge-
schlossen zu wissen, etwas verletzt, und sonderbarer Weise sollte
also das erste herbe Wort, das gegen Delila über Mariano's
Lippen kam, gerade an diesem wichtigen Abend fallen.

— Was gedenkst Du zu thun, Mariano? fragte Delila.

— Augenblicklich zu ihr zu eilen!

— Wie? Du wolltest mich heute Abend verlassen? Was soll die Gesellschaft dazu sagen, Mariano? rief Delila, nachdem sie den Jüngling in eine Fensternische gezogen, um hier unge-hört mit ihm sprechen zu können.

— Und was sollen die Meinigen sagen, wenn ich die Schwester im Augenblick der Gefahr verlasse? versetzte Mariano, dessen Liebe zu Alita sich bei dieser Nachricht mit doppelter Ge-walt geltend machte. In zwei Stunden erst wird unsre Verlobung proklamirt, in einer Stunde aber kann ich schon zurück sein!

— Und ich, die Königin des Festes? rief Delila entrüstet.

— Ich übergebe Dich dem Arm eines Freundes! Theure Delila, Du siehst ein, daß ich . . .

— Gut, so geh, wohin Dich Dein Herz ruft! antwortete Delila, ihm den Arm entziehend.

— Mein Herz ist hier, meine Pflicht als Bruder dort!

— Die Pflichten des Herzens sollten heute den Pflichten des Bruders vorangehen! sagte Delila stolz.

— Delila, Du bist herzlos! Du weißt nicht, was es heißt, eine theure Schwester zu verlieren, die ich verlassen um Deinet-willen, die ich sehen muß, und wenn ich mit tausend Armen zurückgehalten würde! setzte Mariano mit steigender Angst hinzu.

— Du siehst hier keinen Arm, der Dich zurückhielte, Ma-riano! Du findest mich bei Deiner Rückkehr im grünen Kabi-net! sagte Delila, die sich vernachlässigt und zurückgesetzt fühlte. Sie wandte sich kalt von ihm und legte den Arm in den einer eben vorübergehenden Freundin.

Delila hatte nie die Bande der Familie gekannt; in ihrem Egoismus gleichgültig gegen das Leiden Anderer, verstand sie

auch nicht, was Mariano bei dieser Unglücksbotschaft empfinden
mußte; sie hatte keine Ahnung davon, wie doppelt schmerzlich
diese Nachricht für Mariano gerade in diesem Augenblick war
und fand sich daher verletzt durch das Pflichtgefühl eines Bruders und Sohnes, der sich überdies gestehen mußte, mit dieser
Pflicht um der sinnlichen Liebe willen gebrochen zu haben.

Delila einen traurigen Blick nachwerfend, empfand Mariano
zum ersten Male, was er längst schon hätte empfinden müssen,
wenn sein eigner Liebestaumel ihn nicht blind für jede Beob-
achtung gemacht hätte. Es war ihm, als werde er plötzlich aus
einer heißen Zone in eine kältere versetzt, es temperirte sich in
ihm für einen Moment ein Gefühl, das nur allzu glühend gewesen. Zum ersten Male regte sich in ihm ein Vorwurf gegen
Delila; es schmerzte ihn, daß Delila so herzlos und gleichgültig
gegen ein Wesen sei, das ihm so nahe stand, und die Vernunft,
die ebenfalls zum ersten Male in ihm einen Schatten von Recht
bekam, sagte ihm, daß Delila, seine angebetete Delila, eine
Egoistin, daß sie lieblos gegen Andre, gefühllos gegen fremde
Leiden sei.

Mariano, wenig erfahren in der Unwahrheit, hatte sich,
während er mit Delila sprach, selbst eingeredet, Alita sei es,
die auf dem Sterbebette liege. Erst als er sich allein sah, rief
er sich zurück, daß dies ja Don Alessandro sei. Augenblicklich
warf dies auch wieder ein Gewicht zu Gunsten Delila's
in die Schale; er hatte keine Zeit zu überlegen, daß er Delila
nur von Alita's Gefahr gesagt, er entschuldigte Delila, denn
ihre Theilnahmlosigkeit gegen den Grafen war ja so ver-
zeihlich!

Ohne eine Secunde zu verlieren, eilte Mariano jetzt zum
Saal hinaus, befahl einem Diener, den Wagen der Fürstin

vorfahren zu laſſen, legte ſein Koſtüm ab, unter welchem er bereits ſeine Balltoilette trug, und warf ſich in den Wagen.

An derſelben Straßenecke, an welcher Alita vor kaum einer
Stunde den Wagen beſtiegen, verließ Mariano den ſeinigen und
eilte zu dem Hauſe Don Aleſſandro's. Ein merkwürdiges Gefühl beſchlich ihn, als er durch die offene Hausthür trat, die er
das letzte Mal in der ſchützenden Begleitung Zerga's verlaſſen.
Ihm fiel dabei ein, daß ſich Zerga den ganzen Tag nicht habe
ſehen laſſen, ihm fiel auch die ganze Scene ein, deren Schauplatz des Grafen Zimmer damals geweſen — und jetzt ſollte
er an das Sterbebette dieſes Mannes treten! Wie ſollte er
vor daſſelbe treten, wie vermochte man ihn aufnehmen, wenn
er in einem Kreiſe erſchien, der ihn wie einen Ausgeſtoßenen
und Verlorenen betrachtete?

Mariano's Gang war dies Mal nicht minder ſchwer als
das vorige Mal, es war zugleich ein trauriger, denn nach der
Mittheilung, die man ihm ſo geheimnißvoll zugeſteckt, mochte
er ſchon zu ſpät kommen und vielleicht ſein Vater ſchon mit
einem Fluch auf den ſterbenden Lippen von hinnen geſchieden
ſein ... Mariano trat in das Haus. Eine Grabesſtille herrſchte
in demſelben; müde flackerte das Licht der über der Treppe
hangenden Lampe, und warf, von dem Luftzug bewegt, ſeine
Lichter und Schatten träumeriſch bald hier, bald dort hin. So
mußte es in einem Sterbehauſe ausſehen! ..... Ein eiſiger
Hauch durchzog die Bruſt Mariano's; die Hand auf die Galerie
der Treppe legend, mußte er ſich einige Augenblicke ſammeln,
um mit Faſſung auftreten zu können.

Armer Sohn der Wüſte! rief ihm die Lampe zu, als er ſo
daſtand. Du kennſt noch lange die Welt nicht, in die Du getreten! So weit die Sonne leuchtet, ſchwebt freilich der all-

mächtige Arm eines Einzigen über uns Allen und Glück und
Unglück sind überall dieselben Gefährten der Sterblichen, doch
unberechenbar ist was wir selber hinzugethan, um beide in's
Tausendfache zu gestalten!

Einige Minuten genügten, um ihm die nothwendigste Fassung
zu geben. Langsam stieg er die Treppe hinan und lauschte auf
dem stillen Corridor. Nichts regte sich im Hause, Alles war
wie ausgestorben. — Wohin sollte er sich wenden? Wo sollte
er Alita finden, die ihm hier als Versöhnungsengel hätte dienen können? Warum erwartete sie ihn nicht, da doch offenbar
von ihr jener Zettel kam? Er durfte nicht hoffen, die Schwester
in ihrem Zimmer zu finden; dennoch schritt er auf die Thür
desselben zu.

Diese war unverschlossen; er trat ein. Alles war finster.
Den Corridor verlassend, fand er sich vor der Thür von Don
Alessandro's Betzimmer, welches durch einige andere mit dessen
Gemächern in Verbindung stand. Dies war vielleicht der beste
Weg, sich zu introduziren.

Geräuschlos öffnete er das Betzimmer; ein matter Lichtstrahl
drang ihm entgegen. Sich allein glaubend, schloß er die Thür
leise hinter sich und betrat die Sammetdecke vor dem Hausaltar.
Ein auf diese Decke fallender Schatten ließ ihn den Blick zum
Altar werfen; betroffen hielt er inne, denn vor demselben kniete
eine Gestalt im schwarzen Gewande. Die letztere mußte durch
sein Eintreten aufmerksam geworden sein, denn mit einem leichten Rauschen ihres seidenen Gewandes richtete sie ihr bleiches,
halb verschleiertes Antlitz zu ihm.

— Mariano! flüsterte sie halblaut und sichtbar erschreckt,
während sie den Schleier über ihr Antlitz zu ziehen suchte und
dieses wieder zum Altar wandte.

— Leona! rief Mariano überrascht. Unwillkürlich that er einen Schritt zu ihr. — Leona! wiederholte er, als er sah, daß die Gestalt sich von ihm abwandte.

Leona hatte die Kapelle aufgesucht, um hier vor dem ent-scheidenden Schritt, den sie zu thun im Begriff war, Gott um Kraft und Schutz zu bitten, denn immer wieder tauchte die Ver-suchung in ihr auf, immer wieder ward der Vorwurf in ihr laut: Du willst Deinen Vater verlassen, um Dich vor Dir selber zu retten!

Das Gebet sollte diesen Vorwurf beschwichtigen, und vielleicht war ihr dies auch bereits gelungen, als sie plötzlich Mariano vor sich sah. Er war es, vor dem sie floh, und gerade jetzt mußte er zu ihr treten. Ein Zittern bemächtigte sich bei seinem Anblick ihrer Glieder, krampfhaft preßte sie die gefalteten Hände zusammen, ein heftiger Schmerz durchzuckte ihre Brust. Ihr Gebet war gestört, ihre Gedanken, so eben noch ganz dem Hei-ligsten zugekehrt, verwirrten sich; ihre Lippen flüsterten noch einmal leise und qualvoll: Mariano! und die Stirn sank matt auf die gefalteten Hände.

— Leona! rief Mariano zum dritten Male mit bewegter Stimme.

Eine Minute währte es, bis das Mädchen das Haupt er-hob. Die schwache Leona hatte der Fassung bedurft, sie hatte dieselbe vielleicht erlangt. Die Hand auf das Herz drückend, wie sie es zu thun pflegte, wenn es drinnen wehe that, richtete sie das Haupt auf und warf einen Blick zu dem Gekreuzigten hinauf. Eine heilige Ruhe verklärte ihre Stirn; sie erhob sich von den Stufen des Altars und wandte sich mit feierlicher Bewegung zu Mariano.

Dieser erschrak, als er das bleiche Antlitz des Mädchens

erblickte; vielleicht mochte sich auch in ihm ein neuer Vorwurf regen, vielleicht wußte er, wie viel Antheil ihm an den Leiden der Armen gehörte.

— Mariano, was treibt Dich an diese Stätte, die Dir fremd geworden? fragte sie, während ihr Auge starr und mit einer erzwungenen Kälte auf dem Ballcostüm des Jünglings ruhte.

— Alita schrieb mir, daß der Vater im Sterben liege! antwortete Mariano mit unsichrer Stimme.

— Das schrieb Dir Alita, oder sagte es Dir Dein schuldbeladenes Herz? fragte Leona, deren forcirte Kälte sich jetzt in eine natürliche verwandelte. Man sagte uns, Du feierst heute ein seltsames Freudenfest; wie kommt es, daß Du Dich demselben entzogen, und was suchst Du hier?

— Den sterbenden Vater! antwortete Mariano beschämt.

— Den sterbenden Vater? Und warum ihn, da Du den lebenden flohst?

— Leona, sei nicht so kalt, so grausam! rief Mariano, einen Schritt zu ihr thuend. Was that ich Dir, daß Du mich so empfängst?

— Was Du mir thatest? wiederholte Leona mit einem stolzen Lächeln ... Nichts, Mariano, setzte sie mit hoher Selbstüberwindung hinzu. Aber Du thust uns Allen weh, indem Du uns gerade an diesem Abend aufsuchst! ... Kamst Du etwa, um uns zu Deinem Feste einzuladen?

— Leona, ich sagte Dir, weshalb ich hier bin! ... Wie geht es dem Vater? Ist die Gefahr vorüber? fragte Mariano leise bebend, denn die schwarze Kleidung des Mädchens bereitete ihn auf eine schlimme Nachricht.

— Die Gefahr ist vorüber, Mariano ... Don Alessandro

liegt in wohlthuendem Schlummer; ich danke Dir in seinem
Namen für Deine Theilnahme.

Mariano's Herz fühlte eine große Erleichterung.

— Leona, sagte er weich, beantworte mir eine Frage.

— Wenn sie sich mit dem heiligen Orte verträgt, an welchem wir stehen, ja!

— Hältst Du eine Versöhnung zwischen mir und dem Vater
für unmöglich?

Mariano streckte bei dieser Frage die Hand aus, um die des
Mädchens zu ergreifen. Leona zog dieselbe zurück. Trotzdem
fühlte sie ihren erzwungenen Stolz schwanken, denn in Mariano's Worten lag so viel Seele und Aufrichtigkeit, daß sie ihn
fragend und überrascht anschaute.

— Mariano, bist Du unglücklich? fragte Leona weicher,
aber bedeutungsvoll.

— Nein, Leona, antwortete Mariano mit Zurückhaltung,
da ihm diese Antwort Leona gegenüber eine peinliche war.
Aber mir fehlt zu meinem Glück der Segen eines Vaters.

— Armer Mariano, Dein Glück und das Unglück dieses
Hauses werden nie beisammen wohnen können! antwortete Leona
traurig. Du kennst Don Alessandro; Dein Glück erscheint ihm
wie ein Irrlicht, das Dich in den Abgrund führt. Du wandtest
ihm den Rücken und folgtest dem Irrlicht. Kehre zurück zu
dem Vater oder zu diesem Irrlicht, ein Drittes ist nicht möglich! ... Geh', Mariano, meide einen Versuch, der nur neuen
Jammer in dieses Haus bringen kann ... Sei glücklich!

Leona wandte sich ab; Mariano wußte sich ihrer Hand zu
bemächtigen, welche sie ihm diesmal nicht entzog.

— Auch Du zürnst mir, Leona! rief er, ihre Hand in der
seinigen drückend. Du verachtest, Du bemitleidest mich! Sag'

mir, warum Du dies thust! Hast Du keinen Blick mehr für
den Gespielen Deiner Kindheit, Leona?

— Mariano, ich zürne Dir nicht; ich verzeihe Dir! antwortete sie mit unsichrer Stimme .... Doch geh', Mariano,
man wird Dich vermissen in dem Glanz des Festes; man darf
Dich hier nicht sehen ... Geh'! ... Fliehe uns Alle, Mariano,
und sei ... glücklich!

Leona's Fassung war vom ersten Augenblick ab eine so
künstliche gewesen, daß sie unmöglich von Dauer sein konnte.
Mariano's Berührung allein genügte, um sie erzittern zu machen;
vergeblich bemühte sie sich, die vorige Kälte wieder zu erringen.

— Leona, Du willst meine Vermittlerin nicht sein? fragte
Mariano weich.

— Ich kann nicht, Mariano! antwortete sie ihn anschauend. Mariano sah, daß eine Thräne in ihrem Auge hing.
Unwillkürlich fühlte er sich von der frommen Schönheit, von
der Wehmuth, die in diesen schönen Zügen lag, ergriffen; ebenso
unwillkürlich drängte sich ihm ein Vergleich auf zwischen der
glühenden, aber egoistischen Delila und diesem weichen, auf-
opfernden Herzen.

Eine kurze Pause trat ein. Leona's Auge war dem Mariano's mit einer schmerzlichen Innigkeit begegnet; ein Frösteln
bemächtigte sich ihrer dabei, ein jungfräulicher Schauder, der ihr
durch alle Glieder lief.

— Geh', ich beschwöre Dich, Mariano! fuhr sie zitternd
fort. Du weißt nicht, welche Schuld Du auf Dich häufest, da
Du mir gerade jetzt entgegentratest, wo ich an dieser heiligen
Stelle die Kraft zu einem Schritte suchte und fand, die ich jetzt
vielleicht nicht wiedergewinne ... Mariano, häufe nicht Sünde
auf Sünde, hab' Erbarmen mit uns ...

Eben öffnete sich die Thür des Betzimmers und Pepe trat etwas essauchirt und zerstreut herein. Beim Anblick Mariano's erröthete er.

— Signora, meldete er leise, der Pater Peloso erwartet Sie in Ihrem Zimmer.

Leona fuhr zusammen. Sie stützte sich an einen der silbernen Kandelaber und entzog Mariano ihre Hand.

— Ich kann nicht, Pepe; sag' dem Padre, ich sei nicht im Stande. Morgen . . . nur diesen Augenblick nicht!

Mariano sah, wie verwirrt er selbst auch war, mit Staunen die Aufregung des Mädchens.

— Leona, sagte er, als Pepe hinaus war. Was willst Du thun? . . . Ich errathe . . .

— Um Gotteswillen, Schonung, Mariano! flüsterte sie, unfähig zu verbergen, was in ihr vorging. Großer Gott, Camillo! setzte sie plötzlich hinzu, da sie auf dem Corridor Camillo's Stimme hörte, der von Pepe wissen wollte, wo Alita sei. Ich nächsten Augenblick öffnete sich abermals die Thür und Camillo trat herein.

Camillo erschrak beim Anblick Mariano's. Er hätte jeden Andren hier erwartet, nur ihn nicht.

Camillo und Mariano hatten einander nie geliebt; die häuslichen Vorfälle, die durch letztere herbeigeführte Krankheit des Vaters, hatten Camillo's Abneigung gegen Mariano in offenen Groll verwandelt; Leona zitterte daher, als sie die Beiden einander gegenüber sah.

Mit unverhohlener Mißachtung betrachtete Camillo seinen Gegner; sein Blick streifte höhnisch über das auffallende Costüm Mariano's.

— Du hier? fragte er stolz. Was verschafft uns diesen ungebetenen Besuch?

— Camillo, fiel Leona vermittelnd ein; man hatte Mariano gesagt, der Vater liege auf dem Sterbebette . . .

— Seine Schuld ist es nicht, daß mein Vater dasselbe verlassen!

— Er kam, um ihn zu sehen, Camillo! fuhr Leona fort.

— Ich glaubte, er sei gekommen, um uns zu seiner Ver-lobung einzuladen! versetzte Camillo rücksichtslos. Eine Ehre, die wir leider nicht annehmen können!

— Camillo, bedenke, daß Mariano Alita's Bruder ist! rief Leona ängstlich, als sie Mariano's Stirn sich färben, ihn selbst mit Mühe seine Fassung behalten sah.

— Er war es! antwortete Camillo mit kalter Zurückwei-sung. Alita ist zu edel, als daß sie die Verwandtschaft mit der liebenswürdigen Delila anerkennen sollte!

— Camillo! rief Mariano, dessen Aufregung sich nicht mehr bemeistern ließ. Sprich nicht in diesem Tone von einer Person, die mir über Alles theuer . . .

— Mir aber über Alles verächtlich ist! setzte Camillo hinzu.

— Camillo, zwinge mich nicht, zu vergessen, daß Du der Sohn meines Wohlthäters bist!

— Du bist dem Sohne desselben nicht mehr Rücksicht schuldig, als Du dem Wohlthäter selbst verweigert hast.

— Nimm Deine Worte zurück, Camillo, ich beschwöre Dich! rief Mariano mit funkelndem Blick.

— Im Gegentheil, ich habe noch Manches hinzuzusetzen. Dieses Weib, das Dir über Alles theuer, war es schon Ande-

ren vor Dir, es wird es vielleicht auch noch Andren nach Dir
sein. Ich bedaure Dich! sagte Camillo achselzuckend.

— Welche Beweise hast Du für eine solche Beschuldigung?
rief Mariano außer sich.

— Die unzweifelhaftesten, antwortete Camillo ruhig. Diese
selbe Fürstin Rospili ist mir bereits in Palermo begegnet. Sie
verliebte sich dort in einen meiner Kameraden, verleitete ihn,
seinen Dienst zu verlassen, und ging mit ihm nach Paris. Dort
ließ sie nach wenigen Monaten den armen Jungen mittellos
sitzen und ging nach London. Lorenzo Salvini kehrte zurück
nach Neapel, wo er sich dieserhalb mit seinen Eltern entzweit.
Verhöhnt in einem Albargo von einem seiner Kameraden, er-
schlug er diesen in gereiztem Zustande, ward seines Namens
verlustig erklärt, in den Bagno gesteckt, entfloh diesem jedoch,
und beim Ausbruch der palermitanischen Revolution begegnete
er mir an der Spitze der Insurgenten, an der Seite Landolfo
d'Auria's. Lorenzo Salvini war einst der heiterste Kamerad;
ich überlasse es Dir, in ihm das Bild Deiner Zukunft zu sehen.

Leona erschrak, als sie so unvermuthet den Namen ihres
Vaters hörte. Mariano starrte Camillo sprachlos an, seine
Brust arbeitete, er wußte seine Sprache kaum wieder zu finden.

— Du lügst! schrie er endlich, wie vom Fieberwahn
gepackt.

— Ich verzeihe Deiner Verblendung dieses Wort, antwortete Camillo, ohne seine Fassung aufzugeben. Schade, daß Landolfo d'Auria nicht zur Hand ist, er würde als Zeuge dienen
können.

— Landolfo d'Auria ist in Rom: er soll Dich Lügen strafen! rief Mariano seines Triumphes gewiß.

— Mein Vater in Rom! rief überrascht Leona dazwischen.

Mariano starrte bald sie, bald Camillo an. Es häuften sich hier plötzlich so viel halbe Räthsel, daß die Verwirrung ihm über den Kopf wuchs.

— Mariano, Du kennst meinen Vater? Du weißt, wo Landolfo d'Auria ist? rief Leona, sich an ihn klammernd.

— Ja, er soll mir Rede stehen; noch heute Abend!

— Du wirst wohl daran thun, ihn aufzusuchen. Landolfo kennt Lorenzo Salvini's Leidensgeschichte. Ich bedauere übrigens, Dir etwas Neues gesagt zu haben! setzte Camillo theilnehmend hinzu, als er sah, welche donnerähnliche Wirkung seine Mittheilung auf den armen Mariano gemacht.

Die eben eingetretene Pause wurde durch eine vierte Person unterbrochen. In der von den Wohnzimmern zur Hauskapelle führenden Thür erschien nämlich eine Gestalt im Nachtcostüm.

Es war Don Alessandro. Geisterbleich, mit vorgestreckten, abgemagerten Händen, mit blödem suchendem Auge und den Spuren geistiger Zerstreutheit auf seinem Antlitz stand er da.

Alle erschraken bei seinem Anblick.

— Großer Gott, der Vater! rief Leona entsetzt und wankte zurück.

— Ich höre hier eine Stimme ... eine Stimme aus der Finsterniß .... eine fürchterliche Stimme! rief Don Alessandro mit zitterndem, unsicherem Tone .... Wem gehört die Stimme ... die schreckliche Stimme!

Leona war hinter dem Altar herum zu Mariano geeilt, sie fiel ihm in den Arm und suchte ihn zurück zu ziehen.

— Um Jesu willen, Mariano, flieh; ich beschwöre Dich! ..... Mariano, Du siehst, der Augenblick ist schlecht gewählt, der Vater leidet noch immer an seiner Geistesabwesenheit ... Fort, ich flehe Dich an!

Camillo stand schweigend da. Die Bitterkeit hatte ihn überwältigt, als er den Vater und diesen mißrathenen Sohn beisammen sah. Sich in seinen Stolz zurückziehend, lehnte er sich mit
über der Brust gekreuzten Armen an die Wand.

— Ich muß wissen, wem die Stimme gehört! rief Don
Alessandro mit demselben gebrochenen Tone, indem er auf den
Altar zuwankte und den brennenden Armleuchter desselben ergriff. Es ist die Stimme des ... des Dämons! rief er, mit
dem Leuchter sich zufällig zu Mariano wendend, und ihm gerade
in's Gesicht schauend ... Des Dämons, der die Engel von
meinem Altare verscheucht, der mein Haus ins Elend gestürzt
und mein Gedächtniß mit Blut befleckt! ... Jagt ihn hinaus,
den Dämon; er ist es! Hinaus! Hinaus! ...

Und den schweren Leuchter nach Mariano schleudernd, entfloh Don Alessandro der Kapelle und warf krachend die Thür
ins Schloß.

Tiefe Dunkelheit herrschte in der Kapelle. Camillo eilte
bestürzt dem Vater nach, Leona zog Mariano zur anderen Thür
auf den Corridor hinaus.

— Flieh, fliehe, Mariano! rief sie hier, ihn zur Treppe
drängend. Grüße Landolfo d'Auria viel tausendmal von seiner
Tochter ... Lebewohl, Mariano, Gott schütze Dich vor List
und Trug!

Ihm heftig die Hand pressend, eilte sie in den Corridor
zurück. Schwindelnd, seiner selbst kaum bewußt, stürzte Mariano die Treppe hinab. Es pochte in seinen Schläfen, als
wolle der Kopf ihm springen. Fiebergluth durchrann seine
Adern. Athemlos erreichte er den Wagen und jagte in demselben zum Palast Rospili zurück.

Niemand außer Pepe hatte bis jetzt in der Aufregung dieser

Scene Alita vermißt. Erst nachdem man den Kranken wieder beruhigt, fragte man nach Alita. Camillo durchsuchte in Todes-angst das ganze Haus. Pepe durchsuchte die Straße, die ganze Umgegend, nirgend war das Mädchen zu finden.

— Sie kann sich selbst in den Palast Rospili gewagt haben, da ich ihr zu lange ausblieb, sagte Pepe zu sich und eilte, sich hieran als an eine letzte schwache Hoffnung klammernd, in der Richtung des Palastes davon.

———

Im Palaste Rospili waren die Festlichkeiten inzwischen um eine Stunde vorgeschritten. Niemand vermißte die beiden Haupt-personen; man vermuthete sie natürlich unter den Masken und erwartete die Verlobungsdeclaration erst um neun Uhr, der Stunde des Demaskirens.

Delila hatte ihre Laune verloren, als Mariano ihrem Wunsche zu bleiben seine Pietät für seine Familie entgegen gesetzt hatte. Aergerlich hatte sie sich in das grüne Kabinet zurückgezogen und philosophirte hier in ihrem Unwillen, wie Mariano doch nicht so hieb- und stichfest als Charakter (nämlich wie sie ihn sich wünschte) sei, und wie er sich noch sehr werde ändern müssen, wenn er ganz ihrem Ideal entsprechen solle. Delila machte diese Entdeckung heute ganz ebenso zum ersten Male, wie Ma-riano in ihr heute erst die Egoistin erkannt hatte.

Während ihr die Zeit nur allzu langsam verstrich, stand die arme Gisela die entsetzlichsten Qualen an der Seite Lord Mil-hoods aus, der sie nicht von sich ließ und sie wie ein Drache bewachte. Seiner Unterhaltung hatte sie das unverbrüchlichste Schweigen entgegengestellt, und zwar aus zwei Gründen: um sich nicht zu verrathen, und weil sie der französischen Sprache, in welcher Milhood zu ihr sprach, so wenig mächtig war, wie er des Italienischen.

Endlich schlug es neun Uhr. Eine heftige Unruhe bemächtigte sich Gisela's. Vergebens schaute sie nach Delila und ihrem Verlobten aus, vergebens harrten auch die Gäste des ausbleibenden feierlichen Augenblicks. Wieder verstrich eine halbe Stunde. In der Angst der Verzweiflung riß sich Gisela von dem Engländer los und eilte in die Gemächer ihrer Herrin, um sich von der Ursache dieser Verzögerung zu überzeugen, welche das ganze Fest scheitern zu lassen drohte.

Um dieselbe Zeit langte Mariano vor dem Palast an. Was er thun sollte, das war ihm in seiner Aufregung und Verwirrung noch nicht klar geworden, jedenfalls aber mußte er Delila zunächst unter vier Augen sprechen. Diese erwartete ihn, der Verabredung gemäß, in dem grünen Cabinet, und dort mußte er sie finden.

Den Wagen verlassend und durch das Portal schreitend, trat ein Mann auf ihn zu.

— Sie sind Signore Mariano?

— Ja; was wollt Ihr?' antwortete Mariano zerstreut und den Mann in seiner Eile mit sich fortreißend, da derselbe sich an ihn klammerte.

— Ich habe Ihnen diesen Brief zu übergeben.

— Von wem? fragte Mariano, zerstreut den Brief in die Tasche steckend.

— Von Landolfo d'Auria! antwortete der Mann zurücktretend und den Palast verlassend.

Landolfo d'Auria! Der Name dieses Mannes, eines Mitgliedes des Clubs der schönen Künste, klang jetzt so verhängnißvoll in seinen Ohren. Sicher hing dieser Brief mit Dem zusammen, was ihm Camillo soeben gesagt, und was vielleicht nur eine elende Intrigue war. Er mußte vor Allem Delila sehen, in ihren Augen lesen, aus ihrem Munde hören, daß Dies die schwärzeste Verleumdung sei.

Den Corridor erreichend, der zum grünen Cabinet führte, sah er im Hintergrunde hastig die Thür desselben aufreißen und Gisela, bleich und mit von Angst verzerrtem Antlitz ihm entgegenstürzen.

— Ein Mord! Ein Mord! .... Blut! schrie sie wie eine Wahnsinnige, packte Mariano's Arm und zeigte, unfähig weiter zu sprechen, mit dem Schauder des Entsetzens nach dem grünen Cabinet.

Gisela's Worte fuhren Mariano wie ein Dolchstich ins Herz. Sich selber nur halb bewußt und die vor Schreck festgewurzelte Gisela hinter sich lassend, stürzte er in das Cabinet und fuhr entsetzt zurück vor dem Anblick, der sich ihm hier bot.

Delila, in dem schwarzen Domino, unter welchem sie ihre glänzende Balltoilette versteckte, saß zurückgelehnt in dem Divan; die Granaten beugten ihre dunkelrothen Blüthen über sie, dunkler aber noch war das Blut, das aus einer Brustwunde über das goldgestickte weiße Gewand rann. Ihr Haupt war zurückgelehnt, es war geisterbleich, keine Spur eines Todeskampfes verrieth ihr Antlitz, die Hand jedoch war fest auf die Wunde gedrückt und das Blut hatte dieselbe überströmt. Der Stoß des Mörders mußte sie hinterrücks und so sicher erreicht haben, daß das Leben fast gleichzeitig mit demselben entflohen war.

Mit einem Schmerzensschrei stürzte sich Mariano zur Leiche. Er küßte ihre Hand; sie war starr und kalt; er bedeckte ihre Stirn mit Küssen; auch sie war kalt.

— Delila! Meine Delila! schrie er mit herzzerreißender
Stimme, das Blut küssend, das auf der Brustwunde erstarrt
war. Aber Delila schwieg ... schwieg für ewig.

Um dieselbe Zeit, wo der Stachel schwerer Verleumdung
Mariano's Herz verwundet, war das ihrige von dem Stahl
eines Mörders getroffen. Mariano stand vor dem ersten großen, unendlichen Schmerz, der ihm beschieden war. — — —

Bald darauf erloschen die Kerzen der Festsäle im Palast
Rospili. Schweigend, in demselben unerschütterlichen Gleichmuth
verließ Lord Milhood mit den übrigen Gästen das Haus.
Während Gisela sich, vor Entsetzen gelähmt, kaum aufrecht zu
erhalten vermochte, lag Mariano an der Leiche des Theuersten,
das er besessen. Als Pepe vor dem Palast ankam, um Alita
zu suchen, war Alles finster, in Schrecken und Trauer. Pepe
brachte keine Spur von Alita, wohl aber die Nachricht von dem
schrecklichen Ereigniß im Palast Rospili nach Hause.

Um dieselbe Zeit streckte sich Zerga in teuflischer Ruhe auf
seinen Teppich. Selbst die Nacht von Ezzua hatte ihm nicht
eine scheußlichere Freude bereiten können, obgleich die heutige
nur eine Fortsetzung von jener war.

Druck von Joseph Royer in Berlin.

Hans Wachenhusen's Werke.

Vierter Band.

Hans Wachenhusen's Werke.

Vom

Verfasser veranstaltete, sorgfältig revidirte Ausgabe.

Vierter Band.

Rom und Sahara.
IV.

Berlin, 1865.

Verlag von Otto Janke.

Rom und Sahara.

Vierter Band.

Der letzte Maure.

früherem neapolitanischen Minister, der für einen tüchtigen Ju-
risten und Philosophen galt.

Hiemit hatte man eine Unbesonnenheit an den Tag gelegt,
die nicht wieder gut zu machen war und die nach zwei Seiten,
nach Innen und Außen hin, die verderblichsten Folgen für Rom
selbst haben mußte. Man schwärmte für die italienische Ein-
heit und hätte also, wenn man diese erreichen wollte, sich selbst
nicht a priori eine radikale Regierungsform geben dürfen, von
der man nicht wußte, nicht einmal annehmen durfte, daß sie
den übrigen Staaten willkommen oder möglich sei. Eine provisorische Regierung würde diese Frage offen erhalten haben,
ein Triumvirat mußte sie abschneiden. Eine provisorische Regierung würde ferner die Möglichkeit des Unterhandelns mit
den interventionslustigen katholischen Mächten offen erhalten
haben, die Erklärung der Republik und Einsetzung des Triumvirats schnitt auch diese ab und gab jenen Mächten das Schwert
gegen Rom in die Hand.

Wie groß der republikanische Fanatismus war, unter dessen
Auspicien diese Versammlung eröffnet wurde, beweist der Umstand, daß selbst der exaltirte Sterbini dieselbe zur Vernunft
rufen mußte. Wie groß der Tumult in den Sitzungen der
Constituante auch war, wie thöricht die Maßregeln, welche das
Triumvirat ergriff, das Volk blieb in seiner vorigen Stimmung;
die Excesse wurden nicht ärger als sie gewesen waren, weil
Alles, was nicht mit dieser öffentlichen Meinung schwimmen
wollte, sich aus Furcht vor Insulten verkroch. Die Kreuze und
Kruzifixe wurden mit phrygischen Mützen bedeckt; der Gedanke
an die Zusammenberufung einer italienischen National-Constituante
ward sehr bald eine Unmöglichkeit, denn die lombardische Erhebung war vernichtet, das besiegte Piemont kroch in sich selbst

zurück, Venedig war belagert und also isolirt; wenig nutzten die
Sympathieen der toskanischen Demokratie für diese politische
Verbrüderung, denn die Oesterreicher standen unter Haynau
bereits in Ferrara.

Diese letztere Nachricht verbreitete eine momentane Bestürzung, indeß wußte man dieselbe bei Seite zu demonstriren, und
der Mann, auf welchen die römische Republik wie auf einen
Messias schaute, war ja nicht fern. Kaum war vom Capitol
herab die Erklärung der Republik verlesen, kaum flatterte auf
seiner Spitze neben dem Kreuze die dreifarbige Fahne, als
Mazzini seinen Einzug in Rom hielt, und umjauchzt von der
Masse in der Sitzung der Constituante erschien. Alle Deputirten erhoben sich bei seinem Eintritt ehrfurchtsvoll, ein don-
nerndes Evviva Mazzini! empfing ihn, der Präsident lud ihn
ein, an seiner Seite Platz zu nehmen, und Mazzini, der Chef
des jungen Italien, begrüßte Rom mit dem Glaubens-
bekenntniß:

„Wenn ich einiges Gute geleistet, so ist es Rom, das mir
die Idee dazu eingab. Schon als Kind las ich die Annalen
Italiens, ich bewunderte Anfangs das Rom der Cäsaren, das
die Welt durch seine Waffen eroberte, dann das Rom der
Päpste, das die Welt durch die Macht der Idee eroberte. Eine
Stadt, die zwei so große Bestimmungen trägt, zwei so denk-
würdige Epochen aufweist, während die übrigen Völker verschwan-
den, um nicht wieder zu erscheinen, eine solche Stadt muß auch
eine dritte Epoche, eine dritte Bestimmung haben. Heil also
dem Rom des Volkes, dem Erben des Roms der Cäsaren und
der Päpste.“

Mazzini's Antrittsrede schloß die ganze Idee in sich, welche
ihn in Bezug auf sein Vaterland leitete: das Rom des

Volkes. Mag man ihn oft haben schwanken gesehen, mag
man ihn des Wankelmuths beschuldigt haben, diese Idee ist stets
sein Leitstern gewesen und sein Wankelmuth war nur ein scheinbarer, indem er die eine Waffe fortwarf, um sich der andern
zu bemächtigen.

In Mazzini's Existenz steht die ganze neueste Geschichte
Italiens geschrieben. Einer der bedeutendsten Geister, vielleicht
der bedeutendste Geist Italiens, wäre Mazzini vermöge seiner
seltenen, immensen Fähigkeiten berufen gewesen, Großes für sein
Vaterland zu thun. Giebt es hienieden Engel, nämlich Wesen,
welche die Vorsehung mit höheren geistigen Kräften ausgestattet,
die mit einem gewissen Nimbus über alle ihre Mitmenschen
herausragen, so ist Mazzini ein abgefallener Engel. Mazzini
ist der Dämon, der böse Geist seines Vaterlandes; unermüdlich,
des Bösen fähig bis zu einer grauenerregenden Stufe, das Böse
sinnend und übend mit der ganzen Erfindungsgabe und Uner-
sättlichkeit eines Teufels, rastlos und unverwüstlich schaffend zum
Bösen, unverwundbar gleich einem Dämon, weil er nie seine
Person der Gefahr aussetzt, unergründlich in seinen Mitteln,
mit denen er Alles seinem Zerstörungstalente dienstbar zu
machen sucht, hundertmal geschlagen und dennoch nicht überwunden, bewegt sich Mazzini wie der Hamletsche Maulwurf
unter der Erde, seine Zündfäden legend, ein Ueberall und Nir-
gends, der Polizeigewalt unerreichbar und ihr sogar unsichtbar,
wenn er unter ihren Augen auftaucht.

Man ist versucht zu glauben, daß die Vorsehung absichtlich
dem ohnehin so unglücklichen Italien diesen bösen Geist erschuf,
indem sie diesen Mann mit Allem ausstattete, was zu verführen im Stande ist. Schon als Jüngling erschien er bleich und
nachdenkend, das mit einem poetischen Hauch übergossene Antlitz

in langes schwarzes Haar eingerahmt. Keine der Vergnügungen, welchen die Jugend nachzuhangen pflegt, hatte für ihn Interesse, er lebte gern allein, Diejenigen aber, mit welchen er verkehrte, fühlten sich seltsam angezogen durch den Reiz seiner Erscheinung, die Sanftmuth seines Charakters und die Ueberlegenheit seines Geistes. Mazzini hatte von der Natur Alles erhalten, was Anderen den Umgang mit ihm gefährlich, sie ihm gegenüber unselbständig machen mußte, und daher ist der Einfluß zu erklären, den er in seiner Jugend über die empfänglichen Gemüther gewann.

Von Hause aus mit großer Neigung für das Paradoxe, Phantastische und Mystische behaftet, wandte er sich in seinem Wesen und Streben der Romantik zu. Man sah es ihm an, daß sein Benehmen keineswegs frei von Affection war, aber man fand Gefallen daran, man schmeichelte ihn, wenn er sich selbst tiefer und tiefer in eine blutige Romantik versenkte, in welcher Haß gegen die Tyrannei, Blut und Dolch so wesentliche Rollen spielten. Den Mystiker affectirend, hielt er seinen eigenen Lebenswandel frei von jeder materiellen Ausschweifung, dahingegen erlaubte er seiner Phantasie jede Ausschweifung und lebte, sich mit seinem Stolz und seiner finstern Romantik umhüllend, immer tiefer in eine Welt hinein, die, als er begann, sich auf die Literatur zu werfen, die Polizei von Genua (wo er 1808 geboren worden) nothwendig durch die Verwegenheit seiner Theorien beunruhigen mußte.

In Anbetracht des letzten verunglückten Debuts Mazzini's wird der Leser es uns gestatten, der Persönlichkeit und der Carriere dieses Genuesen eine Aufmerksamkeit zu widmen, welche vielleicht die uns hier gezeichneten Grenzen ein wenig überschreitet. Mazzini verdiente sich seine literarischen Sporen in

verſchiedenen Journalen Ober - Italiens und tödtete ſchon bei
ſeinem erſten Auftreten Alles unter ſich, wohin er den Fuß
ſetzte, indem die Mehrzahl der Zeitungen, in welchen er auftrat,
ſofort unterbrückt wurden. Sich dem praktiſchen Leben zuwen-
dend, hatte er ſich den Carbonari angeſchloſſen, fand aber ſehr
bald, daß die Langſamkeit und Unentſchloſſenheit dieſer Geſellſchaft hinter ſeinem Thatendrange zurückblieb. Er reiſte in
Ober-Italien, die Polizei aber gab ihm den Rath, ſich lieber
ſtill zu verhalten. Er wandte ſich wieder dem Carbonarismus
zu, ſuchte dieſen neu zu organiſiren, ward aber verrathen und
1830 ins Gefängniß geſteckt.

Nach ſechs Monaten wieder frei, hatten ſeine Ideen durch
die Haft nur an Intenſität gewonnen. Der Carbonarismus
erſchien ihm matt und abgeſtanden; er ging nach Marſeille und
gründete von dort aus die Geſellſchaft des „jungen Italien."
Dieſelbe ward in Centurien und Decurien getheilt, die von
Marſeille abhängig und deren Mitglieder mit Cartouchen und
Gewehren verſehen ſein mußten. Die Loſung dieſer Geſellſchaft
war: Dio e Popolo (Gott und Volk); er ſtützte ſich alſo mit
ſeinem Demokratismus auf den Glauben und gab ſich ſelbſt
dadurch den Heiligenſchein eines Apoſtels, indem er, ein Ma-
homed, ein Schamyl, proklamirte: „Gott iſt Gott und die
Menſchheit ſein Prophet!" Der Katholizismus war ihm gleichgültig, der Proteſtantismus erſchien ihm engherzig, ſein Glaube
war die Zukunft. Trotzdem ſcheute er ſich nicht, bald den
einen, bald den andern dieſer Culten anzurufen, je nachdem es
ihm paßte. Seine politiſche Doctrin war das Rom des Volkes nach dem der Cäſaren und der Päpſte. In Allem, was
er that, declarirte ſich die Ueberſpanntheit, weshalb ihn Guerrazzi auch einen arkadiſchen Schäfer nannte.

Im Jahre 1833 versammelte er die Häupter des „jungen Italien" in Locarno, einem Orte der italienischen Schweiz. Hier beschloß man, nach Verlauf von zwei Monaten loszuschlagen. Die Polizei aber spielte ihnen das Prävenire, ein großer Theil des „jungen Italien" ward verhaftet oder füsilirt. Mazzini hatte sich gerettet. Mit der Zähigkeit, die ihm schon damals inne wohnte, sann er auf einen neuen Coup und organisirte im Jahre darauf den Aufstand in Savoyen mit etwa dreihundert Personen, großentheils Polen. Nach seiner Gewohnheit, sich nicht selbst zu exponiren, übergab er einem halben Polen, dem General Ramorino, den Oberbefehl über ein Häuflein, mit welchem ganz Italien revolutionirt werden sollte. Der Versuch war von Hause aus unpopulär, weil er von Fremden getragen, außerhalb des eigentlichen Italien unternommen wurde. Ramorino's Colonne entfaltete am 2. Februar 1834 in Annecy die Tricolore. Niemand schloß sich ihr an. Kläglich geschlagen und versprengt, ergriff sie die Flucht. Mazzini selbst war nicht dabei, er entschuldigte sich mit Krankheit, er sollte ohnmächtig geworden sein und ward von seinen Freunden in die Schweiz zurück transportirt.

Das „junge Italien" hatte durch diese schmachvolle Affaire einen tödtlichen Stoß erlitten. Mazzini sah sich desavouirt; er ging nach London und sein Name tauchte erst im Jahre 1844 bei dem unglücklichen Versuch der Gebrüder Bandiera wieder auf, die denselben bekanntlich mit dem Tode bezahlten. Stets den Thatsachen sich fern haltend, immer nur wühlend, anspornend, organisirend, führte Mazzini ein Leben scheinbarer Vergessenheit, bis zum Jahre 1848, wo er sich wieder in Italien einfand, um mit der alten Zähigkeit, aber auch mit dem alten Unstern den hervorragendsten Antheil an den Ereignissen zu

nehmen und seinen großen Gedanken: das Rom des Volkes,
zur Wahrheit zu machen.　Beim Ausbruch der französischen
Februar-Revolution erschien er von London in Paris.　An der
Spitze einer italienischen Legion, von Lamartine gesegnet, zogen
er und seine Anhänger nach Italien; er stellte sich in Mailand
an die Spitze der Clubs und vereitelte Carl Albert's schönste
Hoffnungen der Art, daß selbst Gioberti herbei eilte, um sich
ihm entgegen zu werfen.

Mailand ward durch Radetzky genommen.　Mazzini trat
unter die Haufen Garibaldi's, fand aber sehr bald, es sei
besser, wieder zur Feder zu greifen, und schrieb in Lugano
seine Broschüre, in welcher er erklärte, der Krieg der Könige
sei vorüber, es beginne der Krieg der Völker, Italien solle sich
in Massen erheben.　Diese massenhafte Erhebung blieb aus,
nur in einzelnen Städten Italiens kämpfte und — unterlag
man, denn der Krieg der Könige war noch keineswegs vorüber.
Er ging nach Florenz und predigte den Anschluß an die römische
Republik; der Dictator Guerrazzi bereitete ihm aber ein Fiasco,
das ihn nach Rom trieb, wo er, wie gesagt, mit Enthusiasmus
empfangen wurde.

Dieser Mann also ward die Seele, die schwarze Seele,
das Verderben Roms.　Man jauchzte seiner Devise zu; das
Parlament unterstellte sich ihm bereitwillig, die Damen warfen
ihm schon bei seinem ersten Auftreten im Deputirtensaal ihre
Juwelen zu Füßen, das Triumvirat ward reorganisirt und
lautete jetzt: Mazzini, Armellini, Saffi, d. h. Mazzini ward
der Dictator Roms.

Mit einer fieberhaften, ja wahnsinnigen Thätigkeit warf sich
Mazzini sofort aufs Regieren.　Es regnete Proclamationen,
Decrete, Gesetze, Alles mußte von ihm ausgehen, Alles mußte

der Ausfluß seiner selbst und seiner halsbrechenden Theorien
sein. In Ober-Italien verhauchte die Revolution, in Blut ge-
tränkt, auf dem Schlachtfelde; Mazzini decretirte troß alledem:
das monarchische Princip ist vernichtet, Gott und das Volk
triumphiren, sie verrathen niemals! Die Thorheiten und Albernheiten seiner überstürzten Thätigkeit aus den Erfolgen nicht
sehend, verrannte er sich immer tiefer in dieselben.

Das Volk, sagte er sich, darf der religiösen Schauspiele
nicht entbehren, wir müssen ihm die erhebenden Ceremonien
veranstalten, die es in der heiligen Woche und zu Ostern gewohnt ist. Die Kanonici Sanct Peters weigerten den heiligen
Dienst bei diesem Kirchenfest; man verurtheilte sie zu Strafen
und wandte sich an den Regiments-Almosenier, der die Person
des Papstes vertreten mußte, und das Fest ging in Anwesenheit der Triumvirn, der Clubs, der Offiziere und der Gesandten
der Schweiz, Englands, der vereinigten Staaten und Toskana's
vor sich. Das Volk sank vor dem heiligen Sacrament auf die
Knie, Mazzini zeigte sich dem Volke und die Massen schrieen:
es lebe die Republik!

Piemont war besiegt, Genua gefallen, die Revolution in
Toscana niedergeworfen und die Oesterreicher occupirten die
Ufer des Po. Die römische Constituante aber proklamirte
feierlich: der Po wird als nationaler Fluß erklärt!

Ganz Italien, rings um Rom herum, war wieder in Händen der legitimen Gewalt. Die Constituante aber proklamirte:
Die römische Republik, ein Asyl und Wall der italienischen
Freiheit wird nimmer wanken noch weichen! Die Repräsentanten und Triumvirn schwören im Namen Gottes und
des Volks: das Vaterland wird gerettet werden!

Grenzenlose, gotteslästerliche Utopie! Immer enger und

drohender zogen sich die Gewitter um Rom zusammen. König
Ferdinand hatte sich als erster Lieutenant des Papstes erklärt,
Frankreichs Truppen schwammen bereits auf dem Meere, Spanien hatte dem Papste seine Hülfe geboten, Portugal ihm Asyl
und Hülfe offerirt. Mazzini in Rom wehrte sich gegen alle
diese Drohungen, indem er in Broschüren auseinandersetzte, wie
man eine belagerte Stadt vertheidige, wie man den Feind mit
Pech und siedendem Oel begieße und sich im Nothfall unter
den Wällen begraben werde.

Roms Bevölkerung mußte in Thätigkeit erhalten, ihre Besorgniß durch Lärm betäubt werden. Die Priester wurden verfolgt und damit Rom eine Vorstellung von all den himmel-
schreienden Entsetzen der Tyrannei habe, damit es ein Schauspiel sehe, das ihm die Haare zu Berge sträube, ließ Mazzini
die Pforten des Inquisitionspalastes öffnen; man zeigte der
Masse die Folterwerkzeuge, gebleichte Knochen, ein weibliches
Skelett mit glänzendem schwarzem Haar. Rom schauderte.
Mazzini rief: Seht, diese Schmach, diese Tyrannei liegt hinter
Euch, die Freiheit vor Euch!

Inzwischen hatte die französische Republik den Entschluß gefaßt, ihre Schwester in Rom zu Gunsten der legitimen Herr-
schaft des Papstes zu bekämpfen; sie sah den Balken in den eignen
Augen nicht, wohl aber den Splitter in denen ihrer Schwester Roma.
Sorglos um die eigne Berechtigung, machte sie sich zur Richterin
über die ihrer Nachbarn, sie tröstete sich mit der Erwartung, daß
das Erscheinen ihrer Truppen genügen werde, die verirrten
Römer zur Vernunft und zur Anerkennung des Papstes zurückzuführen, ohne sich selbst zu fragen, was sie geantwortet haben
würde, wenn man ihr die Zumuthung gestellt, Ludwig Philipp
wieder anzuerkennen. Sie sandte eine Expedition von 9000

Mann gegen Rom, den Augenblick benutzend, wo Oesterreich mit seiner inneren Revolution beschäftigt war, eifersüchtig auf eine Ehre, die das monarchische Oesterreich für sich in Anspruch zu nehmen Miene gemacht hatte.

Rom also sah die Schwester, auf die sie gezählt, als Feindin kommen. Das Triumvirat und die Constituante ergriffen sofort die umfassendsten Maßregeln zur Wahrung Roms und ihre Proclamationen besagten, man habe geschworen, die Republik zu retten, und man werde sie retten. Alles athmete nur Krieg, die großartigsten Rüstungen wurden betrieben, Soldaten recrutirt, die Truppen auf Kriegssold gestellt, ein Generalstab ernannt, die Stadt verproviantirt und Barrikaden errichtet.

Zur rechten Stunde hatten zwei neue Acteure, die Scene betreten. Avezzana, ein Genueser und Revolutionär von Beruf, hatte in New-York seinen Tabackshandel aufgegeben, hatte die Barrikaden in Genua verlassen und kam, um der Republik Rom seine Dienste anzubieten. Man ernannte ihn zum Kriegsminister. Wichtiger und sehr viel bedeutungsvoller war das Auftreten des zweiten Acteurs, nämlich Garibaldi's, der an der Spitze seiner Legion seinen Einzug in Rom hielt.

Von Ober-Italien und Sicilien hatten sich schaarenweise die versprengten Freischaaren in Rom eingefunden, um hier Dienste zu nehmen; jeder Tag bereitete ein neues militärisches Schauspiel der wildesten Art, denn Rom war in der That ein letztes Asyl nicht nur der italienischen, sondern auch der Revolutionäre aller übrigen Nationen geworden, die sich an der Insurection Ober-Italiens betheiligt. Wie originell, wild und phantastisch aber diese täglichen Aufzüge sein mochten, sie blieben an theatralischem Effekt weit hinter dem Auftreten Garibaldi's zurück.

Von mittlerer Größe, breitschultrig, mit verbranntem, mar=
kirtem, von einem röthlichen Bart halb verstecktem Gesicht,
regelmäßigen, charakteristischen Zügen, dichtem braunem Haar,
einem spitzen, schmalkrempigen, von einer schwarzen Straußfeder
überwehten Hut auf dem Kopf, über der rothen Blouse einen
kurzen weißen Mantel; wie angegossen auf seinem Pferde sitzend
und gefolgt von seinem Diener Andrea, einem Mohren von
riesiger Gestalt, der mit fanatischer Treue an ihm hing und
seinem Herrn von Amerika gefolgt war, sowie von seiner Gattin,
die alle seine Strapazen theilte, so hielt Garibaldi mit seiner
funfzehnhundert Mann starken, nicht minder phantastisch geklei=
deten Legion seinen Einzug in die Stadt, und zwar um die=
selbe Zeit, als der französische Feldmarschall und Volksreprä=
sentant Oudinot de Reggio vor Civita=Vecchia die Anker warf.
An Garibaldi's Namen knüpfte sich für Rom ein seltsamer
Zauber; man betrachtete ihn wie einen Retter, eine Hauptstütze
aller Hoffnungen, und endlos war der Jubel, mit welchem man
ihn empfing, der zum Krieger geboren, mit unbegrenztem Muthe
und einer seltenen Energie begabt, sein ganzes Leben der Re=
volution und dem Kampfe gewidmet.

Am 27. April war Garibaldi in Rom eingezogen, am 28.
waren die Franzosen in Civita=Vecchia gelandet und hatten
ohne Schwertstreich von jener Stadt Besitz genommen. Am
30. bereits waren sie im Gefecht mit Garibaldi's Legion, die
unter dem Schutz jenes ersten Kanonenschusses, dessen wir zu
Anfang dieses Kapitels erwähnten, einen Ausfall machte und
den Kampf mit den Franzosen eröffnete.

II.

Der erste Schmerz.

Wir sind in dem historischen Moment unsrer Erzählung ein
wenig vorangeeilt, um mit demselben später nicht in Rückstand
zu bleiben, und kehren jetzt zu unseren Personen zurück.

Don Aessandro's Haus, in welchem eine Zeit lang nur die
dumpfe Stille eines Krankenzimmers geherrscht, war durch
Mariano's Erscheinen wieder in Regsamkeit, durch das Ver-
schwinden Alita's aber in den höchsten Alarm gebracht. Zwi-
schen den beiden Mädchen war seit dem Abend, an welchem
Alita die im Kampfe mit sich selbst befindliche, einen illusorischen
Sieg über ihr Herz gewinnende Leona vor einem übereilten
Schritt gewahrt, einige Zurückhaltung eingetreten. Leona war,
wie wir gesehen, wieder zu ihrem Entschluß zurückgekehrt und
hatte dem Priester einen Schwur geleistet, dessen verhängnißvolle
Tragweite ihr erst in dem Augenblick bewußt ward, als sie von
Mariano in der Hauskapelle überrascht wurde.

Beim Anblick Mariano's hatte ihr Wille, wie sehr er sich
auch Anfangs auf die Hülfe ihres verletzten weiblichen Stolzes
verließ, sehr bald die Waffen gestreckt; sie, deren frommer

Glaube gern in jedem bedeutsamen Ereigniß einen Fingerzeig
Gottes erblickte, mußte sich fragen: warum sendet er mir Mariano? Warum gerade in einem Augenblick, wo ich mit der
Welt und meinem Herzen fertig zu sein glaubte? ... Peloso
erschien bekanntlich zu derselben Zeit im Hause, als Leona's
Wille und Vernunft das Gewehr in den Graben warfen und
schon die Berührung von Mariano's Hand all ihr Ringen und
Kämpfen vernichtete. Peloso hatte vorgeblich Alles bereitet, um
sie noch an demselben Abend an die Stätte des Friedens, in
die Mauern eines Klosters zu führen; er hatte es übernommen,
ihren Schritt vor dem Vater zu verantworten; er hatte ihr
ferner das Versprechen gegeben, sie dürfe zuweilen an das Bette
des Kranken eilen; wenn also ihr Inneres ihr auch Undankbarkeit vorwerfen konnte, das ward ja durch die Nothwendigkeit,
Schutz vor sich selber zu suchen, entschuldigt, und unter der
Obhut und dem Segen eines so frommen Mannes mußte sie
doch in jeder Hinsicht gerechtfertigt dastehen.

Alles aber war umsonst gewesen. Mariano stand vor ihr.
Mariano ward vor ihren Augen von dem Gipfel seines Glücks
in die Tiefe eines Zweifels hinabgestürzt, der nicht nur all
dieses Glück zerstören mußte, sondern auch einen Schatten auf
seine Zukunft, auf seine Ehre werfen konnte. Auch Mariano
war also unglücklich; Mariano's ganzes Schicksal schien eine
Wendung nehmen zu wollen; unmöglich konnte sie ihm den
Rücken wenden, konnte sie das Schicksal fliehen, als sie sah,
daß es auch Andere verfolgte, die ihr theuer waren. Leona's
ganze Schwäche für Mariano kehrte zurück; sie liebte ihn, sie
fühlte ein inniges Mitleid mit ihm, als sie ihn aus seinen
goldenen Träumen geweckt sah; sie liebte ihn doppelt und
aufopfernder, als sie ihn vom Unglück bedroht sah. Nimmermehr

konnte sie sich jetzt hinter den Mauern des Klosters verschließen;
sie durfte sich wohl in demselben begraben mit dem Gedanken:
Mariano ist glücklich! aber von ihm scheiden mit dem Bewußtsein: er ist elend! das war unmöglich.

Als Pepe jetzt den Pater anmeldete, ließ sie ihn um Auf-
schub bitten. Peloso ging, bitter getäuscht, aber in der Zuversicht, daß die Beute seinen Händen nicht mehr entschlüpfen könne.

Das Unglück hatte gewollt, daß Don Alessandro Mariano's
Stimme gehört, während man ihn schlafend glaubte. Der
Klang dieser Stimme hatte sofort seine dämonischen Visionen
heraufbeschworen; er war aufgesprungen, hatte Niemand im
Zimmer gefunden und war der Richtung der Stimme gefolgt.
Mariano's Anblick hatte wiederum die Klarheit seines Verstan-
des umdüstert, welche ihm zum Troste seiner Umgebung die
sorgsamste Pflege zurückgewonnen. Die unmittelbar folgende
Scene in der Kapelle bewirkte eine solche Revolution in ihm,
daß man Mühe hatte, ihn wieder zu seinem Lager zurückzubringen.

Selbst im höchsten Grade aufgereizt, wie es Camillo und
Leona waren, suchten sie ihre eigenen Eindrücke zu bemeistern;
Pepe wurde beauftragt, schleunigst den Arzt zu rufen; Pepe
aber kam ihnen mit der Frage entgegen, wo denn Signora
Alita sei, die er im ganzen Hause vergeblich suche.

Auch Camillo hatte, wie wir wissen, sie bereits vermißt;
zu der Angst um den Kranken gesellte sich eine neue. Da man
den Vater nicht allein lassen konnte, da Pepe eiligst zum Arzte
gerannt war, wechselten Camillo und Leona im Suchen nach
Alita und im Bewachen des Kranken ab. Als Pepe mit dem
Arzte kam, wurde der Kranke dem Letzteren übergeben, das

2*

ganze Haus vergeblich durchsucht. Leona zitterte; Camillo befand sich in einer Todesangst ... Wo war Alita?

Nicht minder bestürzt als die Uebrigen beichtete Pepe in einem Rathe, den man in Alita's Zimmer hielt, daß diese ihn zum Palast Rospili geschickt, und wie er Mariano einen Zettel habe übergeben müssen. Dies ward sehr schnell mit dem Plane zusammen gereimt, welchen Alita zur Rettung des Bruders entworfen, ohne irgend Jemand außer Pepe in denselben einzuweihen; man sagte sich selbst, daß Alita's mit diesem Zettel verbundener Zweck nur der gewesen sein könne, Mariano aus dem Palast zu holen. Aber was nutzte all dies, da Alita verschwunden blieb!

Pepe machte sich die schrecklichsten Gewissensbisse; er konnte sich nicht anders vorstellen, als daß Alita's Verschwinden mit dieser von ihr gesponnenen kleinen Intrigue zusammenhange, daß er ihr zu lange ausgeblieben und sie in ihrer Besorgniß um das Wohl des Bruders sich zu einer Unbesonnenheit habe verleiten lassen, zu der ihr persönlicher Muth sie leicht angespornt haben mochte.

Der treue Diener träufelte also einen Balsamtropfen in das Herz des Geängsteten, als er die Erwartung aussprach, Alita müsse sich selbst heimlich nach dem Palast begeben haben. Pepe eilte dorthin; Camillo und Leona verbrachten eine halbe Stunde der ängstlichsten Spannung; sie athmeten auf, als Don Alessandro's wilde Phantasien schwiegen und der Kranke sich zu beruhigen anfing; ihre Besorgniß um Alita aber blieb dieselbe.

Endlich kam Pepe — allein! Auf seiner Miene lag kein Trost, sie war sogar verstört; etwas Entsetzliches mußte geschehen sein! Mit Zittern las man eine Schreckensbotschaft auf seinem

Antlitz; athemlos berichtete er, daß Alita nicht im Palast gewesen sei.

— Du verschweigst uns etwas! rief Leona, deren Auge ängstlich an seinem Munde hing.

— Pepe, foltre uns nicht; sag' offen heraus: was ist geschehen! rief Camillo, den verstörten Pepe bei der Schulter fassend.

— Ist Alita etwas widerfahren? fragte Leona immer zitternder. Du bringst uns um, Pepe!

— Nein, Signora, ihr ist nichts widerfahren, antwortete Pepe, der endlich Sprache bekam. Aber . . .

— Nun, was aber . . .? rief Camillo befehlend.

— Die Fürstin, Herr Graf . . . Die Fürstin . . . Signore Mariano . . .!

— Was ist der Fürstin? fragte Leona.

— Sie ist ermordet! platzte Pepe endlich heraus.

— Und Mariano? rief Leona bebend.

— Er lebt!

— Mariano lebt! wiederholte Leona aufathmend.

— Wer ist der Mörder? fragte Camillo, von einer Ahnung beschlichen.

— Man weiß nur, daß sie ermordet ist . . . Der ganze Palast ist dunkel, die Diener sind halb todt vor Angst . . . Schrecklich! Schrecklich!

— Und Niemand wußte von Alita? fragte Camillo.

— Niemand, Eccellenza! antwortete Pepe trostlos und ließ die gefalteten Hände total entmuthigt finken. — —

Die Nacht verstrich unter rath- und fruchtlosem Suchen. Der Morgen fand alle Drei in einem Zustande körperlicher und geistiger Vernichtung. Um das Unglück voll zu machen,

mußte Don Aleſſandro, als er nach unruhigem Schlummer das
Auge öffnete, nach Alita verlangen. Man ſagte ihm, ſie ſei
kränklich und könne das Bett nicht verlaſſen. Don Aleſſandro
erklärte, aufſtehen und zu ihr gehen zu wollen. Nur die ent-
ſchiedenſten Vorſtellungen des Arztes, den man in das Geheimniß eingeweiht und der deßhalb die ganze Nacht hindurch das
Bewachen des Kranken übernommen hatte, vermochten ihn von
der unſeligen Idee abzubringen, Alita's Zimmer zu beſuchen.

Camillo's und Leona's Lage war eine ſchreckliche. Beide
hatten die Ueberzeugung gewonnen, daß Alita ein Unglück zu-
geſtoßen ſei. Camillo war außer ſich, jeder Nerv an ihm war
in höchſter Aufregung, er war verſtört, und jedesmal, wenn er
es über ſich gewonnen, ſich zu faſſen, ſchlug ihn wieder der
Gedanke an alles Das, was Alita geſchehen ſein mochte, mit
Entſetzen. Die öffentliche Sicherheit war längſt zerſtört; die
Stadt wimmelte von fremden Individuen, zum Theil Geſtalten,
die zu Allem fähig waren. Der Karneval und alſo die Zeit,
welche unbedingt die größten, öffentlichen Exceſſe bringen mußte,
war vor der Thür — in welche Hände mochte Alita gerathen
ſein, und wie war es nur denkbar, die Sicherheitsbehörde zu
ihrem Wiederauffinden in Anſpruch zu nehmen, da dieſe keinerlei
Gewalt über die fremden Banden beſaß und ſich auch hütete,
ihre Popularität auf's Spiel zu ſetzen!

Der Morgen graute. Camillo ſah ein, daß er um jeden
Preis fremde Hülfe aufbieten müſſe, da er am Ende ſeiner
eigenen Kraft ſtand und dieſe unmöglich ausreichen konnte. An
wen ſollte er ſich wenden? Seine Bekanntſchaften unter der
römiſchen Ariſtokratie nutzten ihm jetzt nichts, weil dieſe entweder Rom verlaſſen hatten, oder aus Furcht vor Inſulten
jeden Schritt in die Oeffentlichkeit mieden. Andere Connexio-

nen besaß er nicht, am wenigsten unter der dominirenden Partei, die er verachtete.

Mit wenig Hoffnung auf Erfolg begab er sich am frühen Morgen zur Polizeibehörde, um deren Hülfe zu requiriren. Der Arzt, besser in Rom bekannt als Camillo, begleitete ihn. Wie er erwartet, fand er die Beamten gegen seine Vorstellung auf beiden Ohren taub. Man nahm Notiz von dem Vorfall, versprach, sich um denselben zu bekümmern, hatte aber alle Hände so voll, daß man ihm nicht auf der Stelle zu Diensten sein konnte. Ueberdies sagte man Camillo, daß die Sache ihren amtlichen Gang thun müsse und nicht überstürzt werde könne.

Die römische Polizei taugte unter Pius' Regierung nichts, hatte nie etwas getaugt, unter dem republikanischen Interregnum aber existirte sie factisch gar nicht und stand unter dem Terrorismus des Pöbels. Was Camillo's Angelegenheit zudem alle Ohren gänzlich verschloß, war der Umstand, daß man den Arzt als einen entschiedenen Papisten kannte und was dieser in die Hände nahm bei den Behörden von vorn herein schlecht empfohlen war. Camillo ward mit der tröstlichen Aussicht entlassen: die Signora werde sich schon wieder anfinden; ja einer der Beamten wagte sogar, satyrisch hinzu zu setzen, vielleicht sei es der Signora selbst gar nicht einmal erwünscht, wenn man sich so eifrig um ihr Verbleiben bekümmere.

Auf's Höchste empört durch diese Behandlung, hingerissen von seiner Aufregung, war Camillo im Begriff, in dem Bureau einen Auftritt zu veranlassen, der für ihn selbst vielleicht von trüben Folgen gewesen wäre. Die Kaltblütigkeit des Arztes verhinderte eine Katastrophe, es gelang ihm, den indignirten jungen Mann hinaus zu ziehen. Zähneknirschend betrat Camillo die Straße. Trostlos, verzweifelt stand er da. Endlich

fuhr ihm ein Gedanke durch den Kopf. Wenn all' diese Angst
um Alita unnöthig gewesen wäre und vielleicht Mariano um
ihr Verbleiben wußte? War dies nicht denkbar, da ja Alita
gestern sich nur mit ihrem Bruder beschäftigt, seinetwegen sich
wahrscheinlich in Gefahr begeben hatte?

Dieser Gedanke warf einen Hoffnungsstrahl in Camillo's
Herz; er trennte sich von dem Arzt und eilte in der Richtung
des Palazzo Rospili davon. Unterwegs erst fiel ihm ein, welch
eine Schreckensscene dieser Palast gestern gesehen, welch ein
Schlag Mariano selbst getroffen, und wie zerknirscht auch er
sein müsse. Er gedachte der Scene, deren Schauplatz die Hauskapelle seines Vaters gewesen, der bittren Worte, mit welchen
er den armen Jüngling niedergedonnert, des Branders, welchen
er zwischen die stolzen Schiffe seiner Hoffnung geschleudert hatte.

Wie mußte Mariano ihn empfangen? Wie ferner sollte er
Mariano überhaupt auffinden, ihn sprechen können, da doch der
Arme sicherlich ein Opfer der Verzweiflung war?

Camillo mäßigte seine Schritte, er überlegte; dann ver-
doppelte er seine Eile. Wie konnte er nur zaudern, da es galt,
Alita zu retten? Was kümmerte ihn Alles, was zwischen ihm
und Mariano vorgefallen; war doch Mariano Alita's Bruder
und wußte er doch, daß Mariano seine Schwester liebte, wenn
er sie auch, durch die Umstände gezwungen, hatte vernachlässigen
müssen!

Der erste Schein der Morgensonne hatte Mariano, von
Aufregung und Schmerz überwältigt, in einem Zustande halber
Bewußtlosigkeit gefunden, der nicht Schlaf, nicht Wachen, son-
dern eine gänzliche Abspannung aller seiner Nerven war.

Gewaltsam hatte man ihn von der Leiche Delila's entfernt. Laute Wehklagen ausstoßend, war er die Nacht hindurch in den Sälen des Palastes umhergeirrt. Die Diener selbst waren erschreckt vor einer solchen Aeußerung des Schmerzes, denn eben in diesem Uebermaaß des Leidens hatte sich Mariano's ursprüngliche Natur wieder Bahn gebrochen; es lag etwas Rohes, Thierisches in diesem Schmerz, aber auch zugleich ein Etwas, das jeden Anwesenden bis ins Innerste der Seele erschütterte. Unbestreitbar haben jene von der Civilisation nicht beleckten Völker in den rücksichtslosen Auslassungen ihres Schmerzes bei all der Unbändigkeit und Wildheit derselben etwas Kindliches, Ursprüngliches, um das sie von uns ebenso wie in den naturwüchsigen Aeußerungen ihrer Freude zu beneiden sind. Liegt nicht etwas Wollüstiges in dem Schmerz, der sich seiner selbst nicht schämt, mit grausamem Behagen in der eignen Seele wüthet, sich in seinem Uebermaß und Ueberdruß selbst zu zerstören sucht und dadurch eben, daß er sich selbst zu opfern bereit, an den Tag legt, wie die dahingegangene Seele eine Lebensbedingung für die eigene gewesen?

Mariano fühlte seinen Schmerz, er fühlte ihn mit dem ganzen Aufwand seiner geistigen und körperlichen Kräfte; er schrie bald zum Himmel auf und schlug sich die Stirn mit den Fäusten, bald wieder kroch er brütend in sich zusammen, um darauf in denselben Zustand der Exaltation zurück zu kehren. Niemand von den Dienern hatte es gewagt, sich ihm zu nähern; man fürchtete sich vor ihm wie vor einem Tiger, dem man sein Weibchen geraubt, und wie dieser war er groß in seinem Schmerz.

Die Sonne also kam und fand Mariano halb auf einen Divan hingestreckt, die Hände krampfhaft verschlungen, das Auge auf dem Boden suchend. Nur dann und wann drang ein dumpfer Laut über seine Lippen, der nicht minder entsetzlich als sein lauter Jammer.

Plötzlich bewegte es sich zu seinen Füßen; Zerga kroch vor den Divan, hockte sich hier nieder und begann leise murmelnd seine Gebete. Zerga wußte besser mit des Jünglings Schmerz Bescheid als die ungeschickten Diener; mit innerem Behagen hatte er seit Kurzem Mariano's Schmerzausbrüche beobachtet; er sah wiederum in ihm den Berber, den er so lange vermißt, und weidete sich ungesehen an dem Schmerz des jungen Tigers. Das war wieder der Tilutan aus den Bergen des Hoggar! Zerga triumphirte; jetzt aber galt es, diesen Triumph mit Vorsicht auszubeuten. In seiner gewohnten Weise saß er da, leise, allmälich jedoch lauter murmelnd, damit ihn Mariano bemerke. Als dieser ihm jedoch zu lange taub blieb, schob er sich näher zu ihm und berührte wie zufällig seinen Fuß.

Mariano schaute auf. Seine Züge waren von Schmerz verzerrt, Wuth und Menschenhaß leuchtete aus seinem Auge. Zerga entdeckend, starrte er diesen wild an, als habe er Lust, sich auf ihn zu stürzen, als bedürfe seine Wuth eines Gegenstandes, an welchem sie sich auslassen könne.

— Fort, Du Hund! schrie er auf und hob den Fuß gegen ihn; hemmte sich jedoch rechtzeitig, da Zerga langsam und mit einer heiligen Würde, die ihm das Gebet gegeben, zu ihm aufschaute.

— Du stößest mich von Dir, Tilutan! sagte er ohne Vorwurf.

— Du bist wie die Uebrigen; Du bist mein Feind wie sie Alle! schrie Mariano ihn an.

— Allah, der meine Schritte zu Dir leitete, weiß, ob ich Dein Feind bin! antwortete Zerga in demselben Ton.

— Warum beschütztest Du sie nicht, als ich fort war?... Und wer ist der Mörder?

— Zerga saß in frommen Gebeten, sich zur Wanderschaft bereitend, als er in der Stunde der Nacht den Lärm vernahm. Er eilte herbei und sah seinen Tilutan an einer Leiche des Weibes, das er so sehr geliebt. Tilutan war wie ein wildes Thier, dem Niemand zu nahen wagt; Zerga verweilte also mit blutendem Herzen vor der Schwelle. Zerga gedachte heute mit dem Morgenstern aufzubrechen, wie schwer es ihm auch ist, weil er weiß, daß er seine Seele, seinen Liebling, hier zurückläßt ... Zerga aber darf h e u t e nicht aufbrechen, denn die Zeichen sind heute nicht günstig, er will bis morgen warten; er kann nicht scheiden, da sein Lamm, seine Seele ihm flucht, seiner Liebe mit den Worten des Zornes dankt!

Der listige Araber hatte unter dem Mantel einer schmerzlichen Entsagung Wort und Ton so gut berechnet, daß sie ihre Wirkung nicht verfehlten. Mariano's Herz kannte den Undank nicht, keine sicherere Waffe hätte Zerga seiner Wuth entgegen halten können als gerade diese.

— So willst Du mich a u c h verlassen! rief er mit einem Ausdruck, als reiße plötzlich in seinem Gemüth die zu straff gespannte Saite. Geh, Zerga! Laß mich allein! setzte er im Tone des weichsten Schmerzes hinzu, ihm mit abgewandtem Gesicht die Hand reichend.

— Zerga will gehen, er muß gehen, denn er hat es gelobt! antwortete der Saharier, die Hand ergreifend und sie küssend; aber Unglück und Strafe würden seinen Spuren folgen, wollte er seine Seele verlassen in der Stunde der Angst und des Schmerzes.

— Zerga! rief Mariano, sich vom Divan herabwerfend und neben ihm niederknieend. Zerga, ich war so glücklich, so unendlich glücklich! Jeder Gedanke in mir war Wonne, jedes Gefühl Seligkeit! Ich bedurfte der Liebe und ich fand sie; aus dem harten Felsen, an den mich die Unerbittlichkeit der Menschen geschmiedet, sprudelte mir plötzlich ein Quell so silbern und klar wie daheim der Bach im Thale von Ezzua ... (Zerga's Auge leuchtete bei dieser Erinnerung Mariano's an seine Heimath auf.)... Ich träumte mir eine Zukunft, so sonnig und lachend wie ein Frühling; aber der Traum hat eine fürchterliche Wendung genommen! ... Mir ist kalt, Zerga, mich friert! Ich bin wieder allein; diese Wände starren mich so grauenhaft an; in mir selbst ruft eine Stimme nach Luft, nach Rettung; sie sprengt mir die Brust! Zerga, wenn auch Du von mir gehst, was soll ich hier allein .... allein in einer Welt, die mich nicht verstehen gelernt! .... Als sie lebte, Zerga, war sie mein Leitstern, mein ganzes Leben lag in ihr; ihre Augen waren meine Sterne. Jetzt ist es Nacht, Zerga, fürchterliche, eisig kalte Nacht!

Ein Fieberfrost bemächtigte sich des Armen; er klammerte sich fest an Zerga, seine Zähne schlugen an einander, seine Stirn glühte, sein Auge blickte wild und zerfahren umher.

— Zerga! rief er plötzlich, als dieser Schauder vorüber; Zerga, sag' mir: wer kann sie ermordet haben; wem kann die unschuldige schöne Delila Etwas zu Leide gethan haben? ... Sag' es mir, Zerga; Du mußt es wissen! Mit meinen Händen will ich ihm das Herz aus der Brust reißen und es den Hunden vorwerfen; ich will ... Zerga, ich muß wissen, wer sie getödtet hat! Ich werde wahnsinnig, wenn ich nicht Rache, blutige Rache nehmen kann!

Und wieder packte ihn der Schmerz mit einer Gewalt, daß er aufsprang, im Zimmer umher rannte, was ihm im Wege stand, zerschmetterte, und nach Delila schrie mit einer Stimme, die das ganze Haus durchhallte.

Zerga setzte all diesen Ausbrüchen eine unerschütterliche Ruhe entgegen.

— Laß uns für das Heil ihrer Seele beten, Tilutan! sagte er mit erheuchelter Frömmigkeit. Gott wird Dir den Mörder zeigen und Du wirst gerächt sein, denn der Prophet sagt: Tödtet keinen Menschen, es sei denn, daß die Gerechtigkeit es fordert; ist aber Jemand ungerechter Weise getödtet worden, so geben wir seinen Anverwandten die Macht, ihn zu rächen . . . Bete mit mir, Tilutan, und Gott wird Dir Rache geben.

— Beten! rief Tilutan mit schneidendem Hohn. Zu wem soll ich beten, Zerga? Ist das derselbe große Geist, zu dem man im Sudan redet, oder ist es ein andrer, den man mich anbeten lehrte mit geschlossenen Händen, ein Gefangener hinter dem eisernen Gitter? Bete! befahl man mir, als man mich einge- sperrt. Bete! . . . Wer kann uns zwingen, zu beten? Und wie soll ich zu einem Gott beten, der mir mein Theuerstes, mein Leben nahm? Bete! . . . Hu, ich kann's nicht, Zerga; bete Du für mich!

Mariano warf sich abermals auf den Divan und bedeckte schaudernd sein Antlitz mit den Händen. Eine feierliche Stille trat ein, nur unterbrochen durch die leisen, näselnden Laute, welche der betende Araber ausstieß.

— Tilutan, sagte er endlich; was Dich hier bannte, ist Dir verloren gegangen. Willst Du an dieser schrecklichen Stätte

bleiben und Deinem Schmerz immer neue Nahrung geben, oder
willst Du mir heimwärts folgen? Sieh, während meines Ge-
betes eben war es mir, als höre ich eine Stimme, die sagte:
Tilutan, Gott giebt Dir einen Fingerzeig; er will nicht, daß
Du Deiner Heimath fern bleiben sollst; er zerschnitt die Bande,
die Dich hier fesselten, und sagt Dir: geh heim, Tilutan! Es
ziemt Dir nicht, ein Weib zu rächen, das Dir noch nicht gehörte; daheim in Deinen Bergen haben die Geister Deines
Vaters und Deines Stammes keine Ruhe, sie fordern Rache
von Dir an ihren Mördern, und ruhelos werden sie sein bis
zum jüngsten Tage, wenn der letzte des Stammes ihren Tod
nicht rächt.

Mariano horchte auf.

— Vielleicht hast Du Recht, sagte er mit halber, matter
Stimme; vielleicht war es die Strafe dafür, daß ich Deinem
Rathe nicht folgte, daß ich den Tod meines Vaters vergaß!..
Zerga, ich will zu ihr gehen, ich will an ihrer Leiche beten...
Stütze mich, Zerga, denn ich bin matt, meine Füße wollen mich
nicht tragen!

Zerga hatte den Jüngling da, wohin er ihn haben wollte.
Bereitwillig sprang er auf und legte Mariano's Arm über seine
Schulter.

— Komm, Tilutan, wir wollen gemeinsam beten! sagte er
mit tröstender Stimme.

Eben hatte sich Mariano, vom Schmerz gelähmt, aufgerichtet, als er ein Geräusch in der halb offenen Thür vernahm.
Camillo erschien in derselben. Niemand war ihm im Palast
entgegengetreten, denn die Diener hatten sich ängstlich in ihre
Zimmer geflüchtet und zitterten dort unter dem Bewußtsein des
im Palast verübten Mordes und vor den Wuthausbrüchen Ma-

riano's. Ihre Herrin war nicht mehr; treulos, wie es der
Italiener oft ist, kümmerte sich Niemand um Mariano, den sie
jetzt als eine gefallene Größe betrachteten; auch der alte Portier
hatte nicht mehr als seine Schuldigkeit gethan, indem er sämmtliche Zimmer verschloß und nur den einen Corridor offen ließ;
Camillo hatte sich also selbst im Palaste zurechtfinden müssen.

Betroffen schaute der unglückliche Jüngling Camillo an.
Dieser blieb zaubernd an der Thür, erschreckt über die Verwü-
stung, welche der Schmerz auf dem schönen Antlitz Mariano's
hervorgebracht. Auch Zerga erschrak bei Camillo's Eintreten;
er hatte diesen nur zweimal gesehen, sein scharfes Auge aber erkannte in der Civilkleidung den jungen Offizier der Nobelgarde,
den er in Resina belauscht, als er dort das Haus umschlich.
Ein Basiliskenblick traf den Eintretenden aus Zerga's Auge;
schnell aber hatte dieser sich des ganzen Vortheils bemächtigt,
der in diesem Zufall lag.

— Du suchtest den Mörder! raunte er leise Mariano zu.
Verstehst Du auch diesmal nicht den Fingerzeig Gottes?

Mariano erbleichte. Dieser Gedanke schlug wie ein Blitz
in seine Seele. Bei solcher Gemüthsverfassung war er nur
allzu geneigt, dieser Einflüsterung zu horchen. Durchdringend
blickte er Camillo an; er sah auch diesen verstört, er sah es
ihm an, daß auch er diese Nacht keinen Schlaf gefunden.
Hastig fuhr seine Hand nach dem in Zerga's Gürtel steckenden
Messer.

Camillo seinerseits stand bei diesem Anblick fast regungslos
da. Das war der blühende, bewunderte Mariano, dessen Schönheit Rom feierte! Welch ein Schmerz mußte es sein, der diese
Züge so zu entstellen vermochte! Camillo hatte bereits früher
Gelegenheit gehabt, die Maßlosigkeit seiner Schmerzens- oder

Freudenäußerungen kennen zu lernen; er wußte, welcher Excesse
Mariano in seinem Schmerz oder seiner Wuth fähig war, daß
die Erziehung, wie viel sie auch äußerlich an ihm gethan, doch
nicht vermocht hatte, gewisse wilde Elemente in ihm zu bändigen, die wie ein Unwetter sich Bahn brachen, wenn man sie
herauf beschwor, und allen Gesetzen der Gesittung Hohn sprachen, sobald sie einmal entfesselt.

Wie sehr er selbst aufgeregt und von Schmerz gebeugt
war, suchte Camillo doch Mariano's racheschnaubendem Gesicht
die möglichste Ruhe entgegenzusetzen.

— Was willst Du? schrie ihn Mariano mit heiserer
Stimme an.

— So fragte ich Dich gestern Abend, Mariano! antwortete Camillo ruhig, mit auf der Brust gekreuzten Armen, dem
wilden Blick des Jünglings mit Fassung begegnend. Laß die
Waffe, Mariano; ich weiß, Dein edles Herz ist nicht im Stande,
sie gegen den Bruder zu wenden!

— Wann warst Du mein Bruder? rief Mariano.

— Ich bin es noch in diesem Augenblick!

— Du bist gestern Abend in diesem Hause gewesen!

— Wie kommst Du zu dieser Frage?

— Ich will wissen, ob Du diese Nacht hier im Hause gewesen! schrie Mariano.

— Ich verstehe Dich nicht, Mariano; indeß Du fragst, und
ich antworte Dir: Nein!

Mariano starrte Camillo forschend an; langsam ließ seine
Hand von dem Messergriff.

— Nein, Du warst nicht hier; es ist unmöglich; Du bist
ja Camillo! sagte er finster, fast traurig bei ·dem Gedanken,

sich getäuscht zu haben . . . Es ist nicht möglich, Berga! setzte
er kopfschüttelnd hinzu.

— Mariano, fuhr Camillo fort, verzeih mein Erscheinen in
einem Augenblick . . .

— Du kamst, um Zeuge meines Schmerzes, meines Unglücks zu sein . . . Nicht wahr, ein wonniger Anblick, Camillo?

— Sei überzeugt, Mariano, Dein Schmerz thut auch mir
weh, wenn wir gestern Abend auch entgegengesetzter Ansicht waren! sprach Camillo theilnahmsvoll. Aber nicht Du allein bist
der Unglückliche; Du siehst auch in mir einen Mann, dessen
Herz vom tiefsten Gram zernagt wird.

Mariano horchte auf; es schien, als thue es ihm wohl, als
lindre es seine Qual, auch Andere unglücklich zu sehen.

— Fast scheint es mir Frevel, Mariano, zu Deinem Schmerz
noch einen neuen hinzufügen zu müssen, fuhr Camillo fort.

— Einen neuen? fragte Mariano. Ist das möglich, Camillo?

— Leider! . . . . Mariano, die äußerste Nothwendigkeit
führt mich zu Dir; ein Verbrechen wäre es, auch nur eine Minute zu zögern . . . Ich habe von Alita zu sprechen.

— Alita? Ja, meine gute Alita! wiederholte Mariano mit
traurigem Lächeln. Wo ist Alita, warum kommt Alita nicht zu
ihrem Bruder? Weiß Alita nicht, daß Mariano unglücklich
ist? . . . Camillo, warum brachtest Du sie nicht mit Dir; wo
ist sie?

— Ich komme eben, um diese Frage an Dich zu thun!

— An mich? rief Mariano erstaunt.

— An Dich, Mariano, denn ich suche Alita!

— Du suchst sie . . . . suchst Alita? fragte Mariano lang-

fam, als sei es ihm schwer, diese Aeußerung zu fassen, als
müsse er seine Sinne erst sammeln, um zu begreifen, was man
zu ihm sprach.

— Alita ist seit gestern Abend aus unserem Hause verschwunden.

— Alita verschwunden! rief Mariano zusammenfahrend.

— Verschwunden ohne die geringste Spur, die auf ihr Schicksal schließen ließe.

— Seltsam! rief Mariano. Als ich beim Grauen des
Tages ohne Schlaf, mit zerrissenem Herzen und zerschlagenen
Gliedern hier im Zimmer lag, war es mir plötzlich, als höre
ich Alita's Stimme um Hülfe rufen . . . Alita verschwunden!
rief er auf den Divan sinkend. Sie war es, bei der ich noch
Trost und Theilnahme zu finden hoffte, die den Schmerz, das
Elend des Bruders verstehen sollte . . . Und jetzt, auch sie! . . .
Camillo, ich beschwöre Dich, suche Alita! rief Mariano aufspringend, zu Camillo eilend und ihm um den Hals fallend;
setze Himmel und Erde in Bewegung, sie zu finden . . . Ich
würde Dir helfen, ich würde ganz Rom umkehren, sie zu finden; aber Du siehst ja, ich bin matt und todt; meine Füße
zittern, mein Kopf schwindelt, ein Schleier hängt vor meinen
Augen; ich besitze nicht mehr die Kraft, einen neuen Schmerz
in mich aufzunehmen, viel weniger für Alita's Rettung thätig
zu sein . . . Ich kann ja nicht mehr; meine Muskeln sind
erschlafft, meine Nerven abgestumpft; mein Auge findet keine
Thräne mehr . . . O, Camillo, ich bin namenlos elend! schluchzte
Mariano zusammenbrechend und den Kopf auf Camillo's Schulter legend.

Camillo vergaß für den Augenblick den eigenen Schmerz,
als er sah, welch' unmenschlichen Kampf diese unverwüstliche

Natur in so wenigen Stunden durchgekämpft. Diese Riesenkraft war erlahmt, gebrochen; nur die Gewalt eines unsäglichen
Schmerzes konnte über dieselbe triumphirt haben.

— Mariano, sagte er, die Hand des Jünglings in der seinigen drückend und ihn zum Divan zurückführend; Du siehst
auch mich matt und entkräftet nach einer Nacht voll Anstrengung
und Seelenangst. Was ich vermochte, habe ich bereits aufge-
boten; aber vergebens. Soeben komm' ich von den Behörden,
auch ihre Hülfe habe ich vergeblich angesprochen; ich habe
keine Freunde hier, die mir helfen könnten, Du aber besißest
deren . . .

— Glaubst Du, daß ich Freunde besitze? fragte Mariano
zweifelnd . . . Siehst Du mich nicht hier allein? Zieht sich
nicht Alles von dem Hause des Schreckens zurück? . . . . Du
irrst, ich habe keine Freunde!

— Deine Bekanntschaften werden Dir ihr Hülfe nicht ver-
sagen, Mariano; benutze sie, um Alita zu finden.

— Du hast Recht, Camillo . . . Was soll ich thun?

— Die Polizei aufbieten, damit sie Nachforschungen anstelle!

— Freilich; ja wir wollen es, Camillo! sagte Mariano,
der sich noch immer nicht ganz gesammelt hatte.

— Du bist zu ermattet, Mariano, ruhe ein wenig, und
gieb mir die Mittel an, thätig zu sein.

— Ruhen? Wie kann ich ruhen? Kann man ruhen an der
Leiche seines Glücks, seines Lebens?

— Du kennst einflußreiche Personen, an die Du Dich wenden könntest.

— Ja, Camillo! Hier nimm diese Karte, geh' damit zum
Capitol, frage nach Landolfo d'Auria . . .

— Landolfo d'Auria? fragte Camillo überrascht.

— Du kennst ihn? . . . Desto besser! Gieb ihm die
Karte, sag' ihm, was vorgefallen, er wird helfen, wird für
uns thun, was er vermag, und er vermag viel . . . Eile,
Camillo, und laß es mich erfahren, wenn es gelingt. Du
siehst ja, ich kann dies Haus nicht verlassen; ich kann sie nicht
allein lassen. Ihre Augen sind geschlossen, die schönen, theuren
Augen; ich aber muß für sie und über sie wachen! . . . Geh',
Camillo, verliere keinen Augenblick!

Camillo nahm die Karte. Vertrauend auf die Hülfe eines
Mannes, der ja dem Hause seines Vaters Dank schuldig, eilte
er davon, während Mariano sich gänzlich entkräftet auf den
Divan warf.

Mit einer höllischen Ruhe hatte Berga die Unterhaltung der
beiden jungen Männer angehört; zuweilen war ein triumphi-
rendes Lächeln heimlich über seine Züge geschlichen, zuweilen
auch nickte er leise mit dem Kopf, als wollte er sagen: Suchet
nur; es soll Euch schwer werden.

Berga's entsetzliches Doppelwerk war also mit all dem Erfolge gelungen, der sich so oft an die niedrigsten Thaten
heftet. Alita war in seiner Gewalt und Delila in der Gewalt eines Andren, dem er frevelhaft genug war, für dieses
Gelingen gotteslästerliche Dankgebete zu senden. Der Teufel
betete in scheußlicher Naivetät zu Gott. Nach den Gesetzen von
Berga's Heimath aber ist ja die Rache ihm wohlgefällig.

III.

Die Legionäre.

Wochen waren seit jenem traurigen Morgen verstrichen und Delila, nachdem man die Wirkung des Schreckens überwunden, den ihr trauriges Ende gemacht, war vergessen.

Das Letztere hatte übrigens das tiefste Mitleid erregt, selbst Delila's eifrigste Gegner, die ernsten Römerinnen, die der Fürstin ihre Treu= und Lieblosigkeit nie hatte verzeihen können, bedauerten das Loos der Armen; aber wie in der Regel die Ratten das Fahrzeug verlassen, wenn das Schiff untergeht, hielten sich auch Diejenigen, die sich ihre Freunde genannt, von dem Schreckenshause zurück unter dem dem Vorgeben, man schaudere vor dem Gedanken, den Schauplatz dieses Entsetzens zu betreten.

So wechselvoll ist dieses Leben! Vor einigen Tagen noch die übermüthige Veranstalterin und Königin eines der glänzendsten Feste und gleich darauf bleich und kalt, verlassen selbst im Tode von Denen, die ihr zu schmeicheln verstanden hatten.

Nur drei Personen blieben der Unglücklichen treu bis zu dem Augenblick, wo die fürstliche Familiengruft ihre Leiche auf-

genommen hatte, und diese drei waren Gisela, Mariano und
— Lord Milhood.

Gisela war von diesem Vorfall mehrere Tage hindurch vor
Schreck fast gelähmt. Noch in der Nacht war sie zu ihren
armen Eltern geflohen, da der Anblick einer Leiche sie ohnmächtig machte; im Laufe des nächsten Tages jedoch hatte sie
ihre Kraft zusammen genommen und sich, getrieben von dem
Bedürfniß treuer Pflichterfüllung, wieder im Palast eingefunden,
um diesen nur mit der Leiche selbst wieder zu verlassen.

Der Anblick Mariano's hatte einen traurigen Eindruck auf
sie gemacht. Mariano hatte den ganzen Tag hindurch an dem
offenen Sarge gelegen; sein wilder Schmerz war einer gänz-
lichen und anhaltenden Ermattung gewichen; trauernd hatte er
Gisela zurückgewiesen, wenn diese kam, um ihm Worte des
Trostes zuzusprechen, und als Camillo gegen Abend erschien,
um ihm die trostlose Mittheilung zu machen, daß bis jetzt alle
Versuche, Alita zu finden, fruchtlos gewesen, hatte er auch für
Camillo nur die schmerzvollen Worte gehabt: „Meine arme
Alita! Es verläßt mich Alles!“

Lord Milhood's früheres Verhältniß zu Delila ward ihm
erst in einem Momente klar, wo seine Indifferenz, das Resultat
des Schmerzes, ihn zu jeder logischen Gedankenfolge unfähig
machte. Milhood erschien erst am Begräbnißmorgen wieder im
Palast; schweigend drückte er Mariano die Hand, als dieser,
ehe er die Gruft verließ, weinend noch einmal an dem Sarge
niederkniete, und entfernte sich. Auch Gisela nahm hier von
ihm Abschied. Der Arme sah nicht den wehmüthigen Blick,
mit welchem sich das gute Kind von ihm trennte, wie sie, die
Gruft verlassend, noch einmal zurückschaute und dann, das
Antlitz im Taschentuch verbergend, sich eilig entfernte.

Mariano war in der That allein. Delila's entfernte Verwandte hatten Rom bereits gleich nach der Flucht des Papstes verlassen; zur äußersten, aristokratischen Partei gehörend, wagten sie auch bei der Nachricht von der Ermordung Delila's nicht zurückzukehren, sondern ließen durch einen Bevollmächtigten Delila's Diener verabschieden und den Palast schließen. Auch Mariano mußte das kleine Hinterhaus verlassen; es war ihm nicht einmal vergönnt, länger an dieser Stätte zu weilen, wo er so glücklich gewesen. Trauernd, von Zerga geführt, verließ er das Häuschen, um die Gastfreundschaft eines Bekannten anzunehmen, der ihm in seinem öden Hause in einer der entferntesten Vorstädte eine Wohnung geboten.

Wer der Mörder Delila's war, das blieb Mariano ein Räthsel. Allerdings lag die Vermuthung sehr nahe, daß beide Frevelthaten, die Ermordung Delila's und die Entführung Alita's (denn Niemand zweifelte an einer solchen) eine und dieselbe Quelle hatten, daß beide aus Rachsucht gegen Mariano geschehen waren. Vergeblich aber sann dieser nach, wen er beleidigt; ihn, dem ohnehin so Unerfahrenen, war es undenkbar, daß man ihn zum Gegenstand einer so fürchterlichen Rachsucht machen könne.

Endlich war indeß Mariano in dem Grade ruhig geworden, daß er sich im Stande fühlte, über diese beiden Verbrechen nachzusinnen. Ihm fiel zunächst der Brief ein, welchen er an jenem Abend, als er von Don Alessandro wieder in den Palast Rospili zurückkehrte, in dem Portal desselben erhielt. Dieser Brief konnte vielleicht Aufschluß, oder wenigstens einen Anhaltspunkt geben; eilig suchte er ihn hervor, und öffnete das so lange ganz von ihm vergessene Schreiben. Es war von Landolfo d'Auria und enthielt Folgendes:

„Mariano! Die gemeinsamen Interessen der Freiheit und
des Vaterlandes haben uns in eine Berührung gebracht, die,
wenn sie auch in Folge der Verschiedenheit unseres Alters nicht
den Namen Freundschaft verdienen kann, auf meiner Seite doch
in einem wahrhaften und aufrichtigen Wohlwollen für Sie be-
ruht. Eben dieses Wohlwollen, die Theilnahme, welche ich für
Ihr Schicksal hege, fordert mich zu einem Schritt auf, der
Ihnen vielleicht als Zudringlichkeit erscheinen mag. Wie Sie
denselben auch beurtheilen, lesen Sie wenigstens, was ich Ihnen
zu schreiben habe, und thun Sie dann, was Ihnen Ihr Herz,
Ihre Ehre gebietet.

Sie kennen das traurige Loos, das mich Jahre hindurch
unverschuldet in Schmach und Ketten, im Bagno von Palermo
hielt, das sich selbst nach meiner Freiwerbung wie ein Fluch an
meine Schritte heftet und aus dem Sclaven des Bagno einen
Sclaven der Unruhe gemacht hat. Sie wissen, daß ich, ver-
zichtend auf jeden Anspruch, dereinst wieder froh oder glücklich
zu werden, daß ich einsehend, wie jene Zeit des Elends aus
mir ein Wesen gemacht, das für die bürgerliche Gesellschaft und
ihre Gesetze verloren, keinerlei selbstsüchtige Zwecke mehr kenne,
sondern Allem entsage, was geeignet wäre, mir eine Existenz
wieder zu geben, wie ich sie einst genossen. Man hat meine
Ehre zertreten, meine Familie vernichtet, mich unfähig gemacht,
in meinen früheren Beruf zurück zu kehren; es giebt nichts mehr
auf der Welt, was mich zum Eigennutz stacheln könnte, ja ich
habe sogar auf das eine Theure, das mir noch übrig geblieben,
auf mein Kind verzichtet, weil ich es für meine Pflicht halte,
nicht durch meine Person, durch die eines Geächteten, Ausgestoßenen einen Schatten auf den Sonnenschein zu werfen, den
ihr vielleicht das Schicksal vergönnt. Ich bin fertig mit mir,

Mariano, und der soeben zu Ihnen spricht, ist ein Mann, der gleichgültig geworden gegen Andrer Wohl oder Wehe, nur das Bedürfniß fühlt, an Stelle eines Leidensgefährten das Wort zu führen, der selbst seit einiger Zeit verstummt ist.

Im Bagno von Palermo begegnete ich eines Tages einem unglücklichen jungen Mann, den ich in Neapel als Knaben, als Kind eines der edelsten Geschlechter gekannt. Lorenzo Salvini (Mariano zuckte zusammen, als er diesen Namen las) war neapolitanischer Offizier, einer der heitersten und lebenslustigsten Jünglinge gewesen. Jetzt war er Gefangner, ein Sträfling des Bagno. Sein Unglück war seine Liebe gewesen. Ein junges Weib, schön, reich und vornehm, zeichnete ihn vor allen seinen Kameraden aus; Lorenzo, von der Natur mit mancherlei Vorzügen ausgestattet, faßte eine unselige Leidenschaft für sie; seine Eltern fanden Anstoß an den allzu freien Sitten dieses Weibes, und suchten ihn von ihr zu trennen; Lorenzo ließ sich durch sie verleiten, gegen den Willen seiner Eltern den Dienst zu quittiren und seiner Geliebten nach Paris zu folgen.

Ein halbes Jahr führte Lorenzo dort mit dieser Dame ein Leben, so glücklich, so schön und wolkenlos, wie es kaum einem Sterblichen zu Theil wird; plötzlich aber hieß es in Neapel, Lorenzo sei von seiner Angebeteten verlassen worden, sie sei abgereist, ohne von ihm Abschied zu nehmen, ohne daß er ahnte, wohin. Lorenzo war in Verzweiflung; mittellos, nicht wissend, was er beginnen solle, faßte er den unglückseligen Entschluß, nach Neapel zurück zu kehren. Lorenzo's Mutter war inzwischen gestorben, sein Vater hatte sich, gezwungen durch die Spottreden der Gesellschaft, auf's Land zurück gezogen und wies den unglücklichen Sohn von seiner Thür. In die Stadt zurückkehrend, trat Lorenzo in ein Albergo, um dort, tief gedemüthigt durch

den Fluch des Vaters, nachzudenken, was jetzt zu beginnen.
Sein Schicksal wollte, daß er in diesem Wirthshause einige
seiner früheren Kameraden traf, die ihn einst um die Gunst
jenes Weibes beneidet und ihn jetzt durch beißende Worte
stachelten. Lorenzo war hitziger Natur; erbittert wie er war,
gereizt durch ehemalige Freunde, die ihm jetzt den Rücken kehrten, forderte er Genugthuung; man zuckte spöttisch die Achsel.
Lorenzo's Zorn schäumte auf; die vor ihm stehende Flasche ergreifend, drang er auf einen der Offiziere und versetzte ihm
einen Schlag an die Schläfe, der ihn todt niederstreckte.

Lorenzo ward ergriffen. Sein Vater verleugnete ihn; er
ward zum Bagno verurtheilt. Dort gelang es ihm, nach kurzer
Haft zu entspringen. Als Flüchtling führte er auf der Insel
Sicilien ein Leben in ewigem Kampf mit seinen Verfolgern und
fiel endlich in Calabrien unter den Reihen der Insurgenten.

Das Weib, das Lorenzo Salvini treu- und gewissenlos verließ, nachdem es ihn seinem Beruf, seiner Familie entrissen,
nachdem es der Liebe eines der bravsten Jünglinge überdrüssig
geworden, dieses Weib war Delila Rospili. Auch Lorenzo war
einst glücklich in seiner Liebe, er träumte von einem irdischen
Paradiese und fand statt dessen Schmach, Schande, Verbannung
und Tod. Alles war Delilas Werk. Mein armer Lorenzo hat
ausgerungen; soll er in Mariano wieder auferstehen? . . . Ich
bedaure Sie, Mariano; Sie sind edel und gut, aber Sie sind
blind. Zittern Sie vor dem Augenblick, wo Sie sehend werden.

Landolfo d'Auria."

. Auch dieser Brief enthielt also nichts Anderes, als was
man Mariano seit dem Tage zugetragen, an welchem er sich
wieder in die Oeffentlichkeit begab. Was man ihm früher feige
oder schadenfroh verschwiegen, beeilte man sich seit Delilas Tode

ihm recht geflissentlich mitzutheilen, ja auch Die, welche es gut
mit ihm meinten, fanden Vergnügen darin, Mariano vorzu-
stellen, wie sehr er sich doch glücklich zu preisen habe, da ihm
das Schicksal eine Zukunft erspart 2c.

Mariano aber lernte einsehen, wie abgeschmackt und charakterlos diese Welt, in der er sich bewegte, und lernte zugleich Diejenigen bemitleiden oder fliehen, zu deren anscheinend redlicher
Freundschaft er sich bisher hingezogen fühlte. Er, mit einem
Herzen ohne alles Falsch, der Alles gern umklammerte, was ihm
edel und gut erschien, mußte jetzt erfahren, daß er für seine
Offenheit und Ehrlichkeit großentheils nur Lüge oder Unwahrheit eingetauscht. Diese zudringliche Beflissenheit, ihn zu trösten,
ward ihm lästig, es war ihm, als bewege er sich in einem
Karneval, in welchem Alles maskirt und in welchem er ganz
plötzlich die Entdeckung machte, daß er allein seine Larve vergessen.

— Sie schmähen und verleumden Dich, Delila, die Du
jetzt als Engel auf mich herabblickst und über ihre Albernheiten
lächelst! rief er aus. Du stehst rein und edel vor mir da, erhaben über die Zwergseelen, die Dich lästern, da Du nicht mehr
unter ihnen wandelst, weil Du nicht herzlos warst wie sie, weil
Du mich liebtest, weil Deine Liebe zu heiß, zu groß für diese
Zwerge war! Jetzt bist Du erlöst! Du bist mein Engel,
mein Schutzgeist, zu dem ich bete; Dein Bild schaut auf mich
herab, Deine Augen lächeln mich an, wie Du es sonst thatest,
Deine weiße Hand streckt sich zu mir aus den Wolken, die Dich
umgeben, und ich rufe Dir zu: ich komme!... Delila, nimm
mich zu Dir, denn sie verfolgen, sie tödten auch mich!...

Und mit der Wildheit, die oft mit all ihrer Heftigkeit zu
ihm zurückgekehrt, seit er sich verlassen, umstellt von Feinden

fah, warf er sich vor Delila's Bilde hin, dem einzigen theuren
Gegenstande, den er für sich gerettet hatte. Seine Blicke hafteten an den großen, gluthathmenden Augen des Bildes, seine
Züge umgaben sich mit einer Art Verzückung, sein ganzes Wesen war außer Fassung. Stundenlang kniete er so vor dem Bilde.

Mariano trieb mit der Erinnerung an Delila einen förm-
lichen Götzendienst. Aus dem Dunkel seiner Seele heraus traten die alten heidnischen Traditionen seiner Heimath; was man
ihn vom Gottesglauben, vom Christenthum gelehrt, umdüsterte
sich immer mehr und verschwand hinter den wilden, unheim-
lichen Gestalten der bösen Geister, von denen ihm die Ammen
und Diener Deka Atjems erzählt, und über ihnen, im Lichte
der Verklärung, erhob sich Delilas, seiner Göttin, Bild.

Losgerissen von Allem, was ihm durch die christliche Erziehung Don Alessandro's und der Priester eigen geworden war;
unfertig und schwankend in den Grundzügen dieser Lehre, von
sich stoßend, was man ihm mit der strengsten Disciplin einzuflößen versucht, war ihm plötzlich die Liebe der Leitstern geworden. Auch aus diesem Paradies hinausgeschleudert, getrennt durch
seinen Starrsinn von Denen, die ihm durch Gewohnheit und
kindliche Dankbarkeit lieb geworden, stand er allein. Alita's,
der theuren Schwester Erscheinung hätte ihn wieder mit dieser
Welt in Verbindung setzen können, sie nur hätte dieses halb
gebrochene, halb von Bitterkeit erfüllte Herz wieder aufrichten
und klären können; aber auch Alita war ihm entrissen. Nur
Einer war noch da, der es seiner Ueberzeugung nach aufrichtig
und gut mit ihm meinte, und dieser Eine war Zerga.

Aber gerade Zerga verstand es auch, dem Jüngling selbst
unbemerkt, in seine Trostgründe Hindeutungen zu verflechten, die
Mariano scheinbar beruhigten, aber ihn trotzdem nur noch un-

glücklicher machten. Zerga sprach ihm stets von der Lasterhaftigkeit,
der Falschheit dieser Welt der Nazarener, in der sie sich bewegten.

Zerga hat Recht, sagte sich endlich Mariano. Diese Menschen sind falsch; in dieser Welt ist kein Glück für mich und
vielleicht ruht der Fluch meines Stammes auf mir. Was bleibt
mir hier noch, das mich festhalten könnte? Bin ich nicht verlassen, bin ich nicht verstoßen? Ich will Zerga folgen, ich will
diese Welt meiden, in der ich nicht mehr glücklich werden kann.
ich will, ich muß heim . . . Aber Alita! Habe ich nicht Tage
und Nächte hindurch diese Stadt bis in die kleinsten Winkel
durchforscht, um sie zu suchen? Wie kann ich gehen, wenn ich
Alita hier zurücklassen soll! Sie lebt, das sagt mir eine Ahnung;
aber wo lebt sie und in wessen Händen ist die Arme? . . .
Ich muß suchen, suchen!

Und wieder stürmte Mariano hinaus, um planlos, gejagt
von seinem Schmerz, die Stadt zu durchsuchen und nach den
fruchtlosesten Anstrengungen an Leib und Seele ermattet wieder
zurüzukehren.

Die Angst um Alita und der Schmerz um Delila waren
die beiden Momente, zwischen denen sich Mariano in fortwäh-
render Aufreibung befand. Sein Verlangen, dem Urheber dieser beiden Frevelthaten auf die Spur zu kommen, war es, was
ihn einzig und allein beschäftigte: er hatte keine Ruhe, ehe er
dieses blutige Räthsel gelöst. Sein Entschluß stand fest, diese
treulose Sphäre zu verlassen, sobald er seine Schwester wiedergefunden; Alita sollte mit ihm gehen; sein Schwesterchen an
der Hand, den Schmerz um die Geliebte in der Brust, wollte
er in die Heimath zurück. Zerga, er und Alita, wie sie vom
Süden gen Norden gewandert, wollten sie auch vom Norden
zum Süden zurückkehren.

Berga also triumphirte. Eins aber ließ der alte Saharier
aus dem Gesicht, und dieses Eine war die Nothwendigkeit, daß
Delila's Andenken in Mariano's Gedächtniß rein und unbe-
fleckt dastehe, daß die Vorstellung von seinem Verlust auch nicht
der allerleiseste Schatten treffe, daß dieser Schmerz in Mariano
lebendig erhalten werde.

Bis jetzt hatte Mariano alle Einflüsterungen in Betreff
Delila's auf das Entschiedenste zurückgewiesen; Niemand wagte
es mehr, nur diesen Namen mit böser Absicht in den Mund
zu nehmen. Da fiel ihm plötzlich Landolfo's Brief in die Hand.

Landolfo stand in seinen Augen als ein Mann von Geist,
Herz und Unerschrockenheit da; er hatte ihn oft bewundert, wenn
er in den Zirkeln der Radikalen auftrat; was Landolfo sprach,
war ihm ein politisches Evangelium. Jetzt mußte dieser Mann
auftreten, um den schwersten Stein auf Delila zu werfen! —
Konnte Landolfo seine Zunge mit einer Lüge beflecken?

Mariano sah sich durch diesen Brief in eine fürchterliche
Stimmung versetzt. Er starrte den Brief, er blickte Delila's
Bild an; er legte die heiße Stirn in seine Hand, um sich laut
das Gehirn mit der Frage zu foltern: „ist es möglich, daß
dieses Auge log, daß diese Lippen, durch die ihre Seele mit
Zauberworten in die meinige hinüber floß, mich betrügen konnten? . . . . War sie nicht der Seraph, von welchem mein
Vater mir einst sprach, der Seraph, der an meinem Steuer
saß, der . . .

— Sie in den Abgrund geführt haben würde, der in der
That ein dem Dunkel entflohener, gefallener Engel war! hörte
Mariano sich plötzlich in seiner halblauten Reflexion durch eine
kräftige Männerstimme unterbrochen. Erschreckt schaute er zurück.
Hinter ihm stand eine hohe Gestalt in blauer, mit grünen Auf-

schlägen versehener Blouse, einen Kalabreser-Hut mit schwarzer
Straußfeder auf dem Kopf, in grauen Pantalons, einen Dolch
im Gürtel, den Säbel an der Seite.

Betroffen starrte ihn Mariano an. Diese Uniform gehörte
der italienischen Legion Garibaldi's, dieses Gesicht kannte er,
doch schien es verändert durch die Uniform und die kühne Feder,
welche von dem Hute des Mannes herabhing.

— Landolfo d'Auria! rief Mariano bestürzt. So eben erst
hatte er den Brief dieses Mannes gelesen, und der Zufall führte
ihn jetzt selbst hierher.

Vor ganz Kurzem hatte er noch Landolfo d'Auria gesehen,
es war kein Wort zwischen ihnen in Betreff des Briefes gefallen, denn Landolfo hatte den Jüngling nicht verletzen wollen,
indem er eine Wunde berührte, die sicherlich noch schmerzen
mußte. Mariano hatte Landolfo stets in Civil gesehen, er betrachtete daher mit Verwunderung Landolfo's kriegerische Erscheinung, welche ihn übrigens gar nicht befremden durfte, da
in den letzten Wochen Alles, was die Muskete tragen konnte,
sich unter die Fahne der bedrohten Republik gestellt.

— Mariano, wann werden Sie einem Leben den Rücken
kehren, das Sie nothwendig verzehren muß? sagte er, während
Zerga leise hinter ihm ins Zimmer schlich und sich unbemerkt in
die Ecke kauerte.

— Was führt Sie zu mir, Landolfo? antwortete Mariano
etwas schroff.

— Zwei wichtige Angelegenheiten, Mariano! erwiederte
Landolfo, gleichgültig Platz nehmend. Die eine betrifft Sie
selbst . . .

— Mich? . . . Doch freilich, ich habe mich soeben erst
überzeugt . . .

— Mein Brief? versetzte Landolfo, während sein Blick über das auf dem Boden liegende Papier hinschweifte. Er ist von so altem Datum, daß ich fast erstaunen muß, Sie noch mit demselben beschäftigt zu finden.

— Und dennoch war der Inhalt mir bis heute neu! antwortete Mariano, sich stolz aufrichtend . . . Landolfo, ich verzeihe der Welt, wenn sie das Edelste zu schwärzen sucht, selbst das Grab nicht mit ihrer Lästerzunge verschont, aber daß Sie sich entschließen konnten . . .

— Mich dünkt, das Datum meines Briefes geht nicht über das Grab hinaus!

— Aber über die Grenzen, welche dem Ehrenmann einem edlen Weibe gegenüber gezogen sind! sagte Mariano stolz.

— Sobald dieses Weib seine Grenzen überschreitet, ist sie nicht nur dem Urtheil des Mannes, sondern dem der Welt verfallen! antwortete Landolfo im vorigen Ton.

— Und wenn dies selbst geschehen wäre, was ich bestreite, geziemt es dem stärkeren Geschlecht nicht, nachsichtig mit der Schwäche des Weibes zu sein? fragte Mariano.

— Niemals, sobald es zum Verderben dieses Geschlechtes gereicht! antwortete Landolfo kalt. Sie tödten doch die Schlange, die sich zu Ihren Füßen ringelt, nicht minder gern, wenn sie eine gleißende Haut trägt?

— Und wenn nun diese Schlange die Welt selbst wäre?

— So tödtet die stärkere Schlange die schwächere! Uebrigens, warum sprechen wir in Bildern, Mariano; haben Sie meinen Brief erst heute gelesen? fragte Landolfo sich erhebend.

— Er wurde mir in einem Moment übergeben, wo ich . . .

— Ich verstehe, unterbrach ihn Landolfo. Sie vergaßen ihn und erst heute ist er Ihnen wieder in die Hand gekommen. . . . Glauben Sie, Mariano, fragte er, dem Jüngling die Hand auf die Schulter legend, daß in meinem Brief auch nur ein Fünkchen von Verleumdung liegt?

Mariano erröthete, seine Stirn färbte sich. Landolfo schaute ihm so offen und fest in's Antlitz, er war ihm in diesem Augenblick so überlegen, daß Mariano vor sich selbst und seinen Gedanken erschrak.

— Gestehen Sie, Mariano, fuhr Landolfo fort: Sie halten mich für einen Verleumder!

Mariano schwieg verlegen.

— Ich gebe Ihnen das Ehrenwort eines Mannes, der dem Bagno entlaufen ist, daß diese Delila eine Phryne war, deren Andenken selbst das Grab nicht vor der Wahrheit rettet, und daß es mir wehe that, einen braven Jungen wie Sie das Schicksal meines armen Lorenzo Salvini theilen zu sehen!

— Landolfo! fuhr Mariano auf, die Hände gegen ihn ballend und ihn mit seinen wilden Augen verschlingend, während Zerga, als er Mariano aufschäumen sah, sich unwillkürlich in der Ecke erhob.

— Was ich Ihnen schrieb, wiederhole ich hier!

— Es ist eine Lüge!

— Nur die lautere Wahrheit! Ich schwöre es Ihnen, so wahr ich mit diesen eigenen Augen Lorenzo elend gesehen! rief Landolfo feierlich. Jetzt aber, setzte er ruhiger hinzu, lassen Sie sich den Schwur eines Mannes, über dessen Lippen nie eine Unwahrheit gekommen, zur Veranlassung dienen, sich selber glücklich preisen zu lernen! Sie sind edel, aber unerfahren; Sie mußten in ein Garn gerathen, aus dem Sie nur eine höhere

Hand erretten konnte, die es wohl mit Ihnen meint. . . Ich bedaure Sie, Mariano, aber ich preise Ihr Glück, denn Ihnen war vergönnt, den Honig einer der schönsten Blumen zu kosten, ohne das Gift zu erreichen, das auf dem Grunde ihres Kelches lauerte. Ihnen war das seltene Schicksal eines Sterblichen, in den Armen einer Circe zu ruhen, ohne von ihr vernichtet zu werden . . . Mariano, fuhr er in wohlmeinendem Tone fort, des Jünglings Hand erfassend; reiße Dich aus dieser Unthätig- keit, sei ein Mann, wie Du es warst; richte Dich auf; vergiß, was Dir geschehen, zeig' der Welt, was in Dir steckt, ich will Dir die Gelegenheit dazu geben. Sieh, die Welt ehrt nur, was sich über sie erhebt, was ihr Anerkennung abzwingt. Du hast ihr gezeigt, wessen Du im Glück fähig warst, sei im Unglück mehr, als Du im Glück gewesen; stürze Dich wieder in's Leben, Rom bedarf der Arme und des Muthes seiner Ju- gend; es war einst stolz auf Dich, willst Du die Hände in den Schooß legen, wo ein ganzes Volk für seine Rechte, seine Freiheit zu den Waffen greift? Mariano, Roms Feinde stehen vor den Thoren; die edelsten von Roms Söhnen haben zu den Waffen gegriffen, Deine Freunde warten auf Dich!

Mariano blickte auf. Er hatte nur an Das gedacht, was ihm Landolfo über Delila gesagt, und der Sinn dieser Worte war ein so niederschmetternder. Landolfo selbst ahnte nicht, wie verwüstend seine Anklage gegen Delila auf den Armen wirkte, wie er innerlich die Ueberzeugung von Delila's Unschuld und die Ueberzeugung von Landolfo's Ehrenhaftigkeit abwog, und wie dabei eine Illusion nach der andern sich langsam von seinem Herzen ablöste. So lange hatte er jede Anklage, wie einstim- mig die Welt auch zu sein schien, mit Entrüstung von sich ge- wiesen; jetzt kam dieser Mann, dessen Charakter ihm über allen

Zweifel erhaben schien, und zertrümmerte ihm das Heiligenbild, das vor seiner Seele stand. Der Gedanke an die Möglichkeit, daß Delila dennoch nicht der reine Engel gewesen, als welchen er sie über das Grab hinaus anbetete, zertrümmerte wie ein Donnerkeil den Tempel, den er ihr in seiner Erinnerung er= richtet, und klagend saß ein gemißbrauchtes Herz an der Stätte der Trümmer.

— Landolfo, sagte er finster; ich zürne Ihnen ni·cht, aber ich sehe ein, daß es von dieser Stunde an auch um den Trost geschehen ist, den ich wenigstens im Leiden und Dulden gesucht.

— Er ist Ihnen nicht würdig, dieser Trost, Mariano! sagte Landolfo herzlich; ich biete Ihnen einen Ersatz für diesen Trost in diesem Papier, das ich für Sie erwirkt habe. Ich selbst bedarf eines Kameraden wie Sie. Der Obergeneral Avezzana bietet Ihnen hier eine Stelle als Lieutenant der Ver= saglieri.

Mariano schien plötzlich wie elektrisirt. Vielleicht fand er selbst einen Rettungsanker in diesem Anerbieten, mit welchem das römische Obercommando damals so liberal umging, daß man Alles zum Offizier machte, was nur irgend von einiger Distinction erschien.

Landolfo sah erfreut die Wirkung dieses Papiers, denn ohne eine Ahnung, daß sein eigenes Kind, Leona, diesen Jüngling liebte, hatte er vom ersten Moment, wo ihn der Zufall mit Mariano zusammengeführt, ein instinctmäßiges Interesse für ihn gefühlt.

— Mariano, sagte er, ich bringe Ihnen zugleich eine an= genehme Nachricht. Wenn ich nicht irre, haben meine Leute endlich eine Spur Ihrer Schwester gefunden.

4*

— Alita's! rief Mariano, während das Papier seiner
Hand entfiel. O, dann wird Alles gut! Wo ist Alita?

Zerga, dem kein Wort von dieser Unterhaltung entgangen
war, lauschte zitternd, sein Auge haftete an dem Legionär, als
hange Leben und Tod von dessen Worten ab.

— Wo sie ist, Mariano, vermag ich nicht zu sagen, doch
will's Gott, so werden wir sie finden. Heute Morgen überraschten meine Leute ein verdächtiges Subject, einen spitzbübischen
Burschen, der sich in Gesellschaft einiger anderer Strolche vor
der Thür einer Osteria rühmte, er habe seit einiger Zeit jede
Nacht eine wunderschöne Signora zu bewachen; er werde aber
dafür sehr schlecht bezahlt und würde sich den Teufel zu einem
solchen Wächterdienst hergeben, wenn das Mädchen nicht so schön
wäre. Meine Leute packten den Burschen sofort und begannen
ein Verhör mit ihm; aber schlechte Inquisitoren wie sie sind,
begnügten sie sich, mir den Patron zu bringen. Bis jetzt habe
auch ich nichts aus ihm herausgeholt, indeß, wenn er durchaus
nicht beichten will, so setzen wir ihm die Muskete vor den
Kopf.

— Wo ist er? rief Mariano in fieberhafter Aufregung.

— In unsrem Quartier, im Kloster St. Agostino. Ich bin
bereit, in Ihrer Gegenwart sogleich das Verhör mit ihm vor-
zunehmen.

— Landolfo! rief Mariano mit einem von Hoffnung und
Begeisterung wieder aufstrahlendem Blick. Sie sind ein edler
Mann. Sie müssen Nachsicht mit einem Unglücklichen haben,
der soeben seinen ersten Schmerz, den Verlust einer Geliebten
und einer Schwester erlebt. Die Welt, wie sie mir früher erschien, ist dahin; ich fühle, dieser Verlust hat in mir ein Etwas
geboren, das langsam an meinem Lebensmuth zehrt. Ich komme

mir vor wie ein Genesender, der sein Vertrauen auf die eigne
Kraft und Unverwüstlichkeit verloren, der vorsichtig, gegen alle
seinem Körper drohenden Gefahren auf der Huth, wieder in's
Leben tritt und mit Entsagung auf jene schöne Zeit zurückblickt,
wo er noch nicht an die Möglichkeit des Schmerzes und seiner
Folgen dachte.

Landolfo zog Mariano mit sich fort; säbelklappernd eilte er
die schmale und steile Treppe hinab. Mariano folgte ihm.

———

Auf Zerga hatte diese Unterhaltung einen mächtigen Eindruck gemacht. Lauernd wie eine Katze saß er da, kein Wort
verlierend und Mariano ängstlich beobachtend. Als Beide hinaus, sprang er auf. So viel war ihm klar geworden, daß
Mariano abermals auf dem Sprunge war, ihm zu entwischen,
daß er selbst in Gefahr stand, seine doppelte Beute, Bruder und
Schwester, zu verlieren. Einen Augenblick überlegte er, dann
schoß er den beiden nach und holte sie auf der Straße ein.

Mariano erschien ihm charakterlos, und so mag er auch dem
Leser erscheinen. Was in Mariano stets die Oberhand wieder
gewann, war keineswegs der Charakter, sondern seine unzer-
störbare physische Kraft, sein Thatendrang, sein vor nichts er-
schreckender Muth. Es fehlte ihm nicht an den Anlagen eines
Charakters, aber es fehlte diesem an jeder Ausbildung; es fehlte
ihm nicht an Willenskraft, aber dieser Wille hatte keinen bestimmten Gegenstand, keine Richtung, kein Ziel.

Wir kennen Mariano als eine wilde, ursprüngliche und zugleich höchst begabte Natur; wir haben gesehen, daß man die
Leidenschaftlichkeit des Knaben auf ein Ziel abrichtete, wie einen

Jagbleoparden auf die Gazelle. Don Alessandro erkannte mit
seinem Scharfblick die riesige Naturkraft des Knaben; er sah
ein, wie schwer es halten werde, ihn in sanftere Bahnen zu
drängen; er nährte daher diesen Naturdrang, diese Leidenschaftlichkeit seines ganzen Wesens, indem er dem Knaben das, was
der junge Wilde ersehnte und was ihm daheim zum Bedürfniß
geworden, auf einer Bahn zeigte, die solche Versprechen nimmer
erfüllen konnte.

Der Leser zürne Mariano nicht. In seiner Heimath wäre er
wahrscheinlich der Stolz und der Glanz eines ganzen Stammes geworden; hier auf diesem fremden Boden, losgerissen von der heimischen Erde, losgerissen auch von denen, die ihn hätten bilden und
für dieses Klima, diese Verhältnisse fertig oder brauchbar machen
können, ohne Kenntniß aller jener vielgliedrigen Verhältnisse,
durch welche unsre Gesellschaft zusammenhängt, trieb er vor den
Stürmen. Der Stolz wehrte ihm, sich Denen wieder zuzuneigen,
die er verlassen, die Aussicht, ja die Gewißheit, bei jeder neuen
Annäherung an Don Alessandro, von dessen eisernem Willen
auch wieder in ähnliche Sclaverei zurück geführt zu werden,
ließen ihn jeden Gedanken hieran mit Entrüstung von sich weisen; selbst die Liebe für Alita hatte nicht vermocht, diese beiden
feindlichen Elemente einander wieder zu nähern. Jetzt endlich
war auch dieses schwache Band an die Familie, in der er auf-
gewachsen, zerrissen; Alita war verschwunden, Mariano fremd
und ausgestoßen.

Don Alessandro hätte ihn noch retten können; er brauchte
ihm nur die Wahl eines andern Berufes zu gestatten, er wäre
reuig zu des Vaters und des Wohlthäters Füßen gestürzt. Doch
auch Don Alessandro's Geist war noch immer umdüstert. Seinem
religiösen Vorurtheil erschien Mariano als der Inbegriff des

Undanks und der Schlechtigkeit. Der unglückliche Don Alessandro
mußte unterliegen, weil er nutzlos alle seine geistigen Kräfte zu
seiner Aufgabe verwendet. Die frische Kraft des Jünglings
hatte sich der überlegenen geistigen des Alters entgegengesetzt;
Don Alessandro brach zusammen, als er sah, daß er, verlassen
von aller Autorität der Staatsgewalten, zu Ende war.

Wehe dem, der aus jedem Stoff Jedes formen zu dürfen
glaubt! Weil Don Alessandro Alles hieran gesetzt, ging ihm
Alles, sein eignes Lebensglück mit dem des Jünglings verloren, für den er sich verantwortlich gemacht. Es war, als
wollte Gott selbst seinen Arm hemmen, indem er ihm Berga
sandte.

IV.

Eine Execution.

Spurlos war an dem nur mit sich selbst beschäftigten Mariano vorüber gegangen, was während der letzten Wochen in und um Rom
passirte. Auch Camillo's Nachforschungen waren rastlos, seine
Angst wuchs von Tag zu Tag und zehrte an seiner Gesundheit.
Leona trauerte daheim. Don Alessandro war so weit hergestellt, daß er das Bett verlassen. Sein erstes Verlangen, als
er den Fuß auf den Boden gesetzt, war der Wunsch gewesen,
die vorgeblich noch immer kranke Alita zu besuchen. Man griff
zu einer Lüge und sagte ihm, der Arzt habe Alita in sein Haus
genommen, da man ihr in dem Don Alessandro's, das schon
einen Kranken berge, nicht die nöthige Pflege widmen könne.
Don Alessandro ließ sich beruhigen, da man ihm täglich gün-
stigere Nachrichten von Alita's Befinden brachte. Aber mit
diesen günstigen Nachrichten wuchs auch die Angst der Umgebung. Konnte man dem Vater die Wahrheit noch lange ver-
hehlen, und war nicht alles für ihn zu fürchten, wenn er das
traurige Schicksal seines Lieblings erfuhr?

Camillo war während dieser Zeit wie von Furien gejagt.

Alles drängte zur Krise und Alles prophezeite, daß diese eine
vernichtende sein werde. Wie peinlich es Camillo, dem jungen
Aristocraten, auch war, fortwährend in der engsten Berührung
mit den Republikanern zu stehen, so vergaß er doch bald seine
politischen Antipathieen um des wichtigen Zweckes willen; er
fühlte sich sogar manchem dieser besäbelten und bespornten wilden
Republikaner zu aufrichtigem Danke verpflichtet für die Aufopferung, mit welcher sie die Nachforschung Alita's betrieben, und
unter diesen stand Landolfo obenan. Mehrmals hatte er letzterem
vorgeschlagen, ihn in die Arme seiner Tochter Leona zu führen.
Landolfo war in solchen Augenblicken immer sehr weich gewesen,
er hatte den inneren Kampf seiner Sehnsucht mit seinen Vor-
sätzen nicht ganz verbergen können, und kopfschüttelnd hatte er
stets geantwortet:

— Wie gern sähe ich mein Kind, wie gern drückte ich meine
Leona an diese vielgeprüfte Brust; aber ich weiß ja, daß ich,
ein Geächteter, ihr kein Glück bringe, daß der Segen, den ich
meinem Kinde geben könnte, an dem Fluch abprallt, der meinen
Schritten folgt. Ich will Leona sehen, Herr Graf, setzte er
dann wohl hinzu, ich muß sie sehen; aber später, wenn erst
der blutige Tanz beginnt, zu dem wir uns bereiten, will ich sie
aufsuchen, will Abschied von ihr nehmen; so lange aber, Herr
Graf, verschweigen Sie ihr, daß Sie mich gesehen.

Camillo hatte Wort gehalten und Leona hatte keine Ahnung
davon, wie energisch ihr Vater sich bemühte, Alita wieder
aufzufinden; wie er mit seinen Legionären und einer Anzahl
geworbener Subjecte alle Gassen, Winkel und verdächtigen Häuser durchstreifte, wie er sogar in die Provinzen seine Spione
geschickt, um Don Alessandro das Kind, Camillo die Geliebte
wieder zu bringen und diesen Beiden seine Schuld abzutragen.

Die Stadt Rom hatte inzwischen eine seltsame Physiogno=
mie angenommen. Die Wälle und Mauern wurden in Ver=
theidigungszustand gesetzt und Barikaden aufgeworfen; die öf=
fentlichen Plätze waren in militärische Lager umgewandelt, die
verlassenen Klöster und Paläste wurden zu Casernen gemacht.
Truppen über Truppen, zum Theil in den phantastischsten Co=
stümen zogen in die Stadt; Munition, Kanonen, Proviant wurde
durch die Straßen gefahren, großartige Waffentransporte langten
an; die Straßen wimmelten von Militär, Adjutanten sprengten
hin und her, Reiterabtheilungen zogen zum Thore hinaus und
wieder herein, die schwarzen Federbüsche der Offiziere und Ver=
saglieri wehten überall, Säbel und Musketen klapperten, das
Commando ertönte. Da wo sonst friedlich an der Spitze from=
mer Prozessionen das Kreuz einhergetragen worden, rauschten
die Tricoloren, Kriegsgesänge erschallten anstatt des andächtigen
Ave Maria — ganz Rom war auf dem Kriegs= und Verthei=
digungsfuß, denn der französische General Oudinot hatte von
Civita=Vecchia aus seine Vorposten gegen Rom aufgestellt und
man sprach davon, daß Garibaldi sich demnächst mit diesen
Vorposten engagiren werde. Mazzini war der Gott der Römer,
Garibaldi sein Prophet!

Von der ganzen Außenwelt abgeschlossen, hatte Mariano
nichts von diesem militairischen Schauspiel bemerkt. Mit einer
gewissen Trunkenheit bewegte er sich jetzt an Landolfos Seite
durch die Massen der Soldaten. Er sah die Rosse durch die
Straßen jagen, er sah die Federn wehen, hörte die Waffen an
einander schlagen, hörte die Soldaten ihre Lieder singen — es
war ihm, als bewege er sich in einer neuen Welt und als sei
diese Welt der Inhalt so vieler köstlicher Träume.

Vor einem alterthümlichen Gebäude, einem Koloß mittel=

alterlicher Architectur sah eines Tages Mariano einige Schildwachen auf- und niedergehen. Offiziere und Soldaten trieben
sich vor demselben herum:

— Wir sind zur Stelle! sagte Landolfo, auf das Kloster
zeigend und durch das hohe Portal schreitend. Die Legionäre,
zum Theil junge Männer, deren Wesen Geburt und Erziehung
verrieth, lagen mit Kartenspiel beschäftigt, in den halbdunklen
Kreuzgängen umher. Landolfo grüßte nach allen Seiten, wechselte mit Einigen kurze Worte und führte Mariano in eine
ebenfalls halbdunkle, Halle, deren Hintergrund durch eine auf
einem rohen Holztische stehende dreischnuppige Lampe erhellt
wurde.

Auch dieser Tisch war von Kartenspielern besetzt; die Unterhaltung in verschiedenen Dialecten zeugten von der nationalen
Musterkarte, welche die Armee der Republik aufweisen konnte.
Einer dieser Offiziere erhob sich, als er Landolfo sah, und kam
ihm entgegen. Keck und herausfordernd saß der runde Hut mit
der schwarzen Feder lanzknechtartig auf seinem hübschen, doch
abenteuerlichen Gesicht, ein Knebelbart gab diesem Antlitz etwas
Verwegenes, womit der im Gürtel der blauen Blouse steckende
Dolch und der nachlässig an der Seite klappernde Reitersäbel
recht kriegerisch correspondirten. Die Cigarrette im Munde,
die Hände in den weiten grauen Pantalons, mit aristocratisch-
liberlichem Anstande trat der junge Offizier zu Landolfo.

— Wo ist der Gefangene? fragte der Letztere.

— Er liegt draußen und ist gut aufgehoben, antwortete der
Gefragte, während er Landolfos Begleiter betrachtete.

— Signore Mariano! stellte Landolfo seinen Begleiter vor.

— Ein Todter! antwortete der Offizier, sich selbst vorstellend und tauschte dabei einen lächelnden Blick mit Landolfo. Mein Name ist Lorenzo Salvini.

— Derselbe . . .? fragte Mariano erschreckt und Landolfo anblickend.

— Derselbe, der in Kalabrien gefallen und wieder auferstanden, bestätigte der junge Mann . . . Mein Freund Landolfo hat die Gewohnheit, mich gern zu begraben; ich finde aber dieses Leben so angenehm, daß ich mir erlaubt habe, Ihnen gegenüber wieder aufzuerstehen. Sie werden mich hinfort nur Lorenzo nennen . . . Geben Sie mir Ihre Hand, Mariano!

In Lorenzos Wesen lag so viel Biederes, daß Mariano ihm die Hand reichte. Beide junge Männer betrachteten sich dabei mit eigenthümlichen Gefühlen: Mariano maß Lorenzo mit seltsamer Theilnahme, in die sich freilich die bittersten Erinnerungen mischten; Lorenzo seinerseits schien sich zu sagen; nicht übel, dieser Nachfolger!

— Bringe uns den Gefangenen, Lorenzo! sagte Landolfo, während die beiden jungen Männer sich noch maßen.

— Sofort! rief dieser, sich auf dem Absatz herum drehend und den Rest der Cigarette in die Ecke werfend. Doch noch Eins, Landolfo! Da Du mir diesen Fang verdankst, so werde ich auch das Hauptverhör leiten!

Lorenzo ging. Landolfo und Mariano begaben sich in den Hintergrund des Klosterhofes, über welchen sich bereits die Abenddämmerung ausbreitete. Hier erschien Lorenzo an der Spitze von sechs mit Musketen bewaffneten Legionären, die einen widerlich häßlichen Burschen mit spitzbübischem Gesicht und auf den Rücken gebundenen Händen transportirten.

Es war Sidi Smaëls Handlanger, derselbe, welcher Alita

an Smaels Schwelle empfangen und sie in dessen Haus geführt hatte.

Landolfo lehnte sich gemächlich und erwartungsvoll mit dem
Rücken an die Mauer, Mariano stand da und verschlang den
Burschen mit seinen Augen; Lorenzo zündete sich eine neue Cigarette an und steckte dann die Hände wieder in die Taschen
seiner weiten Pantalons.

— Mein Sohn, begann er, dieser Herr hier vermißt seit
einiger Zeit seine Schwester; man vermuthet, daß sie das Opfer
irgend eines Bubenstreichs geworden ist. Du wurdest ergriffen,
weil Du geäußert, Du seist der Wächter eines schönen jungen
Mädchens und hast Dich hiedurch in den dringendsten Verdacht
gesetzt. Du siehst in dem Capitano dort und in mir, dem Lieutenant Lorenzo, Deine Richter, in jenem Herrn dort Deinen
Ankläger. Daß Du ein Spitzbube bist, bezeugt Dein Gesicht,
denn ich habe bereits die Ehre gehabt, mit unzähligen Deines
Gelichters zu verkehren, so daß ich auf eine halbe Meile einen
Schurken von einem ehrlichen Mann unterscheiden kann.

Der Gefangene blickte seinen Inquisitor mit frecher Miene
an, erschrak aber, als sein Auge auf Marianos Antlitz fiel, das
ihn durch eine gewisse Aehnlichkeit mit den Zügen der Person,
um welche es sich handelte, frappiren mochte.

— Ich weiß nicht, was man von mir will! antwortete
er dreist.

— Du weißt nichts? Gut, so bekenne: wer war es, der
Dir die Signora übergeben?

— Ich kenne Niemanden und weiß von nichts!

— Wo steht das Haus, in welchem man Dir die Signora
zur Bewachung gab?

— Ich weiß weder von einer Signora, noch von Jeman-
dem, der sie mir übergeben, noch von einem solchen Hause.

— Und doch hast Du Dich dessen gerühmt.

— So muß ich betrunken gewesen sein!

— Gut, mein Sohn; wir werden Dir zu trinken geben,
wenn der Wein Dich gesprächig macht.

Auf Lorenzo's Wink brachte man einen Zinnbecher mit Wein
gefüllt, und reichte ihn dem Gefangenen. Dieser nahm den
Becher und schüttete den Inhalt höhnisch auf die Erde.

Auf Lorenzo's Wink führten die Soldaten ihren Gefangenen
auf die andere Seite des Hofes vor einen geschlossenen Thorweg, stellten sich in kurzer Entfernung von ihm auf und legten
sich in Anschlag. Mit unerschütterlicher Frechheit schaute der
Bursche in die Mündungen der beiden Musketen. Lorenzo
commandirte bis zu dem Moment „Feuer!" Der Gefangene
stürzte auf die Knie.

— Ich bin unschuldig! schrie er; ich will ja gestehen, was
ich weiß!

Die Soldaten blieben in Anschlag; in peinlicher Spannung
waren Landolfo und Mariano herzugetreten.

— Gut, so rede! sprach Lorenzo kaltblütig.

— Ich kann ja nichts gestehen, als daß mich eines Abends
ein unbekannter Mann fragte, ob ich einen Scudo verdienen wollte,
wenn ich eine junge Dame die Nacht hindurch bewache, die
ihre Eltern wegen leichtfertigen Lebenswandels eingesperrt. Ich
sagte ja, denn ein armer Teufel wie ich findet so leicht nicht
einen Scudo auf der Straße. Man verband mir die Augen,
führte mich durch mehre Straßen und endlich in ein Haus, wo
ich die Signora fand und bis zum Morgen bewachte.

— Der Bursche lügt offenbar! sagte Lorenzo. Es bleibt nichts übrig, als ihn über den Haufen zu schießen.

— Gnade, Gnade, Signore Capitano! rief der Gefangene, Vielleicht besinne ich mich, wo das Haus liegt, wenn Ihr mir meine Freiheit sichert.

— Du sollst sie haben, sobald Du uns an Ort und Stelle geführt. Aber wehe Dir, wenn Dich unterwegs Dein Gedächtniß verläßt!

Von den Soldaten in die Mitte genommen, ward der Spitzbube zum Kloster hinaus transportirt. Mariano und Landolfo folgten. Die Dämmerung sank bereits herab. Mariano bemerkte nicht, wie Zerga, der ihm mit seinem Wissen gefolgt, aber am Eingang des Klosters verschwunden war, bei seinem Hinaustreten um die Ecke des Hauses, als er den Gefangenen entdeckt, durch das Halbdunkel geschützt, voran eilte. Zerga war verloren, wenn dieser Bursche Verrath im Sinn hatte.

Im Eilmarsch durchzog der Trupp die immer dunkler werdenden Straßen. Mariano und Ludolfo waren schweigsam, selbst Lorenzo schien in einer großen Spannung zu sein. Der Gefangene seinerseits warf inzwischen ängstliche Blicke umher; aber die Gassen waren öde und nirgendwo schien sich ihm Rettung zu bieten. Endlich erreichte man die belebteren Straßen. Wichtige Nachrichten aus dem französischen Lager schienen in der Stadt angelangt zu sein; das Volk sammelte sich in Gruppen; das Gedränge ward so stark, daß Lorenzo sich mit der flachen Klinge Raum verschaffte.

— Zu Hülfe! schrien plötzlich mehre Stimmen, sich zu den Soldaten rettend, um bei ihnen Schutz zu suchen. Die Aufmerksamkeit der letzteren ward hierdurch getheilt; Lorenzo packte mehre der verfolgten Individuen und schob sie zwischen die Sol-

baten; kaum über den Platz hinaus, warf er einen Blick auf
seinen Trupp zurück, um die Häupter desselben zu zählen. Ihre
Zahl stimmte nicht; er commandirte Halt. Mariano und Lon-
dolfo traten heran — man vermißte den Gefangenen.

Ein Schrei entfuhr Mariano; Lorenzo fluchte, Landolfo erschrak. Die Soldaten auf dem Platze lassend, zerstreute man
sich eilig nach allen Seiten, um den Entsprungenen zu suchen
— Alles war vergebens.

— Mit einem ganzen Register von Schimpfworten kehrte
Lorenzo zu den Soldaten zurück und drohte ihnen mit breitägi-
gem Arrest für ihre Fahrlässigkeit. Auch Mariano fand sich
athemlos wieder ein, Angstschweiß deckte seine Stirn; noch hoffte
man auf Landolfo. Eine Viertelstunde verstrich; auch Landolfo
kam — allein!

Das Erscheinen Landolfo's mit seiner Hoffnungsbotschaft
war für Zerga ein Blitz aus heiterm Himmel gewesen. Er
hatte den tief danieder gedrückten Mariano bereits auf den
Punkt gebracht, daß dieser ihm sein heiliges Wort gegeben, ihm
zu folgen, wenn er ihm Alita zur Stelle schaffe. Delila war
aus dem Wege geräumt; Alita's hatte er sich glücklich bemächtigt, um Mariano ganz in Händen zu haben, wenn Delila
nicht mehr sei. Seit Kurzem beschäftigte sich also Zerga damit,
wie er, ohne sich selbst zu verrathen, Alita heimlich dem Bruder wieder zuführen könne. Zerga ahnte aber nicht, daß Sidi
Smaël vorschnell und indiscret genug gewesen, sich vor Alita
als Afrikaner zu decouvriren, daß diese also Zerga's Hand in
diesem Bubenstreich entdeckt hatte.

Ohne die Geistesgegenwart zu verlieren, war Zerga dem Trupp voraus geeilt. Der Zufall war ihm günstig; es gelang ihm, wie dies bei einiger Aufregung der Gemüther nie schwer hält, einen Auflauf zu veranstalten. Von der Verschmitztheit des Burschen erwartete er, daß derselbe diesen Moment zu seiner Rettung benutzen werde, wie dies denn auch geschehen. Der Zufall wollte, daß Mariano, als er in seiner Angst sich dem Entflohenen nachstürzte, dicht an Zerga vorbeistreifte; er bemerkte ihn jedoch nicht und leichten Herzens setzte Zerga seinen Weg fort.

Beruhigt eilte Zerga zum Ghetto. Er mußte Smaël sprechen, mußte ihn von dem Geschehenen benachrichtigen, mit ihm überlegen, wie man sich vor Entdeckung wenigstens noch einige Tage sichre, denn vielleicht morgen schon konnte Zerga mit der Nachricht vor Mariano treten, daß er seinerseits jetzt eine untrügliche Spur Alita's gefunden und daß er ihm dieselbe zuführen werde, wenn er ohne zu säumen mit ihm und Alita den Weg zur Heimath antrete.

Mit langen Schritten eilte Zerga durch das Ghetto. Alles war dunkel. Endlich stand er vor Smaëls verfallenem Hause, in dessen Hofhütte Alita gefangen gehalten wurde. Die tiefste Stille herrschte umher; wie bewegt Rom an diesem Abend war, auf die Bewohner dieser Stätte schienen die Vorgänge draußen keine Einwirkung zu haben. Vorsichtig trat Zerga an das durch einen morschen Laden verschlossene Fenster. Leise pochte er mit dem Finger einmal, zweimal, dreimal und horchte dann auf das Antwortzeichen. Dieses ließ auf sich warten. Abermals pochte Zerga lauter als vorher. Wieder vergebens.

Zerga legte das Ohr an den Laden und lauschte. Noch einmal pochte er in derselben Weise, und zum vierten Male vergebens. Noch nie war es vorgekommen, daß Smaël um diese Abendzeit außerhalb des Hauses gewesen wäre; denn nach oaientalischer Sitte pflegte er mit niedergehender Sonne unter sein Dach zu kriechen. Wo war Smaël, wenn er nicht öffnete? Daß die Soldaten Zerga zuvorgekommen seien, war unmöglich, selbst wenn sie den Gefangenen in demselben Augenblick wieder ergriffen hätten, in welchem Zerga den Platz verließ.

Verrath! schrie es in der ohnehin so mißtrauischen Seele des Arabers auf. Er verließ das Fenster und schlich an der Wand entlang zur Thür. Diese gab zu seinem Erstaunen dem leisesten Druck nach und Zerga stand in dem finstern Hausflur. Kein Schimmer von Licht drang aus der sonst immer matt erleuchteten Küche, alles war finster und öde; kein Geräusch verrieth die Anwesenheit lebender Wesen. Unsicher tappte er an der Wand des Hausflurs bis zum Ende desselben. Auch hier dieselbe Finsterniß.

— Smaël! rief er halblaut in die Küche hinein. Sein Ruf echoete in dem Rauchfang und hallte dumpf und unheimlich zurück; Smaël selbst aber antwortete nicht. — Smaël, ich bin's ja! . . . Zerga! . . . Smaël, es ist Gefahr! Ich komme, Dich zu warnen! setzte er hinzu in der Ueberzeugung, daß wenn der Jude sich versteckt, diese Warnung ihn sicherlich aus seinem Loch hervorziehen werde.

Allmälig gewöhnte sich Zerga's Auge an die Dunkelheit; es gelang ihm, einige Gegenstände in dem leisen Schimmer zu entdecken, den die draußen herrschende Nacht durch das kleine Küchenfenster in der Küche verbreitete. Zerga schlich zum Eingang von Smaëls stets offnem Wohnzimmer; er trat ein, fühlte mit den Händen auf den drei Seiten des Divans umher, entdeckte aber nichts Lebendes als einige Mäuse, welche ihm über die Hände hinweg sprangen.

— Smaël, Smaël, ich bin es ja! rief er abermals in arabischer Sprache; aber Niemand antwortete ihm, weder in dieser noch in irgend einer andren Sprache. — Smaël, Du Judensohn, Du Hund von einem Betrüger, Du hast mich hintergangen! Sie kommen, um Dir die schwarze Hundeseele aus dem Leibe zu reißen! Smaël, antworte, denn ich rieche, daß Du heut Abend noch hier gewesen bist! rief er durch die Dunkelheit. Smaël, Du hängst morgen am Galgen, wenn Du nicht auf meine Warnung hörst! Wo hast Du Alita, Du Sohn eines Diebes!

Immer dasselbe Schweigen. Zerga stand Todesangst aus. Er fühlte sich zu dem Gemach hinaus und schlich durch die Küche zu der nach dem Hofe führenden Thür. Auch diese war unverschlossen. Auf dem Hofe dieselbe Stille. Er schlich an den kleinen Stall, in dessen Innern man Alita gefangen hielt. Die Thür stand offen; das Zimmer war leer, keine Spur von einem menschlichen Wesen darin zu entdecken; sogar Zerga's scharfer Geruchsinn bezeugte ihm, daß diese Hütte den Tag hindurch nicht leer gewesen sein könne.

— Verrath! Verrath! ... Du Hund, Du Dieb, Du Judenbalg! schrie Zerga außer sich mit den Fäusten vor seine Brust schlagend und in dem schmutzigen kleinen Gemach hin und her rennend.

Plötzlich schien er einen hellen Gedanken zu fassen. Er erinnerte sich, daß Smaël seine Handelsschätze in dem auf der andren Seite des Hausflurs an der Küche belegenen Zimmer, seinem Magazin, bewahrte. War dieses verschlossen, so konnte auch Smaël nicht fern sein; dieses Zimmer mußte ihm sagen,

ob er wirklich betrogen worden. Freilich war wenig Aussicht
auf das Gegentheil, denn wie konnte Zerga annehmen, daß
Smaël sein Haus offen lassen und seine Schätze den Dieben
Preis geben werde! Aber es war ja noch immer möglich, daß
Smaël überrascht worden, daß man in seine Hütte eingebrochen,
daß er nur sich selbst und seine Gefangene gerettet und seine
Schätze einstweilen im Stiche gelassen, um zurückzukehren, wenn
die Gefahr vorüber.

Verzweifelt stürmte Zerga durch die dunkle Küche zum Magazin des Juden. Die Thür desselben, sonst stets verschlossen,
stand offen. Zitternd durchsuchte der Araber das Gemach; er
packte die Kisten und rüttelte an ihren schweren Deckeln. Diese
gaben nach; die Kisten waren leer. Alles leer und ausge-
räumt.

Ein Wuthgeheul ausstoßend sank Zerga auf eine der Kisten.

— Er hat mich betrogen, bestohlen! stöhnte er, die Hände
vor das Gesicht legend . . . Das Geld! Das Geld! Verflucht sei meine Thorheit! Wußte ich nicht, daß der Fluch auf
dem Gelde des Nazareners ruht? Warum behielt ich die andre
Hälfte so lange, warum weigerte ich mich, sie ihm früher zu
geben, als er mir das Mädchen abgeliefert? Wußt' ich nicht,
daß der Fluch auf meinem Haupte ruht, so lange das Geld
des Nazareners in meinem Gürtel steckt? . . . Smaël! rief
er aufspringend und mit wahnsinniger Hast in seinen Gürtel
greifend. Hier hast Du das Geld, das verruchte Geld! Nimm
es, ich will es nicht mehr; es paßt besser in Deinen weiten
Bauch, Du Gauner, Du Räuber, Du Menschendieb!

Und in einem Anfall von Tollheit packte er das Geld und
schleuderte es mit einer Vehemenz in die Küche, daß die lederne
Hülle desselben sich löste und die Goldstücke auf dem harten

Steinboden umhersprangen. Plötzlich war es Zerga, als ver-
nehme er ein Geräusch neben sich im Hausflur. Er lauschte;
seinem feinen Gehör entgingen die vorsichtigen Tritte nicht, mit
denen Jemand in's Haus schlich.

— Bist Du es, Du Hundesohn, Du Geldhyäne? Hat Dich
der Klang des Geldes gelockt, Du Menschendieb? rief er zur
Küche hinaus und in den dunklen Flur stürzend.

Wirklich bewegte sich in dem letzteren eine menschliche Gestalt. Zerga packte mit seinen nervigen Fäusten zu, griff aber
fehl. Er sah, wie ein Mensch, den er für Smaël hielt, behende
wie eine Katze zur Hausthür hinausschlich. In blinder Wuth
und in der Dunkelheit der Straßen unfähig zu unterscheiden,
wen er vor sich habe, verfolgte er anstatt Smaël den Handlanger desselben, den spitzbübischen Burschen, dem es gelungen
war, sich seiner Begleitung zu entziehen und der gekommen war,
um seinen Herrn und Meister von der Gefahr zu unterrichten,
der er soeben entlaufen.

V.

Der erste Kanonenschuß.

Im höchsten Grade mißgestimmt kehrten Landolfo und Lorenzo zum Kloster zurück, Mariano mit sich führend, den sie nicht sich selbst überlassen wollten. Lorenzo war außer sich vor Wuth, Landolfo jedoch vernünftig genug, die Hoffnung nicht ganz aufzugeben, denn wenn er die Richtung, in welcher der Gefangene sie geführt, recht verstanden hatte, so war das Ghetto das Ziel desselben gewesen und auf dieses Ghetto mußte also seine Aufmerksamkeit gerichtet werden. Während er also noch hoffte, entschädigte sich Lorenzo für das Fehlschlagen seiner Bemühungen, indem er sich dem feurigen Marsala widmete, wie es dieser junge Mann leider seit dem Schiffbruch seines Lebens gewohnt war. Lorenzo war eine der liebenswürdigsten, gutmüthigsten Seelen, aber er hatte die Schwäche, sich dem Wein hinzugeben, wenn ihn böse oder trübe Gedanken überraschten.

Landolfo that, als alle Drei im Kloster lagen und die Offiziere umher mit Spiel oder Trinken beschäftigt waren, was in seinen Kräften stand, um Mariano Trost einzusprechen. Lorenzo hingegen machte auf Mariano einen unangenehmen

Eindruck, denn berauscht vom Marsala, kam er zu ihm, sprach
ihm viel dummes, verworrenes Zeug vor und verschlimmerte
des Jünglings Stimmung dadurch, daß er in seiner Trunkenheit Aeußerungen über Belia machte, die Mariano mit geballten
Fäusten aufspringen ließen, und Landolfo zwangen, den Betrun-
kenen auf seine Matratze zu führen.

Inzwischen langte eine Ordonnanz im Kloster an, welche
den Befehl Garibaldis brachte, sich am Morgen mit Sonnenaufgang marschfertig zu halten. Alles hatte mit Sehnsucht auf
den ersten Waffengang wider die Franzosen gewartet und diese
Ordre erregte daher den höchsten Jubel. Man zechte, man
sang Kriegslieder, bis endlich um Mitternacht die Mehrzahl in
die Arme des Schlummers versank.

Auch Landolfo, der Mariano nicht von sich gelassen, war
endlich eingeschlafen; das Schnarchen der herumgelagerten Offiziere, das Auf= und Abgehen und Ablösen der Wachen draußen im Hofe bewirkte für Mariano, dessen Auge der Schlummer mied, eine höchst melancholische Musik; keines einzigen
klaren Gedankens fähig, wälzte er sich auf der Matratze. Vor
seinem Gedächtniß zogen die unruhigsten Bilder vorüber, bis
endlich eins alle die übrigen verdrängte. Er sah sich inmitten
des Kriegslebens, er sah sich an der Spitze eines Trupps aller
dieser phantastisch uniformirten Soldaten, sah, wie er mit diesen in den Feind drang, wie das tödtende Blei um ihn her
einschlug, das Blut aus tausend Wunden quoll, und er selbst
in diesem blutigen Wirrwar die Angst betäubte, die ihn umher
jagte.

Zu Kampf und Sieg hatte ihn auch Don Alessandro zu
bereiten versprochen, mit dem Gedanken an diese hatte er eine
Laufbahn begonnen, die ihm anstatt der Triumphe nur Schmach

und Sclaverei gegeben; zu Kampf und Sieg hatte ihn später
Zerga wieder zurück führen wollen, und zu Kampf und Sieg
auch rief ihn das Gedächtniß an Delila. War sie nicht von
den Hoffnungen auf Sieg und Freiheit ihres Volkes begeistert
gewesen? Konnte er ihr Andenken schöner feiern, als wenn
er für eine Sache kämpfte, die ja die ihrige gewesen, wenn
er seine erste Lorbeern auf ihr Grab legte? Delila hatte ihm
ein Vermächtniß zurückgelassen, an welchem er nicht freveln
durfte; mochte die Welt von ihr sprechen, was sie wollte, sie
hatte ihn ja geliebt, sie war für ihn gestorben, denn daß
jener Mord eine That des Eides, der Eifersucht gewesen, daran
konnte er nicht zweifeln.

Heilend legte sich dieses Bewußtsein auf die Wunden, welche
in Marianos Herzen brennten. Friedlichere Gedanken zogen
in seine Seele, und zum ersten Male versank er endlich in
einen ruhigen Schlummer, und bemerkte natürlich nicht, wie
tief in der Nacht eine lange Gestalt in die große dunkle Halle
trat, unter den Schlafenden umher suchte und sich endlich zu
seinen Füßen hinstreckte. Es war Zerga.

Als der Lärm des Aufbruchs Mariano am Morgen weckte,
stand Landolfo vor ihm, während Zerga wachend an seiner
Seite hockte.

— Du treuer Zerga! rief er, diesem die Hand reichend.
Wiederum eine vergebliche Hoffnung gestern; wir haben Alita
nicht gefunden!

Zerga antwortete nicht, er wandte sich ab, um seine Aufregung zu verstecken. Mariano hielt dies für Schmerz um die
verschwundene Alita.

— Edle Seele! rief er wehmüthig. Du verläßt mich
nicht!

Landolfo sah mit innerer Freude, wie die schreienden Dis-
sonanzen sich in Mariano zu einer stillen Entsagung aufgelöst.

— Mariano, sagte er im Augenblick der Trennung, ich
wäre so gern zu meinem Kinde, zu Leona geeilt, um ihr ein
Lebewohl zu sagen. Ehe Du heute zum Kriegsministerium
gehst, um Dir Deine Stellung anweisen zu lassen, sende diese
Zeilen an Leona; ich weiß, sie denkt meiner, sie werden ihr ein
Trost sein.

— Ich verspreche es, Landolfo. Morgen hoffe ich als
einer Deiner Kameraden Dir zu begegnen! sagte Mariano, die
dargebotene Hand in der seinigen drückend. Lebewohl, Landolfo; Gott schütze Dich!

Auch Lorenzo kam, um ihm Abieu zu sagen. Er sah
etwas wüst aus und schien von den Aussichten für den heuti-
gen Tag sehr begeistert zu sein. Schweigend trennten sich
Beide.

Von Zerga begleitet, verließ Mariano das Kloster und
verlor sich in den von einer lärmenden und im Voraus sieges-
trunkenen Menge belebten Straßen.

Wichtiges mußte für diesen Tag vorbereitet sein. Der
Vormittag verlief. Man erzählte sich von kleinen Scharmützeln,
die bereits zwischen der beiderseitigen Kavallerie vorgefallen.
Truppen durchzogen unaufhörlich die Stadt nach allen Richtungen; die Barrikaden und Wälle waren armirt, immer neue
Mannschaft ward zu ihrem Dienste beordert, am eifrigsten schien
jedoch die Brigade Garibaldi's. Man sah diesen verwegenen
Parteigänger, umgeben von seinem Stabe, gefolgt von seinem
riesigen, in einem dunkelblauen Mantel gehüllten Mohren, er
selbst mit wehendem Federbusch und dem flatternden weißen
Mantel, zur Porta Cavallegieri sprengen.

Alles war auf seinem Posten. Das Triumvirat hatte
bereits am Morgen den Dienst der Ambulancen organisirt und
an die Spitze desselben ein gemischtes Comité gestellt, zu dessen
Mitgliedern namentlich die bekannte Fürstin Belgiojoso und der
Pater Gavazzi gehörten. Auf dem Capitol und dem Monte
Citorio erwarteten die Glocken das Erscheinen der ersten französischen Posten, um Signal zum Alarm zu geben. Die Franzosen hatten am Tage vorher ihre Posten bis Castel di Guido
vorgeschoben und waren dort einer Abtheilung römischer Reiter
begegnet, die sich nach einer leichten Decharge zurückgezogen hatten. Heute Morgen führte der Commandirende der französischen Vorposten seine Recognoscirung auf dem Wege zur Porta-
Pancrazio bis zwölf Kilometer vor die Stadt und besetzte hier
die Höhen, ohne einem Feinde zu begegnen. Da fiel plötzlich
der erste Kanonenschuß. Der Vorposten-Commandant blickte
nach seiner Uhr.

— Es hat nichts zu bedeuten, sagte er, die römischen
Gebräuche kennend, diese Kanone verkündet die Mittagsstunde.

Ein zweiter Kanonenschuß dröhnte von Roms Bastionen
daher und riß eine blutige Lücke in den französischen Posten.
Der Krieg war begonnen. Die Franzosen pflanzten in einer
Entfernung von neunhundert Metres, auf einer Terrasse, der
römischen Bastion gegenüber, ihre Kanonen auf, während eine
Abtheilung mit zwei andern Geschützen im Galopp vorsprengte
und geschützt durch die Wölbung eines Aquaducts, auf dreihundert Metres von der römischen Bastion Posten faßte.

Die Kanonade begann; die römischen Geschütze, eine vor
Kurzem erst von Bologna eingerückte Schweizer Batterie, wurden vortrefflich bedient; die Franzosen stürzten sich, geschützt von

ihren Kononen, durch einen Kugelregen vor, um sich in die
Weinberge zu legen.

Dies war der Moment, wo Garibaldi, dessen Legion durch
die Abtheilungen der Stubenti und Zambianchi bis auf 2300
Mann verstärkt war, unter dem Schutze der Wallkanonen durch
zwei Thore, und zwar mit seinem linken Flügel durch die Porta-
Pancrazio zur Behauptung der Villen Corsini und Vascello,
mit dem stärkeren rechten durch die Porta Cavallegieri ausfiel
und mit der letztern gegen die von den Franzosen besetzte Villa
Pamfili avancirte, um auf die Weise den linken Flügel der
Franzosen zurückzudrängen und den Rückzug ihres rechten nach
dem auf der Straße nach Civita-Vecchia befindlichen Lager zu
bedrohen.

Das Unglück wollte heute den Sieg der Römer. Eine
Niederlage hätte die kriegerische Begeisterung der Republikaner
bedeutend herabgestimmt, hätte das Triumvirat und die Constituante vielleicht zur Besinnung gebracht, sie einsehen lassen, daß,
mit dem Schwur, die Republik zu retten, doch weder die Truppen Frankreichs zu bekriegen waren, das seine Ehre gegen diesen Schwur verpfändet, noch die Truppen des Königs von Neapel, die bereits in Anmarsch gegen Rom, noch endlich die Oesterreicher zu schlagen waren, die nur durch Feldmarschall Oudinot's
Protest in den Legationen zurück gehalten wurden.

Garibaldi griff die Dependenz der Villa Pamfili mit dem
Bajonet an, stürmte die Villa selbst, schnitt dem, die Villa Balen-
tini besetzt haltenden französischen Bataillon den Rückzug ab,
umringte dieses mit vier Compagnien und zwang es zur Able-
gung der Waffen, während seine andere Abtheilung nicht minder glücklich gegen den linken Flügel der französischen Truppen
war. Der Feind wich mit einem Verlust von etwa zwanzig

Offizieren, gegen sechshundert Todten und Verwundeten und an
fünfhundert Gefangenen. Rom kränzte sich mit dem ersten Lorbeer; es träumte von dem Wiederaufleben seines einst die Welt
besiegenden Ruhmes und berauschte sich in dem trügerischen
Jubel eines ersten Triumphes.

Der Abend war über dem blutigen Erstlingswerk herein-
gebrochen. Garibaldi ward mit endlosem Jubel bei seinem
Einzuge empfangen; Blumen und Evvivas regneten auf ihn
herab; mit stolzem Mitleid blickte man auf die gefangenen Fünfhun-
dert, welche der Cäsar des Tages an seinen Siegeswagen gespannt.
Die Straßen, die Häuser und Paläste erleuchteten sich festlich.
Garibaldi war der Abgott Roms geworden und triumphirt rief
Mazzini aus dem im Kapitol residirenden Triumvirat herab:
„Glorreiches Volk, die Sonne ist aufgegangen über dem Rom
des Volkes!"

Smaëls Hütte.

Berga's Habsucht, die unveräußerliche Lust des Arabers am Besitz, hatte ihm, wie wir sahen, einen bösen Streich gespielt. Es war ihm nicht möglich gewesen, selbst um die sichere Aussicht, endlich sein Ziel erreichen, sich ganz von diesem Gelde zu trennen, das er selbst ein Sündengeld nannte, so lange er nicht vollständig im Besitz dessen war, wofür er dieses Geld geboten. Der Eigennutz des Arabers, sein Mißtrauen kehrt sich sogar gegen seine theuersten Angehörigen, er traut Keinem als sich selbst und lebt für keinen Andren als nur für sich. Berga hatte seinem Bundesgenossen die andere Hälfte des Geldes zu zahlen versprochen, sobald dieser sich wirklich Alita's bemächtigt. Smaël seinerseits hatte seine Schuldigkeit gethan, er hatte sogar dem Bettler Antonio, den er zuweilen zu benutzen pflegte, hundert Franken für seinen Dienst gegeben, und Smaël, der es im Grunde mit seinem Landsmann sehr wohl meinte, war also im Rechte, wenn er von Berga den Rest des Lohnes verlangte.

Berga hatte sich noch in derselben Nacht überzeugt, daß Alita verborgen war. Als Smaël, auf seinem Hofe ihm durch eine Spalte der Fensterladen die arme gefangene Alita gezeigt, wie sie weinend am Boden saß, hatte er ihn in sein Zimmer geführt, ihm die Hand hingehalten und gesagt: Sidi Zerga, Du bist mir jetzt die fünfhundert Franken schuldig! Zerga hatte vorgegeben, er habe die fünfhundert Franken zu Hause vergessen. Als er am nächsten Tage kam, hatte er sich überlegt, daß Smaël ihn betrügen könne, und beschlossen, ihn in der Hand zu behalten. Er schützte daher vor, er habe das Geld verloren, doch sei es ihm ein Leichtes, durch Mariano sich neue fünfhundert Franken zu verschaffen. Zerga berechnete, daß Smaël nach geschehener That sich wohl hüten werde, seinen eignen Hals in die Schlinge zu legen und daß Smaël, wenn er ihn jetzt ganz auszahle, in Bewachung des Mädchens fahrlässig oder gleichgültig werden könne.

Wochen vergingen unter allerlei Ausflüchten Zerga's. In der Ueberzeugung, daß letzterer mit dem Mädchen bald abreisen werde, hatte Smaël die Unvorsichtigkeit begangen, sich dem Mädchen zu zeigen, als sie sein Haus betrat; jetzt aber, da Zerga sie noch immer nicht abholen konnte, entstanden in ihm Bedenken; denn er wußte, daß man draußen die größten Anstrengungen machte, um dem Verbleiben Alita's auf die Spur zu kommen. Daß er die Gefangene so lange Zeit hüten solle, war gegen seine Erwartung; durch die Besorgniß um ihre Sicherheit ward er in seinen Handels=Manipulationen gestört und mußte mehr zu Hause sein als sonst. Dazu kamen noch die Mittheilungen, welche ihm sein Handlanger, Alita's Kerkermeister, machte. Das Mädchen war in der ersten Nacht höchst unglücklich gewesen und hatte so viel Thränen vergossen, daß es selbst diesem durchtriebenen Menschen an seine Spitzbubenseele ging; dann aber hatte sich die Gefangene zu fassen gesucht

und hatte ihm durch allerlei List, sogar durch versuchte Gewalt
das Leben so sauer gemacht, daß er erhöhten Lohn für seine
Dienste verlangte; ja einmal war es der Gefangenen sogar gelungen, durch eine bewundernswürdige List die Wachsamkeit und
Schlauheit ihres Wächters zu täuschen, ihrem Kerker zu entspringen und über den Hof bis in die Küche zu bringen. Endlich war sie krank geworden; sie war Tage und Nächte lang auf
ihr hartes Lager hingestreckt, von Fieberfrost geschüttelt, und
wenn diese Krankheit sich verschlimmerte, so mußte man das
Aergste befürchten.

Smaëls Geduld war unter diesen Umständen auf die härteste
Probe gestellt. Sein Kerkermeister wollte dies Amt nicht länger
verrichten, weil der Anblick, ein so reizendes Kind leiden und
verderben zu sehen, ihm unerträglich werde. Smaël also machte
Zerga eine letzte Vorstellung und dieser versprach, ihn in wenigen Tagen von seiner Angst zu befreien. Smaël stellte ihm
einen letzten Termin, und dieser lief mit demselben Tage ab,
wo Landolfo zu Mariano trat. Zerga hatte diesen Mann anfangs in die Hölle verwünscht, da er die Nachricht von der zu
erwartenden Auffindung Alita's gebracht; als es ihm aber gelungen, den gefangenen Spitzbuben zu befreien, sah er in dieser
Expedition einen glücklichen Ausweg für sich selbst. Er wollte
sich heute das Verdienst erwerben, Alita zu befreien, sie Mariano zuzuführen. Weniger Zuversicht würde er gehabt haben,
wenn er geahnt hätte, daß Alita durch ihre flüchtige Bekanntschaft mit Smaël in Zerga den Urheber ihrer Entführung errathen und diese Entführung in Zusammenhang mit jener Nacht
zu Resina gebracht hatte, wo Zerga sie gewaltsam zur Rückkehr
iu die Heimath hatte bewegen wollen.

Als Sidi Smaël, der es aus Vorsicht nicht wieder ge-

wagt, sich seiner Gefangenen zu präsentiren, ihr durch den
Wächter hatte sagen lassen, daß dieser ihr Landsmann längst
nicht mehr in Rom sei, als Sidi Smaël einsah, daß Zerga
ihm aus Mißtrauen das Lumpengeld, die fünfhundert Franken,
vorenthalte, daß er seiner sich nach der Heimath sehnenden armen Seele doch eine große Freude bereite, wenn er die tausend
Piaster bald voll mache, die ihm zum Wohlleben in Gibraltar
fehlten, und daß gegenwärtig in Rom, wo es nur noch Soldaten, Säbel, Kugeln und Kanonen gab, wenig Aussicht auf reel-
len Verdienst sei; als Sidi Smaël in Folge dessen auf den
Gedanken kam, daß dieses Mädchen ein so kostbarer Gegenstand
sei, mit dem man wohl tausend Piaster und das Doppelte verdienen könne, erschien es ihm plötzlich, als sei seine Freundschaft für Zerga von diesem doch eigentlich aufs schnödeste verrathen worden. Smaël ließ sich also den Bettler Antonio aufsuchen und sprach zu ihm: Antonio, ich habe Euch hundert
Franken dafür gegeben, daß Ihr das Mädchen zu mir führtet; wollt Ihr das Doppelte verdienen, wenn Ihr sie zurückbringt?

Der Bettler war seit jenem Abend nicht mehr von Smaël
verwendet worden; aus Furcht vor Entdeckung hatte er sich in
Don Alessandro's Hause nicht mehr sehen lassen, durch ein seltsames Zusammentreffen der Ideen aber hatte er bereits heute
Morgen seine Schritte wieder einmal nach diesem Hause gelenkt
und Pepe in seinem Hofzimmer gefunden.

Gott grüß Euch, Signore Pepe! hat er dem Burschen zu-
gerufen, der jetzt den Kopf hängen ließ, während er sonst immer so vergnügt in die Welt geschaut. Wie geht's Euch, Signore Pepe? Ich war lange nicht hier, weil ich den Jammer
nicht mit ansehen konnte, der in Euer Haus eingekehrt.

— Ich dank' Euch, Antonio! antwortete Pepe trocken.
Hättet aber was Besseres thun sollen, als hierher kommen, um
uns an unser Unglück zu erinnern!

— Hab's auch gethan, Signore Pepe; hab' viel gethan
für Euch und Euren gnädigen Herrn! O, man soll den Armen
nie verachten, Signore Pepe!

Pepe schaute auf, betroffen durch den Ton, in welchem der
Bettler sprach.

— Ihr kommt heute nicht um des Almosen willen, Antonio!
sagte er.

— Gott bewahre, Signore! Nehme nur Almosen aus der
Hand des Glücklichen! Was meint Ihr, wenn ich Euch Eure
Wohlthaten mit Zinsen zurückzahlte?

— Ich versteh' Euch nicht, Antonio!

— Könnt mich auch nicht verstehen, so lange ich nicht deutlicher spreche! Was meint Ihr, wenn ich Euch nun einen Gruß
von Eurer Signora Alita brächte?

Pepe ward bleich vor freudigem Schreck.

—. Antonio! rief er außer sich. Lügt Ihr nicht?

— Nur zur Hälfte, Signore Pepe! Ich bring' Euch allerdings keinen Gruß von der armen Signora, aber — —

— Antonio, sprecht, was wißt Ihr! Entweder Ihr seid ein
Lügner, oder . . .

— Oder ich spreche die Wahrheit, wenn ich komme, um
Euch zu sagen, daß ich der Signore auf der Spur bin!

— Antonio, wo ist sie?

— Nicht so stürmisch, Signore Pepe! Die Sache ist nicht
so leicht. Ich will mit Eurem Herrn, dem Grafen, sprechen.

— Seid Ihr toll? Der Graf glaubt bis heute noch, sie
sei krank im Hause des Arztes!

Hans Wachenhusen. IV.   6

— Aber mit der jungen Eccellenza werd' ich doch sprechen können? . . . Es geht nicht anders, Signore Pepe!

— Gut! Kommt ich will Euch zu ihm führen? . . . Aber wehe Euch, Antonio, wenn Ihr lügt!

Lächelnd schüttelte Antonio den Kopf, während Pepe ihn die Treppe hinauf zu Camillo schleppte.

Dieser saß trauernd im Zimmer. Seine Lage war in der That beklagenswerth. Der militärischen Laufbahn seit Monaten entrissen, da er unmöglich den kranken Vater verlassen konnte, umgeben von Volksbewegungen, die ihm im Innersten seiner Seele verhaßt, war Alita seine ganze Lebensfreude gewesen. Daß sie todt sei, durfte er nicht annehmen, aber wäre der Tod ihr nicht vielleicht sogar eine Wohlthat gewesen unter Umständen, die — — Camillo wagte diesen Gedanken niemals zu Ende zu denken; ein Schauder überlief ihn. Alita in rohen, gewaltthätigen Händen, Alita gemißhandelt, vielleicht gar — — Dieser Gedanke war so fürchterlich, daß sich ihm die Haare sträubten, daß er die Hände ballte und oft halb bewußtlos hinausstürmte, um planlos Alita da zu suchen, wo er sie schon hundertmal vergebens gesucht hatte.

Der Vater genaß langsam. Wie große Freude Camillo dies unter andren Verhältnissen bereitet haben würde, so angstvoll sah er dem Moment entgegen, wo Don Alessandro, da er seit Kurzem schon das Bette verlassen, sich durch keine Vorstellungen mehr werde hindern lassen, die vorgeblich noch immer kranke Alita im Hause des Arztes zu besuchen.

Auch der letztere hatte seine Gewissensbisse. Er sah sich in der Gefahr, von Don Alessandro auf einer Unwahrheit ertappt zu werden; er mußte erwarten, daß der Graf eines schönen Tages sein Haus mit einem Besuche überraschte und zu ihm

sagte: mein Kind! Zeig mir mein Kind! Ich will es sehen!
Er hatte sich mit Camillo so weit geeinigt, daß man Don
Alessandro mit Leona nach Tivoli schicken wolle, während Ca-
millo in Rom verbleiben solle.

Ein Freund und Landsmann Don Alessandro's nämlich,
der für mehrere Jahre nach Spanien zurückgekehrt war, hatte
dem Grafen sein in Tivoli belegenes Sommerhaus zum Aufenthalt offerirt und da voraussichtlich dieser Theil der Umgegend
Roms von den bevorstehenden Kriegsoperationen verschont bleiben durfte, so war Tivoli jedenfalls ein angenehmes Asyl für
den Kranken.

Camillo überlegte eben, wie er den Vater vermögen könne,
ohne ihn nach Tivoli überzusiedeln. Die Vorgänge in der
Stadt waren der Art, daß der Kranke unmöglich hier verweilen
konnte; man sah einem Bombardement entgegen, alle Gräuel
des Krieges mußten über die Stadt und ihre Einwohner herein-
brechen sobald die Franzosen mit ihrem Belagerungsapparat
heranrückten.

In diesen Gedanken ward Camillo durch das Eintreten
Pepe's überrascht, der den Bettler am Kragen herein zog.
Pepe's Wesen verkündete dem jungen Offizier eine Ueberraschung,
der Anblick des Bettlers war ihm so befremdend, daß er aufsprang.

— Victoria, Herr Graf! Ich bringe einen Boten von
Alita! rief Pepe jubelnd und den Bettler vor sich her schiebend.

Camillo schaute sprachlos den Bettler an.

— Nicht doch, Eccellenza, begann dieser nach einer tiefen
Verbeugung. Ihr Diener hat mich mißverstanden.

— So habt Ihr dennoch gelogen! rief Pepe, ihn bei der
Schulter faſſend.

— Erlaubt mir, mit Ruhe zu erzählen, was ich zu ſagen
kam, antwortete Antonio, ſich von Pepe losmachend.

— Pepe, ſchweig und laß ihn reden! befahl Camillo. Ihr
wißt von Alita? wandte er ſich nach gewonnener Faſſung an
den Bettler.

— Ich glaube von ihr zu wiſſen, Eccellenza! Seit ich erfuhr,
welch ein Unglück über dieſes Haus hereingebrochen, in welchem
ich ſo viel Mildthätigkeit gefunden, ließ es mir keine Ruhe mehr.
Ich ſagte mir: Antonio, zeige jetzt, wozu auch ein Bettler gut
iſt; dein Unglück hat dich mit vielerlei Geſindel zuſammenge-
führt, du kennſt alle Schlupfwinkel, mache dich auf und ſuche
die ſchöne junge Signora, aus deren Hand du ſo viele Wohlthaten empfangen. Alſo durchſtreifte ich alle Höhlen und Winkel, in welche nie das Auge oder der Fuß der Behörden gedrungen; ich verkehrte mit allen Banditen und Halsabſchneidern,
mit allen Ruffiani und ihren Handlangern, mit allen Strolchen
und Landſtreichern, von denen Rom jetzt überfüllt iſt . . .

— Faſſe Dich kurz! rief Camillo ungeduldig.

— Ich thue es, Eccellenza, denn ich würde einen ganzen
Tag gebrauchen, um Ihnen meine Erlebniſſe zu erzählen . . .
Alle meine Bemühungen waren vergebens. Endlich, als ich
geſtern Abend meine Hüttte aufſuchte, die mich ſeit acht Wochen
nicht mehr geſehen, ſah ich durch die halbzerbrochenen Laden
eines verdächtigen Hauſes Licht auf die Straße bringen; ich
hörte einen lauten Wortwechſel und trat an das Fenſter. Im
Zimmer ſah ich ein halbes Dutzend wilder Geſtalten beim
Morraſpiel. Man zankte ſich, man griff zu den Meſſern und
ich trat noch zeitig genug in das elende Wirthshaus, um mich

zwischen die Streitenden zu werfen. Mir schien die Gesellschaft schlecht genug, Eccellenza, um bei ihr zu bleiben; meinen
letzten Paol opfernd, gewann ich die Freundschaft dieser Strolche.
Ich erfuhr sehr bald, daß ihrer eine ganze Bande existire, die
sich damit beschäftigte, aus den traurigen Verhältnissen des
Vaterlandes ihren Vortheil zu ziehen und straflos, die allgemeine
Verwirrung benutzend, zu rauben und zu stehlen. Der Streit
war durch die Frage entstanden, was man mit einem Mädchen
beginne, das man beim Einbruch in das Haus eines Wucherers
in der Nacht mit fortgeschleppt . . . Was soll ich Ihnen die
Geschichte lang und breit erzählen, Eccellenza, diese Signora war
keine andere als Signora Alita!

— Antonio, sprichst Du die Wahrheit? rief Camillo in
strengem Ton.

— Beim heiligen Antonio, ja, Eccellenza! Und daß ich sie
spreche, will ich Ihnen beweisen. Als ich mich überzeugt, daß
dieses Mädchen wirklich Signora Alita sei, rückte ich mit einem
Vorschlage heraus. Ich sagte den Strolchen, ich kenne die Eltern
dieses Kindes; gegen eine Enschädigung von hundert Scudi
also versprach ich, ihnen tausend Scudi für das Kind zu
verschaffen, wenn sie mir den Handel überlassen wollten. Man
nahm den Vorschlag an und versprach, das Kind an einen gewissen Ort zu bringen, sobald ich ihnen die tausend Scudi
übergeben. . . . Es sind also nur neunhundert, Eccellenza,
setzte der Bettler mit meisterhaft geheuchelter Uneigennützigkeit
hinzu, denn es versteht sich, daß ich Ihnen meinen Antheil
sofort zurückbringe.

— Antonio, Du wirst mich führen; das Geld liegt bereit,
doch wirst Du begreifen, daß ich nicht ohne Schutz mich in
solche Gesellschaft wagen kann.

— Um aller Heiligen willen, Eccellenza, glauben Sie denn, man traue mir so unbedingt? Wissen Ew. Gnaden nicht, daß die ganze Stadt von diesem Gesindel durchwachsen ist und daß es um mich geschehen wäre, sobald man sieht, daß ich irgend etwas gethan, was wie Verrath aussieht? Bedenken Ew. Excellenz, daß mit Gewalt augenblicklich nichts auszurichten ist. Verlassen Sie sich ganz auf mich; der arme Antonio, der Ihrem Wohle die letzten Kräfte seines Alters zum Opfer gebracht, wird Ihnen mit Vergnügen auch seinen Kopf zum Opfer bringen! Mit Gewalt ist die Signora nicht zu retten, nur mit Geld.

— Ihr sollt es haben! antwortete Camillo. Sagt mir, Antonio, darf ich allein Euch denn nicht begleiten?

— Unmöglich, Eccellenza! Vertrauen Sie mir allein oder ich stehe für nichts!

— Aber Pepe wird doch in Eurer Nähe sein können?

— Keine Seele, Eccellenza! Aber ich sehe wohl, Sie hegen Mißtrauen gegen den guten Willen des armen Antonio; thun Sie das nicht, Herr Graf! Hätte ich die tausend Scudi, ich der arme Antonio, Gott ist mein Zenge, daß ich sie gern hingeben würde, um ein so liebes Kind zu retten. O die reichen Leute, wie sie am Gelde kleben! rief der Bettler, den Kopf senkend und seine beiden Hände traurig auf seinen Knotenstock legend.

Camillo fühlte sich beschämt; sein Herz pochte laut, als es die ganze Seligkeit fühlte, welche diese Botschaft ihm zurück gebracht; ein Stein fiel ihm von diesem Herzen, als er an den Vater dachte, an Leona, an Alita, und wie er sein Theuerstes wieder an sich drücken werde!

Camillo eilte in das Cabinet des Vaters, öffnete die Cassette, deren Schlüssel er während Don Alessandro's Krankheit in Be-

ſitz hatte, hob mit zitternder Hand einige Geldrollen heraus und
ſtürzte, ohne dieſe wieder zu ſchließen, zum Bettler zurück.

— Hier nehmt, Antonio; rief er. Noch einmal ſo viel ſollt
Ihr haben, wenn Ihr Alita zurückbringt; Eilt, Antonio! Ich
beſchwöre Euch!

— O die reichen Leute! rief Antonio, noch immer in derſelben trauernden Stellung; wie ſchwer ſie ſich vom Gelde trennen, und wie haſtig ſie hinterdrein ſind, um ihren Vortheil
davon zu haben! Meine Hand zittert bei dem Gedanken, einen
ſolchen Schatz, ſo viel Geld zu halten, wie ich noch nie beiſam-
men geſehen! Wie reich und wie unglücklich doch zuweilen ein
Menſch ſein kann! Sehen Sie, Excellenza, mit all Ihrem Gelde
hätten Sie doch nicht vermocht, was der arme Antonio mit
ſeinem Bettelſtab vermochte!

— Antonio, ich beſchwöre Dich, eile! rief Camillo in höchſter Ungeduld. Auch Du ſollſt nicht leer ausgehen. Du ſollſt
belohnt werden; ich gebe Dir ebenſo viel, ja das Doppelte für
Dich, wenn Du Alita bringſt!

Ein habſüchtiger Gedanke durchkreuzte das Gehirn des Bettlers. Das Doppelte dieſes Mammons ſollte ihm gehören,
wenn er Alita brachte! Er verfluchte die Unmöglichkeit, dieſes
Doppelte nicht verdienen zu können, denn Alita wußte ja, daß
er ſie in das Haus Smaël's geführt; ihm blieb kein Vorwand,
keine Entſchuldigung, der Verdacht ſeiner Betheiligung an dieſem Bubenſtreich war unmöglich von ihm abzuwenden. Er verfluchte ſeine Beſcheidenheit, nicht gleich das Doppelte verlangt
zu haben, und mit bekümmertem Herzen entſchloß er ſich, mit
Dem zufrieden zu ſein, was er in Händen hatte.

— Eccellenza, ich eile! ſagte er, ſich ſchwerfällig an ſeinem
Stock rückwärts ſchiebend. Heute Abend hoffe ich, ſo Gott will,

Ihnen die Signora zuzuführen! Es ist ein schwerer Gang für mich zurück zu diesem Gesindel, aber es ist ja eine gute That und ich trockne die Thränen des Kindes, das die meinigen so oft getrocknet.

Langsam bewegte sich der Bettler zum Gemach hinaus und kroch die Treppe hinab, draußen das Geld in seinen Schnappsack schiebend, und vorsichtig zurückblickend, ob man ihm etwa folge.

— Pepe! rief Camillo in fieberhafter Aufregung; eile sogleich zu Mariano und sag' ihm, daß wir die Spur Alita's gefunden! Vielleicht, setzte er hinzu, vielleicht wird dies mir Gelegenheit geben, Bande wieder zu knüpfen, die so muthwillig zerrissen worden . . . Gott gebe seinen Segen dazu!

Camillo eilte in Leona's Gemach, um dieser die Freudenbotschaft zu bringen. Pepe verließ das Haus, um Mariano aufzusuchen und natürlich nicht zu finden, da dieser mit Landolfo seine Wohnung verlassen. Der Vorsicht halber heftete er jedoch einen Zettel an Mariano's Thür, durch welchen er ihn bat, schleunigst zu Camillo zu kommen, da dieser ihm freudige Nachrichten zu geben habe. Unterwegs begegnete er dem Bettler. Pepe hatte schon während dessen Unterredung mit Camillo diesen Menschen mißtrauisch beobachtet; es war ihm bald aufgefallen, daß Antonio das Haus des Grafen gemieden von dem Abend, wo Alita verschwand; ebenso wollte es ihm nicht ganz einleuchten, daß der Bettler aussagte, er habe sich diese ganze Zeit bemüht, Alita aufzusuchen, während er sich doch nicht ein einziges Mal hatte blicken lassen, um zu hören, ob man keine Spur von ihr gefunden.

Pepe hatte der Erzählung des Bettlers nur halben Glauben geschenkt; es hatte ihm nicht gefallen, daß Camillo so ohne

Weiteres die tausend Scudi hergab, daß der Bettler jede, wenn auch indirecte Einmischung zurückgewiesen hatte. Als er jetzt den Bettler vor sich gehen sah, hatte er große Lust, ihm ungesehen zu folgen; er blieb daher hinter ihm und verstecte sich zuweilen in einem Portal, um den langsamen Alten wieder den nöthigen Vorsprung gewinnen zu lassen; trotz aller Vorsicht hatte dieser ihn entdeckt und sich auf eine Schwelle niedergelassen; Pepe war also genöthigt, diese Idee aufzugeben und seinen Weg fortzusetzen.

VII.

Die Gasse im Ghetto.

Pepe hatte Recht; dieser Bettler war ein so großer Schurke, wie er je seine Lumpen getragen.

Von Don Alessandro's Hause aus hielt es Antonio für das sicherste, sich zunächst nach seiner Hütte zu wenden. Dort trat er ein, als er sich überzeugt, daß ihm Niemend nachgeschlichen. Innerhalb seiner nackten vier Wände zog er das Geld aus seinem Schnappsack, legte die Rollen vor sich hin, weidete seine Augen an diesem Californien, packte es dann wieder, drückte es an seine Brust, an seine Lippen, verbarg es in dem Stroh seines Lagers und streckte sich darüber hin, als wolle er auf seinen Schätzen ruhen wie ein Nabob.

— Ich bin wieder reich! . . . . reich! Ich bin der reiche Antonio! rief er im Zimmer herumtanzend und immer wieder das Geld hervorlangend und küssend. Verächtlich warf er seinen Bettelstab, seinen Schnappsack bei Seite, stürzte sich dann wieder auf sein Geld, holte es aus den Papierrollen hervor, klapperte damit, um sich an dem Ton zu weiden und versteckte es dann plötzlich, erschreckend über diese Musik, tiefer

unter dem Stroh. Mit der Angst eines Geizhalses schaute
er um sich, ob auch Niemand seinen Mammon gesehen und
warf sich abermals auf das Lager, um seine Schätze zu bewachen. Endlich, als er sich satt geschwelgt in dem Gedanken,
reich zu sein, blickte er sich wieder nach seinem Bettelstab um;
er hatte fast vergessen, daß er noch eine Pflicht zu erfüllen habe,
daß er noch einmal Bettler sein müsse.

Antonio war früher in vermögenden Umständen gewesen;
seine Thorheiten, seine Faulheit hatten ihn an den Bettelstab
gebracht und seit er diesen führte, war seine einzige Sehnsucht
gewesen, einmal in Besitz einer Summe zu gelangen, welche
ihm wenigstens das Betteln überflüssig machte, deßhalb hatte
sich Antonio zu allerlei Gaunerstreichen hergegeben, wenn man
seine Hülfe beanspruchte; da er aber zu feig oder zu faul war,
dergleichen auf eigene Hand zu unternehmen, war er stets
dabei zu kurz gekommen, denn seine Consorten hatten sich jedesmal den Löwenantheil vorbehalten, ihn aber mit kleineren Summen abgespeist, die stets bald wieder drauf gegangen waren,
wenn Antonio im Bewußtsein der Wohlhabenheit sich Monate
lang auf die faule Haut gelegt und das Betteln sehr anstrengend gefunden hatte. Jetzt besaß er tausend Scudi und diese
erschienen ihm wie ein unerschöpfliches Kapital.

Camillo und Smaël also fielen ihm wieder ein. Dem Ersteren hatte er versprochen, für diese tausend Scudi ihm die
Geliebte zurückzuführen, und Smaël hatte ihn am Morgen zu
sich rufen lassen, weshalb, das mußte er erst hören. Gewiß
war Antonio jetzt genöthigt, eine von diesen beiden Personen zu
betrügen; als er aber abwog, wer von ihnen am meisten ver-
diene, betrogen zu werden, gab er Smaël den Vorzug.

Dieser Smaël hatte ihn stets sehr schlecht honorirt, ihm

manchen versprochenen Lohn vorenthalten, während er in Camillo's Hause stets ein gastfreies Dach gefunden. Indeß war
Camillo heute viel leichter zu betrügen als der Jude, und es
handelte sich also darum, erst zu hören, was der letztere von
ihm wollte, der so lange seiner Handreichung nicht mehr bedurft
hatte; im Uebrigen mußte nach den Umständen gehandelt werden. Deshalb nahm Antonio Vernunft an! er versteckte seinen
Reichthum sorgfältig, griff noch einmal zum Schnappsack und
Bettelstab, verschloß sein Zimmer und begab sich zu Smaël
auf den Weg in der festen Zuversicht, daß Niemand daran
denke, ihn, den Bettler, bestehlen zu wollen.

— Antonio, sagte also Smaël zu dem Bettler, als dieser
im Ghetto erschien, ich habe Euch hundert Franken dafür gegeben, daß Ihr das Mädchen zu mir führtet, wollt Ihr das
Doppelte verdienen, wenn Ihr sie zurückbringt?

Der Bettler stellte sich dumm, horchte aber desto schlauer auf.

— Ich verstehe Euch nicht, Smaël; ist das Mädchen noch
in Eurem Hause? fragte er um sich schauend. Ich meinte,
Ihr hättet den armen Antonio längst vergessen.

— Wo sie ist, das kümmert Euch nicht, Antonio! antwortete der Jude. Wollt Ihr zweihundert Franken verdienen?

— Für Antonio regnete es heute Geld; desto unverschämter
ward er also.

— Dreihundert sind besser als zweihundert, Smaël, antwortete er. Meine Knochen werden immer mürber und meine
Dienste also theurer.

— Ihr scheint inzwischen gute Geschäfte gemacht zu haben?
fragte der Jude.

— Doch nicht über zwei bis drei Paoli des Tages! antwortete Antonio trocken.

— Um so mehr werdet Ihr also mit zweihundert an einem Tage zufrieden sein!

— Es kommt darauf an, wie schwer der Dienst ist.

— Sehr leicht, wenn Ihr's gescheidt anfangt. Man hat mir, wie Ihr wißt, das Mädchen in Verwahrsam gegeben ...

— Nein, das weiß ich nicht, unterbrach ihn Antonio. Ich weiß nur, daß Ihr mich beauftragtet, sie durch List hierher zu führen. Ihr habt mir den Dienst recht knauserig bezahlt und unter dreihundert kann ich also nicht mehr Geschäfte mit Euch machen.

— Hört weiter, Antonio; mir ist dieses Geschäft leid. Das Mädchen thut mir auch weh, ich will sie ihren Eltern zurückschicken.

— Was für ein edler Mensch Ihr seid, Smaël! rief Antonio mit trockner Ironie. Hat man Euch nicht genug für dieses schöne Kind geboten?

— Ihr hört, das Geschäft ist mir leid. Wollt Ihr sie zurückführen?

— Um mich dafür an's Messer zu bringen?

— Dummes Zeug! Ihr wißt, daß wo keine Richter sind, auch die Ankläger umsonst sind.

— Wenn sie nicht selbst die Rolle des Richters spielen!

— Ihr sollt also die dreihundert haben, fuhr Smaël fort, der durch Antonio's Sprödigkeit besorgt wurde.

— Gut, so läßt sich weiter sprechen!

— Ihr seid in dem Hause der Eltern des Mädchens bekannt. Geht zu ihnen, sagt ihnen, Ihr hättet den Aufenthaltsort desselben durch Zufall erfahren, sie sei in sehr gefährlichen Händen, doch wäret Ihr im Stande, sie durch eine Bestechung von tausend Scudi zu befreien.

Antonio schaute verwundert auf; ihm war's fast, als wisse der Jude um das Geschäft, welches er soeben gemacht; indeß Smaëls Gesicht verrieth nichts, was diese Befürchtung hätte bestätigen können.

— Tausend Scudi, hm; und die wolltet Ihr einstecken, während Ihr mich mit dreihundert Franken abspeist? Smaël, Ihr seid ein großer Gauner!

— Ihr wißt nicht, wie viel Kosten, Sorgen und Aergerniß ich schon um dieses Mädchens willen gehabt.

— Ich will Euch einen Vorschlag machen, sagte der Bettler gleichgültig; gebt mir die dreihundert Franken auf die Hand. Wenn ich die tausend Scudi habe, theilen wir und Ihr zieht wir das empfangene Handgeld ab.

— Antonio, das ist zu viel; bedenkt, wie groß meine Kosten schon gewesen; ich habe nur fünfhundert Franken erhalten, davon gab ich Euch einhundert, ein anderes Hundert dem Wächter des Mädchens, für einhundert habe ich sie schon füttern müssen, ich habe also mit den dreihundert für Euch schon großen Schaden.

— Dem Ihr durch die tausend Scudi wieder nachkommen werdet; da ich indeß einsehe, daß Ihr mehr haben müßt als ich, so will ich mit dem Drittel zufrieden sein!

Smaël und Antonio wurden handelseins. Smaël zahlte dem Bettler die dreihundert Franken; Antonio sollte sich sofort zum Hause Don Alessandro's aufmachen und dann zu Smaël auf Kreuz- und Querwegen, damit man ihm nicht nachschleiche, zurückkehren.

Während Antonio ging, machte sich Smaël eilig dabei, die Kostbarkeiten, die er noch im Magazin besaß, in eine kleine Kiste zu packen und diese zu einem Bekannten zu bringen.

Smaël wollte Rom Valet sagen, da er, wenn er diese Summe
erhielt, die tausend Piaster besaß, die ihm noch gefehlt hatten.
Er beabsichtigte, noch heute seine Hütte zu verlassen und sich
nach Livorno durchzuschleichen, wo er ein algerisches Schiff zu
finden hoffte.

Als Antonio zurückkehrte, wußte Smaël diesen in so fern
täuschen, als in seinem Zimmer keinerlei Veränderung vorgegangen. Des Bettlers Gesicht strahlte vor Freude.

— Alles in Ordnung, Smaël; aber seid auf Eurer Hut!
rief er beim Eintreten. Man umhalste und drückte mich in
jenem Hause, als ich mit der Nachricht kam; Niemand hegte
den geringsten Verdacht gegen mich!

— Habt Ihr das Geld? fragte Smaël.

— Ich hätte Euch nicht für so einfältig gehalten! antwortete
Antonio. Glaubt Ihr, ich werde den Verdacht dieser Leute
wecken? Glaubt Ihr, diese vornehme Familie werde einem ihr
bekannten armen Bettler eine solche Summe schuldig bleiben,
wenn er ihr gesagt, er habe seinen Kopf für die Zahlung des
Geldes zum Pfande gesetzt?

— Hm, aber besser und bequemer wär's gewesen, Ihr
hättet das Geld Euch vorauszahlen zahlen lassen, so brauchten
wir das Kind heut Abend nur auf die Straße zu führen und
dann laufen zu lassen.

— Geht nicht, Smaël! Packt nur Euren Kram hier zusammen, daß Ihr heute Eure Höhle verlassen könnt; sobald
es dunkel ist und Ihr das Loch hier geräumt und die Hausthür offen gelassen, bleibt Ihr draußen auf der Straße in meiner Nähe; ich trete dann verkleidet hier herein, öffne die Thür
des Gefängnisses und führe unerkannt, da der Mond uns nicht
stören wird, die Signora an die Fontäne auf der Piazza di

Spagna; dort wird sie Jemand empfangen, der mir das Geld zahlt. Da Ihr in meiner Nähe seid, so theilen wir auf der Stelle. Für uns Beide aber wird es dann vortheilhaft sein, uns etwas hinter den Coulissen zu halten, da das Mädchen möglicherweise errathen hat, daß sie im Ghetto gewesen.

Smaël brummte zwar darüber, daß Antonio das Geld nicht sogleich gebracht, indeß er war dieser Angelegenheit satt. Berga erschien ihm wie ein Betrüger, seine ganze Hoffnung war jetzt auf Antonio gesetzt.

Smaël wandte sich also von Dem, welchen er in Verdacht hatte, daß er ihn betrügen wolle, zu Demjenigen, der ihn bereits betrogen hatte. Antonio seinerseits sah mit großer Zufriedenheit das Vertrauen, welches der Jude auf Grund einiger Geschäfte in ihn setzte, die er ihm früher mit großer Pünktlichkeit ausgerichtet; er war mit Smaël bereits fertig, er hatte sein Geld in der Tasche und in seiner Freude über diesen Reichthum, in seiner ihm angebornen Faulheit war es ihm höchst unbequem, sich noch einer Sache wegen zu bemühen, die eigentlich gar kein Interesse mehr für ihn hatte. Antonio war nicht mehr der Bettler, er kehrte gänzlich den Italiener heraus, dem nichts über sein dolce far niente geht und dem der Besitz einer mäßigen Summe sogleich den ganzen schönen Himmel des Nichtsthuns und der Sorglosigkeit eröffnet. Wenn er also, jetzt im Besitz eines ganzen Australien, sich noch zu der Anstrengung bequemte, an den Juden und an Alita zu denken, so ist ihm dies sehr hoch anzurechnen, denn wer hinderte ihn, sich sogleich auf die faule Seite zu legen und alle Geschäfte oder Verpflichtungen in der schönsten Gemüthsruhe zu verschlafen!

Smaël, in der süßen Hoffnung, seine Geschäfte in Rom mit einer sehr rentablen Affaire zu schließen, hatte seine Hütte bald

geleert und in drei Kisten seine Habseligkeiten fortgeschafft. Seltsam erschien es ihm, daß sein Handlanger, der verschmitzte
Bursche aus Aquapendente, sich den ganzen Tag nicht hatte
blicken lassen; die Gefangene bedurfte der Nahrung, er aber
konnte ihr diese persönlich nicht reichen, denn das war das Amt
ihres Wächters. Smaël erwartete, daß der Bursche wie ge-
wöhnlich am Abend kommen werde; er kehrte also mit Einbruch
der Dunkelheit zurück, untersuchte die Thür der Hofwohnung,
ob auch der Riegel von draußen sicher vorgeschoben, verließ
dann das Haus, nachdem er die Außenthür nur angelehnt und
stellte sich nach Verabredung an der nächsten Ecke der dunklen
Gasse auf, um, wenn jener Bursche kommen sollte, ihn fortzu-
schicken und dann Antonio zu erwarten. — Wirklich sah er
nach Verlauf einer Stunde eine Gestalt durch die öde Straße
daher kommen. Es war Antonio. Zu Smaëls Verwunderung hatte dieser nicht, wie sie verabredet, eine Verkleidung an-
gelegt, sondern kam in seinem gewöhnlichen Aufzuge. Smaël
wagte sich nicht hervor. Antonio, der den Juden bemerkte,
wankte auf ihn zu und befahl ihm, sich an der andren Straßenecke in entgegengesetzter Richtung aufzustellen, sich auch ja nicht
blicken zu lassen, da es ihm sei, als drohe Gefahr. Feig, wie
er war, erschrak er vor Antonio's Benehmen, wagte aber nicht,
ihm entgegen zu handeln, und schlich mit zitternden Gliedern
davon. Ruhig, als gehe er zu einem Besuch, trat Antonio in
das Haus, verweilte einige Minuten in dem dunklen Hausflur,
schlich dann zur Thür zurück und streckte vorsichtig den Kopf
heraus, um sich zu überzeugen, ob Smaël aus Besorgniß um
sein Geld nicht seine Anordnungen übertrete.

In der That sah er den Juden an den Häusern entlang
schleichen und sich kaum zwanzig Schritte entfernt hinter einer

morſchen Strebe verbergen. Roms Straßen ſind am ſpäten
Abend todt, vollſtändig leblos und an Stille einem Friedhof
gleich; ähnlich war um dieſe Zeit das Ghetto.

— Der Jude muß mir erſt aus dem Wege! brummte Antonio. Er verließ das Haus und berührte mit ſeinem Knoten=
ſtock das ſchlechte Pflaſter ſo laut, daß er ſchon in der nächſten
Minute Smaël erſchreckt nach ſeinem ihm angewieſenen Poſten
zurückfliehen ſah. Lautlos kehrte Antonio um und ſchritt wieder
in das Haus. In dem dunklen Hofe angelangt, lauſchte er vor
der Thür der Hütte.

— Armes Ding! murmelte er. Es iſt kein Spaß, ſo lange
in dieſem Stall eingeſperrt zu ſein und das Futter des Juden
wird auch kein Manna geweſen ſein, ogleich er behauptet, er
habe dafür hundert Franken ausgegeben.

Antonio legte das Ohr an die Thür. Nichts bewegte ſich
drinnen.

— Signora! rief er leiſe pochend.

Keine Antwort.

— Signora Alita! wiederholte er mit verſtellter Stimme,
und gleich darauf vernahm er drinnen ein Geräuſch.

— Wer ruft? fragte eine zarte Stimme.

— Ein guter Freund, der gekommen iſt, Sie zu erlöſen,
antwortete Antonio, ſchob mit Anſtrengung den ſtarken Riegel
zurück, öffnete die Thür und erkannte in dem Dunkel eine weib=
liche Geſtalt.

Alita ſah kaum die Thür ſo ungewöhnlich lange offen, als
ſie an dem Bettler vorbeihuſchen wollte. Dieſer faßte ſie recht=
zeitig am Kleide.

— Um Gotteswillen, Sie werden doch Ihrem Retter nicht
davonlaufen wollen? rief er halblaut.

— Antonio, das ist Eure Stimme! Ihr wart es, der mich hierher gebracht! rief Alita, mit der Hand des Bettlers ringend, um sich loszumachen.

— Sie irren, Signora! Wir wurden Beide hintergangen; jetzt aber sorge ich für Ihre Freiheit. Um Gotteswillen, kein Lärm! Stellen Sie sich hinter mich, folgen Sie mir auf dem Fuße, und wenn wir auf der Straße sind, fliehen Sie nach rechts, wenden sich dann links und eilen immer in derselben Richtung fort; ich kann Sie leider nicht begleiten; Sie müssen sich also schon selbst zurechtfinden.

Alita fühlte, daß der Better ihr Kleid fahren ließ. Vertrauen fassend, stellte sie sich hinter ihn und folgte ihm durch die dunkle Küche. Zu ihrer Beruhigung sah sie einen matten Schimmer in den Hausflur dringen, mit hochklopfendem Herzen folgte sie dem Bettler zur Schwelle.

— Es ist Alles in Ordnung! flüsterte dieser, nachdem er vorsichtig hinausgelugt hatte. Wenn ich mit dem Stock leise auf das Pflaster schlage, eilen Sie rechts an den Häusern entlang, schlagen dann die Gasse links ein, und Gott behüte Sie!

Alita war diese Rettung so unerwartet, sie war eben erst aus einem Halbschlummer geweckt, daß sie sich zusammennehmen mußte.

— Ich verstehe Euch! antwortete sie leise. In demselben Augenblick gab der Bettler kaum vernehmbar das Zeichen. Alita stürzte wie ein Reh davon, während der Bettler in entgegengesetzter Richtung die Straße hinabschritt.

An der Ecke trat ihm Smaël entgegen.

— Ich sehe Euch allein; wo ist das Mädchen? rief Smaël erschreckt.

— Ihr habt mich hintergangen, Smaël; die Thür der

7*

Hütte stand offen, das Mädchen war fort! .... He? Habt
wohl das Geschäft auf eigne Hand gemacht? Hätt' Euch doch
für ehrlicher gehalten!

— Ihr lügt! rief Smaël außer sich vor Angst. Ich selbst
habe die Thür untersucht, als ich fortging.

— So hat sie Euch Einer gestohlen!

Sich in die Haare fahrend, verließ Smaël den Bettler und
eilte in das Haus. Antonio fand es am bequemsten, diesen
Augenblick zu benutzen und sich davon zu machen.

Allerdings fand Smaël die Hütte leer; er suchte mit den
Händen auf Alita's hartem Lager, er betastete die Ecken, er
suchte in den Winkeln des schmalen Hofes, durchforschte wimmernd
die Küche und die beiden übrigen Gemächer — Alles war leer!

Wehklagend und von der Furcht aus dem Hause gejagt,
eilte er auf die Straße und suchte in allen Ecken, aber vergebens. Plötzlich hörte er schnelle Schritte; in den tiefsten
Schatten flüchtend, hockte er unter einem Mauervorsprung nieder und sah, wie eine große, dunkle Gestalt an sein Fenster
trat und dreimal klopfend seinen Namen rief.

Smaël erkannte Zerga's Stimme. Gewiß war er gekommen, um von ihm das Mädchen zu verlangen. Kalter
Angstschweiß trat auf seine Stirn, er wagte kaum Athem zu
holen und drückte sich tiefer in die Ecke. Eine Zeit lang war
Alles still. Dann hörte er Rufen in seinem Hause, es war
ihm, als unterscheide er in den heftigen Monologen Zerga's
seinen Namen. Das Auge nur auf das Haus gerichtet, erschrak Smaël plötzlich vor dem Geräusch neuer Schritte. Er
sah eine zweite Gestalt in sein Haus schleichen; das an die
Dunkelheit bereits gewöhnte Auge glaubte in dieser den Burschen
zu unterscheiden.

Smaël saß fast athemlos still. Da mit einem Male vernahm er neuen Tumult im Hause; die beiden Gestalten warfen
sich, einander verfolgend, auf die Straße; die kleine verschwand
spurlos, nur die größere suchte in der Gasse umher.

— Smaël, Du Hund, Du Judenseele! Du Betrüger: Du
Mädchendieb! heulte Zerga durch die Gasse und mit einer solchen
Wuth, daß dem armen Smaël in seinem Versteck vor Angst die
Zähne klapperten, denn immer näher kam ihm die heulende
Hyäne, der wüthende Zerga.

Blind in seiner Wuth, schoß dieser dicht an Smaëls Versteck vorüber. Kaum hörte Smaël das Geheul sich entfernen,
als er Muth faßte, sich aufrichtete und wie ein aus seinem
Mauerloch aufgescheuchter Uhu in derselben Richtung davon
schoß, welche Alita genommen.

Die unheimliche Gasse ward wieder still; die wenigen Bewohner derselben, welche Zerga's Geheul gehört, hatten sich
wohl gehütet, die Läden zu öffnen, da dergleichen nichts Gutes
bedeutete.

Zwei Stunden später schlich wiederum eine Gestalt in Smaëls
verlassenes Haus; matter Lichtschein bewegte sich bald darauf in
der Küche. Es war Smaël's Handlanger, der Bursche aus
Aquapendente, der beim Schein einer Blendlaterne die Goldstücke vom Boden sammelte, welche Zerga dem Juden „in den
Bauch" geworfen.

So also war das Schicksal von Zerga's Sündengeld, an
welchem, wie er selbst sagte, ein Fluch haftete. Weder er noch
Smaël behielten ein Stück davon; es verkrümelte sich in den
Händen zweier anderer Gauner, die wir lachend vom Schauplatz verschwinden sehen.

Um dieselbe Nachtzeit, wo der letzte Fuß Smaels seitdem verfallene Hütte betrat, patrouillirte Pepe ungeduldig die Straße auf und ab. Camillo stand, hinter den seidenen Vorhängen versteckt, am offnen Fenster, Leona saß bei dem Vater, dessen Auge heute kein Schlummer berühren wollte.

Don Alessandro's Verlangen nach Alita war an diesem Tage so stark und unabweisbar gewesen, daß Leona in ihrer Angst sich zu der Aeußerung hatte hinreißen lassen, der Arzt habe versprochen, Alita heute Abend wieder zurück zu bringen. Don Alessandro also, der fast gänzlich genesen war, erwartete die Rückkehr seines Lieblings, im Fauteuil sitzend, mit der peinlichsten Ungeduld und versetzte dadurch Leona in eine gänzlich hülflose Lage. Aber der Abend kam, die Nacht kam, und Leona's Seelenangst immer größer.

Zwei Stunden schon trieb sich Pepe in der Straße herum; so mancher Nachtwandler kam vorüber; aber von den Erwarteten war keine Spur.

— Ich hab' es gleich gesagt, man hat uns betrogen! wiederholte sich Pepe wohl hundertmal. Dieser Spitzbube hat nur das Geld haben wollen; ich sah's ihm an, daß er uns anführen wollte!

Auch Camillo's Hoffnung schwand allmählig; auch er stand schon seit zwei Stunden auf seinem Observatorium; trauernd schüttelte er den Kopf und beobachtete Pepe's stille Wanderung. Plötzlich sah er, wie dieser still stand, wie er die Hand über das Auge legte und dann die Straße hinab stürzte. Ein electrischer Strahl durchzuckte Camillo's Glieder frostig und zugleich glühend heiß; ohne sich Rechenschaft zu geben, was Pepe forttrieb, stürzte er zum Zimmer hinaus, die Treppe hinab.

Leona, die aufmerksam auf das leiseste Geräusch horchte,

vernahm diese Tritte, sie hörte Camillo die Treppe hinab eilen. Auch sie fuhr auf, ließ den armen Don Alessandro dasitzen und sprang ebenfalls die Treppe hinab zur offnen Hausthür.

Hier sah sie eine Scene, die sie schwindeln machte: Alita in Camillo's Armen! Schluchzend vor Wonne hatte Alita ihr Antlitz an Camillo's Brust gelehnt; dieser bedeckte ihre Stirn mit glühenden Küssen, er preßte sie an sich, stumm, unfähig einen Laut zu äußern. Dann warf sie sich an Leona's Brust, sie drückte Pepe die Hände, streichelte ihm die Wangen und eilte immer wieder in Camillo's Arm zurück.

Plötzlich vernahmen die Ueberglücklichen eine Stimme, die von oben herab drang.

— Alita! Mein Kind! Meine Alita! rief Don Alessandro, der, sich auf den Stock stützend, seinen Fauteuil verlassen und zu schwach, um die Treppe hinab zu steigen, an der Gallerie derselben stand, als er den Jubel unten vernahm.

Alita hörte diese Stimme. Sich losmachend, flog sie die Treppe hinan und warf sich in Don Alessandro's Arme, der sie sprachlos an sich preßte, während zwei große Thränen aus seinen Augen auf das Haupt des geliebten Kindes fielen.

Minuten lang hatte Alita an der Brust des Vaters gelegen; jetzt erhob sie plötzlich das Köpfchen und schaute auf.

— Wo ist Mariano? fragte sie leidenschaftlich und umherblickend.

Niemand antwortete. Alita fühlte, wie Don Alessandro's Arm erzitterte und erlahmte. Die Erinnerung an frühere Vorfälle kehrte in Alita's Gedächtniß zurück und warf einen Wermuthstropfen in ihre Freude.

— Vater! . . . Mein armer Bruder! rief sie, das Antlitz mit beiden Händen bedeckend und es wieder an Don Alessan-

dro's Brust bergend, der sympathisch ihren Schmerz verstand
und seine zitternden Hände auf das Haupt des Mädchens legte

Am andern Morgen mit Tagesanbruch machten sich Camillo
und Pepe auf, um nach Alita's Beschreibung im Ghetto das
Haus Smaël's und wo möglich auch den Bettler Antonio aufzusuchen. Man fand die Hütte im alten Zustande, auch das
elende Gemach, in welchem die arme Alita so lange geschmachtet.
Pepe suchte Vergnügen darin, das ganze Nest unterst zu oberst
zu kehren, fand aber nichts als die arabische Silbermünze,
welche Antonio Alita vorgezeigt. Von Smaël war keine Spur
und auch Antonio war und blieb verschwunden.

Inzwischen war zu Hause auch Don Alessandro mit dem
ersten Morgengrauen erwacht. Sein erster Gedanke, sein erstes
Wort war Alita. Man mußte ihm das Kind bringen, er bedeckte Alita's Antlitz mit Küssen und streichelte ihr die Hände,
das Haar, die Wangen, während sein Auge von unendlicher
Freude strahlte. Alita mußte sich an sein Bett setzen und ihm
die ganze Geschichte noch einmal erzählen, mit der man ihm
schon gestern Abend hatte herausrücken müssen. Alita erzählte
Alles; nur Eins, was gerade den Schlüssel zu diesem Geheimniß hätte geben können, verschwieg sie dem Vater wie den
Uebrigen, nämlich ihre Vermuthung, daß Zerga der Anstifter
dieses Frevels gewesen sei.

Don Alessandro hörte ihr mit der gespanntesten Theilnahme
zu. Als sie zu Ende, faltete er andächtig die Hände und rief
mit matter, bebender Stimme: Mein Gott, Deine Wege sind
wunderbar und unerforschlich sind Deine Rathschlüsse!

VIII.

Auch dem Zünder sei vergeben.

Wenige Stunden von Rom entfernt liegt auf einem Hügel des Sabinergebirges die kleine Stadt Tivoli, umrauscht von den herrlichsten Wasserfällen, umgeben von den sehenswürdigsten Ruinen des classischen Alterthums.

Der Weg nach Tivoli führt durch eine an sich langweilige, wellenförmige Ebene, zum Theil über die alte Via Tiburtina, an dem Denkmal der Giulia Stemma vorbei, über den Alles versteinernden, schwefeldampfenden Lago di Tartaro mit seinen verfallenen modernen Bädern, durch große Olivenwaldungen, in welchen die Phantasie des Malers und Poeten die uner-schöpflichsten Stoffe in den seltsamen Gestaltungen des Oel-baums findet. Vorüber ferner an dem Grabmal des Plautius Lucanus und an den in kurzer Entfernung seitwärts liegenden Palast-Trümmern der Villa des Habrian, eines der verschwen-derischsten, großartigsten Bauwerke des classischen Alterthums. Einst waren diese Trümmer, die jetzt so öde daliegen, umgeben von einer fabelhaften Tropenvegetation, ausgestattet mit allen Reichthümern, Seltenheiten und Kunstschätzen der Welt, denn

unerreichbar war die Pracht, mit welcher Kaiser Hadrian diesen
in Terrassenform erbauten Palast, die Sitte des Orients nach-
ahmend, ausstattete, den er mit seinem ganzen Regierungs-
personal und seinen Garden bezog — ein Sultan inmitten des
römischen Staates, und sich in seinen Palästen, seinen Bädern
und Gärten den Schwelgereien eines solchen ergebend.

Heute zeugen nur die Wälle der Terrassen, die graziösen
Bogen, die Spuren der Gärten, die unterirdischen Wölbungen
der Garde-Kasernen (die Cento Camerello) von der einstigen
Pracht dieses Bauwerkes. Alles liegt in Trümmern und was
nicht die Hand der Zeit vernichtet, das zerstörte die der Habsucht, welche diese Ruinen nach Schätzen suchend durchwühlten.

Auch Tivoli selbst redet nicht minder von dem Glanz einer
dahin gestorbenen Vergangenheit durch die hoch auf dem Felsen-
abhang belegenen zierlichen Tempel der Vesta und Sibylle.
Tief unten zu den Füßen derselben schäumen die Wasser durch
die dunkle Neptuns- und Sirenengrotte, über die glatt ge-
schliffenen riesigen Felsblöcke; unaufhörlich donnert der Anio,
nachdem er vor zwanzig Jahren einen Theil der Stadt unter-
wühlt und die Kirche Santa Lucia mit sechsunddreißig Häusern
in den Abgrund gerissen, grollend über das moderne Tunuel-
bette, das man ihm gebaut, in die Tiefe hinab. Poetisch und
schäumend stürzen sich die Wasser der Cascatellen in Silber-
bächen von dem Hügel der Stadt, aus den Fenstern der
romantischen Villa des Mäcen. Ringsumher um das Städtchen
liegen die Reste der antiken Villen zerstreut, und sinnend vertieft sich der Reisende in die Felsenthäler oder in die heimliche
Stille der bleichen Olivenwälder.

Ganz in der Nähe der Cascatellen steht das moderne
Sommerhaus des vor Beginn der Belagerung heimwärts ge-

zogenen Spaniers Don Esteban. Dasselbe ist leicht und luftig
gebaut; im Style der andalusischen Häuser bildet es ein nied-
liches Viereck, einen ebenfalls viereckigen Patio oder Binnenhof
einschließend, der oben offen, von Galerien umlaufen ist und
in dessen Mitte eine kleine Fontaine lustig ihre Wasserstrahlen
in das Marmorbassin wirft.

Don Esteban's Villa ist ein Muster spanischen Geschmacks;
sie weist keinerlei großen Luxus auf und zeichnet sich in ihrem
Möblement durch die patriarchalische Einfachheit aus, welche in
den spanischen Häusern Sitte. Blendend weiße Vorhänge
schützen die Balkons vor der Sonne, die Wände sind schlicht
getüncht, die Fußböden von Mosaik, die ganze Einrichtung ist
darauf berechnet, nach der Sitte Malagas und Sevillas den
Patio zu bewohnen.

Auf den offnen Galerien dieses Hofes ist denn auch ge-
wöhnlich die Familie zu finden, mit leichten Handarbeiten,
Lecture oder sonstigen Zerstreuungen beschäftigt, in eine für
alles Schöne empfängliche Stimmung versetzt durch das Ge-
plauder der unermüdlichen Fontaine, deren Marmorschale mit
den duftendsten Blumen umstellt ist, während oben ein über
den Patio gezogenes weißes Leinendach die Bewohner vor der
Zudringlichkeit der Sonne schützt, wenn dieselbe im Zenith
steht.

Don Esteban hat seine Villa verlassen; Don. Alessandro
hat sein Anerbieten angenommen und dieselbe mit seiner Familie
bezogen. Die Letztere bedarf dieses reizenden Sommeraufent-
haltes so sehr, denn der Graf findet seine Kräfte und namentlich die Stärkung und Regelung seiner Gedanken nur langsam
wieder. Leona ist Roms Klima so überaus wohlthätig, sie
leidet noch immer ein wenig an dem kranken Herzen und sehr

stark an dem kranken Gemüth. Camillo hat eine schwere Zeit durchgemacht. Alita bedarf nach einer so schrecklichen Gefangenschaft der Luft und des Sonnenscheins, um das Versäumte nachzuholen, und wirklich hat auch ihr ganzes Wesen sehr bald die frühere Frische und Lebendigkeit wieder angenommen.

Armer Don Alessandro! Wer vor einem Jahre den kalten, stolzen Aristocraten mit dem diplomatisch-kirchlichen Ernst und seiner ewig balancirenden Gemessenheit sah, wird in dem am Stock einhergehenden Mann mit dem bleichen, kranken Antlitz, mit dem gebleichten grauen Haar und den Falten der Sorge auf der Stirn schwerlich den Grafen Buelto wieder erkennen! Don Alessandro ist ein Opfer seines Starrsinns, seiner unbeugsamen Willenskraft geworden, die stärker war als seine physischen Kräfte; der schroffe Aristocrat sah, wie außen alle Autorität mit Füßen getreten wurde, er sah, wie die Rebellion auch in seine Familie drang; er, der als Familien-Oberhaupt sich für stärker hielt als die Häupter der Völker, erröthete über deren Schwäche und er schwur sich, seine Autorität als Vater und Vormund besser und energischer zu wahren als jene, indem er der Rebellion in seinem Privatreiche mit allem Nachdruck den Daum auf's Auge setzte.

Als der alte, starre Aristocrat hatte er sich freilich von seinem Krankenlager erhoben, in ihm selbst aber waren doch manche der früher so eisernen Federn erlahmt, auf welche sonst die Energie seines Willens sich stützte. Der Graf war duldsamer und ruhiger geworden; während sonst nur er es sein durfte, der befahl und entschied, hörte er jetzt mit liebenswürdiger Geduld auf das, was Andere bescheiden vorschlugen, er war zugänglicher, und namentlich Camillo, der um seinetwillen jetzt den Dienst ganz quittirt, hatte bedeutenden Einfluß auf den

Vater gewonnen. Nur in Einem war Don Aleſſandro noch
der Alte geblieben: man durfte Mariano's Namen nicht
nennen.

Wie wir ſchon geſehen, hatte Camillo, ſeit er den Jüngling
im Unglück gefunden, für dieſen eine Theilnahme gefühlt, die
ihm ſonſt ganz fremd geweſen, denn er ſah, wie tief und wahr
dieſe wilde Natur zu empfinden im Stande war. Er hatte
ſchon bei der Abreiſe der Familie von Rom an Mariano geſchrieben, als dieſer ſich auf Pepe's an ſeine Thür geheſteten
Zettel nicht meldete; er hatte auch Landolfo geſchrieben, daß
Alita wieder gefunden ſei, und ihm für ſeine Bemühungen den
herzlichſten Dank geſagt. Als keiner von Beiden nun ein Le-
benszeichen von ſich gab, ward Pepe nach der Stadt geſchickt.

Pepe kam mit der Meldung zurück, von Mariano wiſſe
Niemand, von Landolfo habe er gehört, derſelbe habe ſich als
Offizier einrangiren laſſen. Camillo hatte nachträglich ſein
Landolfo gegebenes Verſprechen nicht mehr gehalten; Leona hatte
durch ihn die Theilnahme ihres Vaters an Alita's Looſe gehört,
ſie wußte, daß der Vater ſie aus Rückſicht für ihr Glück nicht
aufſuche und — trauerte um ihn wie immer, wie um einen
Verlornen. Camillo ſeinerſeits ſchrieb abermals einen Brief an
Landolfo, legte in dieſen ein Schreiben an Mariano ein und
ließ dieſe Depeſche für Landolfo im Kriegsminiſterium abgeben,
in welchem allerdings nicht die beſte Ordnung herrſchte. In
Folge deſſen blieb auch dieſer Brief ohne Antwort.

Oft ſchon hatte Don Aleſſandro in der letzten Zeit, als er
ſeine Kräfte allmählich wieder zunehmen ſah, den Gedanken
geäußert, nach Spanien zurück zu kehren und ſein Alter in der
ſchönen Heimath, auf ſeinen reizenden Beſitzungen in der lachen-
den grünen Bega Granada's zu pflegen. Inſtinktmäßig knüpften

Camillo und Alita an diesen noch durchaus unreifen Plan des
Vaters einen und denselben Gedanken, der sich allmählich zu
einer kleinen Verschwörung gestaltete. Konnte diese Idee der
Rückkehr nach Spanien nicht der Anlaß zur Versöhnung des
Vaters und Mariano's werden? Warum sollte der Vater in
seiner jetzigen Verfassung Mariano noch ferner grollen, wenn
dieser als verlorner, reuiger Sohn zurückkehrte.

Leona wurde in diese Idee eingeweiht; ein Lächeln des
Glücks schwebte über ihre Züge, aber wie viel Aussicht war
für den Erfolg dieses Plans, da Don Alessandro noch immer
leise zuckte, wenn zufällig Mariano's Name genannt wurde,
was mit einer gewissen Absichtlichkeit jetzt immer häufiger geschah? Wenn Jemand dies durchsetzen konnte, so war es Alita,
und aus Liebe für den Bruder unternahm sie diese Aufgabe.
Klopfte doch ihr Herz freudig bei der Vorstellung, daß die Kluft
zwischen Don Alessandro vielleicht ausgefüllt werden könne;
während ihr Blut jedesmal erstarrte, wenn sie daran dachte,
daß Mariano noch immer in Zerga's Klauen sei. Wie räthselhaft und unerklärlich ihr auch die Absichten dieses Menschen in
Bezug auf Mariano und sie bisher gewesen waren, seit jener
Nacht, wo man sich ihrer Person bemächtigte, hatte sie viel und
lange darüber nachgedacht, es waren ihr auch wohl dann und
wann kleine Lichter in dieses Dunkel gefallen, aber erst als sie
wieder frei war, als sie von dem an Delila verübten Morde
hörte, schien es ihr, als sehe sie die Fährte der schändlichen Absichten dieser Menschen. Alita graute schon seit jener Nacht in
Resina vor Zerga, jetzt aber fühlte sie ein eisiges Entsetzen
vor ihm.

Trügerisch war indeß nur die Ruhe, deren das Haus Don
Alessandro's seit Kurzem genoß; die Stürme verfolgten es auch

hieher und Alita's schönes Werk sollte schon in seinem Beginn gestört werden. In Tivoli war die Nachricht eingetroffen, daß die
neapolitanische Armee unter dem Befehl des General Nunziante,
zwanzigtausend Mann stark, die aus der Richtung von Neapel
nach Rom führende Via Appia besetzt habe, sich in Velletri
konzentrire, ihre Detachements bis über Albano hinaus gegen
Rom schicke und das stärkste derselben bei Valmontane stehe.

Diese Nachricht war für die Bewohner von Tivoli sehr be-
unruhigend; die neapolitanischen Vorposten durchstreiften bereits
das Gebirge bis an den Fuß des Hügels von Tivoli und statteten
dem Orte selbst ihre Besuche ab. Wie angenehm Camillo anfangs auch das Wiedersehen mancher seiner früheren Kameraden
war, schon wenige Tage nach dem Erscheinen der ersten neapolitanischen Detachements brachten einige aus Rom zurückkehrende
Bewohner Tivoli's die Nachricht, daß Garibaldi mit seiner
italienischen Legion in der Nacht von Rom ausgerückt und sich
auf dem Wege nach Tivoli befinde.

Am nächsten Mittage sah man von Tivoli aus diese Legion
ihr Lager im Schutz der Olivenwaldungen der Villa des Hadrian aufschlagen, und an demselben Abend noch hörte man am
Fuße Tivoli's heftiges Gewehrknattern, ein Beweis, daß Garibaldi's Vorposten mit den neapolitanischen Streicorps bereits im
Handgemenge waren.

Ganz Tivoli gerieth in Angst und Schrecken. Während
Camillo mit einem Fernrohr bewaffnet von dem flachen Dache
des Hauses herab das Gefecht beobachtete, schlug das Herz der
Mädchen ängstlich, Don Alessandro schlich unruhig an seinem
Stock von einem Zimmer, von einem Fenster zum andern. Das
Gefecht kam immer näher; man sah vom Fenster aus neapoli-
tanische Reiter in wilder Flucht über den Felsenweg dahin spren-

gen und kaum eine halbe Stunde später eine Abtheilung der
römischen Emigrati, begleitet von einigen Lanziers, mit einem
kleinen Transport Verwundeter in der Stadt erscheinen. Ersichtlich bestand dieser Trupp aus verschiedenen, durch das Gefecht versprengten Abtheilungen, die sich zusammen geschlossen
und, da die Neapolitaner das Feld geräumt, die Nähe des
Städtchens benutzten, um ihre Verwundeten, sechs an der Zahl,
in demselben unterzubringen.

Unwillig schüttelte Don Alessandro den Kopf, als er sah,
daß man grade sein Haus erwählte, um zweien dieser Unglücklichen ein Obdach zu verschaffen; indeß ertheilte er seinem getreuen Pepe den Befehl, das Nöthige zur Pflegung der Verwundeten im unteren Geschoß des Hauses zn veranstalten.

Theilnahmvoll und bereit zu helfen, aber den Anblick der
Verstümmelungen fürchtend, hatten sich die Mädchen auf der
oberen Galerie des Patio zusammengedrängt und berathschlagten
schweigend, sich gegenseitig in den Augen lesend, was sie thun
sollten. Camillo indeß hatte kaum die Soldaten mit den beiden
Verwundeten das Haus betreten sehen, als er vom Dache herab
und in den Hof eilte. Hier trat ihm Pepe bereits mit ver-
störter Miene entgegen.

— Herr Graf, sagte er zaudernd, ich habe die beiden Verwundeten in mein Zimmer schaffen lassen; mit dem Einen
scheint's gute Wege zu haben, aber der Andere . . . . Herr
Graf, setzte er, um sich kurz zu fassen, hinzu, es geschehen
Dinge, die man gar nicht glauben würde, wenn sie Einem
nicht selbst passirten; dieser eine Verwundete ist kein Anderer
als . . . .

— Wer? fragte Camillo besorgt.

— Derselbe, den wir schon einmal in Resina als verwundet gepflegt: derselbe, zu welchem Sie mich so oft in Rom schickten, als wir Signora Alita suchten.

— Landolfo d'Auria! rief Camillo erschreckt.

— Kein Anderer, Herr Graf!

— Ist er gefährlich verwundet?

— Wenn er nicht schon den Geist aufgegeben, stirbt er uns unter den Händen!

— Eile zu Leona und führe sie her! befahl Camillo, in das Zimmer stürzend, in welchem er den einen Verwundeten auf dem Boden, den anderen auf Pepe's Bette liegen sah, während ein von den Soldaten schon unterwegs requirirter Chirurg be= schäftigt war, die Wunden des letzteren zu untersuchen.

— Es ist umsonst, Eccellenza! erklärte der Mann, sich von dem Verwundeten abkehrend.

Camillo stürzte an das Bett, er strich das wirr über das Antlitz des Halbtodten hangende graue Haar zurück und er= kannte in dem republikanischen Offizier die Züge Landolfo's. Tiefes Mitleid bemächtigte sich Camillo's, als er diese unruhige, gejagte Seele auf dem Punkte sah, die ewige Ruhe zu finden. Er faßte die herabhangende Hand und preßte sie in der seini= gen, er wusch ihm die Stirn, er rief Landolfo's Namen und wirklich schlug dieser bald das Auge auf, schaute matt und ver= wirrt umher, preßte die Hand auf die Wunde in seiner Seite und stieß einen Schmerzenslaut aus. Er schien Camillo an= fangs nicht zu erkennen, dann aber schwebte ein mattes Lächeln über seine abgespannten Züge.

— Sie . . . sind's! sprach er leise und kaum hörbar.

Jetzt öffnete sich die Thür und Pepe trat mit Leona ein, die mit einem Schrei an das Bett eilte.

— Mein Vater, mein armer, armer Vater! so mußten wir
uns wiedersehen! rief sie schluchzend, während sie seine Hand
ergriff und seine Stirn mit Küssen bedeckte . . . . Ist denn
keine Rettung möglich? rief sie verwirrt. Sendet zum Arzt;
Pepe; eile, ich beschwöre Dich, es ist ja mein Vater!

— Es ist umsonst, Leona! rief Landolfo mit schwacher
Stimme, während ein sanftes Lächeln um seinen Mund spielte.
Ich bin zu Ende, mein geliebtes Kind! Dieser Unglückliche, der
jetzt zu Tode getroffen vor Dir liegt, Leona, er dankt Gott
für die einzige Wohlthat, die er von ihm zu erbitten gehabt, für
die, in Deinen Armen sterben zu können. . . . Keinen Arzt,
Leona! ich fühle, daß jede Hülfe umsonst. . . ich will sterben, Leona; Es ist ja besser so! Meine eignen Landsleute waren es, die mir den Tod gegeben!

— So eile zu einem Geistlichen, Pepe! rief Leona
in Schmerz und Verwirrung. Eile, Pepe; eile zu ihm!
setzte sie mit einer Betonung hinzu, als wisse er ja, wen sie
meinte.

Pepe schien ein wenig betroffen, indeß machte er entschlossen Kehrt und während Camillo und Alita mit feuchten
Augen dem Schmerz und den Liebkosungen Leona's zusahen,
führte Pepe nach wenigen Minuten den gewünschten Geistlichen herein.

Sicher mußte in Pepe irgend etwas Besonderes vorgehen,
denn sein Gesicht drückte zugleich Trauer, Verlegenheit und eine
unverkennbare Schadenfreude aus. Er versteckte sich hinter
Camillo, als der Geistliche an das Bette des Verwundeten trat.
Kaum hatte dieser das Antlitz des Priesters gewahrt, als er,
der soeben vor Blutverlust und Todeswehen kaum ein Glied zu

regen vermochte, sich plötzlich aufrichtete und mit geisterbleichen
Zügen, mit weit geöffneten, starren Augen und offnem Munde
den Geistlichen anschaute.

— Er! . . . Er! rief er heiser, während die Bewegung
einen neuen Blutstrahl aus seiner Brust trieb. Leona, wie
kommt dieser Mensch hierher? Warum kommt er, mich nicht
ruhig sterben zu lassen, der mir im Leben keine Ruhe ließ?
Höllenpriester, was willst Du an dem Sterbebette eines unglücklichen Christen, dessen Kopf nie ein Unrecht sann, dessen
Hände niemals Böses thaten, obgleich sie mit Schmach und
Ketten belastet wurden?.. Leona, dieser Mensch war es, der
Dir nachstellte, als Du fast noch ein Kind warst; dieser Mensch
war es, der Deinen Vater in den Bagno, Deine Mutter ins
Grab brachte und der Dich in ewige Schande bringen wollte.
. . . Helft mir, helft mir, daß ich ihn mit eigener Hand er-
würge, ehe es zu spät wird!

Landolfo d'Auria hatte alle seine Kräfte zu einer letzten
gewaltsamen Anstrengung zusammen gerafft; diese verließen ihn,
mit einem Röcheln sank er auf das Kissen zurück. Er hatte
ausgerungen.

Pater Peloso, der, wie wir sehen, dem Grafen Buelto auch
nach Tivoli gefolgt war, stand wie vom Schlage gelähmt da.
Camillo war zu ihm getreten; er hatte, als er sah, daß der
Anblick dieses Mannes die letzten Augenblicke des Sterbenden
verbitterten, die Hand auf seinen Arm gelegt und suchte ihn
hinaus zu ziehen. Erst als er Landolfo röchelnd zurücksinken
sah, schien dem Priester die Besinnung wiederzukehren; schweigend ließ er sich fortziehen, er senkte den Blick, als ver-
meide er den der Anwesenden. Diese Ueberraschung hatte den

sonst so entschlossenen Geistlichen aus seinem Gleichgewicht gebracht.

— Er war nicht mehr bei Sinnen! murmelte er zu seiner
Entschuldigung vor sich hin und verließ das Haus.

Leona schluchzte lange an der Leiche des Vaters; endlich
aber gab sie den Trostesgründen ihrer Umgebung Gehör. Sie
faßte sich, trocknete ihre Thränen, kniete am Bette des Todten
nieder und betete: Vater im Himmel, gepriesen sei Deine Allmacht, in der Du ihn zu Dir nahmst und ihm dort droben
die Ruhe gabst, die ihm hienieden nie bescheert war!

Mit frommer Fassung wandte sie sich zu Alita und lehnte
ihr Haupt auf deren Schulter.

— Alita! sagte sie mit leiser, schmerzlicher Stimme, Gott
sandte mir den sterbenden Vater in dieses Haus, um mir durch
ihn ein Geheimniß zu offenbaren, welches mich lehrt, daß d e r
Mann, in welchem ich meinen Schutzgeist sah, mein böser Ge-
nius ist. Meine Seele war so glücklich und fest im Glauben
an diesen Mann, daß ich an der Warnung des l e b e n d e n
Vaters gezweifelt haben würde; die Stimme eines Sterbenden
aber kann nicht lügen. Ich verzeihe jenem Manne; Alita, verzeih auch Du mir manch bitteres Wort, das ich Dir um seinetwillen gesagt!

Alita drückte herzlich Leona's Hand; in ihre sowohl als in
Pepe's Theilnahme für die Verwaiste mischte sich ein kleiner
Triumph; beide sagten sich: wir haben d o c h Recht gehabt,
aber Beide mußten diesen Triumph sorgfältig in sich zu verbergen.

Tief erschüttert vernahm Don Alessandro den Tod Landolfo d'Auria's. Schweigend drückte er Leona an seine Brust,

als wollte er sagen: Du haſt einen Vater verloren, hier
aber klopft das Herz des zweiten, deſſen Tochter Du ja
auch biſt!

Ebenſo ſchweigend ließ er ſich in ſeinen Seſſel nieder;
ſtill und in ſich gekehrt ſaß er bis zum Abend da, wo er
ſeine drei Kinder zu ſich rief, jedes derſelben auf die Stirn
küßte und ſich dann von Pepe in ſein Schlafzimmer führen ließ.

IX.

Villa Corsini.

Blutige Neckereien des römischen Divisionärs Garibaldi mit den Truppen Ferdinands, „des ersten Lieutenants des Papstes", in den Ebenen zwischen Rom und Velletri füllten den Zeitraum aus, der nach dem ersten Zusammenstoß der Republikaner mit den französischen Truppen zu fruchtlosen Verhandlungen benutzt wurde. Weder in Rom noch in Paris hatte man sich vorstellen können, daß es zum wirklichen Kriege kommen werde.

Beide hatten sich geirrt. General Oudinot überzeugte sich bei diesem ersten Zusammenstoß, daß er Unrecht gehabt, indem er behauptete: les Italiens ne se battent pas! und die unterschätzende Meinung gleich beim ersten Coup mit fünfhundert Gefangenen büßte. Die Römer auf der anderen Seite überzeugten sich, daß der General Oudinot mit ganz anderen Vollmachten gekommen war, als ihnen ihre republikanischen Correspondenten in Paris geschrieben.

Inzwischen sandte Frankreich sogleich seinen Herrn v. Lesseps nach Rom, der die Triumvirn und die Constituante zum Nachgeben vermögen sollte. Herr Lesseps ward zwar sehr bereitwillig empfangen, sah aber sogleich ein, daß man sich in Frankreich die inneren Zustände Roms anders vorgestellt, als sie wirklich waren.

Herr v. Lesseps hatte sich kaum einen richtigen Begriff von diesen Zuständen gemacht, als seine Friedensliebe ihn veranlaßte, die Widerstandsfähigkeit der Römer bei weitem zu übertreiben; er beeilte sich, die Sache gleich beim verkehrten Ende anzugreifen und seine Vollmachten dem französischen General gegenüber zu verletzen, indem er entschieden für Rom Partei nahm. Nachdem er die Zeit mit nutzlosen Unterhandlungen vergeudet, brachte er endlich einen Vertrag mit den Triumvirn zu Stande, welcher dem General Oudinot die Galle dermaßen in den Kopf trieb, daß der General den Vertrag für ungültig und Hrn. v. Lesseps erklärte, er habe seine Vollmachten sowohl wie die Ehre Frankreichs durch eine solche Capitulation verletzt, er werde daher unverzüglich die Feindseligkeiten wieder aufnehmen. General Oudinot hatte diese Verhandlungen von ihrem Beginn ab mit Entrüstung gesehen; die heiße Jahreszeit überraschte seine Truppen, die er allmälig auf die Höhe von 35,000 Mann gebracht, und benutzte er auch diese Zeit der Ruhe, um sich für den wahrscheinlichen Fall des Krieges in die vortheilhaftesten Positionen zu bringen, so fanden doch auch die Römer inzwischen Muße, stets neue Proviant- und Waffentransporte in die Stadt zu ziehen, auch wider die Verabredung neuen Freischaaren die Thore zu öffnen.

Am 2. Juni proclamirte das Triumvirat, daß mit den Franzosen ein Waffenstillstand mit vierzehntägiger Kündigung geschlossen worden; wenige Stunden darauf erschien aber an den Straßenecken neben dieser Proclamation eine andere vom General Oudinot, in welcher dieser erklärte, der französische

Bevollmächtigte habe seine Instructionen übertreten, der General werde also am 4. den Angriff beginnen.

Die Römer lasen beide Proclamationen und wußten nicht,
woran sie waren. Der nächste Morgen indeß löste die Zweifel, als ihnen Oudinot die Bestätigung seiner Proclamation aus
den Mündungen seiner Kanonen sandte.

So unverantwortlich Mazzini in Rom während der Frie-
densunterhandlungen jede Stimme der Vernunft durch seine
blutgierigen Albernheiten überschrien hatte, ebenso unverantwortlich waren auch die Dispositionen des römischen Oberbefehls-
habers. Roms ganze Befestigung war eine einfache, sehr un-
vortheilhaft und unregelmäßig bastionirte Wallmauer ohne
Graben und bedeckten Weg und ohne alle Außenwerke. Die
Vertheidigung war also, wenn nicht große Truppenmassen die
Angriffslinie draußen v o r der Stadt schützten, auf eben diese
an sich gar nicht widerstandsfähige Mauer angewiesen, die beim
Mangel an Außenwerken gleich dem ersten Sturm preisgegeben
war. Trotzdem beging der Oberbefehlshaber die unbegreifliche
Thorheit, alle seine Hülfskräfte in der Stadt zu concentriren,
ja man ging in seiner Blindheit so weit, daß man, während
in der Stadt selbst Alles Säbelgeklapper und Kriegslärm war,
nicht einmal größere Beobachtungscorps vor der Stadt hielt
und sich darauf beschränkte, in den, dem französischen Lager
gegenüber befindlichen, der Stadt zunächst gelegenen Villen kleine
unbedeutende Posten zu unterhalten, ein Fehler, der sich blutig
bestrafen sollte.

Garibaldi hatte wochenlang draußen mit den Neapolitanern
scharmützelt; die italienische Legion war die einzige, die sich
überhaupt draußen bewegte. Auch sie erhielt die Ordre, sich
schleunigst in die Stadt zurück zu ziehen, und Garibaldi rückte

also am 1. Juni mit seinem Stabe ein, während seine Brigade erst am 2. von Anagni anlangte, um gleich bei ihrer
Ankunft die beiden widersprechenden Placate zu lesen und den
nächsten Tag, einen Sonntag, allenfalls noch der Ruhe pflegen
zu können.

Marschall Oudinot hielt früher Wort, als er versprochen.
Man legte ihm dies als einen Wortbruch aus; wie dem aber
auch sein mag, die nächsten Folgen würden bei der thörichten
Sorglosigkeit des römischen Obergenerals Roselli dieselben gewesen sein. Kanonendonner weckte schon am 3. Juni, als
kaum die Sonne aufgegangen, das sorglose Rom. Adjutanten
und Ordonnanzen sprengten durch die Straßen, diese belebten
sich von einer zahllosen, zum Theil noch schlaftrunkenen Menge.
Truppen zogen mit klingendem Spiel durch diese Massen nach
allen Richtungen und mit Angst oder Wuth schrie es durch
ganz Rom: Die Franzosen greifen an!

— Avanti! Avanti! schallte das Kommandowort durch die
Gassen; der Ruf Evviva la Repubblica! begleitete die zu den
Thoren ziehenden Truppen, dazwischen donnerten die Kanonen,
und Alles drängte sich, den Soldaten folgend, zur Porta
Pancrazio.

Während dieses Getümmels hielt auf dem Campo Vaccimo,
dem Forum des alten Rom, angesichts der Ruinen einer großen
römischen Vorzeit, der Epoche der Cäsaren, das Regiment der
Bersaglieri, jener lombardisch-sardinischen Schützen, die, vom
General La Marmora errichtet, nach dem für Piemont so traurigen Ausgange des Krieges mit Oesterreich, sich, 600 an der
Zahl, in die Gebirge durchschlugen und nach mancherlei Fähr-
lichkeiten unter ihrem Hauptmann Manara in Rom eintrafen.

Diese Bersaglieri waren in Rom zu einem Regiment completirt worden und bildeten hier eins der verwegensten Corps, welches zum großen Theil aus Jünglingen der besten Familien bestand, zur Division Garibaldi's gehörte und sich einer außerordentlichen Bevorzugung von Seiten der römischen Bevölkerung erfreute. Ihre Uniform war ein dunkelgrüner Waffenrock mit carmoisinrothen Aufschlägen und Kragen, roth passepoilirte Pantalons und Schuhe mit Gamaschen. Ihre Kopfbedeckung bestand, wie die der piemontesischen Bersaglieri, in einem flachen runden Filzhute (weshalb man sie capelli tondi nannte) mit breiter Krempe und einem schwarzen Roßhaarbusch auf der rechten Seite desselben. Mit Stutzen und Hirschfängern bewaffnet, meist untersetzte, aber stämmige Gestalten, trugen sie einen schwarzgrauen Mantelkragen über der Uniform, während ihre Offiziere durch grüne hängende Federbüsche, breite rothe Streifen an den Pantalons und goldene Franzen-Epauletten ausgezeichnet waren.

Unter den Offizieren der auf dem Forum stehenden Bersaglieri finden wir zwei bekannte Gesichter. Das eine gehört Lorenzo, der sich in die Colonne Manara hatte versetzen lassen, das andere gehört Mariano, der, ein stattlicher Offizier, den runden Hut keck auf das schwarze Haar gedrückt, durch seine Körpergröße wie eine junge Ceder aus dem Kreise seiner Kameraden herausragt.

— Der Teufel soll wissen, weshalb man uns hieher gestellt! rief Lorenzo, nach seiner Gewohnheit die Hände in den weiten Pantalons ungeduldig hin und her schlendernd. Drüben vor der Porta Pancrazio muß es heiß zugehen und uns postirt man hierher, um den Sonnenaufgang zu bewundern. Hast Du schon gefrühstückt, Mariano?

Der letztere hörte von Lorenzo's halbem Monolog kein Wort.

In sich gekehrt stand er da, die Arme über der Brust gekreuzt, anscheinend gleichgültig und dennoch innerlich auf's höchste bewegt. Auch Mariano war erst gestern mit Garibaldi's Brigade von Palestrina zurückgekehrt; während der vier Wochen, welche er schon die Uniform der Bersaglieri trug, hatte er zu seinem Leidwesen einsehen müssen, daß es ihm erging wie so manchen seiner Kameraden, die man zu Offizieren gemacht, ohne daß sie von dem Dienst eine mehr als oberflächliche Idee hatten. Wie begeistert er sich auch unter die Reihen dieser todesmuthigen Jünglinge gestellt, war doch sein Dienst mit mancherlei Bitterkeiten verknüpft gewesen, mit Fehlern, die ihm Zurechtweisungen von Seiten der Vorgesetzten einbrachten und die er doch nicht hatte vermeiden können, weil es ja nicht s e i n e Schuld, daß man ihn zum Offizier gestempelt. Mariano hatte zudem während der ganzen Expedition Garibaldi's stets das Unglück gehabt, vermöge der Positionen, die man ihm gegeben, nie an einem Gefechte Theil nehmen zu können; wie sehr er nach einem solchen verlangte, der Zufall hatte stets seine Wünsche durchkreuzt; heute aber, wo es sich entschied, ob es Krieg oder Frieden geben sollte, heute war er trotz so schöner Aussichten im höchsten Grade verstimmt, und die Nacht, welche er, ausruhend vom gestrigen Marsche, unter dem offnen Himmelszelt verlebt, hatte ihn mit hunderterlei Gedanken und Visionen heimgesucht.

Wie schön hatte er sich dies wilde Kriegsleben gedacht; und wie wenig hatte es ihm bis dahin Genüge gegeben. Er mit seinem Stolz, seinem Unabhängigkeitsgefühl hatte bisher eine willenlose Puppe seiner Vorgesetzten sein müssen, die ihn hierhin und dorthin schoben; er, der keinen Willen hatte über sich erkennen wollen, war jetzt das Werkzeug jedes beliebigen Willens,

der sich im Dienste über ihn geltend machen wollte! Doch nicht
dies allein war es, was ihn verstimmte. Mariano's Thatendrang sah ja heute seine Sonne aufgehen, eine gluthige Sonne,
geröthet durch den Wiederschein des tapfersten Herzbluts; die
Feinde standen ringsum und für jeden Braven mußte es bald
vollauf zu thun geben. Mariano fühlte, daß er geistig zer-
schlagen war; es traten jetzt oft Gedanken und Gefühle an ihn
heran, die er vergeblich zu verscheuchen versuchte, namentlich aber
suchte ihn das Gefühl des Verlassenseins häufig auf, jenes Gefühl, das in uns eine so unendliche Leere bereitet, das uns im
tollsten Gewühl allein sein läßt, gegen welches Alles abprallt,
was Andre electrisirt. Mariano hatte einen großen Schmerz
überwunden, aber er merkte wohl, daß derselbe alle seine Nerven geschwächt, daß diese schmerzten, wenn seine Gedanken dieselben berührten. Als er, nachdem Landolfo sich von ihm getrennt, um an dem ersten Rencontre mit den Franzosen Theil
zu nehmen, nach Don Alessandro's Hause ging, um dort den
Brief Landolfo's an seine Tochter zu bestellen, hatte er das
Haus verschlossen gefunden; Niemand hatte ihm sagen können,
wohin die Familie gezogen sei und ob seine theure Schwester
wieder gefunden. Wenige Tage darauf hatte er mit der
italienischen Legion gen Velletri ziehen müssen und während des
wüsten Lagerlebens keine Möglichkeit gehabt, Erkundigungen ein-
zuziehen. Jetzt war er spät am Abend in die Stadt zurückgekehrt; schon vor Sonnenaufgang rief ihn der Dienst auf den
Posten, um wahrscheinlich gegen den Feind zu gehen, und eben
in diesem Augenblick hatte er vernommen, daß Landolfo gleich
zu Anfang der Garibaldi'schen Expedition gefallen sei.

　　Von allen seinen Freunden also blieben ihm nur Lorenzo,
mit dem er aber wenig harmoniren konnte, wie freundschaftlich

dieser es auch mit ihm meinte, und der alte ewige Zerga, der ihm treu und redlich gefolgt, ihn im Lager nie verlassen und Mariano bereits den Zunamen eines „zweiten Garibaldi" verschafft hatte. Garibaldi nämlich war, wie schon erwähnt, stets von seinem Mohren begleitet; Zerga's Kostüm war nicht weniger auffallend als das des Mohren Andrea, Zerga war nicht weniger besorgt um seinen Herrn als der Mohr um seinen General, daher denn dieser Spitzname.

Aber auch Zerga war ihm das nicht mehr, was er ihm früher war. In Zerga's Wesen schien eine große Veränderung vorgegangen zu sein; der sonst so sanfte, aufopfernde Zerga war jetzt stets mürrisch, zurückstoßend, oft zudringlich in seinen Wünschen und versäumte sogar in einzelnen Fällen den Respect, welchen er bisher seinem jungen Freunde gezeigt. Oft, wenn sie im Zelte lagen und Mariano sich mit Widerwillen von den wüsten Zerstreuungen seiner Kameraden abwandte, hatte sich Zerga an ihn gedrängt und ihn mit seltsamen Forderungen belästigt, unter denen das kategorische Verlangen, gemeinschaftlich Rom zu verlassen, obenan stand. Wenn dann Mariano ihm widersprach, hatte er sich anfangs mürrisch entfernt, dann aber halbe Flüche ausgestoßen, die selbst Mariano's Heiligstes nicht verschonten, und endlich war er sogar so weit gegangen, Mariano einen Meineidigen zu schelten. Mariano verzieh dem Heimweh des Alten seine üble Laune, seine beleidigenden Aeußerungen; das Freundschaftsband zwischen Beiden aber hatte sich sehr gelockert und es gab Augenblicke, in welchen Zerga dem Jüngling lästig, unerträglich erschien. Nichtsdestoweniger vermied es Mariano sorgfältig, Zerga dies fühlen zu lassen.

In der That hatte Zerga, seit der Jude ihm mit Alita durchgegangen war und er denselben vergeblich überall gesucht,

sich am Ende seiner Intrigue gesehen. Alita war ihm gewissermaßen eine Geisel für Mariano gewesen; jetzt war ihm Alita
entwischt, konnte sein Werk gekrönt werden, wenn eines der
Kinder seines Todfeindes übrig blieb? Zerga warf die Schuld
dieses Mißlingens auf den Umstand, daß er das Sündengeld
nicht von sich gegeben; nur der Fluch, der an diesem klebte,
mußte alle seine Pläne und deren bereits halb garantirte Ausführung zu Schanden gemacht haben. Anfangs wüthete er
gegen sich selbst, er raufte sich den Bart aus, überschüttete sich
und seine Dummheit mit Verwünschungen und schwor, den
Smaël nieder zu stoßen, wo er ihn finde. Als aber diese
Wuth sich legte, sann er unermüdlich auf neue Pläne; als er
mit diesen nicht zu Stande kommen konnte, gewöhnte er sich
allmählig an den Gedanken, ein Ende zu machen, d. h. wenn
denn doch die raffinirte Rache, die er im Sinn hatte, auf
diesem verdammten Boden der Nazarener nicht gelingen sollte,
sich mit der einfacheren zu begnügen und die beiden Kinder
einzeln zu opfern. Indeß Zerga vermied jede Uebereilung.

Alita war allerdings einstweilen aus dem Bereiche seiner
Gewalt; aber hatte er sie, von der Wüste ausgehend, gefunden,
warum sollte er sie jetzt nicht wiederfinden, da sie doch unmöglich weit entfernt sein konnte? Mariano war in seiner Hand;
nichts hinderte ihn, den Jüngling seiner Rache zu opfern, ihm
einen Tod zu bereiten, würdig dessen, den sein Vater erlitten
hatte; nur die Hoffnung hielt ihn hin; er wollte durch Uebereilung nicht sein Werk verderben.

Daher Zerga's mürrisches, rücksichtsloses Wesen. Tausend
Mühen, tausend Verstellungskünste hatte es ihn gekostet, mit
Gift und Rache im Herzen den Jüngling durch Freundschaft
an sich zu fesseln, so lange er durch ihn auch seiner Schwester

gewiß war; jetzt übermannte die Wuth seine ganze Verstellungs-
kunst — Zerga war der Sache müde, er wollte ein Ende
sehen. Aber selbst um dieses Ende, wie sehr es in seiner
Macht lag, war er in Besorgniß; dieses Kriegsspiel nämlich,
dem sich Mariano hingegeben, war ihm in der Seele verhaßt,
denn eine einzige Degenspitze, eine einzige Kugel konnte ihm
zuvorkommen, und eben deshalb hütete er Mariano jetzt
trotz seiner Unfreundlichkeit mit doppelter Vorsicht wie seinen
Augapfel.

Auch in Zerga's Urtheil über Mariano war eine Veränderung vorgegangen, die nicht minder auf seine Pläne Einfluß übte. Bisher nämlich hatte Zerga unwillkürlich einen gewissen Respect für diesen so verwegenen und thatkräftigen
Jüngling, für diese heiße, übersprudelnde Natur empfunden,
eine Achtung, namentlich für seine physische Kraft, die ihm oft
imponirte und ihn zwang, seinen ganzen Muth zur Vollendung
seines Werkes zusammen zu nehmen. Es hatte Augenblicke gegeben, in welchen Zerga gefürchtet, daß ihm der Jüngling so
zu sagen über den Kopf wachsen werde, denn unter seinen
Händen hatte er sich mit solcher Schnelligkeit entwickelt.

Jetzt aber hatte Zerga Mariano zusammen sinken gesehen,
er fand ihn täglich muthloser, erschlaffter und gleichgültiger, er
gewöhnte sich daran, den gegenwärtigen Mariano zu bemitleiden,
zu verachten, und eben in diesem Gefühl hatte er auch den
Muth gefunden, gegen den Jüngling so unfreundlich und trotzig
aufzutreten. Indeß Zerga täuschte sich, wenn er Mariano's
momentanen Lebensüberdruß für dauernde Entnervung oder
Schwäche hielt. Mariano war im Grunde noch derselbe Löwe,
aber der Schmerz hatte seine Muskeln erschlafft, und der

Augenblick neuer Anregung durfte auch in ihm den Alten wiederfinden.

Eine Stunde hatte das Regiment der Bersaglieri auf dem Forum dagestanden und unruhig aus dem Donner der Kanonen draußen auf den Gang des Gefechtes geschlossen. Zerga hatte sich brütend neben eine Gewehr-Pyramide hingestreckt und mit schielendem Blick das bleiche, bekümmerte Antlitz Mariano's beobachtet. Plötzlich sprengte ein Adjutant Garibaldi's auf das Forum.

Mariano erwachte, als er sich Alles rühren sah. Das Kommando zum Aufbruch machte allen Träumereien ein Ende; jubelnd riß er Lorenzo mit sich fort an die Spitze seiner Jäger und der lustige Hörnerschall des Musikchors führte ihn alsbald weit von dem Thema ab, mit dem er beschäftigt gewesen.

Das Regiment der Bersaglieri war nach der Porta di S. Pancrazio kommandirt und maschirte über das zur Bequemlichkeit der Reiter und der Artillerie mit nassem Sand bestreute, glatte Plaster im Eilmarsch diesem Thore zu. Tausende von Menschen drängten sich dorthin; unabsehbar war die Reihe der Vetturine, deren Wagen zum Thor hinaus rollten, um die Verwundeten in die Stadt zu holen, deren es schon jetzt gegen vier Uhr Morgens in Menge gab. Unter flatternden Tüchern und den Evvivas, mit welchen man die zum Kampfe ziehenden Truppen entließ, durch eine Wolke von Staub und unter dem herüberschallenden Donner der Kanonen gings in die Ebene, dem Kampfplatz zu, nach dem Vascello di Francia (einer Villa) und den Villen Corsini und Valentini, vor welchen sich das Gefecht entwickelt hatte.

Dreihundert Schritte von dem Thore Pancrazio entfernt steht das Vascello; gegen hundert Schritte weiter hinaus nach

rechts und links liegen die Villen Corsini und Valentini, alle
drei mit Mauern umfriedigt; noch weiter hinaus und diesen
gegenüber die große Villa Pamfili. In diesen ersteren beiden
Villen stand in der Nacht vom 2. zum 3. Juni das lombardische
Bataillon Manara mit vier kleinen Compagnien, von denen es
zwei in die Villa Pamfili vorgeschoben hatte. Dies war der
äußerste Vorposten der Römer gegenüber dem französischen
Lager, und diese wichtige Position hatte man mit einer Handvoll Leute besetzt, die jeden Augenblick überrascht, geschlagen
werden konnte und vor einer Uebermacht die entscheidensten
Posten der Römer aufgeben mußte.

In der That hatte der französische Marschall, nachdem er
erklärt, er werde am 4. Juni den Angriff beginnen, die beiden
sorglosen Compagnien in der Villa Pamfili schon am 3. vor
Tagesanbruch überrumpelt und gefangen genommen. Die beiden
andern Compagnien in der Villa Corsini und Valentini mußten
ebenfalls weichen und hatten sich bereits in das kaum hundert
Schritt rückwärts gelegene Vascello geworfen, als Rom unter
dem Kanonendonner erwachte und Garibaldi mit Verstärkung
herbeieilte, die ebenfalls nur stückweise erschien, weil Garibaldi
gehofft, durch die Porta Cavallegieri die linke Flanke der
Franzosen bedrohen zu können, dieselbe aber vollständig gedeckt
gefunden hatte und also auch mit seiner Abtheilung zur Porta
Pancrazio zurückgekehrt war.

Garibaldi fand die Villen Corsini, Valentini, Giraudi und
das Kloster S. Pacrazio bereits von den Franzosen besetzt; er
war also in sofern im größten Nachtheil, als er anstatt sich
zu wehren zum Angriff schreiten mußte. Diesen bereitete er
sofort; die Franzosen empfingen seine Truppen mit einem aus
allen Fenstern und Thüren, von den Mauern und aus den

Hecken unterhaltenen mörderischen Feuer. Trotzdem mußten sie weichen. Die Römer stürmten die Villa Corsini, waren jedoch nicht im Stande, sich in derselben einzurichten, da sie unverweilt von frischen Kolonnen des Feindes wieder aus den Villen vertrieben wurden. Zum zweiten Male stürmten die Römer diese Villa; zum zweiten Male wurden sie durch die Uebermacht der Franzosen hinausgeworfen. Der Tod hatte bereits eine fürchterliche Ernte gehalten.

Jetzt sammelte Garibaldi seine Truppen zu einem neuen und gewaltigen Choc, und dies war der Moment, wo die Bersaglieri eintrafen. Mit unerschütterlicher Ruhe und dem Gleichgewicht, welches diesen Mann weder im Glück noch im Unglück verließ, organisirte er den Angriff hinter dem Vascello. Unter einem donnernden „Avanti!" begann die Attake durch den schmalen Eingang des Gartens. Die Bersaglieri drangen bis etwa dreißig Schritte unter die Fenster der Villa, die aus allen Oeffnungen Feuer auf die Hereindringenden spie. Hinter den Terrassen des Gartens und den Töpfen einer Reihe der schönsten Orangenbäume suchten die Bersaglieri sich ihre Schießscharten, doch wenig gedeckt vor einem mörderischen Feuer sanken sie während eines zehn Minuten langen Gewehrfeuers im dichsten Kugelregen über die Terrassen. Die Offiziere waren gefallen, die stürmenden Compagnien gelichtet. Neue Truppen hier in diesen unvermeidlichen Tod zu führen, war ein Wahnsinn. Das Horn rief zum Rückzuge. Dieser Moment aber, als sich Alles durch die enge Gartenpforte zurückdrängte, ward erst die rechte Todesernte, denn zu Dutzenden stürzten die Bersaglieri auf das Gesicht; die Hand' des Nachbarn, die sich ausstreckte, um den verwundeten Kameraden mit fortzuschleppen,

griff schnell nach der eignen Todeswunde und den letzten
Seufzer hauchend, legte sich der Kamerad neben den Kameraden.

Auch bei diesen Angriffen hatten die Römer mehr Todes-
verachtung als Klugheit bewiesen, indem sie einmal verlorene
Positionen um jeden Preis wieder zu nehmen suchten, anstatt
sich in den der Villa Corsini gegenüber belegenen kleinen Häusern
einzurichten und von diesen aus den Stürmenden dadurch zu
Hülfe zu kommen, daß man auf die aus den Fenstern schießen-
den, Tod und Verderben verbreitenden Franzosen feuerte. Erst
nachdem man einen dreimaligen Angriff mit schweren Verlusten
bezahlt, ward das Versäumte nachgeholt, indem man eine
Compagnie in diese sogenannten „Casini" stellte und dann die
Angriffs-Colonnen in zwei Theilen gegen die Villen vorschickte,
inzwischen auch für eine gehörige Besetzung des bisher sehr
vernachlässigten Vascello sorgte. Ebenso nothwendig war es,
eine Lücke in die hohe Mauer der Villa Corsini zu schießen,
um nicht bei dem bloßen Sturm durch die Pforte zu sehr dem
feindlichen Feuer ausgesetzt zu sein.

Abermals begann der Sturm, und diesmal schickte Garibaldi
sämmtliche disponible Truppen in's Feuer. Die Kanonen
donnerten gegen die Mauer von Corsini; alle Truppen, die
bisher das Vascello umstanden, die Bersaglieri, die Legionäre,
die Studenti und die Linien-Infanterie, etwa 1000 an der
Zahl, stürzten sich unter Trommel- und Hörnerklang auf die
Villa und theilten sich in dem Garten.

Auch hier, inmitten dieser Todesernte, hatte Mariano's
Compagnie bisher zu den Reserven gehört, welche Garibaldi
hinter dem Vascello hielt. Halb weinend, halb fluchend und
vor Muth die Hände ballend, hatte Lorenzo seine verwundeten
oder todten Kameraden aus dem Kampfe tragen gesehen, während

Mariano mit glühender Stirn, unruhigen, feurigen Augen und einer fieberhaften Ungeduld einen Posten behauptete, auf welchem ihm der Boden unter den Füßen brannte.

— Es ist vorbei! fluchte Lorenzo. Die Franzosen fricaffiren unsere Leute, der General wird zum Rückmarsch blasen lassen, ehe wir dem Feind unter die Nase gesehen! Corpo di Baccho, müssen wir hier Schildwach stehen und unsere Kameraden massacriren lassen!

Mariano hatte auch jetzt für Lorenzo's Monologe kein Gehör; er hatte mit seiner Ungeduld und auch mit Zerga vollauf zu thun, der ihn stets beim Arm packte und zurück führte, wenn die erstere ihn so weit vorgetrieben, daß er den Kugeln des Feindes ausgesetzt war, die gleich Regentropfen um ihn her fielen.

Endlich kam der Befehl, die Reserven zum Sturm zu führen. Mit seiner ganzen glühenden Wildheit in Lorenzo's Jubel einfallend, brennend vor Thatendurst, stürmte Mariano mit den Seinigen zur Corsini. Der Tod schlug auf dem Wege in die Glieder der Versaglieri; manch' braver Soldat deckte den Weg des Sturmes, unaufhaltsam aber, unter schmetterndem Hörnerklang drangen die Versaglieri vor. Eben war es der Artillerie gelungen, eine Oeffnung in die Mauer zu schießen; doch durch dieselbe schlugen gleich einem Hagel die Kugeln der aus den Fenstern feuernden Franzosen in die Glieder der Angreifenden. Auch die Pforte der Villa wurde mit einem Kugelregen übersäet, als die Versaglieri in dieselbe hinein drangen. Diese stutzten; ein Hügel von Leichen bildete sich an den beiden Oeffnungen. Jede Secunde Zögerung kostete ein Dutzend Menschenleben. Selbst der Hauptmann Bixio, der den Sturm leitete, fiel schwer getroffen dicht neben Mariano vom Pferde.

Dieser sah, welchen Eindruck der Tod ihres Führers auf die Bersaglieri machte. Mit innerem Neid hatte er längst die berittenen Hauptleute gesehen; Lorenzo einen Wink gebend, packte er das stutzende Pferd beim Zügel, schwang sich in den Sattel, sprengte durch die Maueröffnung in den Garten und trieb sein Pferd die breite Freitreppe des Palastes hinan, daß die Hufe Funken auf dem Marmor schlugen.

Ihm nach stürmten die Bersaglieri und die Legionäre von beiden Seiten in zwei Kolonnen. Während die Franzosen vor diesem wüthenden Angriff zurück wichen, verschwand Mariano oben im Eingange der Villa und erschien im nächsten Augenblick hoch zu Roß auf dem Altan desselben, inmitten des Kugelregens den Hut schwenkend, dessen Federbusch eben ein Schuß in seiner Hand vom Hute trennte.

Jubel empfing den kühnen Reiter von unten; geführt von dem Oberst Masini sprengten die Lanziers in den Garten; die Villa war erstürmt, aber reiterlos kehrte Mariano's Pferd in die Säle der Villa zurück. Niemand hatte Mariano stürzen gesehen; Lorenzo war drinnen in der Villa beschäftigt, Zerga hatte, den von Pulverdampf umgebenen Reiter von hinten nicht erkennend, Mariano aus den Augen verloren und suchte ihn, der Gefahr nicht achtend, vergebens unter den Lebendigen und den Todten.

Wie groß und schön dieser Sieg, waren die römischen Republikaner doch nicht im Stande, denselben zu behaupten. Ehe sie noch Zeit gehabt, die Unordnung des Sieges in den Zustand der Vertheidigung umzuwandeln, rückten neue Reservetruppen der französischen Republikaner gegen die Villa vor und die Römer wurden mit derselben Schnelligkeit wieder aus derselben hinausgeworfen, mit der sie diese Villa gestürmt.

Der Abend fand die Räuber geschlagen auf allen Seiten
und bis zum Vascello zurückgedrängt. Garibaldi hatte den
vierten Theil seiner Truppen, gegen tausend Mann, verloren,
und die Spitäler und Privathäuser Roms füllten sich am Abend
mit hundert und achtzig blessirten Offizieren, einer überraschen=
den Anzahl, die sich nur aus dem Ueberfluß an solchen erklären
läßt, der notorisch in Rom vorhanden war.

Allgemeine Bestürzung hatte sich schon während des Tages
in Rom verbreitet, als die zahllosen Wagen mit Verwundeten
und Todten anlangten, als man sich zu erzählen begann, daß
Garibaldi immer von Neuem zurück geschlagen worden. So
lange hatte man, übermüthig geworden durch den ersten Erfolg,
sich selbst für unüberwindlich gehalten und die Proclamationen
des Triumvirats hatten es nicht daran fehlen lassen, das blinde
Selbstvertrauen zu nähren und zu kräftigen. Jetzt erwachte man
plötzlich aus dem Taumel. Einen Fluch auf der Zunge sah die
Masse, welche sich am Pancrazio=Thore versammelt, die Opfer
dieses heißen Tages in die Stadt und in die Spitäler bringen.
Diese füllten sich alsbald, zahlreiche Privathäuser öffneten ihre
Pforten, um die Unglücklichen unter ihrem Dache aufzunehmen,
die edelsten der römischen Frauen widmeten sich bereitwillig dem
Dienste der barmherzigen Schwestern; weinend und wehklagend
eilte manche Mutter, manche Tochter von Lazareth zu Lazareth,
um den Gatten, den Sohn, den Vater oder den Bruder unter
den Verstümmelten zu suchen; mit stummem Schmerz, Ver=
zweiflung auf dem Antlitz irrte so manches Familienhaupt an
diesen Stätten des Unglücks umher, um mit ängstlichem Blick,
das Herz noch mit banger Hoffnung erfüllt, nach den Söhnen
zu suchen, die draußen gekämpft.

Der Abend sank. Rom ward stiller und stummer; die

Straßen leerten sich. Ungebrochenen Muthes, aber trauernd
um den Verlust so manches braven Kameraden, zogen die Reste
der Bersaglieri, fast decimirt, in die Stadt zurück, während
draußen auf dem blutigen Felde die Hörner ängstlich die Versprengten zusammen riefen. Die Sonne senkte sich hinter den
Weinbergen, auf deren Blättern anstatt der herbstlich rothen
Trauben das Blut der Krieger erstarrt war. Derselbe traurige
Schauplatz, auf dessen rothgetränktem Boden die letzten Strahlen
der Sonne zitternd über Leichen und zerschmetterte Waffen dahin gehüpft, als wollten sie das starre Auge des Todten zu-
drücken und seine Seele mit sich hinüber tragen, bedeckte sich
allmählig mit langen Schatten, die der Welt die Geschäftigkeit
des Leichensammelns verbargen. Schweigend und rastlos in
ihrer schrecklichen Thätigkeit waren ein paar hundert Arme beschäftigt, die Todten aufzusuchen und diejenigen von ihnen zu
scheiden, die man als leblos hatte liegen gelassen. Schweigend
und mit feuchtem Auge begann man eine Lese in und zwischen
den Weinbergen, aus der man heute so manchem liebenden
Herzen den bittersten Leidenkelch preßte. Schweigend auch zogen
die Wagen mit ihrem bleichen Inhalt der Stadt zu und ver-
schwanden in den Schatten der Nacht.

Entsetzlicher, beschämender Anblick, der eines Schlachtfeldes,
wenn eben der Kampf geschwiegen und die feindlichen Parteien,
ihre Verwundeten mit sich schleppend, die Todten dem Einen
anheimgebend, der über allen Parteien steht, sich in ihre Lager
zurückzogen und Beide, ermattet, mit lechzender Zunge, brennen-
der Stirn und müden Gliedern die Reste sammeln, welche der
Vernichtung entgangen. Entsetzlicher Anblick, den nur Derjenige
mit all seinen Schrecken sich zu vergegenwärtigen vermag, der
selbst durch die Gruppen von Leichen und Trümmern gewandert,

welche der Kampf nach allen Seiten hin geschleudert, der selbst
mit ängstlich klopfendem Herzen unter den in's Lager zurück-
kehrenden Gliedern den Kameraden, den Freund gesucht und
nicht gefunden; der mit strauchelndem Fuß über Blutlachen,
über die Leichenhügel eines niedergemachten Carrés, über die
Trümmer zerschmetterter Batterien, über Eisenstraßen geplatzter
Hohlkugeln und durch die todten Massen einer zusammenge-
hauenen Reiterei gewandelt.

Fürchterlicher, unbeschreiblicher Anblick! Mit schmerzverzerrtem
bleichem Antlitz, die Stirn oder die Brust mit Blut überdeckt,
im letzten Krampf die Hand auf die klaffende Wunde drückend,
das große, starre Auge gen Himmel gerichtet, als frage es den
Schöpfer: Herr, warum ließest Du die Kugel gerade dieses
Herz finden, das doch die Freude, der Trost eines Weibes und
eines Kindes ist! Dem Gott, der alles Dies geschehen ließ,
im Tode einen Vorwurf sendend, liegt ein ergrauter Krieger da;
er ist geschieden mit dem Gedanken an die Seinen, die um ihn
jammern und weinen werden, die sein Tod in's Elend stürzt.
Neben ihm liegt ein andrer, ein Jüngling in jenem sonnigen
Alter, das kühn und übermüthig sich selbst über dem Abgrund
seine Rosen pflückt, in jenem Alter, für das die Freude, die
Lust, die Liebe geschaffen! Seine Züge sind weich, fast kindlich
noch, sein Auge schaut im Tode noch so sanft, sein Mund lächelt
so fromm wie vor Kurzem als dieses jugendliche Herz noch seine
stürmischen Schläge that. Wie lange kann es her sein, da diese
Augen, diesen Mund noch eine zärtliche Mutter, eine treue Geliebte küßte, da dieses Herz noch für die Liebe schlug, auf das
der Tod jetzt seine eisige Hand gelegt!

Dort weiterhin liegen zwei Männer, die Seite an Seite
gefallen, vielleicht zwei Brüder, die einander noch im Tode um-

klammern; und dort wieder hat die Sichel des Todes eine volle, dichte Garbe geschnitten. Ueber den zerschmetterten Lafetten einiger Geschütze, die davon zeugen, daß hier der Kampf am heißesten gewesen, zieht sich ein Hügel von Leichen, die in entsetzlicher Unordnung neben und über einander liegen, mit scheußlich zerfleischten Leibern, weggerissenen Gliedern und zerschmetterten Köpfen. Freund und Feind liegt im tiefsten Frieden bei einander, wie sie die Batterie hier gestürmt oder vertheidigt haben, Alle auf's schrecklichste verstümmelt; nur Einer von ihnen, vielleicht weniger heftig getroffen, hat noch vermocht, sich aus dem Leichenhaufen heraus zu wühlen, und sich halb aufzurichten. Die Kraft aber hat ihn verlassen, er ist zurück auf's Knie gesunken und beide Hände vor sich auf seine Todesgefährten stützend, den Kopf auf die Brust gelehnt steht er da, eine Leiche, bis man ihn abholen wird.

Weit, weit hin dehnt sich dieses Erntefeld des Todes, sich über Hügel und durch Thäler ziehend, überall mit derselben Scenerie, hier und dort aber mit Variationen so grausenerregend, daß sie selbst das sich an diesen Anblick gewöhnende Auge mit neuem Entsetzen schlagen. Hunderte und Tausende vielleicht hat das Schwert, die Kugel in wenigen Stunden vernichtet, sie den Ihrigen, ihrem Vaterlande gerade in einem Augenblick geraubt, wo sie beiden eine Stütze, ein Gewinn sein konnten, denn der Kriegstod kann nur die Blüthe der Völker gebrauchen, nur unter den Besten und Kräftigsten wählt er, kauft er seine bleiche Waare ein.

Ueber Hügel und Thäler, über Wiesen und Wälder dehnt sich das große Erntefeld des Todes; tiefe und schaurige Stille herrscht über dem Schauplatz der menschlichen Zerstörungswuth; es schweigen die Geschütze, die verlassen und vergessen, mit den

verderbenſchleudernden Mündungen im Sande, daſtehen, als be-
trauerten ſie das eigne blutige Werk, das ſie umgiebt. Wie
klagende Engel ſammeln ſich an dem blauen Firmament die
weißen Schäferwolken, glühend brennt die Sonne auf den bleichen zum Himmel gekehrten Geſichtern der Hingeſchlachteten;
ein leichter Wind kräuſelt die Locken der Jünglinge, ſpielt mit
den Bärten der Männer und mit den ſtolzen Federbüſchen der
gefallenen Offiziere, und gierig ſaugt auf der Todtenwieſe die
Erde das vergoſſene Blut, um dafür weiße, rothgeränderte Ama-
ranthen zurück zu geben und allenfalls da, wo ein liebendes
Herz gebrochen, ein Vergißmeinnicht ſprießen zu laſſen.

Endlich erſcheinen die ſchweigſamen Männer zur letzten Arbeit; zur ewigen Ruhe legen ſie Freund und Feind vereint in
den einen, Alles verſöhnenden Schooß der großen Mutter, und
ſchreiend umkreiſt, wenn die Sonne ſinkt, der hungrige Raub-
vogel das verſpätete Werk des ermattenden Todtengräbers.

Ihr Großen dieſer Erde, die ihr oft der unbedeutendſten
Launen und Gründe wegen, um der Eitelkeit eines Geſandten
oder um der Tugend einer Maitreſſe willen einen Krieg begonnen und Tauſende und Abtauſende habt dahin metzeln laſſen;
beſucht ein Schlachtfeld, nachdem Eure Diener dem Gegner ſo
viel Menſchen abgeſchlachtet, die Euch nie etwas zu Leide gethan; ſchaut die bleiche und blutige Ernte Eurer Eitelkeit oder
Eurer Unmenſchlichkeit und fragt Euch, ob Ihr in Eurer ganzen
Lebenszeit nur zum hundertſten Theile ſo viel Gutes ſtiften, ſo
viel Thränen trocknen könnt, als Ihr hier in einer Stunde ver-
wüſtet!

Grauenhafte, fürchterliche Nothwendigkeit des Krieges! Die
Völker ſind Kinder und können ſich nicht haſſen, und dennoch,
warum ſieht man ſie im Moment des Kampfes ſich als Tod-

feinde gegenüber? Entsetzliche Nothwendigkeit des Krieges, die dahin opfert, was Jahrzehnte, Jahrhunderte des Fleißes und des Schweißes mühselig geschaffen, und nicht zufrieden damit, uns Alles geraubt zu haben, uns auch das Leben noch ab- opfert! Schmachvoller Mißbrauch der Civilisation, die das Schwert schleift um des Friedens willen! Les't immerhin in den Zeitungen mit wohlfeilem Mitleid auf den Lippen die Berichte der Schlachten und ihrer Opfer, aber erlebt nur einmal den Anblick eines Schlachtfeldes und fragt Euch, ob wir mit all unsrer gleißnerischen, sich selber preisenden Civilisation in unsrer Brutalität um einen Grad besser sind als die Hottentotten und alle ihre Verwandten der Wildniß und der geistigen Finsterniß!

X.

Der Vetturin.

Roms Straßen hatten sich nach diesem Unglückstage in festliche, aber traurige Beleuchtung gekleidet; die ganze Nacht hindurch hatte man klagende und weinende Frauen, gestützt von irgend einem mitleidigen Freund, da ihnen die Knie versagten, durch die Straßen ziehen sehen, und zahllos waren die schwarzen Gewänder, welche am nächsten Tage um die kräftigsten und hoffnungvollsten Blüthen der römischen Jugend trauerten.

Garibaldi hatte kaum Zeit, die Schäden auszubessern, welche er in diesem Sturm erlitten; denn die Nacht hindurch setzte sich das Gewehrknattern fort. Die Franzosen säumten nicht, die so schnell, aber blutig errungenen Vortheile auszubeuten, und eröffneten nach angestrengter Arbeit bereits in der folgenden Nacht ihre erste Parallele. Roms Schicksal stand in dem dieses ersten Tages geschrieben, und mit jedem Stück Mauer, das unter den Schüssen der Belagerer an den morschen Wällen der ewigen Stadt zusammenbrach, sank auch eins der stolzen Luftschlösser, die im Capitol die Triumvirn und in dem Deputirtenpalast die Constituante so verschwenderisch aufgebaut. Pius IX., umgeben

in Gaeta von einem ganzen Hofstaat und den Gesandten der
katholischen Mächte, sah aus dem Abgrund der Anarchie den
Felsen Petri sich langsam wieder erheben, und das Blut seiner
verirrten Heerde, das den Fuß des Felsens umspritzte, verschwand vor der neuen Morgenröthe, die in den Purpur- und
Scharlachmänteln seiner Bischöfe und Kardinäle vor ihm auf-
ging.

Acht Tage nach jenem heißen Morgen, den wir vorhin ge-
zeichnet, treten wir in eins der nach der Porta di S. Pancrazio zu gelegenen Privathäuser, deren Besitzer edelmüthig den
Verwundeten ihre Pforte geöffnet. Römische Damen, hohen
und niedren Standes, gehen hier sowohl wie in den großen
Lazarethen aus und ein, sie haben sich bereitwillig dem schweren Dienste barmherziger Schwestern gewidmet und pflegen die
unglücklichen Verstümmelten, während draußen vor dem Thore
der Kampf dafür sorgt, deren immer neue herein zu schaffen.

In einem kleinen, mit Stein gepflasterten Zimmer dieses
Hauses sehen wir zwei Personen: Die eine liegt auf einem Feld-
bett; es ist ein Verwundeter, dessen Auge sinnend an der Decke
über ihm haftet und sich in die Gruppen nach klassischen Vorbildern
vertieft, welche die Hand des Künstlers in Relief an die Decke
geheftet. Neben ihm, die Hände in den Schooß gelegt, das
Auge zu Boden gewandt, sitzt eine jugendliche Mädchengestalt
in der ernsten dunklen Kleidung der barmherzigen Schwestern.

Der Verwundete scheint sich in keinerlei Gefahr zu befinden;
dies verräth wenigstens die Sorglosigkeit, mit welcher sowohl er
als seine Pflegerin sich den eignen Gedanken hingeben. Viel
schlimmer steht es mit Anderen, die ebenfalls in diesem Hause
untergebracht worden.

Plötzlich wird die Schwester durch feste Schritte gestört, die

von der Treppe herauf schallen; sie sammelt sich und wendet sich
zu dem Kranken.

— Ich muß fort! sagte sie halb laut. Man erwartet mich
unten.

— Geh, Gisela, meine Kameraden bedürfen Deiner mehr
als ich. Wann kommst Du zurück?

— Nicht vor morgen, Herr Mariano! antwortete Gisela,
denn sie war es, mit einem Seufzer, als wolle sie sagen: Ich
bliebe so gern, aber ich darf ja nicht!

— Du bist eine edle Seele, Gisela! sprach Mariano, ihre
Hand ergreifend und sie in der seinigen drückend; Du opferst
Dich für uns Unglückliche!

— Darf ich anders, Herr Mariano? versetzte Gisela, die
bleich und angegriffen aussah, vielleicht in Folge ihrer anstren-
genden Thätigkeit. Darf ich hinter meinen Schwestern zurück-
bleiben und ist dies nicht das Mindeste, was wir für unsere
tapferen Brüder thun können? Ich habe früher nie Blut sehen
können, jetzt aber hat sich mein Auge daran gewöhnt; nur das
Herz will sich noch nicht recht abhärten, denn es schmerzt noch
immer, wenn ich diese entsetzlichen Verstümmelungen sehe! setzte
sie traurig hinzu.

— Gisela, sagte Mariano, ihre Hand in der seinigen haltend. Gedenkst Du wohl noch zuweilen Deiner früheren Herrin?
Gewiß, auch sie würde in den Stunden der Gefahr nicht hinter ihren Schwestern zurückgeblieben sein! . . . Ach Gisela, wenn
Du wüßtest, was ich um sie gelitten!

Gisela's Hand zuckte leise in der Mariano's, als seine
Erinnerungen zu ihr zurückkehrten, die bei Lebzeiten ihre glückliche Nebenbuhlerin gewesen war.

— Vergessen Sie, Herr Mariano! sagte sie mit unsichrer

Stimme und suchte mit abgewandtem Blick ihre Hand Mariano zu entziehen.

— Vergessen; ja wer das könnte! rief Mariano schwärmerisch . . . Doch Du hast Recht! Sag, Gisela, hast Du Deine Herrin geliebt?

Gisela zauderte. Glücklicherweise ward sie durch das Eintreten derselben Schritte, welche sie bereits auf der Treppe gehört, aus ihrer Verlegenheit gerissen. Der Eintretende war ein Offizier der Bersaglieri; der breite Hut, der herabhangende schwarzgrüne Federbusch beschattete sein Gesicht, so daß Mariano ihn nicht zu erkennen vermochte.

— Gott sei Dank, daß ich Dich finde, Mariano! rief Lorenzo, dessen arg mitgenommenes, bestaubtes Costüm den Felddienst verrieth. Ich bitte Sie, Signora, sich nicht stören zu lassen, setzte er hinzu, als er Gisela's Verlegenheit bemerkte; es ist heute der erste Tag, der mir einige Stunden Ruhe vergönnt.

Mit soldatischer Ungenirtheit zog sich Lorenzo einen Stuhl an's Bett und zwang Gisela, den ihrigen wieder einzunehmen.

— Wie geht's Dir, Mariano? fragte er, diesem die Hand hinüberreichend.

— Gut, Lorenzo; ich denke morgen das Bett verlassen zu können.

— Soll mir lieb sein, Mariano; ich brauche Dich im Lager. Diese verdammten Franzosen haben unsere Offiziere dermaßen zur Schlacke gebrannt, daß man alle seine Freunde im Lazareth oder gar auf dem Friedhof suchen muß . . . . Uebrigens habe ich Dich auch bereits anderswo vermuthet, denn als ich Dich in den Sälen von Corsini aufraffte und beim Hereinbringen der Franzosen mit fortschleppte, war ich fast in Zweifel, ob es der Mühe lohne.

Mariano hatte bis jetzt nichts davon gewußt, daß Lorenzo es gewesen, der ihn vor dem Bajonet des Feindes gerettet; Lorenzo's Wesen hatte ihn nie angesprochen, er hatte daher auch keine wirkliche Freundschaft für ihn empfinden können, wenn auch Lorenzo ihm die seinige entgegentrug.

— Du also warst es, rief er, Lorenzo's Hand drückend. Habe Dank, Lorenzo; ich will nicht wünsch:n, daß ich Gelegen-heit habe, Dir dies in gleicher Weise zu vergelten. Die beiden Schüsse, die ich erhielt, sind nicht der Rede werth; es war nur eine Betäubung. In einigen Wochen denke ich meinen Dienst wieder anzutreten.

— Freut mich, Mariano! Ich habe übrigens Etwas an Dich auszurichten. Bitte, bleiben Sie Signora, es werden keine Geheimnisse sein! Als mich mein Weg heute nach dem Kriegsministerium führte, fuhr Lorenzo fort, einige Papiere aus der Brusttasche ziehend, wurden mir zwei Briefe für Lorenzo d'Auria übergeben. Da nun der Arme so glücklich ist, allem irdischen Briefwechsel entrückt zu sein, hielt ich mich für berech-tigt, die Briefe zu öffnen, um, falls ich ihm bald folgen sollte, ihm doch sagen zu können, was in den Briefen gestanden. Beide Briefe, sagte Lorenzo, sich den Staub aus den Augen wischend und das Papier vors Gesicht haltend, sind von einem gewissen Grafen Camillo de Buelto unterzeichnet . . .

— Von Camillo! rief Mariano in höchster Spannung.

— Ich mußte vermuthen, daß Du diesen Herrn kennst, denn er bedankt sich bei Landolfo für dessen edelmüthige Bemühungen und beauftragt ihn in dem einen Briefe, Dir zu sagen, daß Deine Schwester wiedergefunden sei.

— Alita wiedergefunden! schrie Mariano auf. Zeig' mir

den Brief, Lorenzo! rief er beide Hände nach dem Papier aus-
streckend.

— Ja, Alita ist wiedergefunden, fuhr Lorenzo in derber
Gleichgültigkeit fort; und hier ist noch ein anderes Schreiben,
das in dem zweiten Briefe gelegen und an Dich adressirt ist.

— An mich! rief Mariano außer sich, während die Freude
sein bleiches Antlitz färbte. Mariano riß den Brief an sich, er
öffnete ihn mit einer wahren Hast und verschlang den Inhalt
mit gespannten Zügen. Noch ein dritter Brief war in diesen
eingeschlossen. Mariano starrte denselben mit großen Augen an,
eine ängstliche Spannung lag auf seinem Antlitz; langsamer
und mit zitternder Hand öffnete er dieses Billet. Plötzlich aber
fuhr er zusammen, überglücklich preßte er das kleine Papier an
seine Lippen, überflog noch einmal mit feuchtem Auge die wenigen Zeilen und preßte das Papier nochmals an den Mund.

— Mein Vater! rief er, überwältigt von Freude und sank
auf das Kissen zurück.

Lorenzo hatte Mariano mit offenem Munde, Gisela ihn mit
einer fieberhaften Erregung beobachtet. Als Mariano mit diesem
Ausruf zurücksank, schüttelte Lorenzo den Kopf, erhob sich, steckte
nach seiner Gewohnheit die Hände in die Taschen und trat an
das Fenster.

Gisela näherte sich behutsam dem Bette.

— Herr Mariano, sagte sie leise; Sie haben eine frohe
Botschaft erhalten; darf ich Ihr Glück nicht theilen?

— Ja, eine Freudenbotschaft, Gisela! rief Mariano sich
sammelnd und den Brief wieder an seine Lippen drückend. Sieh,
Gisela, dieser Brief ist von meinem Pflegevater, er hat ihn
mit zitternder Hand geschrieben . . . Sieh nur, Gisela, mit
zitternder Hand! . . . Er verzeiht mir, Gisela; lies nur, lies!

Lorenzo wandte sich erstaunt in's Zimmer zurück, als er Mariano so außer sich vor Freuden sah; Gisela nahm und las den von Tivoli datirten Brief:

> „Unglücklicher Verirrter! Kehre zurück, es sei Dir Alles vergeben!"

Und darunter stand mit einer weiblichen Hand gekritzelt:

> „Mariano komm! Mit heißer Sehnsucht erwartet Dich
> Alita."

— Ja, Du bist wohl glücklich, Mariano! sagte Gisela, indem sie mit einem Seufzer die Hand sinken ließ, in der sie den Brief hielt, und des Jünglings plötzliche Veränderung mit inniger Theilnahme betrachtete. Glücklich, viel glücklicher als die arme Gisela, deren Schicksal Entsagung ist! setzte das Mädchen für sich hinzu, während Mariano in der Freude seine Schwäche vergaß, ihr den Brief entriß und ihn immer wieder von Neuem las.

— Gisela! sagte endlich Mariano, sie an's Bett ziehend. Geh und hole mir einen Vetturin; ich will mich ankleiden, ich will hinaus nach Tivoli; es ist noch nicht so spät, ich werde es noch vor Einbruch der Nacht erreichen . . . Und wenn ich auch in der Nacht ankäme, was schadet es; ich muß noch heute hinaus!

— Aber Herr Mariano, Ihre Wunden! Sie werden von Neuem aufbrechen! rief Gisela erschrocken.

— Glaube das nicht, Gisela; sie sind nicht mehr gefährlich. Die größte Wunde schmerzt ja hier innen und seit sie geheilt, schmerzen die andern nicht mehr.

— Was willst Du thun, Mariano? fragte Lorenzo zu ihm tretend.

— Ich will zu den Meinigen, Lorenzo! Ich muß noch

heute zu ihnen, muß meine Schwester umarmen, meinen Vater um Verzeihung bitten!

— Und Dein Dienst, Mariano? Du vergißt die Fahne, der Du angehörst?

— Nein, Lorenzo, ich vergesse sie nicht! Wir sehen uns wieder, ich verspreche Dir's.

— Du desertirst einer heiligen Sache!

— Keineswegs, Lorenzo; die heiligste Sache ist ja die Pflicht des Kindes; ist sie erfüllt, siehst Du mich als Kameraden wieder, sobald ich in den Armen der Meinigen genesen!

Lorenzo entfernte sich, um einen Wagen zu holen. Gisela mußte einen der Lazarethdiener heraufschicken, mit dessen Hülfe Mariano die Kleidung anlegte, welche er früher getragen. Lorenzo kehrte zurück, als Mariano mit seiner hastigen Toilette fertig war, und von ihm und Gisela gestützt, bestieg er den Wagen, der ihn nach Tivoli führen sollte.

Lorenzo, in der Ueberzeugung, daß er Mariano demnächst als Kameraden wieder sehen werde, trennte sich von ihm, um sich zum „Babuino" zu begeben, wo ihn seine Freunde beim Gelage erwarteten. Gisela hingegen ahnte, daß sie Mariano nicht wiedersehen werde. Thränen standen in ihren Augen, als sie ihm das Bündelchen nachreichte, in welches sie eilig verschiedene ihm gehörige Kleinigkeiten geknüpft; lange und innig hing ihr feuchtes Auge an dem Glücklichen, der ihren Schmerz nicht gewahrte.

Als der Vetturin seine Pferde antrieb, erfaßte sie schnell noch einmal seine Hand, preßte einen heißen Kuß auf dieselbe, wandte sich dann ab, bedeckte ihr Antlitz mit den Händen und eilte in das Haus zurück. Der überglückliche Mariano bemerkte nicht, daß zwei große heiße Thränen auf seine Hand gefallen waren und daß er an der Stätte seines Schmerzenlagers ein brechendes treues Herz zurückließ.

——————— . ——

Spät am Abend hielt ein Vetturin vor dem Hause Don Aleſſandro's in Tivoli. Alita saß eben am offnen Fenſter und lauſchte dem dumpfen Kanonendonner, der durch die Stille der Nacht von Rom herüber drang; sie dachte an den Verſchollenen, von dem Niemand ihr Nachricht hatte bringen können, und was wohl aus dem unglücklichen Bruder geworden sei. Camillo hatte ſich auf der Jagd verſpätet und wanderte eben an den Cascaden vorüber dem väterlichen Hause zu. Leona war mit dem Auskleiden beſchäftigt. Don Aleſſandro saß noch wach in ſeinem Zimmer und wartete auf Pepe, der kommen ſollte, um ihn in sein Schlafgemach zu führen. Verwundert bemerkte Alita vom Fenſter im hellen Mondſchein den späten Vetturin, mit noch größerer Verwunderung sah sie ihn vor dem Hause halten, seinen Sitz verlaſſen und einem jungen Mann beide Arme reichen, der mühſelig und langſam, auf den Vetturin ge= ſtützt, herausſtieg.

— Mariano! Es ist Mariano! ſchrie plötzlich Alita auf. Mariano! Mariano! ſchrie es durch das Zimmer, die Treppe hinab, daß es durch das ganze Haus und durch den Patio ſchallte. In der nächſten Sekunde flog der Riegel der Thür zurück, die Thür flog auf und Alita warf ſich so ſtürmiſch an die Bruſt des ſchwachen Mariano, daß dieſer in die Arme des Vetturin taumelte.

Alita vermochte nicht, ſich in ihrer Wonne zu faſſen. Mein

Bruder! Mein Mariano! schrie sie, daß es die ganze Straße
hörte. Sie küßte ihn mit ihrer wilden Natürlichkeit und ließ
die Uebrigen gar nicht an die Reihe kommen, die durch ihren
Lärm gerufen, sich eingefunden, um Mariano in die Arme zu
drücken.

Als Camillo in das Haus trat, sah er erstaunt den Vetturin vor demselben. Niemand kam ihm entgegen, selbst Alita,
die ihn sonst stets erwartete, ließ sich nicht blicken, und Pepe
kam nicht, ihm Büchse und Jagdzeug abzunehmen. Befremdet
trat er in den Salon. Dieser war leer; doch hörte er Stimmen, Worte in den angrenzenden Zimmern des Vaters, die ihn
freudig zusammenfahren ließen. Entschlossen öffnete er die Thür
und trat grade in dem Moment ein, wo Mariano vor dem im
Sessel sitzenden Don Alessandro niedergesunken war. Camillo
rührte vor Ueberraschung kein Glied; weder Altita, noch Leona
oder Pepe, die diese Gruppe umstanden, bemerkten sein Eintreten.

Schweigend und keines Wortes fähig hatte sich Mariano
vor dem Vater niedergeworfen, dessen beide Hände ergriffen
und sein Antlitz in denselben versteckt. Don Alessandro war
im höchsten Grade überrascht gewesen durch diese unerwartete
Erscheinung: er war tief gerührt, man sah's ihm an, daß in
ihm ein heftiger Kampf vorging. Warm und liebevoll drückte
er Mariano's Hand, aber schweigend wandte er das Gesicht
von ihm, als könne er sich nicht überwinden, den Ungehorsam
anzublicken.

Wirklich kämpften in Don Alessandro zwei entgegengesetzte
Gefühle: sein alter Starrsinn und seine nie ertödtete väterliche
Liebe für den Jüngling. Wie sehr er auch seinen alten Groll,
die Erinnerung an seinen tief verletzten Stolz und an alle die

Leiden, welche ihm Mariano bereitet, längst in sich bekämpft zu
haben glaubte, wie verschieden auch der jetzige, gebeugte Don
Alessandro von dem einstigen, stolzen und gemessenen Spanier
war. Alita hatte ihn erst überzeugen müssen, daß Mariano's
Herz ein edles, daß auch Mariano stolz und groß; als dann
auch Camillo, sein gleichgesinnter Sohn, den Verirrten in Schutz
nahm, ließ er sich endlich überreden, daß man ihn vielleicht
durch Strenge gewaltsam in die Verirrungen hinein getrieben,
die man ihm mit Recht zur Last legte. Don Alessandro ließ
sich zur eigenen Ehrenrettung von seinen Kindern bestätigen,
daß Mariano wirklich verirrt und mit Schuld belastet sei; gern
gestand man dies zu und Don Alessandro that das Unglaub-
lichste, um zu sühnen, was er vielleicht in der edelsten Absicht
gefehlt: er schrieb mit zitternder Hand an Mariano, daß er
verzeihen wolle.

Jetzt trat Mariano so unerwartet in das Zimmer und warf
sich schweigend dem Pflegevater zu Füßen. Niemand von den
Umstehenden wagte die heilige Stille dieser ergreifenden Scene
zu stören; Thränen schwammen in aller Augen.

— Verzeihung, mein Vater! Verzeihung für Mariano!
schluchzte endlich der Jüngling, indem er das Antlitz von den
Knieen des Vaters erhob und mit rührendem Schmerz zu ihm
aufschaute.

— Mein Sohn! Mein unglücklicher Sohn! rief Don Ales-
sandro's matte Stimme. Mit zitternden Armen umschlang er
Mariano's Haupt und preßte heiße Küsse auf die Stirn des
Jünglings . . . Vater im Himmel, sprach er, mit ergreifender
Frömmigkeit das Auge erhebend, ich danke Dir, der Du sie
Alle mir wieder zugeführt.

XI.

Der Patio.

Mariano's Wunden waren geheilt und auch die Wunden, welche die Ereignisse der Familie Don Alessandro's geschlagen, hatte das innigste Zusammenleben, die Hand gegenseitiger Liebe geschlossen. Der so tief gebeugte Vater lebte von Neuem wieder auf; der Friede, die Ruhe, das Glück der Seinigen thaten ihm so wohl; er dachte vorurtheilsfreier über das Geschehene, am liebsten aber dachte er gar nicht daran, denn jedesmal, wenn sich ihm die Erinnerungen aufdrängten, stöberten sie in seiner Seele doch einige kleine schwarze Geister wach, die ihm zuflüsterten: im Grunde genommen, stolzer aber geschlagener Don Alessandro, hast Du damals aber dennoch Recht gehabt!

Don Alessandro verjagte diese Geister, er blickte in Mariano's glückliches und offenes Auge, und dies genügte ihm, um mit sich selbst zufrieden zu sein. Nur Eins war nicht wieder zu gewinnen, die alte, mit seinem Stolz entflohene Lebenskraft. Don Alessandro war in einem Jahre um mindestens zwanzig Jahre gealtert, ein Greis geworden. Man betrauerte dies in seiner Familie, wenn man den sonst so rüstigen Mann

sich auf seinen Stock verlassen sah; aber man sagte sich auch:
nur der Greis konnte vergeben; der rüstige, stolze Mann hätt'
es nimmer gethan!

Glücklicher als alle Uebrigen war Leona. Sie, die still und
verschlossen so viel gelitten, deren bleiche Wangen so viel Entsagung verrathen, deren dunkles Auge mit fanatischem Ausdruck
nur noch das Kreuz gesucht, als das Herz seine Rechnung geschlossen zu haben glaubte, wetteiferte mit Alita an Heiterkeit:
ihre Wangen färbten sich rosig, das kranke Herz genaß, und
wenn es noch ungestüm pochte, so geschah dies nur beim Anblick Mariano's, wenn dieser sich zu ihr setzte, ihre Hand in
die seinige nahm und selber erröthete, sobald er sich jetzt bei
ruhigerer Gemüthsverfassung einiger Gelegenheiten erinnerte,
bei welchen der Drang des Augenblicks ihm die Geheimnisse
eines weiblichen Herzens verrathen hatten.

Leona selbst erinnerte sich, daß sie dieses Geheimniß damals in Rom, wenn der Zufall sie mit Mariano zusammen
geführt, nicht so treu bewahrt hatte, wie es dem Weibe geziemt; sie erschrak darüber; indeß was einmal verrathen war,
brauchte nicht mehr verrathen zu werden: Mariano konnte
immerhin wissen, daß sie ihn liebte.

Wie aber benutzte er dieses Geheimniß? Eben um dies
zu errathen, beobachtete Leona ihn mit dem Scharfblick, der dem
Weibe in solchen Angelegenheiten eigenthümlich, und ihr Blick
leuchtete vor Wonne, wenn Mariano sie in zartester, oft inniger
Weise fühlen ließ, daß er ihr Geheimniß kenne.

Auch Leona hatte bittere Prüfungen überstanden. Ihr Vater
war in ihren Armen gestorben mit einem Fluch auf Denjenigen,
dem sie mit echt religiösem Herzen vertraut. Leona hatte Zeuge
sein müssen, wie der sterbende Vater gerade diesen Mann, den

sie wie einen Heiligen verehrt, als Denjenigen entlarvte, dem
sie, sich selbst unbewußt, so unendlich viel Leiden, den Ruin
ihrer ganzen Famile, den Tod ihrer Mutter und den bürgerlichen Tod ihres Vaters zu danken hatte. Kein Wort der Recht-
fertigung hatte Peloso dieser fürchterlichen Anklage gegenüber
gehabt, er hatte sich in Don Alessandro's Hause nicht wieder
blicken lassen, und sich, wie man hörte, nach Velletri unter den
Schutz des neapolitanischen Lagers begeben. Als der Vater nach
ihm fragte, sagte man ihm schonend, Peloso sei schleunig nach
Neapel berufen worden und werde nicht zurückkehren*). Leona
ihrerseits wagte nicht zu durchschauen, was dieser Mann mit
ihr im Sinne gehabt; aber ein Schauder überlief sie, wenn ihr
jetzt Manches in seinem Benehmen gegen sie in freierem Lichte
erschien, was sie damals für religiösen Eifer gehalten.

Zwischen Camillo und Mariano hatte sich jetzt das brüder-
liche Einvernehmen hergestellt. Camillo hatte es übernommen,
Mariano's Gemüth zu heilen; er führte ihn mit sich auf die
Jagd und hütete ihn vor jeder Berührung mit dem Kriegsge-
tümmel, das auf der entgegengesetzten Seite Roms immer ge-
räuschvoller und zerstörender ward. Sein Hauptaugenmerk war
es, Mariano's Andenken an Delila einen Stoß zu geben und
seine Gedanken von diesem Verlust abzulenken. Zu diesem Zweck
führte er ihn einst in die Olivenwaldungen und begann, ihm
hier ein Bild seines damaligen Verhältnisses zu dieser Fürstin
zu entwerfen, das Mariano tief erschütterte. Er schilderte ihm
in der treuherzigsten Weise die Zukunft, welcher er an Delila's
Seite entgegen gegangen wäre, beschwor ihn, den Tod dieses

---

*) Der Name dieses Mannes spielte noch im Sommer 1857 eine
Rolle in dem kläglichen neapolitanischen Aufstandsversuche.

Weibes, wie räthselhaft er auch immer sei, als eine Fügung des
Himmels zu betrachten, und jede Erinnerung an Delila in seinem Herzen zu tödten.   Mariano drückte, als Camillo seine
eindringliche Vorstellung geschlossen, diesem die Hand.

— Camillo, sagte er mit weichem, herzlichem Ton; sei auch
ferner mein Bruder! Du weißt nicht, was ich gelitten, als ich
mich von Euch ausgestoßen sah.   Noch heute ist mir Manches
von dem, was ich erlebte, räthselhaft geblieben; dieser Mord
ist noch heute in dasselbe Dunkel gehüllt, Alita's Entführung
bleibt uns noch immer unerklärlich.   Glaube mir, Camillo, es
ist schwer, sich einem Berufe zu widmen, den unsere Ueberzeugung mit unbesiegbarer Gewalt von sich stößt; schwer, der Liebe
eines Weibes wie dieses zu entsagen, wenn sie die einzige ist,
die uns ihr Eden öffnet, während alle Uebrigen uns verfolgen
und anfeinden; am schwersten aber ist es, liebend ein Herz zu
verurtheilen, das, schuldig oder schuldlos, uns mit so heißer Liebe
umfaßt . . . . Jetzt ist das überstanden, Camillo! Hier meine
Hand und mein Wort: es ist vorüber!

An demselben Abend war Mariano heiterer und unbefan-
gener als man ihn seit seiner Rückkehr gesehen.   Bei seinem
Erscheinen im Zimmer sah er Leona und Alita am Fenster
stehen; er eilte auf die erstere zu, legte brüderlich den Arm um
ihren Nacken und drückte einen so übermüthigen Kuß auf ihre
Lippen, daß diese sich bis über die Stirn blutroth färbte und
Alita vor Ueberraschung laut aufschrie.

Acht Tage nach diesem sehr wichtigen Ereigniß war Don
Alessandro mit Camillo nach dem Thal von Licenza gefahren,
in welchem einst die sabinische Villa des Horaz gestanden. Pepe
hatte sie begleitet.   Alita hatte sich am Morgen etwas unwohl

befunden und Mariano war ihr zur Liebe ebenfalls zu Hause geblieben.

Beide saßen gegen Abend, die Rückkehr der Uebrigen er-wartend, im Patio des Hauses. Mariano hatte sich in die Lecture vertieft, während Alita, über die niedre Brustwehr der oberen Galerie gelehnt, melancholisch die Strahlen der kleinen Fontäne unten im Hofe beobachtete, die ihre klaren Perlen in die Kelche der sie umgebenden Blumen warf.

Der Tag war heiß und drückend; man hatte über den viereckigen Patio das Zeltdach gebreitet, dessen Weiße ein mil-des schönes Licht über diesen Binnenhof verbreitete. Im gan-zen Hause regte sich nichts, die Fontäne allein führte das Wort und plauderte lustig vor sich hin.

Beide schwiegen. Plötzlich fuhr Alita jedoch von der Brust-wehr, auf welche sie ihre Arme gelehnt, heftig zurück, eilte zu Mariano und schreckte diesen von seiner Lecture auf.

— Was ist, Alita? fragte er zerstreut, als er die Schwe-ster erbleichen sah.

— Mariano, sahst Du nichts? flüsterte sie leise und zitternd.

— Nichts! antwortete er, sie groß anschauend.

— Komm, Mariano! flüsterte sie, ihn aufrüttelnd. Sieh dort zur Thür; bemerkst Du noch nichts? fuhr sie halblaut und angstvoll fort, indem sie verstohlen und sich niederbeugend durch das Eisengitter der Brustwehr nach der unten in den Patio führenden Thür zeigte. Siehst Du nichts, Mariano? fragte sie, ohne selbst hinzublicken.

— Ich sehe nichts! Aber, Alita, Du zitterst! setzte er hinzu, als er Alita's steigende Angst bemerkte.

— Hu! Da ist er ja! rief sie, das Antlitz mit beiden Hän-den bedeckend und sich hinter den Bruder zurückziehend.

Mariano war aufgesprungen. Er hatte geglaubt, die sonst
so vernünftige Schwester sehe Gespenster am hellen Tage, überzeugte sich jedoch schnell vom Gegentheil.

In der aus dem oberen Hausflur in die Galerie des Patio
führenden kleinen Thür erschien eine hohe, halb gebeugte Gestalt, die listig um den Pfosten der Thür lugte und als sie sich
bemerkt sah, auf die Galerie trat. Es war Zerga, den Mariano seit jenem heißen Schlachttage nicht wieder gesehen, an
den er wohl oft mit alter Anhänglichkeit gedacht, den aufzusuchen er jedoch weder die Gelegenheit noch den entschiedenen
Willen gehabt hatte. Zerga war in der letzten Zeit so unfreundlich und abstoßend gegen ihn gewesen, daß er ihm lästig
geworden. Mit großer Verwunderung sah er ihn jetzt auf sich
zuschreiten.

— Du bist es, Zerga! rief er lächelnd und legte das Buch
hinter sich auf den Sessel, während Alita sich ängstlich hinter
ihm hielt und ihn beim Arm erfaßte.

Zerga antwortete nicht. Sein Antlitz war finster, fast grauenhaft; Haß und Wildheit lagen in den garstigen Zügen; seine
ganze Erscheinung war schreckenerregend.

— Zerga, Du spielst eine seltsame Figur! fuhr Mariano
fort, während er ihn von oben bis unten betrachtete. Das
ist der alte Zerga nicht mehr!

— Nein, er ist es nicht! antwortete der Saharier in arabischer Sprache. Und doch ist Zerga noch immer derselbe, der
er gewesen!

— Und warum hast Du mich verlassen, wenn Du noch
derselbe bist? fragte Mariano, unheimlich berührt durch den
Ton des Sahariers und das finstere Wesen dieses Menschen,
der etwas im Schilde führen mußte.

— Ich habe Dich nicht verlassen, Du bist mir entlaufen!

— Ich Dir entlaufen? fragte Mariano verwundert. Wie kommt Zerga zu dieser Sprache! Und was willst Du mit einer solchen Miene von mir?

— Dich abholen! antwortete Zerga näher schleichend und ihn angrinsend.

Alita suchte den Bruder zurück zu zerren, als sie den entsetzlichen Menschen ihm so nahe kommen sah. Mariano's Stirn aber röthete sich bereits, und dies war stets ein Zeichen seiner inneren Aufregung.

— Zerga will mich abholen? wiederholte Mariano, dieser finsteren Miene ein trotziges Gesicht entgegensetzend. Und wohin, wenn ich fragen darf?

— Tilutan sammt seiner Schwester sind mein, sie folgen mir zurück in die Heimath! Tilutan schwor mir bei den Gebeinen seines Vaters, mir mit seiner Schwester zu folgen! sprach Zerga mit einer Bestimmtheit, die Alita's Glieder beben machte.

— Mariano! schrie Alita entsetzt auf.

— Ich und meine Schwester sind Dein? fragte Mariano mitleidig lächelnd. Zerga, Dein Verstand wird schwach; komm, setze Dich und gieb Dich zur Ruhe!

— Zerga kennt keine Ruhe, so lange die Kinder Deka Atjems auf dem Boden der Nazarener wandeln! antwortete der Alte im vorigen Ton, jedoch entschiedener als vorhin.

— Alter Freund, es scheint mir, als wandeltest Du auf dem Boden des Irrsinns! Gieb mir Deine Hand und komm zur Vernunft! versetzte Mariano, dem Zerga so unbegreiflich vorkam, daß er ihn für verrückt halten mußte.

Mariano wollte ihm die Hand reichen, Alita zog ihn hef-

tig zurück; sie schien plötzlich ihre Angst überwunden zu haben
und die Nothwendigkeit einzusehen, daß sie dem harmlosen Bruder zur Seite stehen müsse. Sie überwand den ersten Eindruck
und war schnell wieder die frühere, deren Muth wir schon sich
bewähren sahen.

— Mariano, berühre diese Hand nicht, sie ist blutig und
verflucht! rief sie neben den Bruder tretend.

Ein höhnisches Lächeln, das eines Teufels, grinste von Zerga's Antlitz.

— Alita, Du thust ihm Unrecht! sprach Mariano verwei-
send. Zerga, setzte er gutmüthig hinzu, was ist mit Dir vorgegangen? Komm zu Dir selbst und nimm Vernunft an!
Sollte ich Dich ohne mein Wissen beleidigt haben, hier nimm...

— Zurück, Mariano! schrie Alita, als sie die Gutmüthig-
keit des Bruders sah, mit einer Aufregung, die den Bruder in
Erstaunen setzte. Er wußte sich weder Zerga's noch Alita's
Benehmen zu erklären und stand unschlüssig zwischen Beiden da.

— Verlasse dieses Haus, Elender! befahl Alita, einen
Schritt gegen Zerga thuend mit imponirender Haltung. Geh
uns aus den Augen und wage nicht, diese Schwelle wieder zu
betreten!

Ein fürchterliches Hohnlachen war die Antwort Zerga's.
Halb verächtlich, halb mitleidig die Achsel zuckend, maß er die
entrüstete Alita.

— Eure Zeit und meine Geduld ist abgelaufen. Tilutan,
folge mir! sagte er mit fürchterlicher Ruhe und die Arme auf
der Brust kreuzend. Packt Eure Bündel und folgt mir!

— Beim allmächtigen Gott, er spricht im Wahnsinn! rief
Mariano. Er hatte in letzter Zeit Zerga stets einen herrischen

Ton gegen ihn anschlagen hören, aber dies Benehmen war ihm ein Räthsel.

— Nein, nicht im Wahnsinn, Mariano! rief Alita, Mariano's Hand ergreifend, und mit einer Unerschrockenheit, die nur ihr eigenthümlich sein konnte. Mariano, dieser fürchterliche Mensch redet nicht im Wahnsinn; ich weiß, daß er kommt, um jetzt die Früchte Deines blinden Vertrauens zu ernten. Wenn Deine Vorsicht auch schlief, Mariano, die meinige wachte stets, und mit heimlichem Grauen sah ich der Stunde entgegen, wo dieser Mensch an den Tag legen werde, was er Schlimmes in seiner schwarzen Seele verbirgt. Eine einzige Nacht in Resina brachte mich langsam auf die Spur der scheußlichen Pläne, welche diesen Bösewicht zu uns führten; lange und viel habe ich darüber gesonnen, die Wahrheit aber, die ich so lange einzusehen schauderte, sie ward mir in einer andern Nacht klar, als ich seine Hand in der seines Helfershelfers, des Juden Smaël erkannte!

Zerga verrieth bei diesem Namen einige Ueberraschung, verbarg dieselbe aber geschickt. Mariano seinerseits schaute in sprachlosem Erstaunen bald Zerga, bald Alita an.

— Siehst Du, Mariano, wie er erschrickt? rief Alita. Ich will diesen Bösewicht entlarven, Mariano, will Dir zeigen, welch einem Elenden Du vertraut hast! Mariano! Dieser Mann, den ich längst vergessen hatte, überfiel mich eines Nachts im Garten unserer Villa zu Resina; er wollte mich überreden, ihm zurück zu folgen; ich widerstand ihm. Er verlangte zu wissen, wo Du seist; ich sagte es ihm nicht. Er wollte mich zwingen; er zog das Messer; ich zitterte nicht. Er aber fand ein andres Mittel, mir die Zunge zu lösen; er drohte, den Vater zu ermorden, und ich gestand ihm, wo Du zu finden seist.

Mariano's Antlitz färbte sich allmälich; Mißtrauen regte

sich in seiner Seele, die stets so voll Vertrauen gewesen. Unverwandt starrte er Zerga an, der keine Miene verzog.

— Er hat Dich gefunden; er hat gewiß auch Dich zu überreden gesucht, ihm in die Heimath zu folgen und auch mich
hierzu zu bewegen; nicht wahr, Mariano? fuhr Alita fort. Wie
er sagt, hast Du ihm dies thörichter Weise geschworen, Mariano; als er aber sah, daß Du nicht Wort hieltest, als er
mich und Dich durch die Bande des Herzens gefesselt sah, be-
fleckte er seine Hände durch zwei Schandthaten. Mariano,
schwören will ich darauf, daß dieser Mensch die Fürstin Rospili
ermordet, und beschwören will ich's bei dem allmächtigen Gott,
daß dieser Mensch es gewesen, der mich durch seine Genossen
in das Haus des maroccanischen Juden Smaël spielte, um Dich
und mich in seinen Händen zu haben!

Bald bleich vor Entsetzen, bald glühend vor aufflammendem
Zorn stand Mariano da. Seine Hände ballten sich unwillkürlich, sein Auge leuchtete. Zerga verzog keine Miene.

— Mariano, fuhr Alita triumphirend und mit vernichten-
dem Auge fort. Was ich sah und was ich erlebte, hat mir die
Ueberzeugung gegeben, daß dieser elende Mensch unser Verderben will. So manches Bild ist mir in einsamen Augenblicken aus unsrer Kindheit in das Gedächtniß zurückgekehrt.
Was ich damals noch nicht zu beurtheilen verstand, weiß ich
jetzt in Zusammenhang zu bringen: Zerga war es, der unsern
Vater ermordete; Zerga ist es, der seine Kinder verderben will!
Mariano, dieser Mensch ist der Dämon, der auch unsers
zweiten Vaters Haus umschleicht!... Er oder wir, Mariano!
rief sie in fanatischer Begeisterung und mit einer Kraft, als sei
sie jeden Augenblick bereit, den Kampf mit diesem Bösewicht
aufzunehmen.

Weit entfernt, durch die Anstrengung ihrer Rede zu ermatten, stand sie herausfordernd vor Zerga; ihr Antlitz glühte, ihre Brust arbeitete heftig.

— Ungeheuer! rief sie; schon einmal habe ich Deinem Messer getrotzt; ich trotze ihm auch heute!

Und vorstürzend warf sie sich auf Zerga, packte den aus seinem Gürtel schauenden Griff des kleinen Jatagan und suchte ihm die Waffe zu entreißen.

Zerga, ohne seine Ruhe zu verlieren, legte seine eiserne Hand auf die des Mädchens und hielt sie wie in einer Zange so fest, daß das Mädchen sich ohnmächtig unter seinem Druck wand.

Mariano hatte kaum die Zeit gehabt, alle diese Beschuldigungen, welche ihm das Haar empor sträubten, zu fassen; es hämmerte in seinem Gehirn, seine Gedanken sträubten sich anfangs, in diesem Menschen, den er so sehr geliebt, das Scheusal zu sehen, als welches Alita ihn schilderte. Aber diese hatte mit solcher Ueberzeugung gesprochen; Mariano mußte glauben, und was ihm noch an Zweifel blieb, das vernichtete Zerga's eigene Miene. Hier also stand das Räthsel seines Lebens vor ihm! Hier sah er plötzlich die geheime Triebfeder so vieles Bösen vor sich! Dieser Mensch, der sich unter dem Schein der Liebe an ihn geheftet, er war sein böser Geist; ihm hatte er einen großen Theil dessen zu verdanken, was er gelitten! Mit seiner rapiden Fassungsgabe hatte er sich schnell einzelne Momente combinirt, welche diese Anklage bestätigten. Auch Zerga's letztes Benehmen, als er alle seine Pläne scheitern sah, klagte ihn an; und jetzt kam dieser Mensch, um mit Gewalt ein Recht über ihn geltend zu machen, das er mit List nicht zu erreichen vermocht.

Stolz und groß, mit gespannten Muskeln richtete Mariano

sich auf; er sah, daß es sich hier um einen entscheidenden Kampf
handelte; er sah sich beschämt durch die schwache, zarte Schwester,
die ihm zuvorgekommen. Mariano's Nasenflügel weiteten sich
leidenschaftlich, es kochte immer heißer in seiner Brust, es zuckte
in seinen Armen.

— Zerga, laß die Hand meiner Schwester! schrie er
diesen an.

Als er sah, daß Zerga ihn angrinste und Miene machte,
auch nach seinem Arm zu greifen, sprang er wie ein Tiger
hinzu und entwand der musculösen Faust des Riesen das zarte
Handgelenk seiner Schwester.

Zerga ließ das Mädchen fahren. Er schien mit dem blutigen Entschluß gekommen zu sein, „ein Ende zu machen" und
mochte eben deshalb den Zeitpunkt abgewartet haben, wo er die
Beiden allein im Hause finden konnte. Des Sahariers Geduld
war erschöpft. Wochen hindurch hatte er, seit er Tilutan im
Gefecht verloren und ihn fruchtlos in allen Lazarethen gesucht,
gegen sich und sein Schicksal gewüthet; er hatte vergeblich seinen
Kopf zu neuer List und neuen Plänen angestrengt, und endlich
beschlossen, diesem Schicksal zu zeigen, daß er der Meister desselben.

Die Angst, daß ihm seine beiden Opfer entrinnen könnten,
wenn er die Zeit durch Intriguen verschwendete, die ihn schließlich im Stiche ließen, nahm immer mehr zu; es wollte ihm
mitunter sogar erscheinen, als regiere hier über dem Lande der
Nazarener ein andrer Gott, als stehe dieser mit den letzteren
gegen ihn im Bunde und entreiße ihm dieselben stets von Neuem,
wenn er sie fest und sicher gepackt zu haben glaubte. Blut war
der Gedanke, der an die Stelle aller trügerischen Pläne trat;
das Blut der Opfer, die ihm von rechts- und gesetzwegen ge-

hörten; und dieses einzufordern, war er unter schlauer Berechnung des günstigen Augenblicks in dem Hause zu Tivoli
erschienen.

Ein teuflischer Blick schoß aus Zerga's Augen auf Mariano,
als dieser ihm die Hand seiner Schwester entwunden; mit einer
geschickten Wendung beugte er sich vor, suchte er den linken
Arm um Mariano zu legen und ihn vom Boden zu heben.
Mariano, geschmeidiger als der Alte, kam ihm zuvor, umschlang
ihn mit seiner Riesenkraft von beiden Seiten der Art, daß
Zerga's Arme unter dem Ellenbogen in den seinigen steckten und
hob das lange, sehnige Skelett in die Höhe. Gleichzeitig aber
fühlte er, wie Zerga's eine Hand, durch ihre Lage in die Nähe
seines Messers gebracht, dies aus dem Gürtel zu ziehen suchte.

Die Wuth übermannte Mariano; die Anstrengung drängte
das Blut in seine Augen; es ward ihm schwarz vor denselben.
Die Bewegung Zerga's nach dem Messer machte den Ausgang
des Kampfes von einer Secunde abhängig; den momentanen
Vortheil über seinen Gegner benutzend, hob er denselben mit
Anstrengung aller seiner Kräfte über die niedere Balustrade.

Dumpf und schwer dröhnte es von den Marmorfliesen des
Patio herauf; kein Klagelaut begleitete das Zerschmettern der
morschen Glieder. Alita, die mit schmerzendem Handgelenk und
in tödtlicher Angst an die Balustrade gelehnt, dem Kampfe zu-
geschaut, blickte hinab und wandte schaudernd das Antlitz fort.
Mariano taumelte an die Mauer der Galerie zurück und lehnte
schwindelnd die heiße Stirn an das kalte Gestein.

Bleich und verstört traten Beide dem Vater entgegen, als
dieser mit Camillo und Leona am Abend zurückkehrte.

XII.

„Gott allein ist der Sieger."

Im Schooße der grünen Vega Granada's, also im Paradiese
des romantischen, heißblutigen Andalusien, liegt eine der reizend-
sten ländlichen Besitzungen, welche das südliche Spanien aufzu-
weisen hat.

Im Westen dieses üppigen, rings von blauen Bergen um-
schlossenen Thales, in der Richtung des ultimo suspiro del
Moro, des „letzten Seufzers des Mauren," wo der unglückliche
Boabdil, der letzte König Granada's, von seinem Reiche Abschied nahm, um in die Alpujarras zu fliehen; am Fuße einiger
terrassenförmig ansteigender Hügel erhebt sich ein modernes
kleines Schloß, das, im Versailler Pavillon-Styl erbaut, sowohl
durch seine Decoration als durch den es umgebenden Geschmack
von dem Reichthum und dem schönen Sinn seiner Bewohner
Zeugniß giebt, während das Wappen über der Thür mit echt
spanischer Grandezza auf die mit Blumen besetzte Freitreppe
und die große Fontäne vor derselben herabblickt.

Dichtes Rankengewächs schlingt sich um die unteren Theile
dieses Schlößchens bis zu den Altanen der Fenster und den

vergoldeten Spitzen ihrer eisernen Galerien hinauf. Feurige
Granaten, mit tausend vollen Blüthen bedeckt, saftgefüllte Magno-
lien, der große Kirschlorbeer, die dunkelblättrige Feige strecken
ihre Zweige in das mit Bänken und Tischen besetzte, schattige
Rondel vor dem Schloß; schwellend hängt die volle Orange,
der glühende Liebesapfel in den üppigen Kronen; zierlich, gra-
ziös und sanft wie ein Liebesgedicht blüht in großen Büschen
und sich an den Mauern der zwei seitwärts gelegenen kleinen
Gartenpavillons hinan ziehend, das kleine Röschen, ein Kind
der ewigen Alhambra; Lianen schlingen sich um die stolzen
Agaven, die gleich Schildwachen um dieses Rondel stehen und
ihre Kandelaber in die Luft strecken.

Fast noch üppiger ziehen sich hinter dieser großen Laube
ganze Felder des rothen Cactus mit der weißen Cochenille auf
seinen saftigen Blättern, Pflanzungen von Reis und Kaffeestauden,
ähnlich denen, wie sie die Küste von Malaga aufweist, und schön
gepflegt wächst der Wein mit dem süßen Blut auf den terrassen-
förmigen Höhen, nur überragt von den drei schlanken Cedern,
die sich hinter dem Schlosse erheben, Töchter vielleicht von jener
vierhundertjährigen Riesin in den Gärten des Generalif, von
Zoraya's verhängnißvollem Liebesbaum, hinter welchem man die
Sultanin mit dem schönen Abencerrajen Aben Hamet überraschte.

Eine unbeschreibliche Poesie liegt über diesem Stückchen Erde,
das man aus dem Herzen Indiens herausgeschnitten und hierher verpflanzt glauben möchte, wenn nicht die Vega selbst mit
dem schönsten Punkte der Erde um den Rang stritte. Unbe-
schreiblich, sagen wir, ist diese Poesie, wenn sie Tags von Tau-
senden der buntesten Libellen und Schmetterlinge umflattert wird,
Abends die Nachtigall aus dem dichten, wasserdurchrieselten

Parke der Alhambra hier ihre Lieder singt, die Blumen ihre
Düfte ausstreuen und der Mond sich auf den glänzenden Blät=
tern der Magnolie spiegelt; wenn die Käfer eine tausendstim=
mige, leise Melodie summen, die Fontäne so geschwätzig plaudert,
wenn des Andalusiers Mandoline vor dem Fenster seiner länd=
lichen Schönen klagt, wenn die schneebedeckten Gipfel der Sierra
Nevada vom Mondenschein mit märchenhaften Lichtern beglänzt
aus dem Osten, über das alte sagenreiche Schloß der Alhambra
herüberschauen; wenn die weißen Vorhänge der Altane im
Schlößchen sich öffnen, zwei weibliche Gestalten auf denselben
erscheinen und in stiller Andacht auf das Signal der von der
Jagd zurück erwarteten Gatten lauschen, wie dies an dem Abend
geschieht, wo wir den Leser an diese paradiesische Stätte führen.

Der Tag sinkt und nimmt dem in einem der kleinen Garten=
pavillons mit der Zeitung in der Hand sitzenden Greise das
Licht. Seine müden Augen anstrengend liest er den ihn sehr
interessirenden Artikel des etwas veralteten Zeitungsblattes zu
Ende:

„. . . So fiel die mit unglaublichem Todesmuth vertheidigte
letzte Bastion des blutgetränkten Rom, die der Porta S. Pan=
crazio, und mit ihr Rom selbst in die Hände der Franzosen.
Auf den Barrikaden nahmen Mazzini und Avezzana von den
Römern Abschied. Schweigend und finster, wie ihr Empfang
war, zogen die Sieger in die Stadt. Garibaldi sammelte auf
dem Petersplatze die Seinen und forderte sie auf, sich mit ihm
in die Berge, in die Provinzen zu werfen. „Wer noch Glauben
in die Zukunft Italiens setzt, möge mir folgen," redete er sie
an. „Wir haben den Finger in das Blut der Franzosen ge=
taucht, wir werden die Hand in das der Oesterreicher tauchen!"
Fünftausend hefteten selbst in einem Augenblick, wo Alles ver=

loren, wo er von den Franzosen, Neapolitanern und Oesterreichern sich umzingelt sah, ihr Loos an das dieses rastlosen
Abenteurers. Anita, seine Gattin, eine junge Brasilianerin,
zur Seite, von Ciceruacchio geführt, seinen Mohren Andrea,
der im Kampfe gefallen, zurücklassend, fand er vor der Verfolgung dreier französischer Kolonnen keine andere Rettung, als
sich auf den mühsamsten Gebirgspfaden in die kleine Republik
S. Marino zu werfen. Jede Uebergabe zurückweisend, verlassen
von der Mehrzahl der durch solche Strapatzen ermatteten Seinen,
suchte er sich mit einem Rest von dreihundert Mann nach Venedig durchzuschlagen. Von den Oesterreichern gejagt, nur noch
von wenigen Offizieren, darunter Lorenzo Salvini, begleitet,
langte er heimlich und verkleidet wieder auf römischem Boden
an. Auch seine Gattin erlag diesen Anstrengungen; sich von
der Leiche trennend gelang es ihm, ganz allein, Genua wieder
zu erreichen, sich nach Tunis einzuschiffen und endlich nach Amerika zurück zu entkommen. So endete dieses blutige Drama,
eines der fürchterlichsten, deren unsre Gegenwart Zeuge gewesen.“
     Der Greis läßt das Zeitungsblatt sinken.
     — Auch ich war Zeuge! sagte er traurig den Kopf schüt-
telnd; auch ich hatte meinen Theil an dem Drama!
     In diesem Augenblick ertönt das von den Damen im Fen-
ster ersehnte Jagdsignal ganz in der Nähe. Es echoet durch
die Felswände der Sierra Elvira, der Montes de Granada,
und Ton für Ton, aber leiser und leiser geben es die Berge
von Montefrio und Lajo wieder. Wie aus einem Märchen der
Lindaraja schweben die beiden weiblichen Gestalten über die
Freitreppe herab. Lustiger rauscht die Fontäne, lustiger summen
die Käfer, lauter schlägt die Nachtigall, bis das Gebell der
Jagdhunde das ganze heimliche Oratorium der Natur zerstört.

Freudig klatscht sich die eine der Gestalten, ein schönes junges
Weib mit strahlendem Auge, dem gelblich angehauchten leiden=
schaftlichen Teint der Südländerin, in die Hände und eilt über
die Marmorfliesen des Rondel. Nicht minder glücklich, aber
weniger laut folgt ihr die Andre.

Der Pferdehuf schlägt den Marmor, die Windhunde um=
springen freudig die beiden weiblichen Gestalten, als forderten
sie ihren Antheil an deren Umarmung mit den beiden Jägern,
die im Kostüm des Majo, mit der kurzen gestickten Calessera
oder Jacke, den rothen Shawl um die Hüften, mit Waidmesser
und Stutzen bewaffnet, von den beiden falben, seidenhaarigen
Andalusiern springen, deren Zügel der getreue Pepe ergreift,
während den übrigen Glücklichen der Greis aus dem Pavillon
am Stock entgegenkommt und den jungen Männern freudig die
Hand drückt.

In Don Alessandro's Zauberschlößchen, in einem Paradiese
kann man nur glücklich sein. Alita und Leona sind es, und
namentlich Mariano ist in seinem Element, denn angebetet von
seiner schönen Leona, durchstreift er mit Camillo die Berge und
Thäler auf seinem pfeilschnellen Falben, durchjagt er die Sierra
Nevada bis hoch hinauf, wo der Granadiner sich mühselig den
Schnee holt, mischt er sich in die ländlichen Feste der Andalu=
sier, überall bewundert, überall willkommen, überall der Erste,
wo es gilt, den Kummer des Nächsten zu stillen, die Freude
der Anderen zu theilen. Weit, weit von ihm liegen die Erin=
nerungen einer trüben Vergangenheit und nur selten in einsa=
men Augenblicken klingt es zu ihm wie aus einem bösen Traum
herüber, dessen Eindruck längst vergessen ist. Selbst Don Ales=
sandro hat diese Vergangenheit in dem Grade überwunden, daß
er ohne Schmerz auf den Inhalt eines letzten Theiles seines

Lebens zurückblickt und dem Himmel am besten dient, indem er seinen häuslichen Kreis als das schönste Feld seiner frommen Mission betrachtet.

Um dieselbe Abendzeit, wenn der goldne Halbmond leuchtend an den Himmel tritt und das Kreuz bestrahlt, welches das Christenthum an der Stelle des mahomedanischen Halbmondes auf der Torre de la Vela über der Alhambra errichtet, sehen wir durch die offenen Höfe des arabischen Palastes dieser Maurenfeste eine Gestalt an der Krücke umherschleichen und sich an den Rand des großen Bassins im sogenannten Myrthenhofe der Alhambra setzen. Es ist ein alter Mann, seine Glieder sind müde, sein Körper ist gebeugt, sein Haupt wankt auf dem langen, entblößten Halse, und hohl und eingesunken ist die ebenso entblößte, von Narben durchfurchte Brust.

Seine Kleidung harmonirt mit den ihn umgebenden Denkmälern des in Europa untergegangenen Maurenthums. Er trägt den rothen Feß mit einem dicken weißen Bande, eine verblichene blaue Jacke, die weiten orientalischen Pantalons und mühsam schleppt er die Pantoffel an den nackten Füßen mit sich. Es ist Zerga, den man mit zerschmetterter Hüfte im Patio zu Tivoli aufgenommen, den Mariano wider Zerga's eignen Willen pflegte und den er mit sich schleppte, als Don Alessandro den Boden Italiens verließ, der ihm so verhängnißvoll geworden.

Zerga haßt, trotz all der Liebe, die man ihm angedeihen läßt, noch immer mit derselben Gluth; ein Krüppel, hat er sich mit herüberschaffen lassen, weil man ihm sagte, er sei hier seiner Heimath näher; aber er hat jede Gemeinschaft mit Denen zurückgewiesen, deren Anblick ihm ein Abscheu ist, und also haben sich diese entschließen müssen, ihn sich selbst zu überlassen.

Auf dem Albaicin, dem unmittelbaren Nachbarhügel der Alhambra, umgeben von den Zigeunerwohnungen, hat er sich seine Hütte bereitet. Er ist zu schwach, um den kurzen Weg von Granada nach Malaga zurück zu legen und von da nach Marocco hinüber zu segeln, und hat schließlich auch jeden Wunsch, dahin zurück zu kehren, in sich erstickt. Wie ein Klausner wohnt er auf dem Albaicin: er vermeidet die Berührung mit jedem Nazarener, die er Alle haßt wie den Tod, und Niemand betritt seine dürftige Hütte.

Jeden Abend aber, wenn die Sonne niedergehen will, greift Zerga zu seiner Krücke, steigt den steilen Pfad des Albaicin hinab, in die tiefen Wälle, klettert durch die alte Eisenpforte, an den unterirdischen Maurenkasernen hinauf, über den Cisternenhof zur Thür des arabischen Palastes und zieht leise an der Schelle.

— Es ist der letzte Maure! sagt der Pförtner, denn so nennt man ihn in Granada, und gern öffnet der erstere dem täglichen Gast, der nie ein Wort mit ihm gewechselt und den der Pförtner für stumm halten würde, wenn er nicht anfangs oft die Selbstgespräche des Alten vernommen hätte, von denen er kein Sterbenswort versteht.

Hier im Löwenhof, am Fuße der Löwenfontäne, im Myrthenhof, am Rande des klaren Bassins, an welchem einst Boabdil's Frauen gespielt, sitzt Zerga einsam bis tief in die Nacht. Hier unter den geheimnißvollen arabischen Verschlingungen einer längst untergegangenen steinernen Poesie fühlt sich Zerga in seiner Heimath, denn hier belauscht er die Schatten der unglücklichen Aïja, und der Abencerrajen, wie sie durch die bleichen Marmorhallen schleichen; hier liest er den Ruhm Nazar's, „den die Sterne des Himmels mit Ehrfurcht, die Sonne mit Liebe beleuchtete." Hier liest er die köstlichen Sinnsprüche arabischer Weisheit, welche so räthselhaft die Wände, die Säulen und die luftigen Bogen verzieren. Hier betrauert Zerga die Frucht= losigkeit seines Hasses, die Eitelkeit seines irdischen Ringens. „Gott allein ist der Sieger!" steht überall um ihn her an den Wänden geschrieben. „Gott allein ist der Sieger!" liest er aus den Ringen, welche der Abendwind auf den Spiegel des Mar= morbassins zeichnet. „Gott allein bleibt der Sieger!" wieder= holt ihm die Stimme Gottes, die umsonst den ohnmächtigen Haß des Sterblichen zu versöhnen sucht.

Druck von Joseph Royer in Berlin.